狭山ヶ丘高等学校付属中学校

〈収録内容〉

2024年度	算 1/12	理 1/10	社 1/10	国 1/10
	算 1/16	理 1/12	社 2/6	国 1/12
2023年度	算 1/10	理 1/10	社 1/10	国 1/10
	算 2/6	理 1/12	社 1/12	国 1/12
2022年度	算 1/10	理 1/10	社 1/10	国 1/10
	算 1/15	理 2/7	社 1/12	国 1/12
2021年度	算 1/10	理 1/10	社 1/10	国 1/10
	算 2/6	理 1/15	社 1/15	国 1/12
2020年度	算 1/12	理 1/15	社 1/15	国 1/10
	算 2/6	理 2/6	社 2/6	国 1/12

便利な DL コンテンツは右の QR コードから

解答用紙

⇒

※データのダウンロードは 2025 年 3 月末日まで。
※データへのアクセスには、右記のパスワードの入力が必要となります。 ⇒ 682616

〈合格最低点〉

※学校からの合格最低点の発表はありません。

本書の特長

実戦力がつく入試過去問題集

- ▶ 問題 …………… 実際の入試問題を見やすく再編集。
- ▶ 解答用紙 …… 実戦対応仕様で収録。
- ▶ 解答解説 …… 詳しくわかりやすい解説には、難易度の目安がわかる「基本・重要・やや難」の分類マークつき（下記参照）。各科末尾には合格へと導く「ワンポイントアドバイス」を配置。採点に便利な配点つき。

入試に役立つ分類マーク

基本 確実な得点源！
受験生の 90%以上が正解できるような基礎的、かつ平易な問題。
何度もくり返して学習し、ケアレスミスも防げるようにしておこう。

重要 受験生なら何としても正解したい！
入試では典型的な問題で、長年にわたり、多くの学校でよく出題される問題。
各単元の内容理解を深めるのにも役立てよう。

やや難 これが解ければ合格に近づく！
受験生にとっては、かなり手ごたえのある問題。
合格者の正解率が低い場合もあるので、あきらめずにじっくりと取り組んでみよう。

合格への対策、実力錬成のための内容が充実

- ▶ 各科目の出題傾向の分析、合否を分けた問題の確認で、入試対策を強化！
- ▶ その他、学校紹介、過去問の効果的な使い方など、学習意欲を高める要素が満載！

解答用紙ダウンロード 解答用紙はプリントアウトしてご利用いただけます。弊社ＨＰの商品詳細ページよりダウンロードしてください。トビラのＱＲコードからアクセス可。

UD FONT 見やすく読みまちがえにくいユニバーサルデザインフォントを採用しています。

狭山ヶ丘高等学校付属中学校

～生まれつきの能力差なんかない～
充実の学校生活と県内屈指の進学実績
独自の卓越した教育方針がその原動力

URL	https://www.sayamagaoka-h.ed.jp/js/

生徒数　130名
〒358-0011
埼玉県入間市下藤沢981
☎04-2962-3844
西武池袋線武蔵藤沢駅　徒歩13分
西武新宿線入曽駅・狭山市駅、JR八高線箱根ヶ崎駅、東武東上線・JR川越線川越駅より　スクールバス（無料）

プロフィール

才能を開花させる「自己観察教育」

狭山ヶ丘には、高校で培った「生徒をやる気にさせる」ノウハウがあり、それを用いて中学入学の段階から「自ら学ぶ」生徒にじっくりと育て上げていく。そのために、3年間をかけて思考する力を培う。1年次には「自己」を知るためにワークショップを行う。「自己」に関連するテーマでマインドマップを製作したり、ブレインストミーングをしたりすることで理解を深めさせていく。2年次には思考の対象を他者や社会と広くしていくことによって「自己」を相対化していく。そして最終学年においては、1、2年次で獲得した思考力をもとに、自身の興味あるテーマで研究論文を執筆する。このように自己を相対化していく過程で、学ぶ意義を認識するようになり、自ら学ぶ意欲を持つようになっていく。また、英検対策講座やゼミなどを開講し、学習機会を多く設ける取り組みも行っている。ゆとりある完全中高一貫教育のもと、たくさんの人と出会い、たくさんの経験を積み、真の知性と豊かな心を育む狭山ヶ丘。こうした教育により、さらなる高みをめざす。

中学３年次のポスターセッション

校舎風景

カリキュラム

付属中学校の教育

予習→授業→復習のサイクルを徹底し、難関大学に合格するための高い学力を身につける。毎週実施する小テストで「定着」を確かめる。各教科ともに学びを深める各種補講を用意し、始業前の7時20分からは「朝ゼミ」も行っている。中学生の朝ゼミは実践的な英語などを学習。コミュニケーションに使える英語力を身につける。一方、放課後ゼミも開講し、問題演習に挑み、実践的な力を養う。「黙想」から始める通常授業は密度が濃く、英語・数学・国語では中3の後半から高校の学習内容にも踏み込んでいく。また、総合的な学習の時間に行う農作業も特徴の一つ。生徒は個別に割り当てられた農地で作物を育て、生命の尊さを体感するだけでなく、リーダーになるために求められる豊かな経験と責任感を育む。このように生きた体験を通して、高い学力だけでなく、他者との違いを理解し、受け入れる寛容性、忍耐力、交渉力、問題解決能力、そして、高いコミュニケーション能力を培うのが同校の教育である。

理科実習

学校生活

年間通しての多くの行事

狭丘祭（文化祭）とベルーナドーム(旧西武ドーム)で行う体育祭は中高合同で実施。年に2回、軽登山を行い、体力面と共に精神面も鍛える。このほか、校外学習や理科実習、芸術鑑賞会、合唱コンクールなどがある。

ベルーナドーム（旧西武ドーム）体育祭

進路

急速に伸びる進学実績

2024年は、東京大学2名、国公立大学医学部1名等の国公立45名、早稲田・慶應・上智・東京理科が42名、GMARCHが121名の合格であった。特に、東京大学へは2年連続で2名の現役合格を輩出したが、うち3名が付属中学校出身の生徒であり、中高一貫教育の成果は絶大だ。大学への合格は目的ではなく結果ではあるが、全卒業生の難関大学現役合格を目指し、その実現に向け、自学自習の徹底を期している。

過去問の効果的な使い方

① **はじめに**　ここでは，受験生のみなさんが，ご家庭で過去問を利用される場合の，一般的な活用法を説明していきます。もし，塾に通われていたり，家庭教師の指導のもとで学習されていたりする場合は，その先生方の指示にしたがって，過去問を活用してください。その理由は，通常，塾のカリキュラムや家庭教師の指導計画の中に過去問学習が含まれており，どの時期から，どのように過去問を活用するのか，という具体的な方法がそれぞれの場合で異なるからです。

② **目的**　言うまでもなく，志望校の入学試験に合格することが，過去問学習の第一の目的です。そのためには，それぞれの志望校の入試問題について，どのようなレベルのどのような分野の問題が何問，出題されているのかを確認し，近年の出題傾向を探り，合格点を得るための試行錯誤をして，各校の入学試験について自分なりの感触を得ることが必要になります。過去問学習は，このための重要な過程であり，合格に向けて，新たに実力を養成していく機会なのです。

③ **開始時期**　過去問との取り組みは，通常，全分野の学習が一通り終了した時期，すなわち6年生の7月から8月にかけて始まります。しかし，各分野の基本が身についていない場合や，反対に短期間で過去問学習をこなせるだけの実力がある場合は，9月以降が過去問学習の開始時期になります。

④ **活用法**　各年度の入試問題を全問マスターしよう，と思う必要はありません。完璧を目標にすると挫折しやすいものです。できるかぎり多くの問題を解けるにこしたことはありませんが，それよりも重要なのは，現実に各志望校に合格するために，どの問題が解けなければいけないか，どの問題は解けなくてもよいか，という眼力を養うことです。

算数

どの問題を解き，どの問題は解けなくてもよいのかを見極めるには相当の実力が必要になりますし，この段階にいきなり到達するのは容易ではないので，この前段階の一般的な過去問学習法，活用法を2つの場合に分けて説明します。

☆偏差値がほぼ55以上ある場合

掲載順の通り，新しい年度から順に年度ごとに3年度分以上，解いていきます。

ポイント1…問題集に直接書き込んで解くのではなく，各問題の計算法や解き方を，明快にわかるように意識してノートに書き記す。

ポイント2…答えの正誤を点検し，解けなかった問題に印をつける。特に，解説の 基本 重要 がついている問題で解けなかった問題をよく復習する。

ポイント3…1回目にできなかった問題を解き直す。同様に，2回目，3回目，…と解けなければいけない問題を解き直す。

ポイント4…難問を解く必要はなく，基本をおろそかにしないこと。

☆偏差値が50前後かそれ以下の場合

ポイント1～4以外に，志望校の出題内容で「計算問題・一行問題」の比重が大きい場合，これらの問題をまず優先してマスターするとか，例えば，大問[2]までをマスターしてしまうとよいでしょう。

理科

理科は[1]から順番に解くことにほとんど意味はありません。理科は，性格の違う4つの分野が合わさった科目です。また，同じ分野でも単なる知識問題なのか，あるいは実験や観察の考察問題なのかによってもかかる時間がずいぶんちがいます。記述，計算，描図など，出題形式もさまざまです。ですから，解く順番の上手，下手で，10点以上の差がつくこともあります。

過去問を解き始める時も，はじめに1回分の試験問題の全体を見通して，解く順番を決めましょう。得意分野から解くのもよいでしょう。短時間で解けそうな問題を見つけて手をつけるのも効果的です。くれぐれも，難問に時間を取られすぎないように，わからない問題はスキップして，早めに全体を解き終えることを意識しましょう。

社会

社会は[1]から順番に解いていってかまいません。ただし，時間のかかりそうな，「地形図の読み取り」，「統計の読み取り」，「計算が必要な問題」，「字数の多い論述問題」などは後回しにするのが賢明です。また，3分野（地理・歴史・政治）の中で極端に得意，不得意がある受験生は，得意分野から手をつけるべきです。

過去問を解くときは，試験時間を有効に活用できるよう，時間は常に意識しなければなりません。ただし，時間に追われて雑にならないようにする注意が必要です。“誤っているもの”を選ぶ設問なのに“正しいもの”を選んでしまった，“すべて選びなさい”という設問なのに一つしか選ばなかったなどが致命的なミスになってしまいます。問題文の“正しいもの”，“誤っているもの”，“一つ選び”，“すべて選び”などに下線を引いて，一つ一つ確認しながら問題を解くとよいでしょう。

過去問を解き終わったら，自己採点し，受験生自身でふり返りをしましょう。できなかった問題については，なぜできなかったのかについての分析が必要です。例えば，「知識が必要な問題」ができなかったのか，「問題文や資料から判断する問題」ができなかったのかで，これから取り組むべきことも大きく異なってくるはずです。また，正解できた問題も，「勘で解いた」，「確信が持てない」といったときはふり返りが必要です。問題集の解説を読んでも納得がいかないときは，塾の先生などに質問をして，理解するようにしましょう。

国語

過去問に取り組む一番の目的は，志望校の傾向をつかみ，本番でどのように入試問題と向かい合うべきか考えることです。素材文の傾向，設問の傾向，問題数の傾向など，十分に研究していきましょう。

取り組む際は，まず解答用紙を確認しましょう。漢字や語句問題の量，記述問題の種類や量などが，解答用紙を見て，わかります。次に，ページをめくり，問題用紙全体を確認しましょう。どのような問題配列になっているのか，問題の難度はどの程度か，などを確認して，どの問題から取り組むべきかを判断するとよいでしょう。

一般的に「漢字」→「語句問題」→「読解問題」という形で取り組むと，効率よく時間を使うことができます。

また，解答用紙は，必ず，実際の大きさのものを使用しましょう。字数指定のない記述問題などは，解答欄の大きさから，書く量を考えていきましょう。

算数 出題傾向の分析と 合格への対策

●出題傾向と内容

時間は50分で大問5題，小問14～20題の出題であり，問題数は多くはなく，1「四則計算」の5題のなかに「単位の換算」の問題が1題ふくまれる場合もある。全般に複雑な計算問題は出題されていないが，式の途中の□にあてはまる数を求める「還元算」に慣れているかいないかで，差がつきやすい。

2では各分野から小問5題が出題され，3～5は独立した大問である。出題率が高い分野は，「数の性質」，「平面図形」，「割合と比」，「統計・表とグラフ」，「和と差」であり，これら以外の各分野についても，「数列・規則性」，「速さの三公式と比」を中心に，基本問題から標準問題までを十分に練習しておく必要がある。

✔学習のポイント

「四則計算」・「単位の換算」は全問正解を目指して，毎日，少しずつ練習しよう。まず，大問1と2で確実に得点すること。

●2025年度の予想と対策

1「四則計算」について過去の問題を実際に解いてみて，自分の計算力で出題レベルに対応できるかできないか，感触をつかもう。1「四則計算」と「単位の換算」，2「各分野からの小問群」で確実に得点しないと，合否にかかわる。

対策のポイントは，比較的に得点率が高く確実に正解しなければいけない問題で実際に得点できるようにすることである。「速さ」，「平面図形」，「割合と比」を中心に「数の性質」，「数列・規則性」もふくめて基本問題から標準問題までを幅広く練習し，これまで出題されていない分野についても対応が必要である。

▼年度別出題内容分類表

※　よく出ている順に☆，◎，○の３段階で示してあります。

出題内容			2022年		2023年		2024年	
			1/10	1/15	1/10	2/6	1/12	1/16
数と計算	四則計算		○	○	○	○	○	○
	概数・単位の換算		○	◎	◎	◎	☆	○
	数の性質		☆	☆	☆			☆
	演算記号				☆			☆
図形	平面図形		☆	☆	☆	☆	☆	☆
	立体図形				☆	○	☆	◎
	面積		☆	◎			○	
	体積と容積				◎	○		○
	縮図と拡大図							
	図形や点の移動		○	☆		◎		
速さ	三公式と比		○	○	◎	◎	☆	
	文章題	旅人算			○		○	
		流水算						
		通過算・時計算			○			
割合	割合と比		☆	☆	☆	☆	◎	☆
	文章題	相当算・還元算		○				
		倍数算						
		分配算						
		仕事算・ニュートン算	○					○
文字と式								
2量の関係(比例・反比例)							○	
統計・表とグラフ				☆	☆	◎	☆	
場合の数・確からしさ			☆	○			○	
数列・規則性			☆			○		☆
論理・推理・集合					○		○	
その他の文章題	和差・平均算			☆		◎	◎	
	つるかめ・過不足・差集め算			○				○
	消去・年令算					☆		
	植木・方陣算		○				○	

狭山ヶ丘高等学校付属中学校

算数 ――グラフで見る最近３ヶ年の傾向――

最近３ヶ年に出題されたすべての問題を内容別に分類・集計し，全体に対して何パーセントくらいの割合になっているかを示しました。

▒……50校の平均　　■……狭山ヶ丘高等学校付属中学校

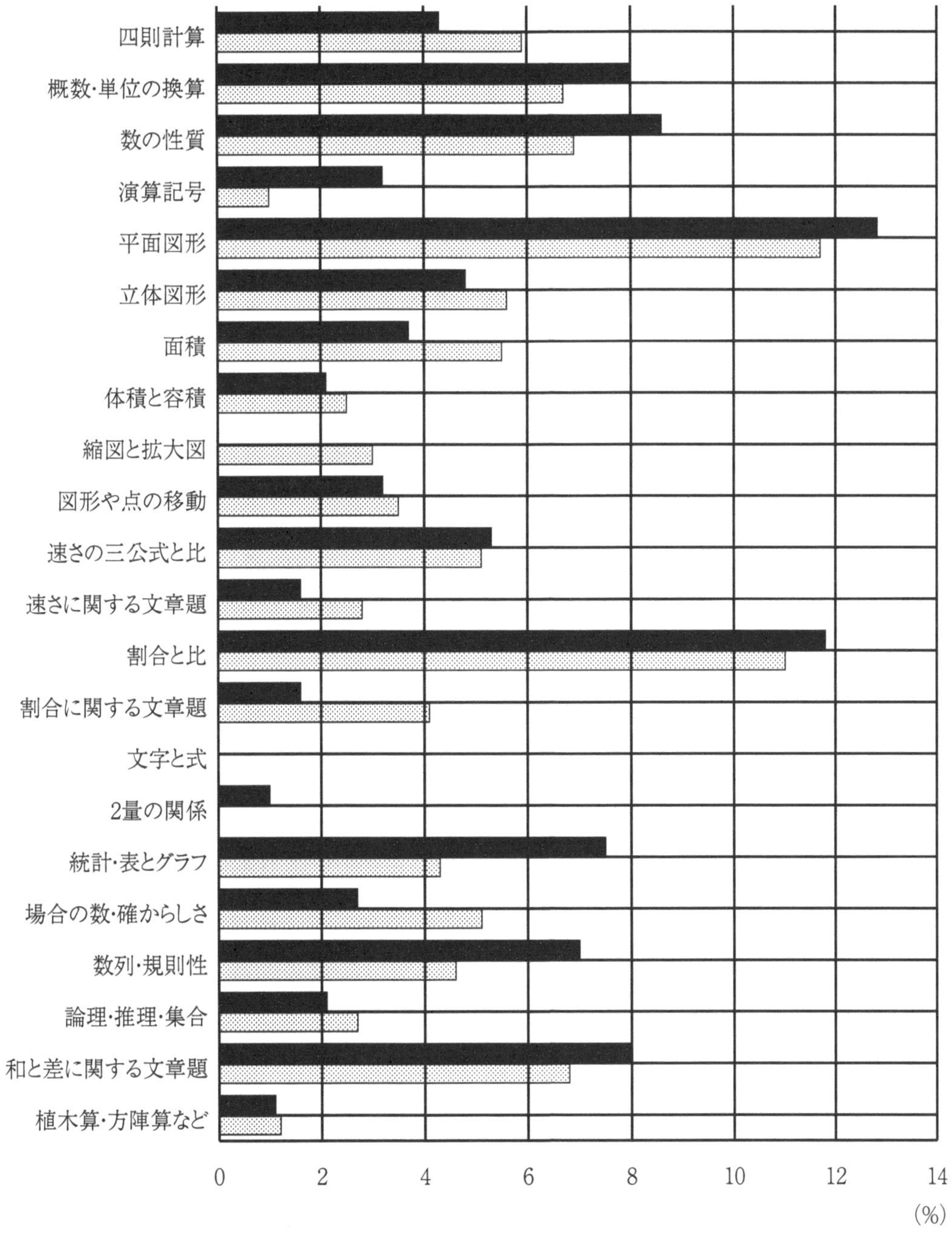

理科　出題傾向の分析と合格への対策

●出題傾向と内容

試験時間は30分で，問題数は例年通り大問が4題であった。問題は各分野から出題されている。

問題のレベルは基礎から標準であるが，物理分野でやや難しい問題が出題されることもある。そのため，物理以外の他の分野，特に生物と地学分野でしっかりと得点することが重要である。

頻出の分野としては，「動物」「流水・地層・岩石」「水溶液の性質」といった分野である。さらに，観察や実験操作が取り上げられることも多い。

論述式の問題も出題されるので，考えを短くまとめる力も必要である。

✔学習のポイント

基本的な問題をしっかり解いて，得点を重ねるようにしよう。

●2025年度の予想と対策

標準的な問題集で理科全般の幅広い知識を身につけることが大切である。物理分野でいくぶん難しい問題が出題される。物体の運動，回路と電流の問題などは十分演習しておきたい。

その他の分野では，比較的やさしい問題が多いので，ここで得点するようにしたい。必要な科学用語などはしっかりと覚えるようにしたい。

試験時間が30分で計算問題も比較的多いので時間に余裕はない。例年大問1が物理の問題なので，ここで時間を取られ過ぎないように注意しよう。

基本問題でのミスをしないことが，テストでは重要な点である。

▼年度別出題内容分類表

※　よく出ている順に☆，◎，○の３段階で示してあります。

出題内容		2022年		2023年		2024年	
		1/10	2/7	1/10	1/12	1/10	1/12
生物	植物		☆	☆	○	☆	
	動物	☆			◎		
	人体						☆
	生物総合				☆		
天体・気象・地形	星と星座						
	地球と太陽・月	☆					
	気象		☆				☆
	流水・地層・岩石			☆	☆	☆	
	天体・気象・地形の総合						
物質と変化	水溶液の性質・物質との反応						☆
	気体の発生・性質	☆	☆		☆	☆	
	ものの溶け方						
	燃焼						
	金属の性質						
	物質の状態変化			☆			
	物質と変化の総合						
熱・光・音	熱の伝わり方						
	光の性質						
	音の性質						
	熱・光・音の総合						
力のはたらき	ばね			◎			☆
	てこ・てんびん・滑車・輪軸	☆		◎			
	物体の運動				☆		
	浮力と密度・圧力						
	力のはたらきの総合						
電流	回路と電流		☆			☆	
	電流のはたらき・電磁石						
	電流の総合						
実験・観察				◎	◎		◎
環境と時事／その他			○				○

狭山ヶ丘高等学校付属中学校

理科 ——グラフで見る最近３ヶ年の傾向——

最近３ヶ年に出題されたすべての問題を内容別に分類・集計し，全体に対して何パーセントくらいの割合になっているかを示しました。

……50校の平均　　……狭山ヶ丘高等学校付属中学校

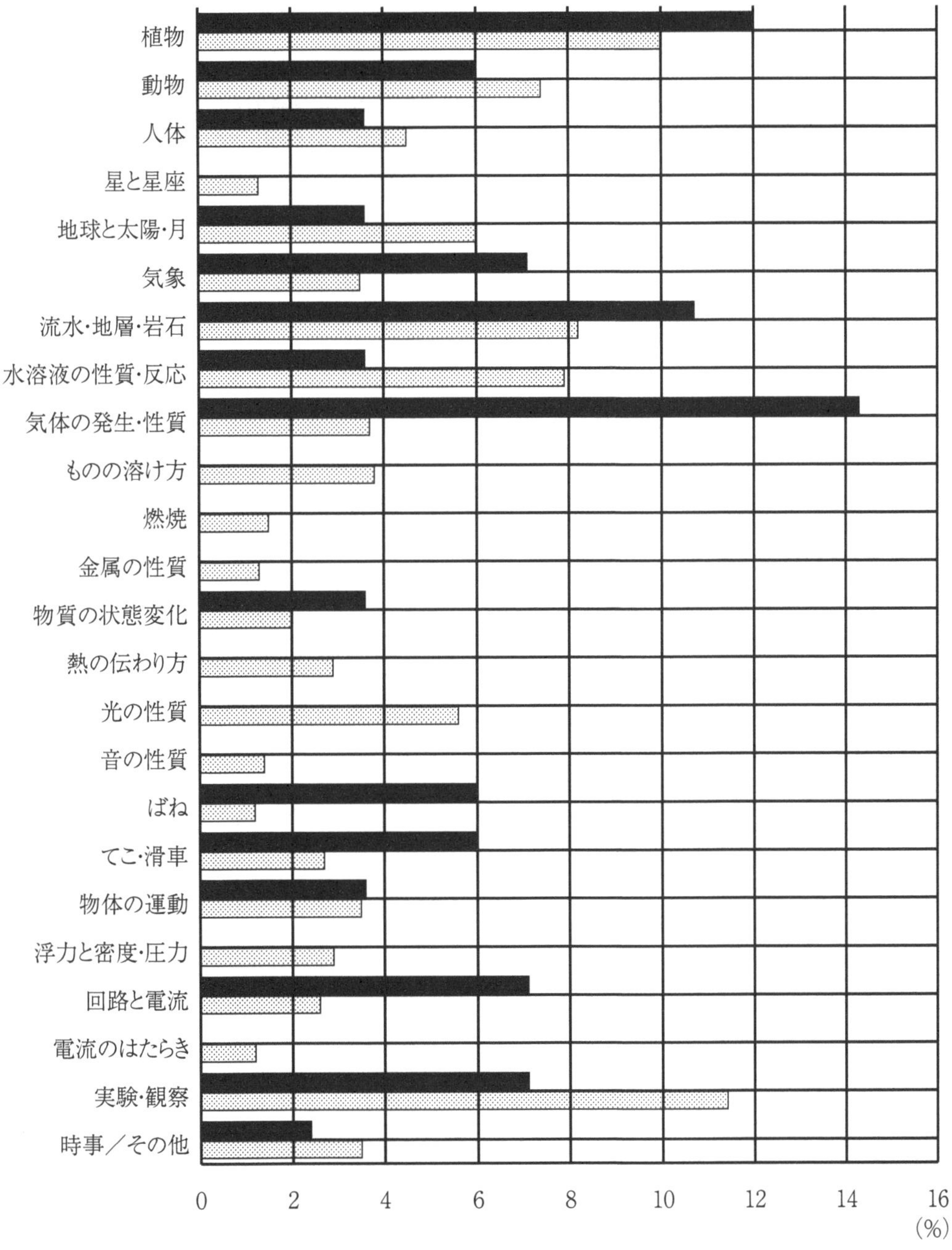

社会　出題傾向の分析と合格への対策

●出題傾向と内容

今年度も大問が4～5題で小問数が40問程度。分野別では歴史が2題とやや比重が高いという点では例年通りである。解答形式は語句記入が半数以上を占め漢字指定も多い。記述は1～2問程度で短文の基本的な内容が中心である。

地理は地形図の読み取りや日本の畜産業，近代工業の発展過程に関する出題など。歴史は古代から近代までと近代以降の大問2題で，法体系の歴史や甲子園を題材にしたものと，代表的な戦乱と明治の歴史を題材にした政治を中心としたものとなっている。政治は地元の市長選挙や三権分立を中心にしたもので，3分野とも基本的な内容が中心の出題である。

学習のポイント

地理：地形図や雨温図など資料には要注意。
歴史：重要語句は必ずチェックしよう。
政治：新聞を利用して時事問題の理解を。

●2025年度の予想と対策

設問の形式など若干の変動は予想されるが，レベル的に大きく変わることはないと思われる。分野を問わず様々な資料などの情報を読み取る出題が多く，過去問に触れることでこうした出題に慣れ力を養成しておく必要がある。地理では地図帳を常に傍らに置くことはもちろん，地図記号などの基本知識は完璧にしておこう。歴史は配点も高くポイントとなる分野である。時代ごとのまとめを押さえ流れを把握しておきたい。政治は何と言っても時事問題。常に世の中の流れを意識することが大切である。

▼年度別出題内容分類表

※　よく出ている順に☆，◎，○の３段階で示してあります。

出題内容			2022年		2023年		2024年	
			1/10	1/12	1/10	1/12	1/10	2/6
地理	日本の地理	地図の見方	○	○	◎		○	
		日本の国土と自然	○	◎		○	○	○
		人口・土地利用・資源	○					○
		農業	○	○		◎	○	
		水産業						
		工業	◎	○				◎
		運輸・通信・貿易					○	
		商業・経済一般						
	公害・環境問題			○				
	世界の地理							
日本の歴史	時代別	原始から平安時代	◎	◎	○	◎	○	○
		鎌倉・室町時代	◎	◎	☆	○	◎	◎
		安土桃山・江戸時代	◎	○	☆	◎	◎	○
		明治時代から現代	○	☆	○	☆	☆	☆
	テーマ別	政治・法律	◎	◎	◎	◎	◎	◎
		経済・社会・技術	○	◎	◎	◎	○	
		文化・宗教・教育	○	○	○			○
		外交	◎	○	○	◎	○	◎
政治	憲法の原理・基本的人権		○		○	○		◎
	政治のしくみと働き		◎		◎		○	◎
	地方自治		○				◎	
	国民生活と福祉							
	国際社会と平和			☆		☆		
時事問題								
その他								

狭山ヶ丘高等学校付属中学校

社会 ――グラフで見る最近３ヶ年の傾向――

最近３ヶ年に出題されたすべての問題を内容別に分類・集計し，全体に対して何パーセントくらいの割合になっているかを示しました。

……50校の平均　　　……狭山ヶ丘高等学校付属中学校

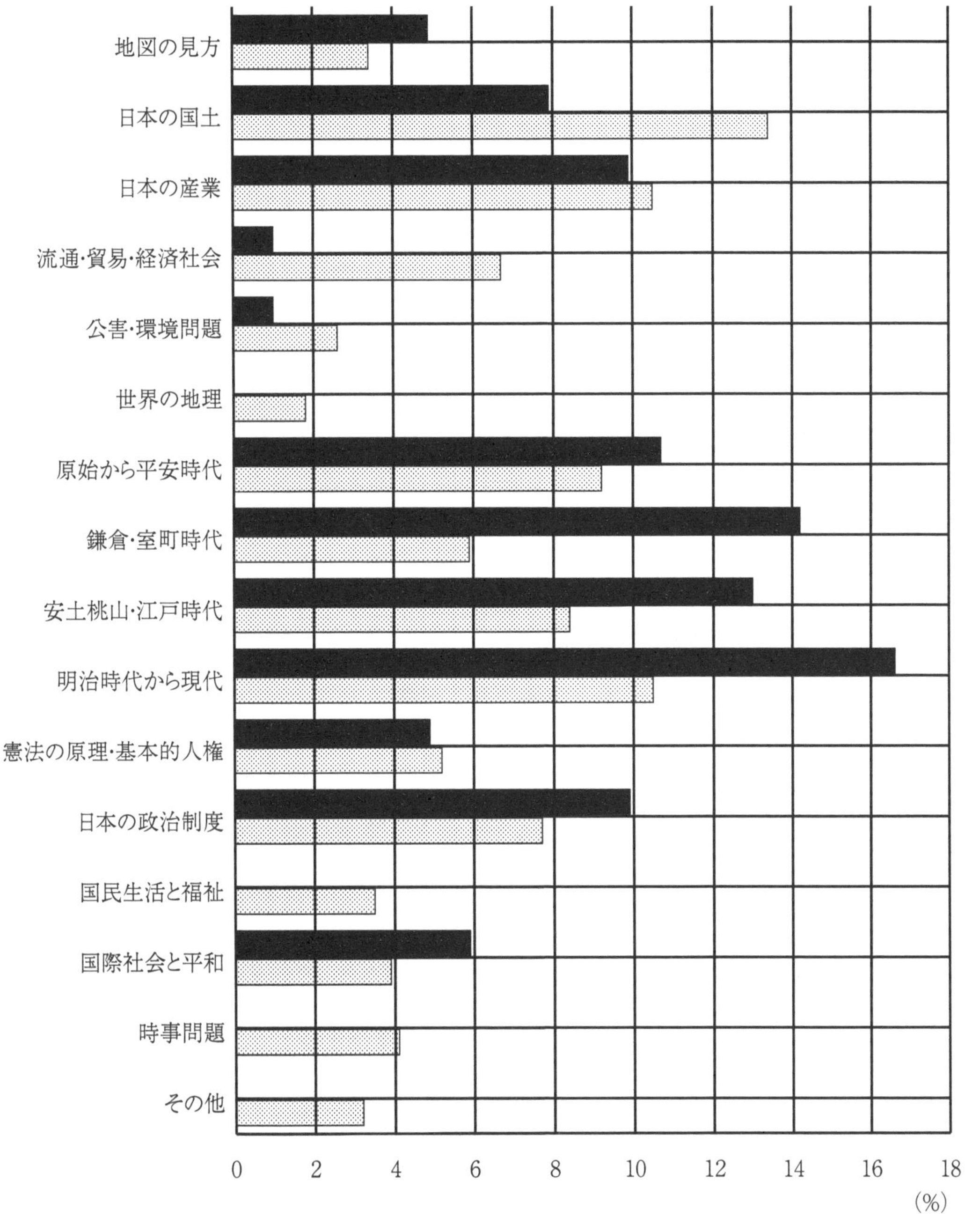

国語　出題傾向の分析と 合格への対策

●出題傾向と内容

今年度も，論理的文章と文学的文章の読解問題と知識分野の大問3題構成であった。

論理的文章は専門的なテーマについて述べている文章，文学的文章は主人公の心情をていねいに描いた文章で，どちらの文章も難度がやや高く内容を的確に読み取る力が試されている。問題形式は，選択式や抜き出し問題が大半を占めるが，判断に迷うものも多い。

知識分野は，漢字の読み書き，慣用句・四字熟語，反対語など幅広く，ことばの意味などは本文に組み込まれる形で出題されている。

総合的な国語力が試される内容である。

学習のポイント

・内容を的確に読み取れるようにしよう！
・知識分野は着実に積み上げておこう！

●2025年度の予想と対策

来年度も，論理的文章，文学的文章に，知識分野の独立問題の大問3題構成が予想される。

論理的文章は，文脈を正確に読み取り，内容を的確に把握できるようにしておく。文学的文章は，心情や情景をていねいに読み取って物語の展開をつかめるようにする。本年の『トロッコ』のように，過去にも古い時代の小説が取り上げられているので，幅広く読んでおきたい。要旨をまとめる練習などで，記述力もつけておこう。

知識分野は漢字をはじめ，ことわざ・慣用句・四字熟語，ことばの意味など取りこぼしのないようにしておきたい。

過去問などを通して，本校の傾向をしっかりつかんでおこう。

▼年度別出題内容分類表

※　よく出ている順に☆，◎，○の３段階で示してあります。

		出題内容	2022年 1/10	2022年 1/12	2023年 1/10	2023年 1/12	2024年 1/10	2024年 1/12
内容の分類	読解	主題・表題の読み取り						
		要旨・大意の読み取り					○	○
		心情・情景の読み取り	☆	☆	☆	☆	◎	◎
		論理展開・段落構成の読み取り	○	○	○	○		○
		文章の細部の読み取り	☆	☆	☆	☆	☆	☆
		指示語の問題		○				
		接続語の問題		○	○			○
		空欄補充の問題	☆	☆	☆	☆	☆	◎
	知識	ことばの意味	◎	○	◎	◎	◎	○
		同類語・反対語						
		ことわざ・慣用句・四字熟語	☆	☆	☆	☆	◎	◎
		漢字の読み書き	◎	◎	◎	◎	◎	◎
		筆順・画数・部首						
		文と文節						
		ことばの用法・品詞						
		かなづかい						
		表現技法				○		○
		文学作品と作者	○	○			○	
		敬語						
	表現	短文作成						
		記述力・表現力	◎				○	
文の種類		論説文・説明文	○	○	○	○	○	○
		記録文・報告文						
		物語・小説・伝記	○	○	○	○	○	○
		随筆・紀行文・日記						
		詩（その解説も含む）						
		短歌・俳句（その解説も含む）						
		その他						

狭山ヶ丘高等学校付属中学校

国語 ——グラフで見る最近3ヶ年の傾向——

最近3ヶ年に出題されたすべての問題を内容別に分類・集計し，全体に対して何パーセントくらいの割合になっているかを示しました。

……50校の平均　　……狭山ヶ丘高等学校付属中学校

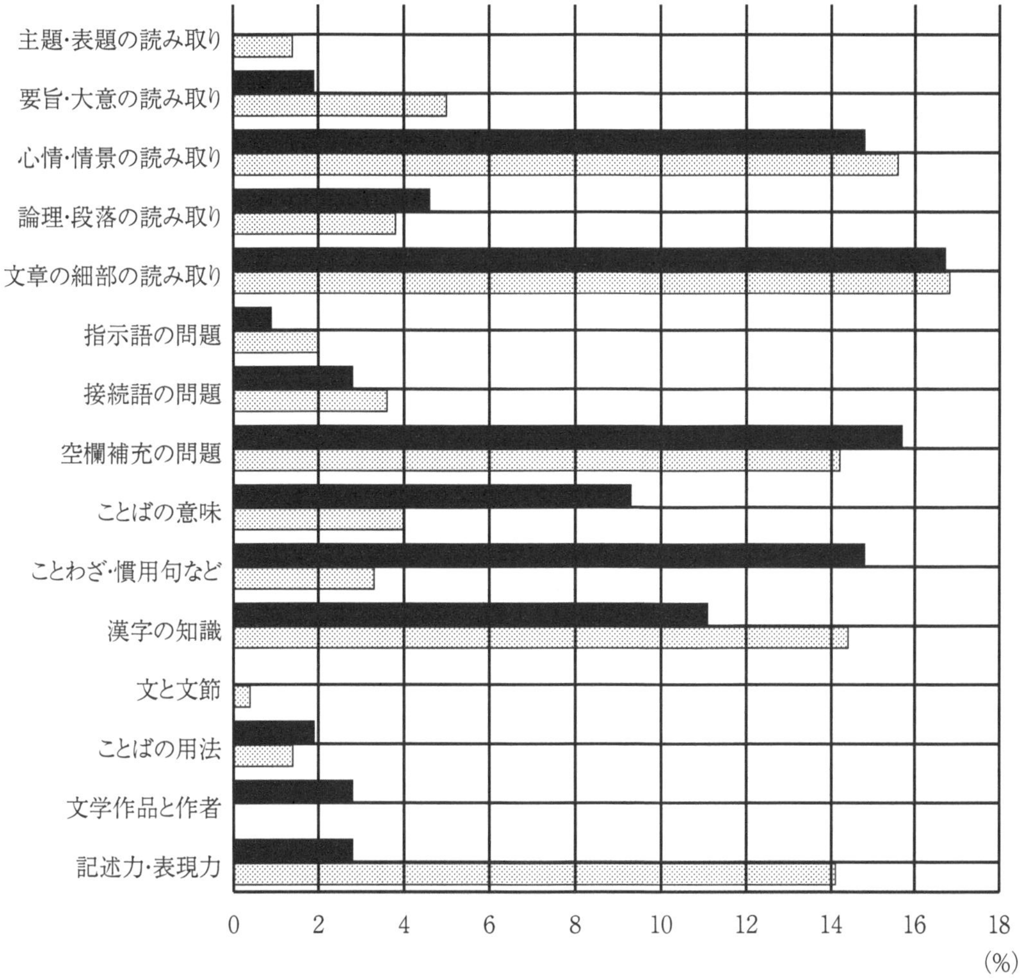

	論　説　文 説　明　文	物語・小説 伝　　　記	随筆・紀行 文・日記	詩 （その解説）	短歌・俳句 （その解説）
狭山ヶ丘高等 学校付属中学校	50.0%	50.0%	0.0%	0.0%	0.0%
50校の平均	47.0%	45.0%	8.0%	0%	0%

2024年度 合否の鍵はこの問題だ!!

算 数　2 (5)

(1／12)

よく出題される図形の問題であり，解けなければいけない。
解き方は複数あるが，正方形を「区切る」方法がわかりやすい。

【問題】

1辺が4cmの正方形ABCDのなかに点Pをとって4つの三角形に分けた。

このとき，斜線部分の面積は何cm^2か。

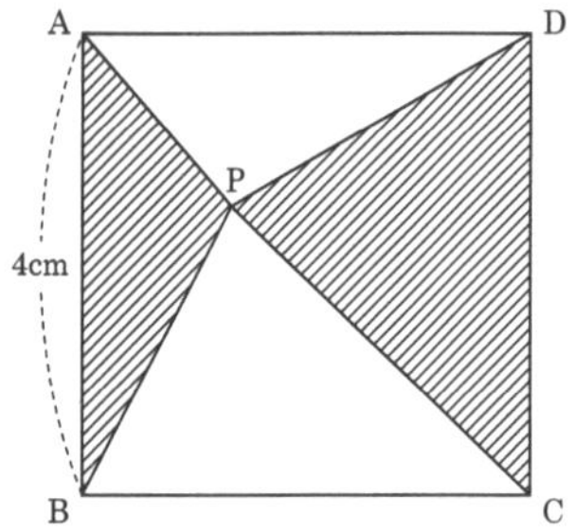

【考え方】

右図より，$4 \times 4 \div 2 = 8$(cm^2)

この図を利用する ⟶

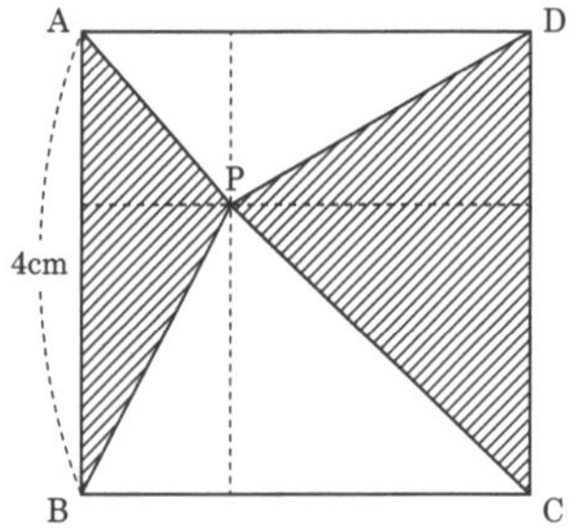

理 科　[2]　問3～問7

(1／10)

例年と同様，今年も大問が4題で各分野から1題ずつ出題されている。計算問題も出題されている。ほとんどが基本的な内容を問うものであるが，物理分野ではいくぶん難しい問題が出題されることもある。基本問題をミスなくしっかりと得点することが合否の鍵となる。試験時間は30分で，時間の余裕はない。

合格の鍵となる問題として，[2]の問3～問7を取り上げる。気体発生とその量の計算問題である。

問3　亜鉛をかたまりのままで塩酸に加えた場合と，細かく砕いて加えた場合で実験結果にどのような差が出るかが問われている。固体はその表面積が大きいほど反応の速さが速くなる。それで，細かく砕く方が気体が集まる時間が短くなる。しかし，亜鉛の状態に関係なく同じ重さの亜鉛をすべて反応させるので，発生する気体の量は変わらない。

問4　塩酸の濃さを濃くすると，その中に含まれる塩化水素の量が多くなるので反応にかかる時間が短くなる。しかし，反応する亜鉛の量は変わらないので，最終的に発生する気体の量は変化しない。

問5，問6　亜鉛2.6gが全て反応し終わると，それ以上塩酸を加えても気体の発生は起きない。グラフでは塩酸を20cm^3加えたとき反応が終わっている。このとき塩酸と亜鉛がちょうど反応した。塩酸を10cm^3加えたときに発生する気体の体積はグラフから読み取って490cm^3とわかる。

問7　5.2gの亜鉛がすべて反応するには，40cm^3の塩酸が必要である。しかし塩酸は30cm^3しか加えていないので，亜鉛の一部が反応せずに残る。塩酸はすべて反応する。塩酸10cm^3から490cm^3の気体が発生するので，30cm^3からは。$490\times3=1470(cm^3)$の気体が発生する。

物理分野と化学分野で計算問題の出題が比較的多く，この分野で1問でも多く得点できるかが合否の分かれ目となる。また，基本問題の多い生物分野と地学分野で，できる限りミスをせずに得点できるかも重要である。

社　会　[4]　設問2

(1/10)

設問は1924年に成立した加藤高明内閣の政策についての3つの問題である。大正デモクラシーが盛り上がる中で成立した加藤内閣は憲政会・立憲政友会・革新倶楽部による護憲三派の連立内閣である。1924年，貴族院や官僚勢力を中心とする清浦奎吾内閣が成立すると3党は普通選挙などを主張してこれを攻撃，内閣は議会を解散して総選挙に訴えたが惨敗し憲政会総裁の加藤高明による連立内閣の誕生につながった。加藤は原敬内閣が3円まで引き下げた納税額の撤廃に踏み切り，これにより有権者は全国民の5.5%から20.8%に激増することになる。普通選挙法の成立により無産階級の議会への進出で社会運動が過激化することを恐れる勢力を抑えるために制定されたのが治安維持法である。おりしも1925年には最初の合法的な無産政党といわれる農民労働党が結成され即日禁止，翌年には労働農民党などが成立するという時代である。1917年のロシア革命以降，日本国内でも労働運動や農民運動，部落解放運動，婦人解放運動などさまざまな動きが活発となっていた。一般には大正デモクラシーと明るい響きで呼ばれる自由な時代を想像するが，当時発生した関東大震災ではデマが流れ混乱に乗じて数千人の朝鮮人が虐殺されたり無政府主義者の大杉栄一家が憲兵大尉に虐殺されるといった悲惨な事件も起きている。こうした時代に成立した治安維持法は国体の変革や私有財産を否定する結社などを取り締まる法律で，3年後には緊急勅令で最高刑が死刑に変更，さらに太平洋戦争開戦直前には全面改正され取り締まり範囲を拡大，刑期満了後も犯罪予防のために引き続き拘禁する予防拘禁が採用され思想や政治活動などの弾圧手段として濫用，国の方針に従わないだけで取り締まりが可能となるという天下の悪法となっていった。

本校の問題は分野を問わずあくまで基本的なものが中心である。分野別では歴史の割合が高く本年度も大問5問中2問が歴史問題であるうえ，小問数では半分以上を占めている。受験生が苦手とする歴史的事項の並び替えなどもあるので，基本問題が中心だからと気を抜いていたら合否に大きく影響してしまう。まずは歴史の大きな流れをしっかりと掴み，政治体制や土地制度，対外関係といった分野ごとの学習を確実に理解することを通じて知識の定着を図ることが何よりも大切といえるだろう。

国語 一 問8

(1/10)

★合否を分けるポイント

傍線部⑤「字づらの意味」，傍線部⑥「別の水準の意味」について，Ⅰは⑤の示すもの，Ⅱは⑥の示すものを指示に従って答える記述問題である。傍線部の意味とともに，本文の内容を的確に読み取れているかがポイントだ。

★同様のことをくり返し述べている部分に着目する

傍線部⑤・⑥のある段落までで，太陽－地球間の距離は約一億五〇〇〇万キロメートルあり，一秒間に三〇万キロメートル進む光でさえも約八分二〇秒間かかる，ということについて，一億五〇〇〇万キロメートルや一秒間に三〇万キロメートルの速さという表現に実感は伴わないが，八分以上かかるという表現でやっとわかる→実感的にわかるためには，自分が操作出来る手持ちの心像に置き換える，すなわち，新しく取り込んだ情報を既知の情報に置き換える必要がある→画家の山下清がすべてを兵隊の位で考えていたように，われわれもいろいろな価値基準を持っていて，それと比べている→たとえ話のように，置き換えによって意味をいっそうはっきりさせることができる→道徳を具体的に教えるのは難しいが，「北風と太陽」の物語のようなたとえ話は具体的にイメージできて，強力なメッセージを含んでいる→大脳損傷が起こると，具体的なイメージから別の意味を汲み取ることができなくなる→【「サルモキカラオチル」の文字通りの意味，「字づらの意味」はわかっても，その意味に人間行動一般が含まれている「別の水準の意味」があり，意味を飛躍させることができない，つまり，猿は木登り名人で，樹上で暮らす動物だと知っていても，名人一般のイメージと比較することができなくなる】，ということを述べている。【　】部分が設問部分になるが，ここでは「文字通りの意味」を⑤の「字づらの意味」，「その意味に人間行動一般が含まれている」ことを⑥の「別の水準の意味」というように，同様のことをくり返し述べていることから，⑤は「文字通りの意味」がわかる「猿も(または「猿が」)木から落ちる」，⑥は「その意味に人間行動一般が含まれている」内容として「名人も失敗する(という意味。)」といった説明になる。傍線部前後の文脈を確認し，同様のことをくり返し述べている場合は記述の手がかりにもなるので，本文の論の流れとともに，その内容をていねいに読み取っていくことが重要だ。

2024年度

★★★★★★★★★★★★★★★★★★★★★★★★

入　試　問　題

2024年度

狭山ヶ丘高等学校付属中学校入試問題

【算　数】（50分）　＜満点：100点＞

【注意】 (1)　コンパス・分度器・電卓・定規類の使用は認めません。
(2)　問題にかいてある図は必ずしも正確ではありません。

１．次の □ ，$\boxed{\text{A}}$ ，$\boxed{\text{B}}$ に当てはまる数を求めなさい。

(1)　$1.23+4.56-0.7+8.9+0.01=$ □

(2)　$3\times\left(\frac{5}{6}-3.5\div\frac{14}{3}\right)=$ □

(3)　$\frac{1}{2}+\frac{1}{\square}+\frac{1}{5}=\frac{31}{30}$

(4)　3.6÷1.4の商は $\boxed{\text{A}}$ で，余りは $\boxed{\text{B}}$ です。

(5)　時速7.2㎞＝秒速 □ m

２．次の □ に当てはまる数を答えなさい。ただし，$\boxed{\text{X}}$ には「時計」か「反時計」のどちらかの用語を答えなさい。

(1)　３けたの数のうち，すべての位の数字が異なるものは □ 個あります。

(2)　50mのつなを使ってつな引きをします。つなの端《はし》に子どもを立たせ，そこから50㎝の間かくで子どもを立たせていきます。ただし，端《はし》から25mの位置にある中央には子どもは立たせないようにします。つな引きをする子どもは全員で □ 人必要です。

(3)　太郎さんと花子さんの歩く速さの比は７：５です。太郎さんはA地点から，花子さんはB地点からお互いの場所に向かって同時に歩き始めます。太郎さんがA地点からB地点まで歩くのに24分かかったとき，歩き始めてから □ 分後に２人はすれ違いました。

(4)　右の図のように，歯数が30の歯車Aと歯数が50の歯車Bがかみ合っています。歯車Aが時計回りに100回転した時に，歯車Bは $\boxed{\text{X}}$ 回りに □ 回転します。

(5)　１辺が４㎝の正方形ABCDの中に点Pをとって４つの三角形に分けました。
このとき，斜線部分の面積は □ ㎝^{2}です。

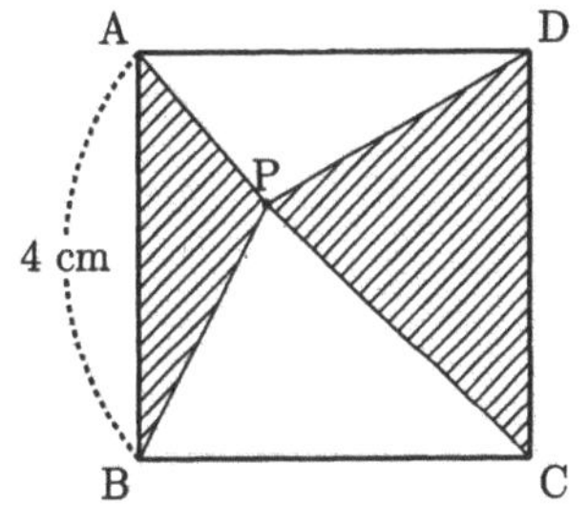

３．下の表は，太郎さんのクラスの男子生徒10人の１週間の学習時間の合計を並べた資料です。ただし，学習時間は0.5時間（30分）ごとにはかっています。

10.5，　5.0，　3.0，　8.0，　12.0，　4.5，　6.5，　16.0，　9.5，　15.0　（時間）

⑴　０時間から20時間までの学習時間を，階級の幅を５時間ごとに分けて度数分布表をつくったとき，一番度数が多い階級は何時間以上何時間未満ですか。

⑵　男子生徒10人の学習時間の平均値は何時間ですか。

⑶　太郎さんの学習時間は10人の平均値より長いです。

この資料に太郎さんの学習時間を追加して11人分のデータにして平均値や中央値を計算しなおしたところ，学習時間の平均値と中央値が等しくなりました。

太郎さんの学習時間は何時間ですか。

４．下の図のような，横10m，縦５m，高さが50cmの浴そうがあります。この浴そうは高さ40cmの仕切りによって「あつ湯エリア」と「ぬる湯エリア」に分けられています。「あつ湯エリア」は横が６mの部分で，毎分２m^3の速さでお湯が出る蛇口Ａがあります。「ぬる湯エリア」は横が４mの部分で，毎分１m^3の速さで水が出る蛇口Ｂがあります。最初，水そうにお湯はためられていないものとし，蛇口Ａも蛇口Ｂも閉じているとします。また，仕切りの厚さは考えないことにします。

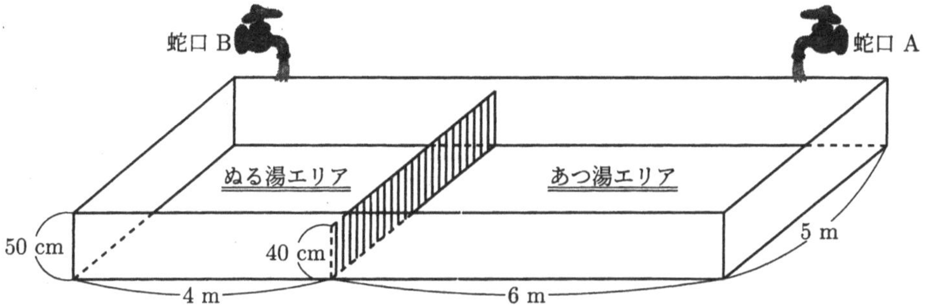

⑴　蛇口Ａを開けてお湯を出し始めると，「あつ湯エリア」には何分でお湯が完全にたまりますか。

⑵　「あつ湯エリア」にお湯が完全にたまり「ぬる湯エリア」にあふれ出すタイミングで，蛇口Ｂを開け水を出し始めます。「ぬる湯エリア」にもお湯（と水）が完全にたまったら，蛇口Ａと蛇口Ｂを閉めます。このとき，蛇口Ａを開けてから「ぬる湯エリア」にもすべてお湯がたまるまでの『浴そうの中にあるお湯の体積とかかった時間の関係』のグラフとして正しいものを次の①～④の中から選び，その番号を答えなさい。

①

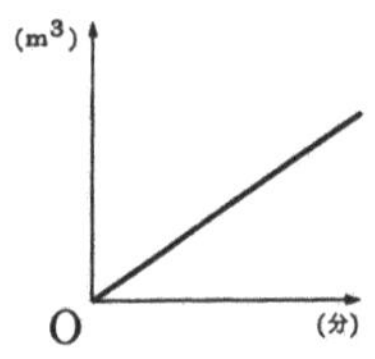

②

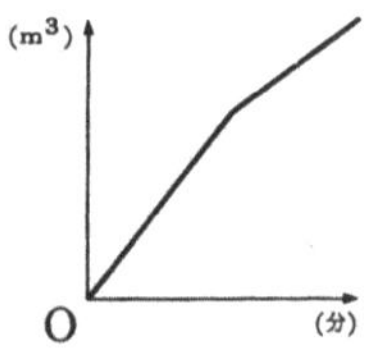

③

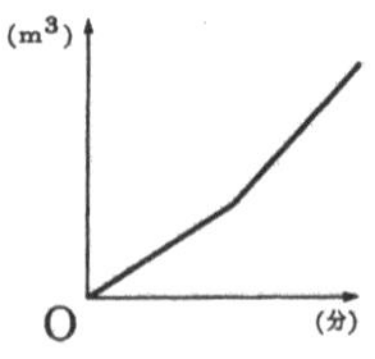

④

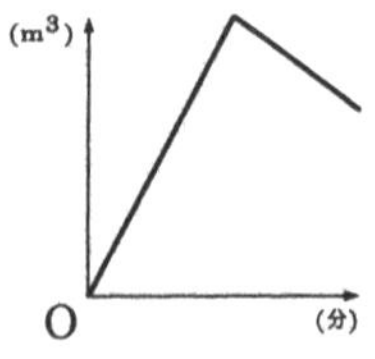

⑶　「あつ湯エリア」と「ぬる湯エリア」の両方に完全にお湯がたまったあと，風呂に入るために20人がやってきました。１人あたりの肩までの体積は0.05m^3としたとき，20人が浴そうに肩までつかると，浴そうの中のお湯の高さは何㎝になりますか。

５．太郎さんは家から2000m離れた駅に向かうため，家から1200mのコンビニまでは分速50mの速さで歩いて行き，コンビニで５分間休けいをしたあと，そこから分速100mの速さで走って駅まで向かいました。

⑴　太郎さんが駅に到着するのは，家を出てから何分後ですか。（式・考え方も書くこと）

⑵　太郎さんが家を出てからしばらくして，妹の花子さんが家から自転車で追いかけました。花子さんが分速200mの速さで家から駅まで太郎さんを追いかけると，コンビニと駅の間で太郎さんに追いつきました。花子さんが家を出たのは，太郎さんが家を出てから何分後から何分後の間ですか。（式・考え方も書くこと）

【理　科】（30分）　＜満点：60点＞

1　実験１～３について，以下の問１～問５に答えなさい。

実験１

図１のように長さ10㎝の針金に電池１個をつなぎ，流れる電流の強さを調べると，0.3Aであった。次に，電池の数を２個，３個と増やして直列につないで電流の強さを調べたところ，表１のようになることが分かった。ただし，電流計は図１にはかいていない。

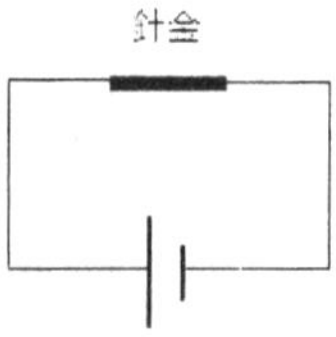

図１

表１

電池の数	1	2	3
電流[A]	0.3	0.6	0.9

問１　電流計を使うときの注意点として，空らん①，②にあてはまる言葉はどちらですか。

「電流計は針金と ①（直列・並列） につなぎ，つなぐ端子は測定できる電流が ②（大きい・小さい） ものから接続する。」

問２　流れる電流の強さと電池の数の間にはどのような関係がありますか。

問３　電池の数を５個にしたとき，流れる電流の強さは何Aですか。

実験２

電池の数を１個にし，図１の針金の長さを20㎝，30㎝と変えて電流の強さを調べたところ，表２のようになることが分かった。

表２

針金の長さ[cm]	10	20	30
電流[A]	0.3	0.15	0.1

問４　針金の長さを５㎝にしたとき，流れる電流の強さは何Aですか。

実験３

図２のように長さ10㎝の針金を２個，3個と増やして並列にして，電池１個をつないだ。流れる電流の強さを調べたところ，表３のようになることが分かった。

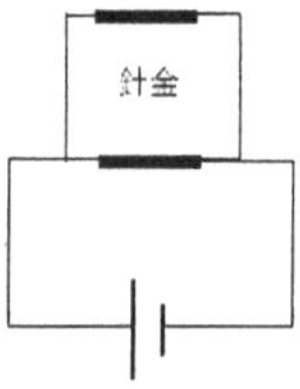

図２

表３

針金の個数	1	2	3
電流[A]	0.3	0.6	0.9

問５　長さ20㎝の針金３個を並列にして，電池１個をつないだとき，流れる電流の強さは何Aですか。

2　次の文章について，以下の問１～問７に答えなさい。

　図１のように，亜鉛《あえん》2.6ｇにうすい塩酸を加えたところ，気体が発生した。図２は加えた塩酸の体積と，発生した気体の体積をグラフにまとめたものである。

図１

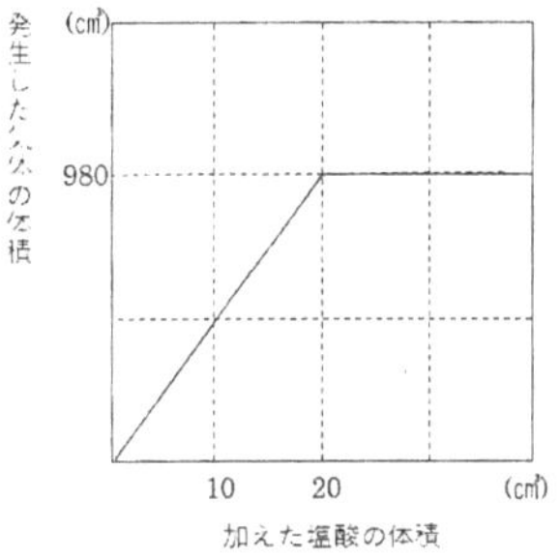

図２

問１　発生した気体は何ですか。

問２　発生した気体の集め方として適当な方法は何ですか。

問３　亜鉛を細かくくだいて実験をしたときの結果はどれですか。正しいものを，次の(ア)～(エ)の中から１つ選び，その記号で答えなさい。

(ア)　気体が集まる時間がはやくなり，集まる気体の体積も増える

(イ)　気体が集まる時間がはやくなり，集まる気体の体積は変わらない

(ウ)　気体が集まる時間は変わらないが，集まる気体の体積は増える

(エ)　気体が集まる時間も，集まる気体の体積も変わらない

問４　塩酸のこさをこくして実験をしたときの結果はどれですか。正しいものを，次の(ア)～(ウ)の中から１つ選び，その記号で答えなさい。

(ア)　集まる気体の体積が増える

(イ)　集まる気体の体積は変わらない

(ウ)　集まる気体の体積は減る

問５　亜鉛2.6ｇをちょうど溶《と》かしきるのに必要な塩酸の体積は何cm^3ですか。

問６　亜鉛2.6ｇに塩酸10cm^3加えたとき，発生する気体の体積は何cm^3ですか。

問７　亜鉛5.2ｇに塩酸を30cm^3加えたとき，発生する気体の体積は何cm^3ですか。

3　次のＡ～Ｆの植物について，以下の問１～問６に答えなさい。

Ａ　サクラ　　Ｂ　アブラナ　　Ｃ　タンポポ　　Ｄ　ジャガイモ　　Ｅ　ススキ　　Ｆ　イネ

問１　図１はある植物の茎《くき》の断面の様子を表したものです。このような茎のつくりをしている植物はどれですか。正しいものを，Ａ～Ｆの中から全て選び，その記号で答えなさい。

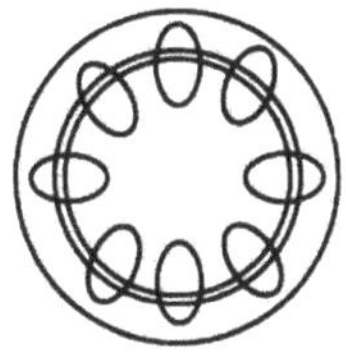

図１

問２　花が咲いたときに，花びらがくっついているものはどれですか。正しいものを，Ａ～Ｆの中から全て選び，その記号で答えなさい。

問３　図１のような茎をもつ植物を，その子葉の様子から何といいますか。

問４　サクラのように，冬になる前に落葉する植物はどれですか。正しいものを，次の(ア)～(オ)の中から２つ選び，その記号で答えなさい。

(ア)　ツバキ　　(イ)　マツ　　(ウ)　スギ　　(エ)　イチョウ　　(オ)　ブナ

問５　タンポポに見られる特ちょうで，冬の寒さをさけ，冬の弱い日差しを多く受けるために円形に葉を広げて越冬《えっとう》する様子を何といいますか。

問６　ジャガイモについて，私たちがいつも食べている部分は茎の部分です。ジャガイモ同様に食べている部分が茎のものはどれですか。正しいものを，次の(ア)～(オ)の中から１つ選び，その記号で答えなさい。

(ア)　ゴボウ　　(イ)　長ネギ　　(ウ)　サツマイモ　　(エ)　ニンジン　　(オ)　タケノコ

４　次の文章について，以下の問１～問６に答えなさい。

同じ川であっても，山の中を流れているときや川が平地に出たとき，海の近くでは水の流れの速さが変わるため，土地の様子は変わる。川の上流では普通，山の中にあり，土地のかたむきが大きいために，水の流れが早く地面を削《けず》るはたらきである（　①　）や削られた土や石を運ぶ（　②　）というはたらきが盛んに行われる。また，川幅は狭い。川が平地に出るあたりでは流れはゆるやかになり，流れる水が運んできた土や石を積もらせる（　③　）というはたらきが見られるようになる。(I)川の中流あたりでは川が大きく曲がり，両岸の流れには速さの違いが見られる。河口付近になると，川の流れはさらにゆるやかになり，(II)枝分かれした流れと海で囲まれた平らな土地などが見られる。

問１　文中の空らん①～③に当てはまる言葉は何ですか。

問２　山の中で，土地のかたむきが大きいところでは川底が大きく削られて深い谷ができます。この谷の名前は何ですか。

問３　川にある石の特ちょうはどれですか。正しいものを，次の(ア)～(エ)の中から１つ選び，その記号で答えなさい。

(ア)　上流の石は大きく丸みを帯びていて，下流の石は小さく角ばっている

(イ)　上流の石は小さく丸みを帯びていて，下流の石は大きく角ばっている

(ウ)　上流の石は大きく角ばっていて，下流の石は小さく丸みを帯びている

(エ)　上流の石は小さく角ばっていて，下流の石は大きく丸みを帯びている

問４　下線部(I)について，図１は川の中流の曲がっている部分の図です。図１のＡ，Ｂ，Ｃの中で最も流れが速い場所はどこですか。正しいものを，図１中のＡ～Ｃの中から１つ選び，その記号で答えなさい。

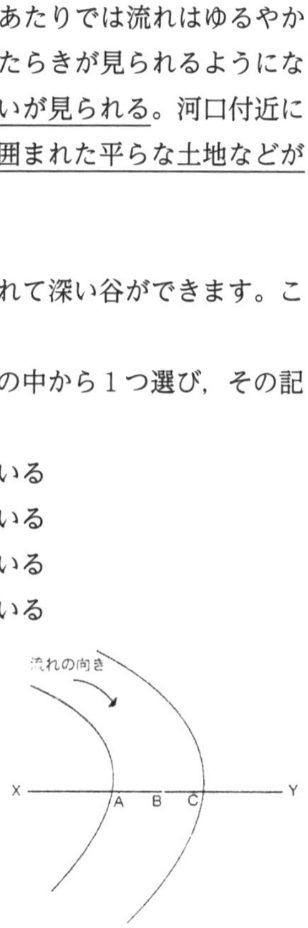

図１

問５　問４の図１のＸ－Ｙ間の断面図として，もっとも近いものはどれですか。正しいものを，図２の(ア)～(ウ)の中から１つ選び，その記号で答えなさい。

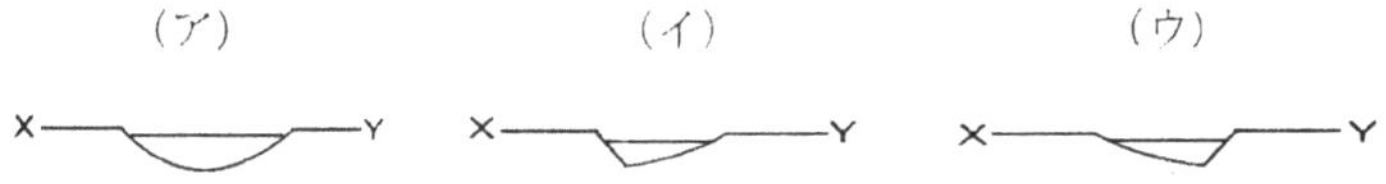

図２

問６　下線部(Ⅱ)について，この河口付近の地形を何といいますか。

【社　会】（30分）　＜満点：60点＞

1　次の文章を読み，あとの設問に答えなさい。

自然豊かな日本においては，各地で様々な農業が展開されているが，なかでも畜産業が占める割合は大きく，2021年においては，農業総産出額のうち畜産業は約39％を占めていた。そのうち牛については，乳用牛，肉用牛ともに飼育頭数の全国第一位を占めているのは【 Ａ 】である。豚肉の飼育頭数は【 Ｂ 】が全国第一位で，肉用若鶏（ブロイラー）については，⑴【 Ｂ 】を含む九州の２県が全国一の羽数を競い合っている状況である。

このように国内でも様々な畜産業が展開されているが，⑵日本は諸外国から多くの肉を輸入している。牛肉については，⑶1991年の牛肉の輸入自由化以降，国内の自給率は低下しているが，⑷各地で高級なブランド牛が飼育されるようになった。

設問１．【A】【B】に適切な都道府県を漢字で答えなさい。

設問２．下線部⑴について，この２県の説明文として誤っているものを次から１つ選び記号で答えなさい。

ア．温暖な気候をいかした野菜の促成栽培が有名である。

イ．シラス台地が広がっており，さつまいもや茶の栽培がさかんである。

ウ．県内にはいくつかの火山があり，雲仙岳の噴火では大きな被害がでた。

エ．いくつかの離島があり，世界遺産に登録されている屋久島は有名である。

設問３．下線部⑵について，次のグラフはある肉の輸入先の割合を示したものである。その肉とは何か。次から１つ選び記号で答えなさい。

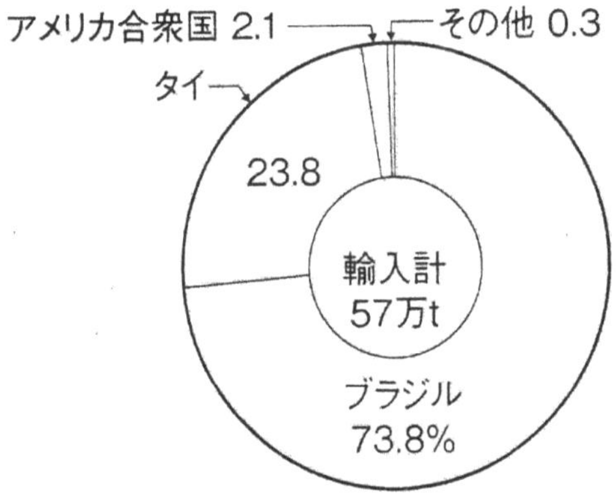

『日本国勢図会 2023/24』より作成

ア．鶏肉

イ．豚肉

ウ．牛肉

設問４．下線部⑶について，日本は牛肉と同時にある果物の輸入自由化を実施した。その果物を答えなさい。

設問５．下線部⑷について，ブランド牛のうち，松阪牛は何県のブランド牛か。漢字で答えなさい。

２　次の地図を参考に，設問に答えなさい。

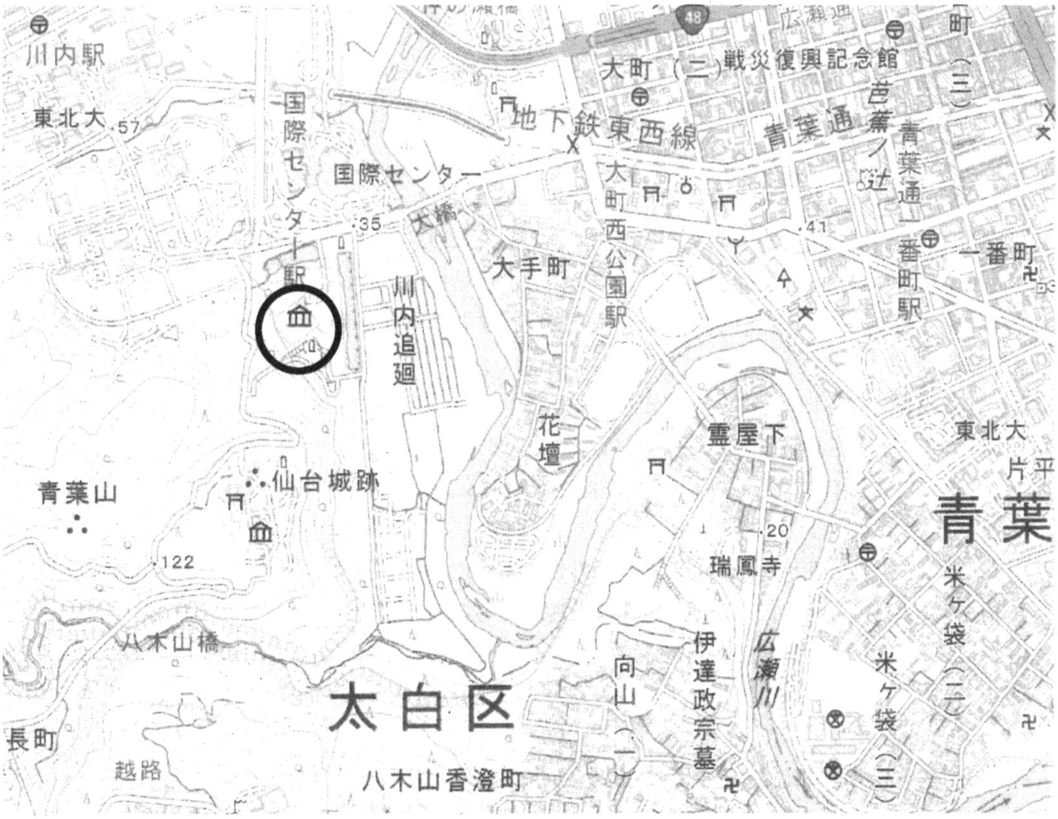

国土地理院ＨＰより作成
（地図の上方が北である）

設問１．地図中○で囲んでいる地図記号は何を示しているか答えなさい。

設問２．この地図から読み取れる内容に関するＡＢの文章の正誤の組み合わせとして正しいものを次から選び記号で答えなさい。

Ａ：この地図中を流れている広瀬川（のちに名取川に合流）の河口は日本海に位置している。

Ｂ：この地図ではおおむね西の方が東の方よりも標高が高い。

ア．Ａ＝正　Ｂ＝正　　イ．Ａ＝正　Ｂ＝誤

ウ．Ａ＝誤　Ｂ＝正　　エ．Ａ＝誤　Ｂ＝誤

設問３．この地図が示す地域を含む県についての説明文として誤っているものを次から１つ選び記号で答えなさい。

ア．平野部では米づくりがさかんで，全国有数の米の産地である。

イ．海に面した県であり，リアス式海岸が広がっている海岸線がある。

ウ．夏に行われる七夕まつりが有名で，多くの観光客でにぎわっている。

エ．江戸時代以来の伝統工芸品として，南部鉄器の生産が有名である。

3　**次の文章を読み，あとの設問に答えなさい。**

国や政府が政治を行うのに「法」（法典）の存在は欠かせない。日本においても，憲法や法律のような近代的な法典の成立以前にも様々な「法」がつくられ，運用されてきた。

古代において，最初に体系的に成立した「法」は律令であろう。701年に【 Ａ 】らによって編さんされた⑴大宝律令がそのはじめである。律令政治はしだいに衰退していくが，律令は長い間，朝廷政治の「法」として運用された。

12世紀末に⑵鎌倉幕府が成立すると，1232年には【 Ｂ 】によって御成敗式目が制定されたが，これは武士が制定した最初の体系的な法典である。御成敗式目は，その後も⑶室町幕府の基本法として用いられ，また⑷戦国大名の分国法にも大きな影響を与えた。

17世紀初頭に江戸幕府が成立すると，大名を支配する基本法として武家諸法度が制定された。武家諸法度は将軍の代替わりごとに制定されたが，なかでも⑸三代将軍【 Ｃ 】が出した武家諸法度は参勤交代を制度化したものとして知られている。また，⑹生類憐《あわれ》みの令を出したことで知られる【 Ｄ 】による武家諸法度では，武力ではなく制度や儀礼によって統治をすすめる文治政治の方針を示したことでも有名である。【 Ｄ 】が制定した武家諸法度は，以後の歴代将軍も継承していった。

⑺大政奉還を経て明治をむかえると，諸外国のように議会を開設して選挙を行い，議会で制定される法律によって政治を行うことを要求する運動である⑻自由民権運動が展開された。その結果，1889年には⑼大日本帝国憲法が制定され，日本でも近代的な立憲政治が行われるようになった。

設問１．【A】【B】【C】【D】に適切な人物を次の語群からそれぞれ選び答えなさい。

語群

藤原道長　藤原不比等　聖徳太子　北条泰時　北条義時　北条時宗
徳川慶喜　徳川家康　徳川綱吉　徳川家光

設問２．下線部⑴大宝律令によって民衆の負担も制度化された。これについての説明文として誤っているものを次から１つ選び記号で答えなさい。

ア．班田収授によって与えられた口分田から租を納めた。
イ．調や庸といった税負担は，農民らが自ら都へ運ぶ必要があった。
ウ．朝廷の警備を担当する兵士になったり，東北地方の警備をする防人になったりする徴兵の負担があった。
エ．農産物や特産品を納める負担だけではなく，肉体労働が税負担として課せられることがあった。

設問３．下線部⑵鎌倉幕府の展開についての次のア～エを出来事の起こった時代の古い順に並び替えなさい。

ア．朝廷を監視し，京都の警備を担当する六波羅探題が置かれた。
イ．生活に苦しむ御家人たちを救済するため，永仁の徳政令が出された。
ウ．中国を制圧したモンゴル民族が２度にわたって日本に攻めてきた。
エ．後鳥羽上皇が鎌倉幕府に対して挙兵した承久の乱が起きた。

設問４．下線部⑶室町幕府について，

(i)　室町幕府はどこで開かれた幕府か。その都市名を漢字で答えなさい。
(ii)　室町幕府に置かれた，将軍の補佐役として幕府政治を統かつする役職を漢字で答えなさい。

(iii) 室町幕府八代将軍の時代に応仁の乱が起こった。その八代将軍を漢字で答えなさい。

設問５．下線部(4)戦国大名についての説明文ＡＢの正誤の組み合わせとして正しいものを次から選び記号で答えなさい。

Ａ：戦国大名は家来たちを自らの城の周辺に住まわせたため，全国各地に城下町が形成された。

Ｂ：戦国大名は室町時代の守護大名が成長したものであって，下剋上によって戦国大名となったものはいない。

ア．Ａ＝正　Ｂ＝正　　イ．Ａ＝正　Ｂ＝誤

ウ．Ａ＝誤　Ｂ＝正　　エ．Ａ＝誤　Ｂ＝誤

設問６．下線部(5)に関連して，江戸幕府の三代将軍の時代には鎖国政策が展開された。鎖国政策の目的を１つ説明しなさい。

設問７．下線部(6)生類憐《あわれ》みの令は，極端な動物保護政策として知られる。特にどの動物が保護されたか。漢字で答えなさい。

設問８．下線部(7)大政奉還を行った人物を，設問１．の語群から選び答えなさい。

設問９．下線部(8)自由民権運動の指導者の１人で，のちに自由党を結成した人物を漢字で答えなさい。

設問10．下線部(9)大日本帝国憲法についての説明文として正しいものを次から１つ選び記号で答えなさい。

ア．大日本帝国憲法は，イギリスの憲法をモデルにした天皇主権の憲法である。

イ．日本で初めての内閣総理大臣となった山県有朋を中心に制定された。

ウ．貴族院と衆議院の二院制がとられ，両院の議員とも国民による選挙で選ばれた。

エ．第二次世界大戦が終結するまで，女性に参政権は与えられなかった。

４　次の文章を読み，あとの設問に答えなさい。

今から100年前の(1)1924年，阪神甲子園球場が完成した。通称「甲子園」と呼ばれる野球場である。「甲子園」が完成すると，1915年からすでに行われていた中等学校（現在の高等学校）の野球の全国大会はこの球場で実施されるようになった。高校野球の全国大会を「甲子園」と呼ぶ由来である。

スポーツも政治と無関係ではいられない。「甲子園」が新型コロナウイルス感染症の影響で中止になったことが記憶に新しいが，戦前においても「甲子園」は何度か中止されている。最初の中止は(2)米騒動によるものである（ただし，阪神甲子園球場はまだ完成していない）。(3)1941年からは戦争の影響で1945年まで「甲子園」は中止された。戦後，1946年には別の球場で大会は再開され，翌年からは会場も阪神甲子園球場にもどされたが，(4)1972年に日本に返還されるまでアメリカの施政下に置かれた【　Ａ　】は，戦後もしばらくの間は代表校が「甲子園」に参加することはなかった。

設問１．【Ａ】に入る都道府県を答えなさい。

設問２．下線部(1)1924年には加藤高明内閣が成立した。これについて，

(i) 加藤高明内閣は翌年に選挙権を納税額で制限しない選挙法を成立させる。この選挙法を一般に何というか。漢字５字で答えなさい。

(ii) (i)の法律が成立する以前は選挙権が納税額によって制限されていた。1890年に初めて選挙が行われたとき，何円以上納税した者に選挙権が与えられたか答えなさい。

(iii) 加藤高明内閣は(i)の選挙法と同時に，共産主義を取りしまるための法律も制定した。その法律を答えなさい。

設問３．下線部⑵米騒動について，

（i）米騒動についての説明文ＡＢの正誤の組み合わせとして正しいものを次から選び記号で答えなさい。

Ａ：米騒動は日露戦争の影響による米価の大幅《おおはば》な値上がりによって起こった。

Ｂ：米騒動は静岡県の女性たちの運動がきっかけとなり全国に拡大した。

ア．Ａ＝正　Ｂ＝正　　イ．Ａ＝正　Ｂ＝誤

ウ．Ａ＝誤　Ｂ＝正　　エ．Ａ＝誤　Ｂ＝誤

（ii）米騒動の結果，日本で初めての本格的な政党内閣が成立した。その内閣の総理大臣を次から１つ選び記号で答えなさい。

ア．大隈重信　イ．原敬　ウ．尾崎行雄　エ．犬養毅

設問４．下線部⑶に関連して，

（i）1941年はアメリカとの戦争が始まった年である。日本軍がどこを攻撃したことでアメリカとの戦争は始まったか。次から１つ選び記号で答えなさい。

ア．真珠湾　イ．ワシントン　ウ．ミッドウェー島　エ．サイパン島

（ii）1945年，日本はアメリカを中心とする連合国の【　　】宣言を受け入れることで戦争を終結させた。【　】に入る適語を答えなさい。

設問５．下線部⑷1972年に関連して，1970年代の出来事として誤っているものを次から１つ選び記号で答えなさい。

ア．日中共同声明が発表されて，日本と中華人民共和国との国交が正常化した。

イ．大阪で万国博覧会が開かれて，戦後の日本の成長を世界に示した。

ウ．日ソ共同宣言によってソ連との国交が回復するとともに，日本の国際連合加盟が実現した。

エ．中東でおこった戦争の影響でオイルショックが起きて，高度経済成長が終わりをつげた。

５　次の文章を読み，あとの設問に答えなさい。

2023年10月22日，⑴任期満了にともなう埼玉県所沢市の市長選挙が行われた。この選挙の結果，新しい市長が誕生したが，投票率は38.8％と前回の市長選を上回ったものの，投票率は高いとは言えないものであった。

また，そもそも市長は，戦前においては選挙で選ばれてはいなかった。⑵現在では，都道府県知事，市区町村長などの首長は，地域住民の有権者による選挙で選ばれているが，これは戦後に制定された【 Ａ 】法によるものである。

⑶戦後の地方の政治のあり方は，その地域の住民が自分たちの地域の政治を民主的，自主的に行っていくものとされたが，この考えを【 Ａ 】といい，【 Ａ 】法はその基本法である。地方の政治では，【 Ａ 】の考えにもとづいて，その地方独自のルールを地方議会において定めることができる。これを国会で制定される法律と区別して【 Ｂ 】という。

設問１．【A】【B】に適語を漢字で答えなさい。

設問２．下線部⑴について，

（i）市長の任期は４年と定められている。次のうち任期が４年ではないものを１つ選び記号で答えなさい。

ア．都道府県知事　イ．衆議院議員　ウ．参議院議員　エ．地方議員

(ii) 市長の選挙は任期が終わる前にも，住民による解職請求が成立した場合に行われることがある。この解職請求のことを何というか。カタカナで答えなさい。

設問３．下線部(2)について，

(i) 現在の選挙制度では，満何歳になると有権者となるのか。選挙権が与えられる年齢を答えなさい。

(ii) 都道府県知事の被選挙権は満何歳以上の人に与えられるか答えなさい。

設問４．下線部(3)についての説明文ＡＢの正誤の組み合わせとして正しいものを次から選び記号で答えなさい。

Ａ：地方の政治は国からの補助金を受けて行われるものがある。その補助金のうち，国が使いみちを決めて交付する補助金を国庫支出金という。

Ｂ：有権者は地方議会の解散を請求することができる。この場合，有権者の３分の１以上の署名を集めて首長に請求すると地方議会の解散が成立する。

ア．Ａ＝正　Ｂ＝正　　イ．Ａ＝正　Ｂ＝誤

ウ．Ａ＝誤　Ｂ＝正　　エ．Ａ＝誤　Ｂ＝誤

ウ　周りの様子が見慣れない風景に変わり、不安になったから。
エ　遠くの海まで行くという目的が達成され、早速誰かに自慢したかったから。

問6　傍線部⑤「良平は独りいらいらしながら」とありますが、良平はどのようなことにいらいらしているのですか。それを説明した次の文の空欄に入る言葉を、それぞれ本文中から指定字数で抜き出しなさい。

【①五字】が、【②十二字】ため、なかなか【③四字】こと。

問7　傍線部⑥「良平はほとんど泣きそうになった」ときの良平はどのような気持ちでしたか。それを説明した次の文の空欄に入る言葉を、それぞれ本文中から指定字数で抜き出しなさい。

帰りが遅くなる【①二字】と、一人で帰る【②三字】。

問8　傍線部⑧「必死」と同じような意味で用いられている言葉を、本文中から四字で抜き出しなさい。

問9　傍線部⑨「良平は一思いに泣きたくなった」のはなぜですか。最も適当なものを、次の中から一つ選び、記号で答えなさい。
ア　帰るのに時間がかかったため、両親に怒られるのではないかと不安になったから。
イ　村近くまで帰ってこれたことが分かり、緊張がゆるんで安心したから。
ウ　知った風景が見えて命だけは助かりそうだということが分かり、うれしくなったから。
エ　暗くなる外の景色に自分の帰りが遅いことを心配している両親を思うと、申し訳なかったから。

問10　この作品の作者である芥川龍之介の作品として**適当でないもの**を、次の中から一つ選び、記号で答えなさい。
ア　『杜子春』　イ　『地獄変』　ウ　『三四郎』　エ　『蜘蛛の糸』

三　次の各問い（問1～4）に答えなさい。

問1　次の傍線部のカタカナを漢字に直しなさい。
①　ゲンシテキな生活を送る。
②　この棚にはサイクが施されている。
③　新聞を読むことがニッカだ。
④　明日の午後はノウムが予想されている。

問2　次の傍線部の漢字をひらがなに直しなさい。
①　祖父母の家を訪問する。　②　収益を計算する。
③　著しい差がある。　④　黄金期を築く。

問3　次の文の誤字を指摘し、正しい字に直しなさい。
①　テストの成績が返却された。
②　友達が姿を表す。
③　個性は千左万別だ。
④　A君のシュートは百発百宙だ。

問4　次の空欄を埋め、慣用句を含む文を完成させなさい。ただし、□一つにつき漢字一字が入る。
①　□唾をのんで見守る。　②　白羽の矢が□つ。
③　手ぐすねを□く。　④　□を下への大騒ぎとなる。

彼の村へはいってみると、もう両側の家家には、電燈の光がさし合っていた。良平はその電燈の光に頭から汗の湯気の立つのが、彼自身にもはっきりわかった。井戸端に水を汲んでいる女衆や、畑から帰って来る男衆は、良平が喘ぎ喘ぎ走るのを見ては、「おいどうしたね？」などと声をかけた。が、彼は無言のまま、雑貨屋だの床屋だの、明るい家の前を走り過ぎた。

彼の家の門口へ駈けこんだ時、良平は［Ｚ］大声に、わっと泣き出さずにはいられなかった。その泣き声は彼の周囲へ、一時に父や母を集まらせた。ことに母はなんとか言いながら、良平の体を抱えるようにしか。が、良平は手足をもがきながら、啜《すす》り上げ啜り上げ泣き続けた。その声があまり激しかったせいか、近所の女衆も三四人、薄暗い門口へ集まって来た。父母は勿論その人たちは、口口に彼の泣くわけを尋ねた。しかし彼はなんと言われても泣き立てるよりほかに仕方がなかった。あの遠い路を駈け通して来た、今までの心細さをふり返ると、いくら大声に泣き続けても、足りない気もちに迫られながら、……

（芥川龍之介「トロッコ」文春文庫）

問１　空欄［Ｘ］～［Ｚ］に入る言葉として最も適当なものを、次の中からそれぞれ一つずつ選び、記号で答えなさい。

ア　とうとう
イ　どんどん
ウ　おずおず
エ　こつこつ
オ　いやいや

問２　傍線部①「有頂天」⑦「気が気でなかった」の意味として最も適当なものを、次の中からそれぞれ一つずつ選び、記号で答えなさい。

①　有頂天
ア　気持ちが高ぶること　　イ　大得意になること
ウ　感動すること　　エ　集中すること

⑦　気が気でなかった
ア　落ち着かなかった　　イ　他のことが気になった
ウ　待ち遠しかった　　エ　いらだたしかった

問３　空欄［②］に入る言葉として最も適当なものを、次の中から一つ選び、記号で答えなさい。

ア　怒られるかもしれないけど聞いてみよう。
イ　前のおじさんにまた会ったらどうしよう。
ウ　この人たちならば叱られない。
エ　やっぱりもう一度乗ってみたい。

問４　傍線部③「良平は今にも言われるかと内心気がかりでならなかった」のはなぜですか。最も適当なものを、次の中から一つ選び、記号で答えなさい。

ア　以前のように怒鳴られるのではないかと怖くなったから。
イ　自分が二人に役に立たずだと思われるのがいやだったから。
ウ　あまりトロッコを押せずに帰されないか不安だったから。
エ　押すのをやめて乗せてくれることを期待していたから。

問５　傍線部④「もう帰ってくれればいい」と思ったのはなぜですか。最も適当なものを、次の中から一つ選び、記号で答えなさい。

ア　トロッコをもう十分楽しんだので、帰りたくなったから。
イ　帰るには時間がかかるところに着いてしまい、怖くなったから。

その次に車の止まったのは、切り崩した山を背負っている、藁屋根の茶店の前だった。二人の土工はその店へはいると、乳呑児をおぶった上《かみ》さんを相手に、悠悠と茶などを飲み始めた。⑤良平は独りいらいらしながら、トロッコのまわりをまわってみた。トロッコには頑丈な車台の板に、跳ねかえった泥が乾いていた。

少時《しばらく》の後茶店を出て来しなに、巻煙草を耳に挟んだ男は、（その時はもう挟んでいなかったが）トロッコの側にいる良平に新聞紙に包んだ駄菓子をくれた。良平は冷淡に「ありがとう」と言った。が、すぐに冷淡にしては、相手にすまないと思い直した。彼はその冷淡さを取り繕うように、包み菓子の一つを口へ入れた。菓子には新聞紙にあったらしい、石油の匂いがしみついていた。

三人はトロッコを押しながら緩《ゆる》い傾斜を登って行った。良平は車に手をかけていても、心はほかのことを考えていた。

その坂を向うへ下り切ると、また同じような茶店があった。土工たちがその中へはいった後、良平はトロッコに腰をかけながら、帰ることばかり気にしていた。茶店の前には花のさいた梅に、西日の光が消えかかっている。「もう日が暮れる。」——彼はそう考えると、ぼんやり腰かけてもいられなかった。トロッコの車輪を蹴ってみたり、一人では動かないのを承知しながらうんうんそれを押してみたり、そんなことに気もちを紛らせていた。

ところが土工たちは出て来ると、車の上の枕木に手をかけながら、無造作に彼にこう言った。

「われはもう帰んな。おれたちは今日は向う泊りだから。」

「あんまり帰りが遅くなるとわれの家でも心配するずら。」

良平は一瞬間呆気にとられた。もうかれこれ暗くなること、去年の暮れ母と岩村まで来たが、今日の途《みち》はその三四倍あること、それを今からたった一人、歩いて帰らなければならないこと、——そういうことが一時にわかったのである。⑥良平はほとんど泣きそうになった。が、泣いても仕方がないと思った。泣いている場合ではないとも思った。彼は若い二人の土工に、取って附《つ》けたようなお時宜《じぎ》をすると、［Y］線路伝いに走り出した。

良平は少時無我夢中に線路の側を走り続けた。そのうちに懐《ふところ》の菓子包みが、邪魔になることに気がついたから、それを路側へ抛《ほう》り出すついでに、板草履もそこへ脱ぎ捨ててしまった。すると薄い足袋の裏へじかに小石が食いこんだが、足だけははるかに軽くなった。彼は左に海を感じながら、急な坂路を駈け登った。時時涙がこみ上げて来ると、自然に顔が歪んで来る。——それは無理に我慢しても、鼻だけは絶えずくうくう鳴った。

竹藪の側を駈け抜けると、夕焼けのした日金山の空も、もう火照りが消えかかっていた。良平はいよいよ⑦気が気でなかった。往きと返りと変わるせいか、景色の違うのも不安だった。すると今度は着物までも、汗の濡れ通ったのが気になったから、やはり⑧必死に駈け続けたなり、羽織を路側へ脱いで捨てた。

蜜柑畑へ来るころには、あたりは暗くなる一方だった。「命さえ助かれば」良平はそう思いながら、知ってもつまずいても走って行った。

やっと遠い夕闇の中に、村外れの工事場が見えた時、⑨良平は一思いに泣きたくなった。しかしその時もべそはかいたが、とうとう泣かずに駈け続けた。

しょに、もう五六間逃げだしていた。――それきり良平は使いの帰りに、人気のない工事場のトロッコを見ても、二度と乗ってみようと思ったことはない。ただその時の土工の姿は、今でも良平の頭のどこかに、はっきりした記憶を残している。薄明りの中に仄《ほの》めいた、小さい黄色の麦藁帽、――しかしその記憶さえも、年ごとに色彩は薄れるらしい。

その後十日余りたってから、良平はまたたった一人、午《ひる》過ぎの工事場に佇みながら、トロッコの来るのを眺めていた。すると土を積んだトロッコのほかに、枕木を積んだトロッコが一輛《りょう》、これは本線になるはずの、太い線路を登って来た。このトロッコを押しているのは、二人とも若い男だった。良平は彼らを見た時から、なんだか親しみ易いような気がした。「［②］」――彼はそう思いながら、トロッコの側へ駈《か》けて行った。

「おじさん。押してやろうか？」

その中の一人、――縞のシャツを着ている男は、俯向《うつむ》きにトロッコを押したまま、思った通り快い返事をした。

「おお、押してくよう。」

良平は二人の間にはいると、力一杯押し始めた。

「われはなかなか力があるな。」

他の一人、――耳に巻煙草《まきたばこ》を挟《はさ》んだ男も、こう良平を褒《ほ》めてくれた。

そのうちに線路の勾配《こうばい》は、だんだん楽になり始めた。「もう押さなくともいい。」――③良平は今にも言われるかと内心気がかりでならなかった。が、若い二人の土工は、前よりも腰を起こしたぎり、黙黙と車を押し続けていた。良平はとうとうこらえ切れずに、［X］こんなことを尋ねてみた。

「いつまでも押していていい？」

「いいとも。」

二人は同時に返事をした。良平は「優しい人たちだ」と思った。

五六町余り押し続けたら、線路はもう一度急勾配になった。そこには両側の蜜柑《みかん》畑に、黄色い実がいくつも日を受けている。

「登り路の方がいい、いつまでも押させてくれるから。」良平はそんなことを考えながら、全身でトロッコを押すようにした。

蜜柑畑の間を登りつめると、急に線路は下りになった。縞のシャツを着ている男は、良平に「やい、乗れ」と言った。良平はすぐに飛び乗った。トロッコは三人が乗り移ると同時に、蜜柑畑の匂いを煽《あお》りながら、ひた辷《すべ》りに線路を走り出した。「押すよりも乗る方がずっといい。」――良平は羽織に風を孕《はら》ませながら、当り前のことを考えた。「行きに押す所が多ければ、帰りにまた乗る所が多い。」そうもまた考えたりした。

竹藪《たけやぶ》のある所へ来ると、トロッコは静かに走るのを止めた。三人はまた前のように、重いトロッコを押し始めた。竹藪はいつか雑木林になった。爪先上がりのところどころには、赤錆《さび》の線路も見えないほど、落葉のたまっている場所もあった。その路をやっと登り切ったら、今度は高い崖の向うに、広広と薄ら寒い海が開けた。と同時に良平の頭には、あまり遠く来過ぎたことが、急にはっきりと感じられた。

三人はまたトロッコへ乗った。車は海を右にしながら、雑木の枝の下を走って行った。しかし良平はさっきのように、面白い気もちにはなれなかった。「④もう帰ってくれればいい。」彼はそうも念じてみた。が、行く所まで行きつかなければ、トロッコも彼らも帰れないことは、勿論《もちろん》彼にもわかり切っていた。

イ　山下清が、私たちと全く同じものの考え方をしていることを示したかったから。
ウ　山下清が、私たちと同じように一定の判断基準で物事を捉えていると示したかったから。
エ　山下清が、私たちとは違う「階級」をもとに物事を考えることを示したかったから。

問5　空欄 C 、 D 、 E に入る語句をそれぞれ一つ選び記号で答えなさい。
ア　自発　イ　理論　ウ　強制　エ　即物　オ　理想

問6　二重傍線部ＡＢの語の本文中の意味として最も適当なものを、次の中からそれぞれ一つずつ選び、記号で答えなさい。
Ａ「イメージ」
ア　感覚　イ　心像　ウ　触感　エ　実感
Ｂ「シンボル」
ア　意味　イ　例示　ウ　象徴　エ　具体

問7　傍線部④「愛情についての百万言の説教より、この簡単な話の方が強力なメッセージを含んでいるように思えます。」とありますが、本文中で「愛情についての百万言の説教」を表すものを、本文中から二十字で抜き出し、最初の五字を答えなさい。

問8　傍線部⑤「字づらの意味」、傍線部⑥「別の水準の意味」について
Ⅰ、傍線部⑤の示すものを八字で書き、
Ⅱ、傍線部⑥の示すものを、本文中の語句を使い十字以内で「～という意味。」と続くように答えなさい。

二　次の文章を読んで、後の問い（問1～10）に答えなさい。

［海沿いに住む八歳の少年良平は、工事現場で土砂を運ぶトロッコに心ひきつけられ、弟や隣に住む年下の子どもとトロッコを動かしてみることにした。以下の文章はそれに続く場面である。］

そのうちにかれこれ十間ほど来ると、線路の勾配が急になり出した。トロッコも三人の力では、いくら押しても動かなくなった。どうかすれば車と一しょに、押し戻されそうにもなることがある。良平はもういいと思ったから、年下の二人に合図をした。

「さあ、乗ろう？」

彼らは一度に手をはなすと、トロッコの上へ飛び乗った。トロッコは最初おもむろに、それから見る見る勢いよく、一息に線路を下り出した。その途端につき当たりの風景は、たちまち両側へ分かれるように、ずんずん目の前へ展開して来る。――良平は顔に吹きつける日の暮れの風を感じながらほとんど①有頂天になってしまった。

しかしトロッコは二三分の後、もうもとの終点に止まっていた。

「さあ、もう一度押すじゃあ。」

良平は年下の二人と一しょに、またトロッコを押し上げにかかった。が、まだ車輪も動かないうちに、突然彼らの後ろには、だれかの足音が聞こえ出した。のみならずそれは聞こえ出したと思うと、急にこういう怒鳴り声に変わった。

「この野郎！　だれに断わってトロに触った？」

そこには古い印袢纏《しるしばんてん》に、季節外れの麦藁帽《むぎわらぼう》をかぶった、背の高い土工が佇《たたず》んでいる。――そういう姿が目に入った時、良平は年下の二人と一

太陽。北風。野原。外套をしっかり着込んで道を急ぐ旅人。という具体的なAイメージ。強風に吹き飛ばされそうなイメージ。太陽が輝いて外套を脱ぎ捨てるイメージ。それぞれきわめて具体的です。太陽は愛情や寛容のBシンボルと考えると、愛情の方こそ、人を変えさせる力があるんだなということがイメージ出来ます。ただ厳しくしたからといってうまくゆくものではないんだな、ということも具体的にイメージ出来ます。さらには［D］的に変化するような環境を作らないといけないのだなとか、［E］的にやっても変えさせることは出来ないのだなとか、さまざまなことが連想されます。④愛情についての百万言の説教より、この簡単な話の方が強力なメッセージを含んでいるように思えます。

　大脳損傷が起こると、その部位によっては、たとえをたとえとして理解出来なくなることがあります。具体的なイメージから、別の意味を汲み取ることが出来なくなるのです。たとえば、サルモキカラオチルという表現があります。このような場合、サルモキカラオチルの文字通りの意味はわかっても、その意味には人間行動一般が含まれているということがどうしてもわからなくなります。サルモキカラオチルがことわざである、ということはわかっていても、です。⑤字づらの意味のほかに、⑥別の水準の意味があるはずだとわかっていて、なおかつ、意味を飛躍させることができないのです。猿は木登り名人で、樹上で暮らす動物だとは知っていても、この猿を自分の持っている名人一般のイメージと比較することが出来なくなるのです。

　ひとつの心像だけではわかるという経験は起こりません。自分の持っている何かほかの心像と置き換えられたとき、あ、そうか、とわかるのです。そういう比較が出来ないと、その心理的事柄はほかの心理的事柄と無関係なままです。おたがい無関係なままでは新しい意味は生成出来ず、新しい理解は出現しません。

（山鳥重「「わかる」とはどういうことか－認識の脳科学」ちくま新書）

（注）

※1　一〇の七乗……一〇を七回かけた数。

問1　傍線部①「しかし、一億五〇〇〇万キロメートルという距離がいったいどれくらいのものなのかはすぐにはわかりません」とありますがなぜですか。説明として最も適当なものを、次の中から一つ選び、記号で答えなさい。

ア　事実がはっきりとしていないから。

イ　距離の感覚が身についていないから。

ウ　太陽と地球の距離を測る意味がないから。

エ　太陽と地球の距離が遠いから。

問2　空欄［A］、［B］に入る語句として最も適当なものをそれぞれ一つずつ選び記号で答えなさい。

ア　実感　　イ　情報　　ウ　目的　　エ　手段

問3　傍線部②「既知の情報」の具体例を本文中の□で囲まれた中から十五字以内で抜き出し最初の五字を答えなさい。

問4　傍線部③「山下清」とありますが、この人の考え方の例を筆者が挙げたのはなぜですか。説明として最も適当なものを、次の中から一つ選び、記号で答えなさい。

ア　山下清が、私たちとはかけ離れたものの考え方をしていることを示したかったから。

言われると、「佐官くらいか」と納得します。さらに「梅原龍三郎が大将かな。それで俺が佐官かな」と、自分のよく知っている大画家も兵隊の位に置き換えて、自分の位と比較します。式場隆三郎という医師が彼の才能を認め、育てたのですが、この自分の先生についても、「先生は俺よりうまいかな。先生は兵隊だとどれくらいかな」と考えます。

　何かの価値を判断しようとすると、比較が必要です。それだけがポツンとひとつ存在することはありません。何かほかのものとの関係において存在します。それも自分の知っている何かとの比較が必要です。彼はその比較の基準を兵隊の位に置いていたのです。兵隊の位は階層性がはっきりしており、位が下位のものは位が上のものの命令に絶対に服従しなければなりません。その位は、将官（大将・中将・少将）→佐官（大佐・中佐・少佐）→尉官（大尉・中尉・少尉）→下士官（曹長・軍曹・伍長など）→一等兵→二等兵→新兵というふうに並んでいました（現自衛隊ではなく、旧日本軍の話です）。山下さんにとってはもっとも具体的な偉さの順序だったわけです。

　でもわれわれは山下さんを笑えません。われわれもいろいろな価値基準を持っていて、それとくらべています。勲一等、勲二等、勲三等などという勲章制度はその例です。人を評価するのに順番をつけて評価しているのです。それも数字という超具体的なものを使っています。兵隊の位よりもっと［C］的です。

　大人の中には自分の子供に向かって「お母さん好き？」などと問いかけるとんでもない人がいます。「うん、好き」と答えさせて満足します。そして「どれくらい好き？」と追い討ちをかけます。子供は「これくらい！」と両手をいっぱいに広げます。じゃ、「お父さんは？」というと、子供は少し考えて、両腕の広げ方をもうすこし狭くして「これくらい」と答えます。困ったことですが、愛情を大きさに置き換えさせようとしているわけです。

　ことほどさように、置き換えによる理解はわれわれのわかり方としては非常に大きな位置を占めています。あらゆる意味は置き換えによって、その意味をいっそうはっきりさせることが出来ます。たとえ話による理解はその典型です。たとえに使われる具体的なイメージが意味理解を助けてくれるのです。

　道徳というのはたいへんわかりにくいものです。人はこれこれしなければいけない、などと言われてもなかなかわからないものです。他人には愛情を持って接しなければならない、などと教えられてもその正しさはわかったつもりでも、なかなか具体的にはわからないものです。その難しさをたとえ話がわからせてくれます。

　「北風と太陽」というイソップの物語がありますね。

　北風と太陽が自分の力を競います。でも相手の力がどれくらいなのか、おたがいにわかりません。そこで二人は眼下の野原を歩いている旅人の外套を脱がせる競争をします。脱がせた方が相手より強いはずです。まず北風です。北風は旅人の外套を吹き飛ばそうと恐ろしい顔をして、力一杯風を送ります。寒い北風にびっくりした旅人はますます強く外套を身体に巻きつけます。どうしても外套を吹き飛ばすことが出来ません。今度は太陽の番です。太陽はニコニコと、ただ笑っています。野原はだんだん暖かくなります。旅人はだんだん暑くなります。そのうち汗もかき出します。窮屈で暑苦しい外套を脱ぎ捨てて、旅人もニコニコと歩きつづけます。太陽の勝ちです。

【国語】（五〇分）〈満点：一〇〇点〉

一　次の文章を読んで、後の問い（問1～8）に答えなさい。

置き換えることで「わかる」

次の文章を読んでみてください。

「太陽－地球間の距離は約一億五〇〇〇万キロメートルあり、一秒間に三〇万キロメートル進む光でさえも、太陽から地球に到達するのに約八分二〇秒間かかります」（富田弘一郎『星座12ヵ月』、岩波ジュニア新書）

事実が平明に述べてあり、どこにも難しいところはありません。①しかし、一億五〇〇〇万キロメートルという距離がいったいどれくらいのものなのかはすぐにはわかりません。すごく遠いとは思いますが実感は出来ません。一秒間に三〇万キロメートルの速さ、というのもどのくらいなのか、実感は伴いません。この信じられない高速で太陽と地球の間をつなぐには八分以上もかかる、というところでやっとその遠さの感じがわかります。というか、わかったような気がします。八分、というのはわれわれの感覚で把握し得る長さだからです。この距離がピンとくるためには、日頃から距離の感覚に親しんでいる必要があります。一キロメートルというのはだいたい家から駅までだ、とか、二〇〇メートルのトラックなら五周分だとか、マラソンの距離が四二キロちょっとだとか、東京と大阪の距離が確か五〇〇キロぐらいだとか、地球一周で約四万キロメートルだとか、さまざまな距離感覚が蓄積されている人だと、ある程度わかります。

そうでないと、この一億五〇〇〇万キロメートルという平明な数字は、［　A　］としてはわかっても、［　B　］としてはわかりません。あるいはこの数字を15×10^7、つまり、一〇（注）※1の七乗と考えた方がその距離を実感しやすい人もいます。いずれにしても平明で客観的なデータであっても、実感的にわかるためには自分が操作出来る手持ちの心像に置き換えなければなりません。

自分の操作出来る心像に置き換えるとは、新しく取り込んだ情報を②既知の情報に置き換えることです。あるいは自分の言葉、自分の思考単位に置き換えることです。

> 地球と太陽の距離が一億五〇〇〇万キロメートルだと覚えても、本当にわかったとは言えないのです。その証拠に、それってどれくらい遠いの？　と誰かに尋ねられてもウーンとなってしまうだけでしょう。あるいは一キロの一億五〇〇〇万倍だ！　文句あるか！　ということになってしまいます。富田さんはちゃんとわかっている方ですから、この距離は光速で八分以上もかかる距離だよ、と感覚になじみやすい置き換えを用意されているわけです。

③山下清という画家がいました。戦後すぐの頃に活躍した方ですが、細かい描き方で印象的な名作を数多く残しています。この人は知的に少し遅れており、施設で暮らしていましたが、時々施設を抜け出して行方がわからなくなってしまうので有名でした。主に線路づたいに、それも裸姿で、日本中を歩き、「放浪の画家」「裸の大将」などと呼ばれました。

ところでこの人にはすべてを兵隊の位で考えるくせがありました。

自分の絵の腕前はどれくらいかと尋ね、相手に「佐官くらいかな」と

MEMO

大切なことはメモしておこうネ！

2024年度

狭山ヶ丘高等学校付属中学校入試問題

【算　数】（50分）　＜満点：100点＞

【注意】 ⑴　コンパス・分度器・電卓・定規類の使用は認めません。

⑵　問題にかいてある図は必ずしも正確ではありません。

１．次の □ に当てはまる数を求めなさい。

⑴　$6\times0.25+0.5\times1.5+5\times0.75=\square$

⑵　$\dfrac{1}{2\times3}+\dfrac{1}{3\times4}+\dfrac{1}{5\times6}=\square$

⑶　$4\div\left(\dfrac{1}{\square}-1.25\right)=2$

⑷　$\dfrac{\square\times\square}{\square+\square}=3$　（ただし，□ にはすべて同じ数が入ります。）

⑸　午前10時35分から午後２時15分までの過ぎた時間は，□ 時間 □ 分

２．次の □，[A]，[B] に当てはまる数を答えなさい。

⑴　２つの整数60と70の最大公約数は [A] で，最小公倍数は [B] です。

⑵　３で割った余りが２であり，５で割った余りが４である整数があります。この整数を15で割った余りは □ です。

⑶　濃さの分からない食塩水100ｇと，濃さが５％である食塩水400ｇを混ぜ合わせたら，濃さが８％の食塩水500ｇができました。100ｇの食塩水の濃さは □ ％です。

⑷　ある畑の草かりをすべて行うのに，大人３人では４時間，子ども10人では２時間かかります。大人６人と子ども５人で草かりをした場合，□ 時間 □ 分かかります。

⑸　右の２つの三角形ABCとCDEはどちらも面積が６cm^2の正三角形で，A，C，Eは一直線上にあります。このとき角アの大きさは [A] 度で，三角形ACDの面積は [B] cm^2です。

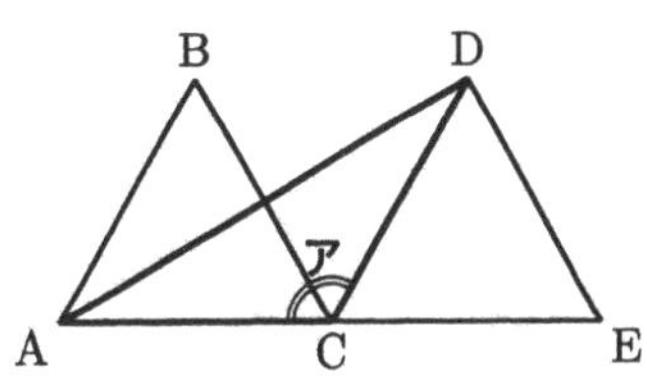

３．狭山くんは３日ごとに習い事に通っています。この習い事の教室では，出席した記録としてその日の曜日が書かれたスタンプを押してもらえます。例えば，習い事の初日が月曜日であれば，最初の10日間には

㊊，火，水，㊍，金，土，㊐，月，火，㊌

のように，丸がついた曜日に習い事の教室に行き，スタンプを押してもらうことになります。

上の例のように，狭山くんが月曜日から習い事の教室に通うことになったとき，次の問いに答え

なさい。

(1)　20日後には，何個のスタンプが押されていますか。また，最後に押されたスタンプは何曜日のスタンプですか。

(2)　10個目の日曜日のスタンプが押されるのは，何日後ですか。

(3)　2024日後には，何個のスタンプが押されていますか。また，最後に押されたスタンプは何曜日のスタンプですか。

4．記号Rを

$$R\,(N)=\frac{1}{N}$$

と計算する記号とし，記号［　］を

$$[N]=(N\text{の整数部分})$$

を表す記号とします。例えば，

$$R(3)=\frac{1}{3},\quad R\left(\frac{3}{2}\right)=\frac{2}{3},\quad [3]=3,\quad \left[\frac{3}{2}\right]=[1.5\cdots]=1$$

のように計算できます。

(1)　$R\left(\frac{2}{5}\right)=$ **A** ，$\left[\frac{2}{5}+R\left(\frac{2}{5}\right)\right]=$ **B** です。

(2)　$\left[R\left(\frac{A}{5}\right)\right]=1$ となる整数Aをすべて答えなさい。

(3)　$\left[\frac{5}{A}+R\left(\frac{5}{A}\right)\right]=2$ となる整数Aは全部で□個あります。

5．下の図のような1辺10㎝の立方体の形をした容器と同じ重さの鉄球がたくさんあります。

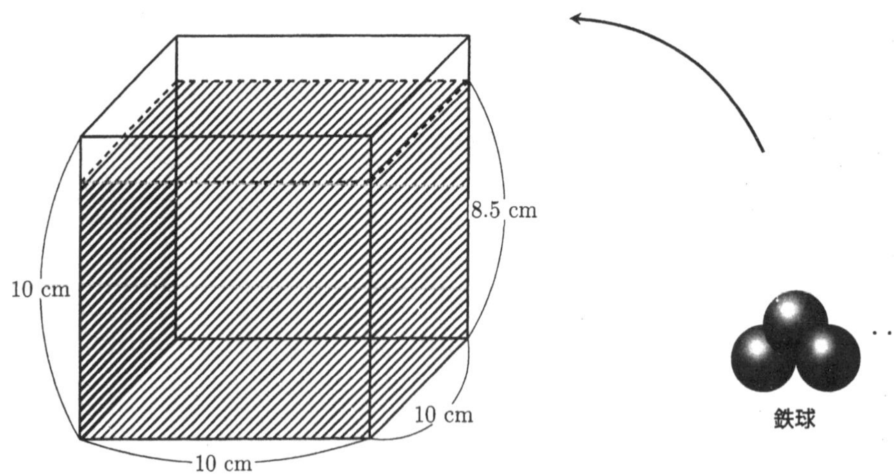

(1)　容器に高さが8.5㎝のところまで水が入っていました。太郎さんがこの鉄球を12個入れたら，水かさが増して容器いっぱいまでになりました。鉄球1つ当たりの体積は何㎤ですか。

（式・考え方も書くこと）

⑵　花子さんも別の鉄球を12個選んで入れたところ，水が10㎤だけあふれてしまいました。
調べてみたところ，見た目に違いはないが密度が違うため，体積の異なるにせ物の鉄球が何個か混ざっていました。にせ物の鉄球の体積は，本物の鉄球の体積の1.2倍でした。
にせ物の鉄球は何個混ざっていましたか。（式・考え方も書くこと）

【理　科】（30分）　＜満点：60点＞

1　図１は軽いばねＡ，Ｂにおもりをつるしたときのようすをグラフにまとめたものである。以下の問１～問６に答えなさい。

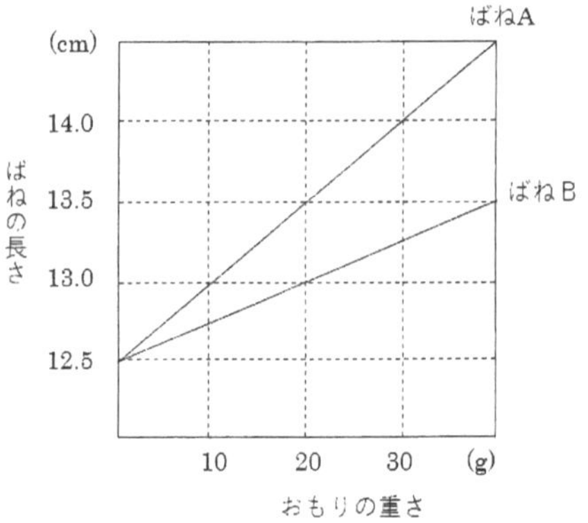

図１

問１　ばねＡの自然の長さは何cmですか。

問２　ばねＡとばねＢのどちらのばねが伸びやすいですか。ＡまたはＢの記号で答えなさい。

問３　図２・３のように，ばねＡを直列および並列につなぎ，50ｇのおもりをつるしました。このとき，ばねＡのひとつあたりの長さはそれぞれ何cmですか。

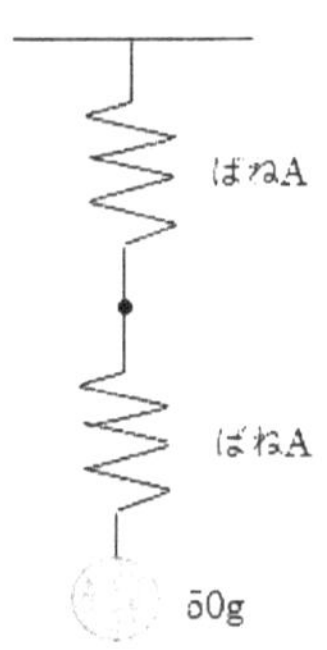

図２

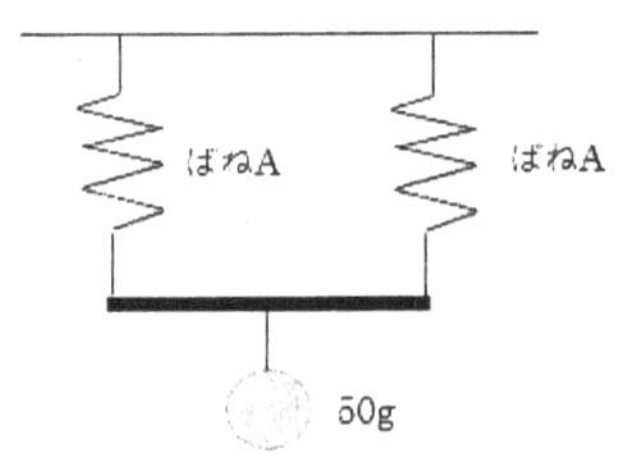

図３

問４　図４のように，ばねＡ，ばねＢおよび40ｇのおもりをつなぎました。このとき，ばねの長さはそれぞれ何cmですか。

問５　図４の下側のおもりの下に台ばかりを置いたところ，20ｇを示しました。このとき，ばねの長さはそれぞれ何cmですか。

問６　図４の下側のおもりを水にうかべました。このとき，それぞれのばねの長さは問４のときと比べてどうなりますか。正しいものを，次の(ア)～(エ)の中から１つ選び，その記号で答えなさい。

(ア)　ばねＡもばねＢも短くなる

(イ)　ばねＡは短くなるが，ばねＢは変わらない

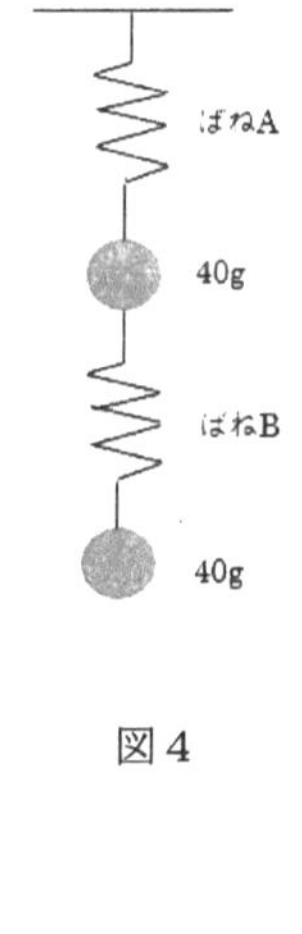

図４

(ウ)　ばねＡは変わらないが，ばねＢは短くなる

(エ)　ばねＡもばねＢも変わらない

2　次の文章について，以下の問１～問７に答えなさい。

うすい塩酸とうすい水酸化ナトリウム水溶液《すいようえき》を表１の割合で混ぜてＡ～Ｆの水溶液をつくった。Ｂの水溶液にＢＴＢ溶液を加えたところ，緑色になった。

表１

	A	B	C	D	E	F
塩酸[cm^3]	10	10	10	20	20	30
水酸化ナトリウム[cm^3]	10	20	30	20	30	①

問１　Ｃの水溶液にＢＴＢ溶液を加えると色が変わりました。水溶液の色は何色になりますか。正しいものを，次の(ア)～(エ)の中から１つ選び，その記号で答えなさい。

(ア)　白色　　(イ)　赤色　　(ウ)　黄色　　(エ)　青色

問２　Ｆの水溶液にＢＴＢ溶液を加えると緑色になりました。表１の空らん①に当てはまる水酸化ナトリウム水溶液の体積は何cm^3ですか。正しいものを，次の(ア)～(エ)の中から１つ選び，その記号で答えなさい。

(ア)　30　　(イ)　45　　(ウ)　60　　(エ)　75

問３　Ｂの水溶液の水を蒸発《じょうはつ》させたところ，白い固体が残りました。この白い固体は何ですか。

問４　Ｄの水溶液に石灰石を加えたところ，気体が発生しました。この気体は何ですか。

問５　Ｄの水溶液の他に，石灰石を加えたところ気体が発生するのはどの水溶液ですか。正しいものを，表１のＡ～Ｅの中から全て選び，その記号で答えなさい。

問６　塩酸と水酸化ナトリウム水溶液を区別する方法は何ですか。**正しくないもの**を，次の(ア)～(エ)の中から１つ選び，その記号で答えなさい。

(ア)　それぞれの水溶液のにおいをかぐ

(イ)　それぞれの水溶液の青色リトマス紙をつける

(ウ)　それぞれの水溶液にアルミニウムの板を加える

(エ)　それぞれの水溶液に鉄の板を加える

問７　水酸化ナトリウム水溶液10cm^3をつくるとき，水10cm^3に水酸化ナトリウムを加えてはいけません。次の文はその理由を説明したものです。文中の空らん②，③に当てはまる言葉の組み合わせはどれですか。正しいものを，次の(ア)～(エ)の中から１つ選び，その記号で答えなさい。

「水10cm^3に水酸化ナトリウムを加えると，実際の体積よりも（　②　）なり，水溶液のこさは（　③　）なってしまうから。」

(ア)　②　小さく　　③　うすく

(イ)　②　小さく　　③　こく

(ウ)　②　大きく　　③　うすく

(エ)　②　大きく　　③　こく

3　次の実験はだ液のはたらきを調べるためのものである。この実験について，以下の問１～問７に答えなさい。

実験

手順①　水にデンプンを入れて，熱してデンプンのりを作る。

手順②　デンプンのりが（Ｘ）℃くらいになるまで放置する。

手順③　デンプンのりを２本の試験管に取り，片方の試験管にはだ液を入れ，(Ⅰ)もう片方の試験管には水を入れる。なお，だ液を入れた試験管を試験管Ａ，水を入れた試験管を試験管Ｂとする。

手順④　15分ほどしてから(Ⅱ)試験管ＡとＢの両方にヨウ素液を加えて，色の変化を確認する。

問１　デンプンは炭水化物の一種です。デンプンと同じように炭水化物の一種であるものはどれですか。正しいものを，次の(ア)～(オ)の中から全て選び，その記号で答えなさい。

(ア)　砂糖　(イ)　バター　(ウ)　米　(エ)　肉　(オ)　卵

問２　手順②の（Ｘ）に当てはまる温度はどれですか。正しいものを，次の(ア)～(オ)の中から１つ選び，その記号で答えなさい。

(ア)　20　(イ)　40　(ウ)　60　(エ)　80　(オ)　100

問３　問２の温度にする理由を簡単に答えなさい。

問４　下線部(Ⅰ)について，水を入れた試験管を準備した理由を簡単に答えなさい。

問５　問４のような実験を何といいますか。

問６　だ液には消化のために，消化こう素という物質がふくまれています。だ液にふくまれている消化こう素はどれですか。正しいものを，次の(ア)～(オ)の中から１つ選び，その記号で答えなさい。

(ア)　デンピン　(イ)　ペプシン　(ウ)　リパーゼ　(エ)　サライバ　(オ)　アミラーゼ

問７　下線部(Ⅱ)について，試験管Ａと試験管Ｂはそれぞれどのような変化をしますか。正しいものを，次の(ア)～(エ)の中から１つ選び，その記号で答えなさい。

(ア)　試験管Ａは青むらさき色に変化し，試験管Ｂは変化しない

(イ)　試験管Ａも試験管Ｂも青むらさき色に変化する

(ウ)　試験管Ａは変化せず，試験管Ｂは青むらさき色に変化する

(エ)　試験管Ａも試験管Ｂも変化しない

4　次の文章について，以下の問１～問５に答えなさい。

2023年の８月は全日で気温が30℃以上である（　①　）を観測した史上初の夏となりました。この夏は，次々と発生する発達した雨雲が列をなして数時間に同じ場所を通過，または停たいすることで作り出される降水域である（　②　）によるひ害が多く発生した。

気象観測に用いられるものとして，学校などには(Ⅰ)百葉箱が設置されている。百葉箱の中には温度計や乾しつ計が入っており，気圧計が入っているものもある。これらを用いることで簡単に気象観測をすることができる。

私たちにとって身近な存在である天気予報では(Ⅱ)気象衛星や（　③　）と呼ばれる地域気象観測システムを用いてデータの収集，予測をしている。なお，（③）は全国各地の雨量や(Ⅲ)風向風速，気温，日照時間などを自動的に観測しデータをまとめることができるシステムであり，全国に（③）観測所は約1300か所存在している。

問1　文中の空らん①～③に当てはまる言葉は何ですか。

問2　下線部(I)について，次の(1)～(3)に答えなさい。

(1)　百葉箱の色は何色ですか。

(2)　温度計が設置されている高さは何mですか。正しいものを，次の(ア)～(エ)の中から1つ選び，その記号で答えなさい。

(ア)　0.3m～0.6m　　(イ)　1.2m～1.5m　　(ウ)　2.1m～2.4m　　(エ)　3.0m～3.3m

(3)　百葉箱のとびらが北向きについている理由を簡単に説明しなさい。

問3　下線部(II)について，現在日本が使用している気象衛星の名前はなんですか。正しいものを，次の(ア)～(エ)の中から1つ選び，その記号で答えなさい。

(ア)　あじさい　　(イ)　さくら　　(ウ)　ひまわり　　(エ)　もみじ

問4　晴れとくもりの見分け方は何ですか。正しいものを，次の(ア)～(エ)の中から1つ選び，その記号で答えなさい。

(ア)　晴れとくもりは太陽が出ているかどうかで見分け，太陽が見えていれば晴れ

(イ)　晴れとくもりは雲の量で見分け，空全体に対して雲が2割～8割しめていれば晴れ

(ウ)　晴れとくもりは太陽が出ている時間で見分け，合計8時間以上見えれば晴れ

(エ)　晴れとくもりに違いはなく，区別することはできない

問5　下線部(III)について，気象庁では風速によって風力を何階級に分けていますか。

【社　会】（30分）　＜満点：60点＞

1　**次の文章を読み，あとの設問に答えなさい。**

日本は，世界有数の工業国である。日本の近代工業の発展は明治時代に始まり，大正時代以降，重化学工業が進展した。⑴京浜工業地帯をはじめとする四大（三大）工業地帯は，戦前には形成されており，戦後になると，⑵工業地帯の周辺部に新しく工業地域が形成された。工業は戦後の日本経済発展の中心であったが，貿易摩擦《まさつ》や円高をきっかけに⑶海外生産がさかんとなり，1990年代以降，国内生産が伸び悩んでいる。

また，工業地帯・工業地域は，⑷生産された製品を運ぶための交通網が発達している。さらに，工業の発展とともに電力の需要が増えたことから，各地に⑸発電所が多く建設されている。

設問１．下線部⑴京浜工業地帯について，

(i)　京浜工業地帯の工業用地が不足したため，東京湾岸を埋《う》め立てて形成された工業地域が京葉工業地域である。製造品出荷額等の構成を示した次のグラフのうち，京葉工業地域のものを１つ選び記号で答えなさい。

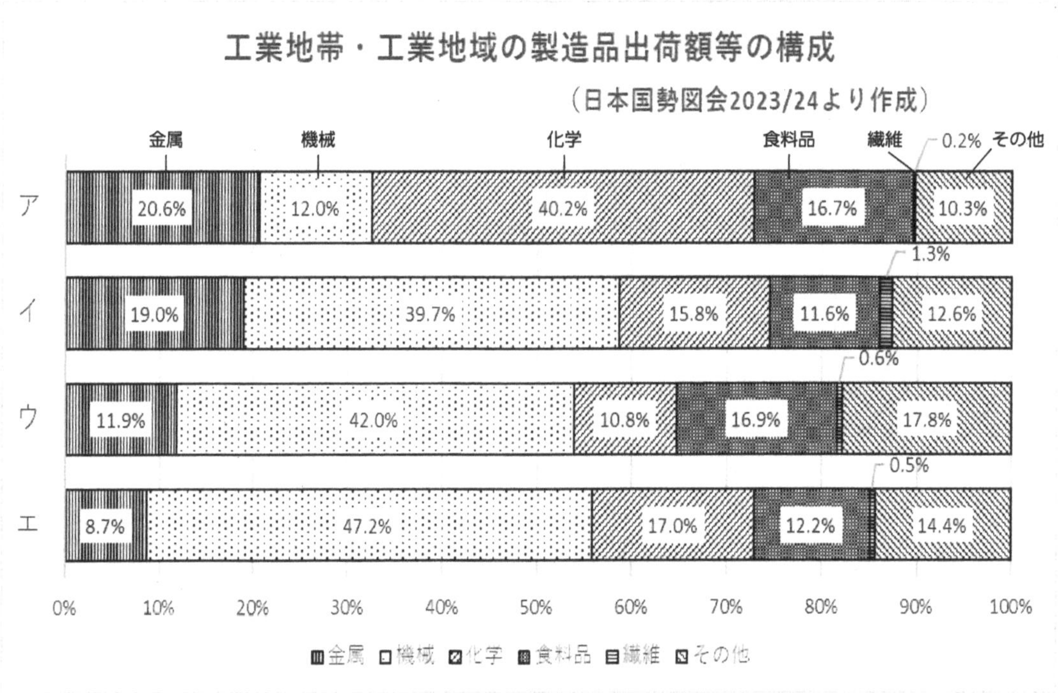

(ii)　京浜工業地帯は，首都東京を中心に発展しているが，他の工業地帯・工業地域と比較して，どの産業がさかんであるか。次から１つ選び記号で答えなさい。

ア．自動車工業　　イ．食品加工業　　ウ．パルプ工業　　エ．印刷業

(iii)　京浜工業地帯がひろがる都道府県についての説明文として正しいものを次から１つ選び記号で答えなさい。

ア．東部の沿岸部には火力発電所や製鉄所が集中しており，西部には山地が連なっている。

イ．いちごの生産が盛んであり，その生産量は全国一位である。

ウ．初夏から夏にかけて冷たく湿った風が吹き，冷害が発生することがある。

エ．工業の発展とともに四大公害病の一つであるイタイイタイ病が発生した。

設問２．下線部⑵について，

(i)　四大（三大）工業地帯を含めて各地の工業地域の多くは帯状に集中して形成されている。この帯状の地域を何というか６字で答えなさい。

(ii)　全国の工業地域のうち，北陸工業地域は伝統工業がさかんである。北陸工業地域で生産されているものとして正しいものを次から１つ選び記号で答えなさい。

ア．輪島塗《ぬり》　　イ．有田焼　　ウ．曲げわっぱ　　エ．西陣織

(iii)　全国の工業地域のうち，瀬戸内工業地域についての説明文ＡＢの正誤の組み合わせとして正しいものを次から選び記号で答えなさい。

Ａ：広島県の水島地区には，石油化学コンビナートが集中している。

Ｂ：愛媛県の今治市では，タオルの生産がさかんである。

ア．Ａ＝正　　Ｂ＝正　　　イ．Ａ＝正　　Ｂ＝誤

ウ．Ａ＝誤　　Ｂ＝正　　　エ．Ａ＝誤　　Ｂ＝誤

設問３．下線部⑶について，これに関連する経済現象を産業の空洞《くうどう》化という。これはどのような現象か説明しなさい。

設問４．下線部⑷について，九州では，空港や高速道路周辺に集積回路（IC）工場が多く建設されている。このことから，九州は何と呼ばれているかカタカナで答えなさい。

設問５．下線部⑸について，

(i)　日本における発電方法のうち，最も割合の大きい発電方法は何か答えなさい。

(ii)　近年，太陽光をはじめとする新しいエネルギーの開発・利用が進められている。これについての説明文ＡＢの正誤の組み合わせとして正しいものを次から選び記号で答えなさい。

Ａ：火山の地中から取り出した蒸気を利用して発電する方法を地熱発電という。

Ｂ：レアメタルを利用してつくられる燃料をバイオ燃料という。

ア．Ａ＝正　　Ｂ＝正　　　イ．Ａ＝正　　Ｂ＝誤

ウ．Ａ＝誤　　Ｂ＝正　　　エ．Ａ＝誤　　Ｂ＝誤

2　次の文章を読み，あとの設問に答えなさい。

Ⅰ

この争乱は，幕府⑴８代将軍のときに起こった。戦いは京都で約11年間続き，その結果，京都は荒れ果てた。⑵幕府の支配は大きく衰退し，以後，争乱が繰り返されるなかで，実力で領国を支配する⑶戦国大名が各地で誕生した。

Ⅱ

この争乱は，⑷天皇の死後，その後継者争いとして起こった。勝利をおさめた大海人皇子は，天武天皇として即位し，天皇を中心とする支配体制をつくりあげた。⑸天武天皇の命令で新たな都の造営が始まり，次の天皇のときに完成した。

Ⅲ

この争乱は，⑹当時の上皇が幕府の２代⑺執権を討つ命令を出して始まった。勝利をおさめた幕府は，朝廷を監視するために京都に【　Ａ　】をおいた。

Ⅳ

この争乱は，徳川家康を倒すために【 Ｂ 】が挙兵したことから始まった。【 Ｂ 】率いる西軍は敗れ，勝利をおさめた徳川家康は，将軍となり⑻幕府をひらいた。この幕府は，以後250年以上続いた。

設問１．【A】【B】に適切な語句を漢字で答えなさい。

設問２．下線部⑴について，この８代将軍が造営した建築物として正しいものを次から１つ選び記号で答えなさい。

ア．金閣　　イ．銀閣　　ウ．安土城　　エ．大坂（大阪）城

設問３．下線部⑵について，この幕府に関する説明文として正しいものを次から１つ選び記号で答えなさい。

ア．宋と正式な国交を結び，朝貢貿易を行った。

イ．将軍を補佐する役職として管領がおかれた。

ウ．初代将軍は南朝を支持して後醍醐天皇と対立した。

エ．最後の将軍は豊臣秀吉により京都から追放された。

設問４．下線部⑶について，戦国大名が領国を支配するために独自に制定した法を何というか漢字で答えなさい。

設問５．下線部⑷について，この天皇を漢字で答えなさい。

設問６．下線部⑸について，この新たな都として正しいものを次から１つ選び記号で答えなさい。

ア．平城京　　イ．平安京　　ウ．長岡京　　エ．藤原京

設問７．下線部⑹について，この上皇を漢字で答えなさい。

設問８．下線部⑺について，

(i) 執権政治に関する説明文ＡＢの正誤の組み合わせとして正しいものを次から選び記号で答えなさい。

Ａ：執権は，将軍の補佐役として初代将軍のときからおかれていた。

Ｂ：３代執権のときに政治や裁判の基準として御成敗式目が制定された。

ア．Ａ＝正　　Ｂ＝正　　　　イ．Ａ＝正　　Ｂ＝誤

ウ．Ａ＝誤　　Ｂ＝正　　　　エ．Ａ＝誤　　Ｂ＝誤

(ii) ８代執権のときに元寇が起こったが，最初の襲来を何というか４字で答えなさい。

設問９．下線部⑻について，この幕府についての説明文として正しいものを次から１つ選び記号で答えなさい。

ア．初代将軍のとき，参勤交代が制度化された。

イ．イギリス船の来航を禁止して，鎖国政策を完成させた。

ウ．天皇・朝廷の行動を制限する目的で公事方御定書を制定した。

エ．最高職として大老をおいたが，これは臨時の役職であった。

設問10．文章Ⅰで説明されている争乱を４字で答えなさい。

設問11．文章Ⅲで説明されている争乱を４字で答えなさい。

設問12．文章Ⅰ～Ⅳを時代の古い順に並び替えなさい。

3　**次の文章を読み，あとの設問に答えなさい。**

明治初期の外交における大きな目標は，⑴条約改正と近隣諸国との国交の樹立であった。近隣諸国との外交においては，朝鮮に対して武力をもって開国をせまる征韓論がとなえられたが，この主張は退けられ，【 Ａ 】らは政府を去った。その後，不平士族の反乱が相次ぐなか，【 Ａ 】は西南戦争を起こして敗死した。

武力による政府への抵抗と同時期に，言論による政府批判も展開された。これを自由民権運動という。この運動は，【 Ｂ 】設立の建白書を政府に提出したことをきっかけに始まった。1881年に，⑵10年後の議会開設の方針が決定されると，政党の結成や憲法制定の準備が進められた。⑶1880年代半ば，自由民権運動は一時衰退するが，1880年代後半になると再び盛り上がり，⑷1889年に大日本帝国憲法発布，翌年に議会開設が実現した。憲法制定の中心人物は初代内閣総理大臣をつとめた【 Ｃ 】であった。

大日本帝国憲法では，主権は【 Ｄ 】にあり，さまざまな権限が与えられていた。議会は，衆議院と【 Ｅ 】の二院制がとられ，予算や法律などの成立には議会の同意が必要とされた。憲法では，国民の自由や権利は【 Ｆ 】と定められた。

設問１．【A】【B】【C】【D】【E】に適語を次の語群から選び答えなさい。

語群

伊藤博文　　国民　　参議院　　西郷隆盛　　黒田清隆　　貴族院　　天皇

民撰議院　　帝国議会

設問２．下線部⑴条約改正について，

(i)　明治初年に条約改正の交渉のためにアメリカに派遣された外交使節団の団長を漢字で答えなさい。

(ii)　1880年代の条約改正交渉についての説明文ＡＢの正誤の組み合わせとして正しいものを次から選び記号で答えなさい。

Ａ：鹿鳴館での舞踏会に象徴される政府の欧化政策は成功した。

Ｂ：ノルマントン号事件は，領事裁判権の承認が問題となった事件である。

ア．Ａ＝正　Ｂ＝正　　イ．Ａ＝正　Ｂ＝誤

ウ．Ａ＝誤　Ｂ＝正　　エ．Ａ＝誤　Ｂ＝誤

設問３．下線部⑵についての説明文ＡＢの正誤の組み合わせとして正しいものを次から選び記号で答えなさい。

Ａ：板垣退助が自由党を，大隈重信が立憲改進党を結成した。

Ｂ：政府の憲法草案以外に，民間で憲法草案が起草されることはなかった。

ア．Ａ＝正　Ｂ＝正　　イ．Ａ＝正　Ｂ＝誤

ウ．Ａ＝誤　Ｂ＝正　　エ．Ａ＝誤　Ｂ＝誤

設問４．下線部⑶について，自由民権運動の衰退は，不景気のなかで民権運動と結び付いた暴動が各地で起きたことが背景にあるが，それらのうち，埼玉県で起きた事件を漢字で答えなさい。

設問５．下線部⑷について，大日本帝国憲法が発布されたときの内閣総理大臣を，設問１の語群から選び答えなさい。

設問６．【F】に大日本帝国憲法における国民の権利について説明した文章を入れなさい。

4 **次の文章を読み，あとの設問に答えなさい。**

近代国家では，独裁政治の出現を防ぐために，立法権・行政権・司法権の三権をそれぞれ独立した機関が担う三権分立を憲法上規定する国が多い。日本でも，大日本帝国憲法・日本国憲法ともに三権分立が定められている。

戦後の日本では，立法権は⑴国会が担当するものとされ，国会は「国権の最高機関」であり，国の「【 Ａ 】の立法機関」であると日本国憲法41条で定められている。行政権は⑵内閣が担当するものとされ，内閣総理大臣がその長である。内閣において，重要な政策を決定する会議を【 Ｂ 】といい，これは全ての国務大臣が出席し，全会一致で決定が行われる。三権分立では，それぞれの権力がお互いにけん制し合う形をとる。例えば，⑶国会においては，内閣不信任案を議決することができ，反対に，⑷内閣総理大臣は，衆議院の解散を決定することができる。

司法権は裁判所が担当するものとされ，⑸最高裁判所を上級として，そのもとに下級裁判所が設けられている。司法に対する国民の参加の例としては，重大な刑事裁判の第一審に国民が参加する【 Ｃ 】制度がある。

設問１．【A】【B】【C】に適語を漢字で入れなさい。

設問２．下線部⑴国会についての説明文ＡＢの正誤の組み合わせとして正しいものを次から選び記号で答えなさい。

Ａ：特別会（特別国会）は，衆議院解散後の総選挙の日から30日以内に開かれる国会である。

Ｂ：現在，国会議員は全て小選挙区から選出されている。

ア．Ａ＝正　Ｂ＝正　　イ．Ａ＝正　Ｂ＝誤

ウ．Ａ＝誤　Ｂ＝正　　エ．Ａ＝誤　Ｂ＝誤

設問３．下線部⑵についての説明文として正しいものを次から１つ選び記号で答えなさい。

ア．内閣不信任決議が可決された場合，内閣は30日以内に総辞職しなければならない。

イ．内閣総理大臣の仕事には，最高裁判所長官の指名がある。

ウ．国務大臣は，国会議員でなければ就任することができない。

エ．内閣総理大臣は，天皇によって指名される。

設問４．下線部⑶について，これは衆議院のみが有する権限である。このような規定を何というか答えなさい。

設問５．下線部⑷について，衆議院の解散は内閣の助言と承認にもとづく天皇の【　　】の一つである。【　】に適切な語句を漢字で入れなさい。

設問６．下線部⑸についての説明文として正しいものを次から１つ選び記号で答えなさい。

ア．選挙の際に行われる裁判官の国民審査は，全裁判官が対象である。

イ．高等裁判所はすべての都道府県に１ヵ所ずつ設置されている。

ウ．裁判所が有する，法律等が憲法に違反していないかどうか判断する権限を違憲立法審査権という。

エ．一度裁判の判決が下されたら，再び裁判のやり直しを求めることはできない。

ア　願望　　イ　反語　　ウ　伝聞　　エ　皮肉

問7　傍線部⑤「約束していたこと」とありますが、本文中、田村と父親が約束していた内容として最も適当なものを次の中から一つ選び、記号で答えなさい。

ア　光司に他者を思いやる心を持たせようという約束。
イ　光司がまた学校に通えるようにしようという約束。
ウ　光司に助言せず、自分で考えさせようという約束。
エ　光司にボランティアをさせ、前向きにさせようという約束。

問8　傍線部⑥「田村の肩越しに見る歩行者天国は、夕陽に照らされて、まるで金色の川の中を人々が行き交っているみたいだった。」とありますが、この箇所について、A使われている表現技法　Bその技法を用いた筆者の意図として最も適当なものを次の中から一つ選び、記号で答えなさい。

A
ア　直喩　　イ　隠喩　　ウ　擬人法　　エ　倒置法

B
ア　時間の経過を示すため　　イ　今の季節を表すため
ウ　先行きを暗示するため　　エ　今いる場所を強調するため

三　次の各問い（問1～4）に答えなさい。

問1　次の傍線部のカタカナを漢字に直しなさい。

①　自分カッテに振る舞う。
②　宿題をワスれないようにする。
③　締め切りをゲンシュする。
④　芸能人は夢のあるショクギョウだ。

問2　次の傍線部の漢字をひらがなに直しなさい。

①　律儀にあいさつする。
②　直筆のメッセージをもらう。
③　納税は義務だ。
④　若気の至り。

問3　次の語の対義語として最も適当なものを後の語群の中からそれぞれ一つ選び、記号で答えなさい。

①　画一
②　不和
③　特殊
④　貫徹

ア　歴然　　イ　多様　　ウ　一般
エ　妥協　　オ　後退　　カ　円満　　キ　地味

問4　次の空欄を埋め、四字熟語を完成させなさい。

①　有為□変
②　□枯盛衰
③　自給自□
④　一騎当□

か？」

「え？」

「今度から夕刊紙の連載を引き受けることになって、東日本大震災の被災地を回るんだ。いろんな町で、いろんな人に会ってくる。よかったら、きみも連れて行ってやるぞ」

驚いて返事ができない光司に、父親が「お父さんとお母さんは反対しないから」と声をかけた。これもまた最初から⑤約束していたことなのだろう。

「あの……向こうで、どんな人に会うんですか？」

「『希望の地図』を描《か》いてる人たちだ」

田村はすまし顔で言って、「どうだ？　きみも会ってみたくないか？」といたずらっぽい流し目を送ってきた。

光司は思わず、なにかに引き寄せられたようにうなずいた。⑥田村の肩越しに見る歩行者天国は、夕陽《ゆうひ》に照らされて、まるで金色の川の中を人々が行き交っているみたいだった。

（重松清「希望の地図」幻冬舎文庫）

問１　空欄 A 、 B に入るひらがなを答え、慣用表現を完成させなさい。ただし、 A には三字、 B には二字が入る。

問２　傍線部①「それでも――」とあるが、「――」に省略された文を補い、プロジェクトメンバーの思いを完成させるとしたら何が入りますか、本文中から一文を抜き出し、最初の五字を答えなさい。

問３　傍線部②「写真を浸す水桶すらない被災地で、（中略）洗浄作業をつづけた」とありますが、この記述から読み取ることができるものとしてふさわしくないものを次から一つ選び記号で答えなさい。

ア　被災して間も無い状況で、物資が乏しかった様子。

イ　行政からの理解が得られず、支援されなかった様子。

ウ　多くの人が出来ることをしようと必死だった様子。

エ　専用の機材を使わずに手助けに参加できた様子。

問４　傍線部③「でも、それって、なんか嘘っぽいんだよなあ……。」とありますが、このときの光司の心情を説明した次の文の空欄に入る語句を本文中から抜き出し答えなさい。ただし、同じ記号の空欄には同じ語句が入ります。

父親や田村は、 X 十字 にも関わらず、冥福を祈ることができるが、光司は X 十字 が震災の犠牲になった実感がわかず、 Y 五字 祈ることが出来なかったから。

問５　空欄 Z には、次の文を並び替えたものが入ります。最初から三番目に入る文として最も適当なものを次の中から一つ選び、記号で答えなさい。

ア　お母さんと赤ちゃんは無事だろうかと思ったときの、泣きたくなるようなせつなさも、忘れたくない。

イ　最後にスタッフの人が「特別にやってみる？」と、写真にこびりついた乾いた泥を習字の筆で落とす作業を手伝わせてくれた。

ウ　筆を丁寧に左右に動かすと、泥が落ちて、赤ちゃんを抱っこした若いお母さんの笑顔が見えてきた。

エ　でも、それを、どんな言葉で表現すればいいんだろう……。

オ　そのときのうれしさは忘れない。

問６　傍線部④「……」とありますが、ここにおける「……」の使い方の説明として最も適当なものを次の中から一つ選び、記号で答えなさい。

てしまった人も少なくないだろう。

板橋さんの話を聞きながら、光司はネットに掛けられた写真を一枚ずつ見ていった。きれいに洗浄できた写真もあれば、ほとんどがバクテリアにやられて真っ白になり、かろうじて顔の部分だけ救った写真もある。

写真の中の人たちはさまざまだった。家族、同僚、友だち、老人、若者、子ども、赤ちゃん……。写真の背景も、自宅、学校、オフィス、旅行先、レストランの店内、車の中……。

どの写真にも笑顔があった。写っている人たちはみんな幸せそうだった。だが、その中にも、震災の犠牲《ぎせい》になった人は、きっとたくさんいるのだろう。

光司は写真を一枚ずつ見ていった。自然と、中学生の写っている写真を見つめる時間が長くなる。

みんな、無事でいてください。きれいになった写真を受け取ってください——。

会ったこともない相手なのに、心の底から素直にそう思った。そして「写真をきれいにしてあげよう」と板橋さんたちががんばる理由も、ほんの少しだけわかったような気がした。

黙禱の前に写真を見ておけばよかったと後悔した。そうすれば、心を込めて目をつぶることができたはずなのに……。

「今日はどうだった?」

会場を出たあと、田村章は光司に訊いた。

「どう、って……」

うまく答えられない。「面白《おもしろ》かった」というのとは違う。「楽しかった」というのとも違う。それでも、富士フイルムの「写真救済プロジェクト」の活動には胸が熱くなった。

Z

隣を歩く父親を振り向いた。いつもなら、こういうときには必ず助け船を出してくれる父親が、いまは黙ってそっぽを向いている。田村と事前に取り決めたのかもしれない。

「来てよかったと思う?」

それは確かにそう——言葉でうまく答えられなかったぶん、大きく、こっくりとうなずいた。

田村は「よかった」と笑い、父親もホッとした様子で頰《ほお》をゆるめた。やはり二人で作戦を立てていたのだろう。取材を始める前に田村が言っていた「『希望の地図』を描く旅」とも関係があるのかもしれない。

でも、そもそも「希望」なんて言われても……と、思わずため息が漏《も》れた。

いまの光司の生活に「希望」などまるで見えない。

私立中学の受験にインフルエンザのせいで失敗して、しかたなく入学した地元の公立中学でいじめに遭い、学校に通えなくなってしまった——そんないまの自分に、「希望」という言葉はあまりにも遠い。

大通りに出た。通りの先の秋葉原の歩行者天国をぼんやりと眺《なが》めた。みんなも午後二時四十六分には黙禱をしたのだろうか。知らん顔だったのだろうか。自分だって、もしも今日ここに来なければ、部屋の中で黙禱していただろうか④……。

田村が言った。

「光司くん、どうせ学校を休むんだったら、俺《おれ》の取材に付き合わない

つくった即席の水桶を使い、あるいは、キャスター付きの衣装ケースを使って、ボランティアの人たちとともに洗浄作業をつづけた。
「専用の機材や薬品を使えばもっと効率的に進められるんですが、とにかく被災地にはモノがありません。ボランティアの人たちもどんどん入れ替わっていく。そうなると、特別な『技術』ではなく、ちょっとした『コツ』を呑み込めば誰にでもできる、ということが重要になるわけです」
　現場では簡単なマニュアルを配布し、事前の説明も十分程度で終えられるよう工夫《くふう》を重ねた。また現在では会社のホームページで洗浄の動画も掲載して、現地の人たちだけでも作業ができるよう心がけている。
「その甲斐《かい》あって、最近では我々が直接被災地に出向く段階から一歩進んで、全国各地のボランティア団体と被災地との間をつなぐ、『窓口』としての活動が主になりました」
　今日――九月十一日も、宮城県名取《なとり》市閖上《ゆりあげ》地区から送られてきた写真を、アートセンター『３３３１　Ａｒｔｓ　Ｃｈｉｙｏｄａ』との共催で洗浄している。
「洗った写真は、その後どうするんですか？」
　田村の質問に板橋さんが答えようとした、そのとき、スタッフの一人が「三分前です」と耳打ちして、取材は一時中断になった。
　もうすぐ午後二時四十六分になる。巨大地震の発生した時刻だ。
　あれからちょうど半年――腕時計で時刻を確かめていた板橋さんは、ゆっくりと顔を上げ、会場のみんなに「黙禱《もくとう》をしましょう」と静かに言った。
　黙禱の時間は、きっかり一分間だった。
　意外と長いんだな、と光司は思った。
　震災で亡くなった人たちの死を悲しみ、冥福《めいふく》を祈るための黙禱だと、理屈ではわかっている。だが、光司の親戚《しんせき》や知り合いの中に被災者はいない。震災による死者は一万五千人を超えている。その数字は理解できても、顔も名前も浮かばない人たちの死を、いったいどうやって悲しめばいいのだろう。
　そっと薄目を開けて横を見ると、父親と田村は並んで目をつぶっていた。おとなになると、こういうことが自然とできるようになるのだろうか。
③でも、それって、なんか嘘《うそ》っぽいんだよなあ……。
　心の中でつぶやいたとき、やっと黙禱の時間が終わった。体育館にいるみんなは、またそれぞれの持ち場に戻って作業の続きに取りかかり、取材も再開された。
　板橋さんが「こちらへどうぞ」と案内したのは、洗浄した写真を一枚ずつ洗濯ばさみで留めたネットの前だった。
　写真はアルバムごとに分けて干してある。一目《ひとめ》でわかるように洗濯ばさみの色も変えているらしい。持ち主を捜《さが》し出《だ》す手がかりになるように、写真から読み取れる情報のメモも添えてあった。
「たとえばお誕生日会の写真だと、ケーキにその子の名前が書いてある場合がありますよね。卒業式の写真だと、平成何年度にどこの学校を卒業したのか……そういう手がかりがあればあるほど、持ち主が見つかる可能性も広がります」
　だが、もちろん、洗浄した写真がすべて持ち主のもとに戻るわけではない。アルバムが泥まみれになっているほどだから、津波に呑み込まれ

も適当なものを、次の中から一つ選び、記号で答えなさい。

ア　疑似科学にまんまと踊らされ、抜け出せなくなっていくさまがおかしいから。

イ　健康のために買ったはいいものの結局一度も使わないところの無意味さにあきれるから。

ウ　二度と健康になれないとわかっていても、健康をあきらめないさまが痛快だから。

エ　健康になるために健康に良くない器具や食品を買う本末転倒さに失笑するから。

問7　傍線部⑥「恫喝産業」とありますが、これは人々のどのような心理を利用したものですか。その心理を、本文中から六字で抜き出しなさい。

問8　傍線部⑧「私は医療者の原点を見る思いがした」のはなぜですか。最も適当なものを、次の中から一つ選び、記号で答えなさい。

ア　死を遅らせるという医学の勝利を目指しているから。

イ　長生きさせる理由にちゃんと答えを出しているから。

ウ　発展途上国の人々の欲望にまじめに向き合っているから。

エ　現代医療にない長生きのための熱意を持っているから。

二　次の文章を読んで、後の問い（問1～8）に答えなさい。

中学受験に失敗して不登校になった光司は、父親に東日本大震災について取材するフリーライターの田村を紹介される。光司は父親、田村とともに秋葉原で行われている写真洗浄ボランティアを見学する。以下の文章はそれに続く場面である。

初めてメンバーが被災地入りしたのは、四月九日。土曜日のことだ。宮城県気《け》仙沼《せんぬま》市に向かった。まだ東北新幹線の復旧前だったので、金曜日の仕事を終えたあと、東京から車で出かけたのだという。

写真は、決して生活必需品ではない。写真が命を救ってくれるわけではないし、写真によって空腹が満たされるわけでも、寒さを［A］るわけでもない。

「写真を救う前にやるべきことはたくさんあるんじゃないか？」と言う人は少なくないかもしれない。

①それでも——。

「初めて入った被災地で、我々はこんな言葉を聞かされたんです」

板橋さんが教えてくれた。

四月九日に気仙沼市を訪ねたプロジェクトのメンバーに、市役所の職員はこう言ったのだ。

「何もかも津波でなくなってしまいましたが、思い出だけは残っています。でも、その思い出も、記憶だけではいずれ薄れて、なくなってしまいます。だからこそ、思い出をこれからも写真という形で残しておきたいんです。」

それを聞いて、板橋さんたちは大いに奮《ふる》い立《た》った。士気が［B］るのと同時に、写真メーカーとしての使命感もあらためて湧《わ》き起こってきた。家や家族を失い、仕事もなくし、今後のことを思って途方《とほう》に暮れている人たちにとって、一枚の写真が心の支えになることは、きっと、ある。いや、「ある」と信じたい。

②写真を浸す水桶《みずおけ》すらない被災地で、ときには瓦礫の中から拾ってきたベビーバスを使い、ときには庭仕事で使うプランターにゴミ袋をはめて

ぜ長生きさせることが善なのかを問わなくなっている。必ず人間は死を迎えるから、少しでもそれを遅らせることが医学の勝利と思い込んでいる節がある。医の本来の目的は何なのかを今一度問い直す必要があるのではないだろうか。

私はある得難い経験をした。非常勤講師で行った大学で「開発途上国では、幼くして死を強要され、若くして死を迎えねばならない医療状況があり、その改善のために力を尽くしたい」という熱意ある学生に会ったのだ。⑧私は医療者の原点を見る思いがしたものである。

（池内了『疑似科学入門』岩波書店）

注

※１　矮小化……規模を小さくすること。

問１　傍線部①「健康ブーム」とありますが、このブームが起こった理由として最も適当なものを、次の中から一つ選び、記号で答えなさい。

ア　周囲の高齢者たちが健康維持のための運動を始めたことで、そこから遅れたくない人々が急増したから。

イ　「健全な肉体に健全な精神が宿る」という考えが、戦後になっても依然として残り続けたから。

ウ　オリンピック選手たちが「楽しむ」スポーツを語ったことで、健康を目的としたスポーツが流行したから。

エ　人々の生活を取り巻く社会的背景が変化したことを理由にした、健康を求める動きが起こったから。

問２　空欄 X 、 Y 、 Z に入る言葉として最も適当なものを、次の中から一つ選び、記号で答えなさい。ただし、同じものを複数回用いることはできません。

ア　だから　イ　しかし　ウ　また

エ　では　オ　たとえば

問３　傍線部②「健康であることが呪文化している」とはどういうことですか。最も適当なものを、次の中から一つ選び、記号で答えなさい。

ア　健康を追い求めることを、誰かに言葉で強制されてしまっていること。

イ　健康であることに縛られ、合理的な思考ができなくなってしまっていること。

ウ　健康を求める理由を、安易に口に出してはいけなくなっていること。

エ　言葉として口に出すことで、目的が実現されるかのように誤解してしまっていること。

問４　傍線部③「安易に金で健康も手に入れようとする」のは、人々に何があるからですか。本文中から十八字で抜き出し、初めの五字を答えなさい。

問５　傍線部④「隠れ蓑」⑦「謳い文句」の意味として最も適当なものを、次の中からそれぞれ一つ選び、記号で答えなさい。

④「隠れ蓑」

ア　その場をやり過ごすための工夫　イ　実態を隠すための手段

ウ　表面的で効果のない守り　エ　都合の良い言い訳

⑦「謳い文句」

ア　効果を約束する言葉　イ　宣伝のための広告

ウ　要点をまとめた文章　エ　興味を抱かせる嘘

問６　傍線部⑤「健康志向が招いた喜劇」といえるのはなぜですか。最

することなのだ。健康であることが目的ではなく、人生を豊かに生きたいという願望を満たすために健康が必要なのである。[Z]、たとえ病気になっても、生きる意志を失わず、興味を持って対象に接する態度が持ち続けられるなら健康だと言える。

人々の生活がそれなりに豊かになったことも健康ブームの根底にある。手が出せる範囲内で健康が買えるような気がするのだ。要は自分の生活態度と日常の心がけ次第なのだが、それを忘れて物品を売り買いするかのような感覚で、③安易に金で健康も手に入れようとする。お酒を飲む前に胃薬を飲み、夜更かしをするので健康増強剤を口にし、疲れたと思ったらビタミン液を飲み干す。本人も、そんなことでは本当の健康は得られないと思ってはいるのだが、それで何となく安心してしまうのである。

当然、そこに付け入る疑似科学も現れてくる。ヨガがオカルトの④隠れ蓑《みの》となったように、健康と引き換えに何にでも手を出す消費者の心理をとらえて疑似科学に引き込もうとする。手っ取り早く健康になりたいという欲望に応えるかのように、即効性を謳《うた》う健康食品や健康器具が数多く売られている。一般に消費者は飽きっぽく効能が早く見られないとすぐに乗り換えるから、売り手側も次々と手を替え品を替えて対応する。その結果、形こそ違ってはいても本質的には同工異曲のものが溢れている。これまでに手を出した健康食品や健康器具が部屋に溢れかえっている人を見かけることがある。捨てるに捨てられず（健康を捨ててしまうような気になるので）、といって再度使う気にはなれない（どうせ効き目がないんだからと）。⑤健康志向が招いた喜劇と言うことができるだろう。

⑥「恫喝産業《どうかつさんぎょう》」という言葉がある。「あなたのお子さんが落ちこぼれてもいいの？」と恫喝して学習用品を買わせようとする教育産業や、「あなたは健康を失ってもいいの？」と問いかける健康産業が当て嵌《はま》るかもしれない。人の弱み（不確定な未来を少しでも明るくしたいと願う心理）につけ込んだ商売で、疑似科学っぽいものが多い。人間は恫喝されると慌ててしまい、つい手を出してしまうのだ。（「背を高くしたくないの？」とか「痩せて美形になりたくないの？」というのは「願望産業」と言うべきだろう。）

健康ブームと同じで、現代医療がひたすら長生きさせることに精を出していることにも注意しなければならない。長寿を⑦謳《うた》い文句にしたクリニックが多く出現し、老化防止のためにせっせと金を使わせている。（整形美容をアンチエイジングと呼ぶようになったのには驚いた。）その決まり文句は「人間は誰でも一二〇歳まで生きられる」で、いかにも長寿を全うできそうな幻想を振りまいている。むろん、早く死にたくない、長生きしたいとは誰もが願うことであり、そのために出来ることならなんでもしたいと思うのが人間の心理（欲望）である。それは拒否できないし、非難することでもない。

しかし、何のための長生きか、つらつら考えてみることも必要だろう。日本は世界一の長寿国だが、寝たきり率でも世界のトップである。身動きできないままベッドに縛り付けられた高齢者が非常に多いのだ。それで果たして健全な長寿国と言えるのだろうか。長生きする（させる）ことが目的となってしまって、長生きすることによって何を達成するかが問われていないのである。

現代医療は人間の欲望を叶えることが主要な目標になってしまい、な

【国　語】〈五〇分〉　〈満点：一〇〇点〉

一　次の文章を読んで、後の問い（問1～8）に答えなさい。

日本は長寿において世界一を誇っている。ジョギング、速歩、ヨガ、太極拳、エアロビクス、ラジオ（テレビ）体操、水泳など、健康維持のためにさまざまな取り組みが広がっている。まさに①健康ブームなのだが、それが長寿に功を奏しているのだろうか。［　X　］、それは真に科学的なのだろうか。

歴史的に見れば、日本では個人の肉体を国家が管理する体制が長い間続いてきた。富国強兵が謳われた時代、体を鍛える目的は国家への奉仕を完遂させるためであった。ラジオ体操もお国に仕えるために健康を持続することが目的であり、かつ植民地の人々を管理（監視）するためにも使われた。そこに集い（顔を出さねばならない）同じ運動をする（人に同調しなければならない）ことを強要したのである。「健全な肉体に、健全な魂が宿る」として、健康な肉体を獲得することを優先したが、精神主義を鼓舞するため肉体を付属物としてしか見なさなかったとも言えるのだ。「体育」は、健全な身体の発達を通じて人間性を豊かにすることが目的であるのに、もっぱら体の育成ということに注（※1）矮小化《わいしょうか》されてしまった。

戦後になって富国強兵策は下ろされたが、今度は国家の復興のために健康を維持することが求められた。依然として肉体は国家が管理するものでしかなかったのだ。そのことは、今なお各種のスポーツで精神主義が罷《まか》り通り、国家の栄誉を担っていることからもわかる。精神と肉体は一体であるとして、体を鍛えることが精神を強めると誤認して特訓に励んでおり、数々の国際大会で国旗が掲揚されるように、国家を代表して勝敗を争う状況が続いている。その結果オリンピック選手が日の丸を背負って重圧を受け、それを肉体の厳しい鍛錬に置き換え、結局体を潰してしまう場合も見受けられる。スポーツにおける国家第一主義が精神主義を生み出している面もある。

［　Y　］、少しずつ様変わりしつつある。スポーツ選手が「楽しみたい」という言葉を異口同音に語るようになり、勝利よりも全力を尽くすことを目標とする選手も増えている。外国の選手の多様な生き方を学び始めたことも影響しているだろう。結婚して子どもを産んだ女性選手が日本でも現れ、中年の選手も多く出現している。経験主義的な訓練法から、科学的トレーニングが重要視されるようになったことも変化の兆しである。

その背景には、ようやく日本でも健康のみを指向したスポーツ活動が根付きつつあることがある。高齢者が増えて、健康維持が主目的となった体操・速歩・ジョギング・水泳などが流行しているからだ。生活の基盤となる年金が減る一方の高齢者にとって、健康を害してはやっていけないことが目に見えており、未来への不安を少しでも和らげようとしているのだろう。いわば、社会的な圧力（社会から脱落したくないという脅迫感）に煽られた健康ブームなのである。それが「健康のためには命を失っても構わない」という倒錯《とうさく》した心情にも通じている。何のために長生きするかを問うことなく、長生きすることのみが目的となっているのである。②健康であることが呪文化しているのだ。

健康とは、単に病気の状態ではないことを意味するのではない。人々が何に対しても積極的に働きかけ、意欲的に生き続けられる状態を維持

2024年度

解　答　と　解　説

《2024年度の配点は解答欄に掲載してあります。》

＜1／12 算数解答＞

1．（1） 14　（2） 0.25　（3） 3　（4） $\boxed{A}$＝2　$\boxed{B}$＝0.8　（5） 秒速2m

2．（1） 648個　（2） 100人　（3） 14分後　（4） $\boxed{X}$ 反時計(回り)　60回転
（5） $8cm^2$

3．（1） 5.0時間以上10.0時間未満　（2） 9.0時間　（3） 14.5時間

4．（1） 6分　（2） ③　（3） 42cm

5．（1） 37分後　（2） 23分後から27分後

○推定配点○
各5点×20（3.（1），5.（2）各完答）　計100点

＜1／12 算数解説＞

1．（四則計算，単位の換算）

（1） 5.79＋8.21＝14

（2） 2.5－31.5÷14＝0.25

（3） $\frac{1}{\square}$＝(31－15－6)÷30＝$\frac{1}{\boxed{3}}$

（4） 3.6÷1.4＝2余り0.8

基本 （5） 秒速7200÷3600＝2(m)

2．（場合の数，植木算，単位の換算，2量の関係，速さの三公式と比，旅人算，平面図形）

基本 （1） 9×9×8＝648(個)

（2） 1＋5000÷50－1＝100(人)

（3） 24÷(7＋5)×7＝14(分後)

（4） 歯車B…X反時計回りに30×100÷50＝60(回転)

重要 （5） 4×4÷2＝$8(cm^2)$

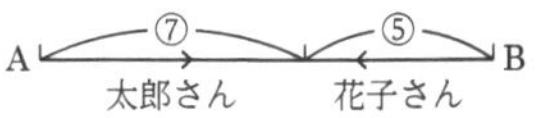

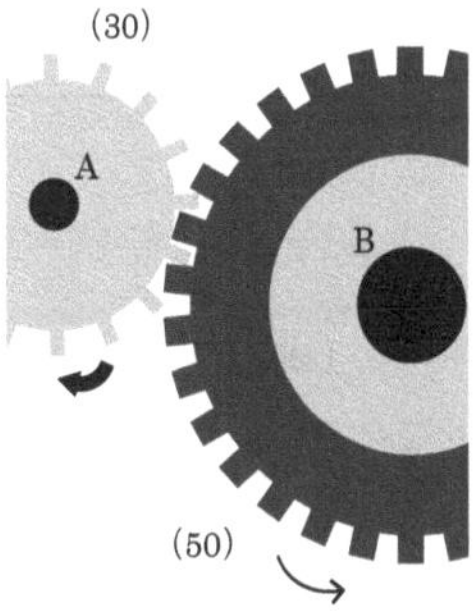

3．（統計と表，平均算）

10.5，5.0，3.0，8.0，12.0，4.5，6.5，16.0，9.5，15.0　(時間)

重要 （1） 0.0以上～5.0未満…3.0，4.5
5.0以上～10.0未満…5.0，6.5，8.0，9.5
10.0以上～15.0未満…10.5，12.0
15.0以上～20.0未満…15.0，16.0
したがって，求める階級は5.0時間以上～10.0時間未満

（2） (10.5＋5＋3＋8＋12＋4.5＋6.5＋16＋9.5＋15)÷10
＝90÷10＝9より，9.0時間

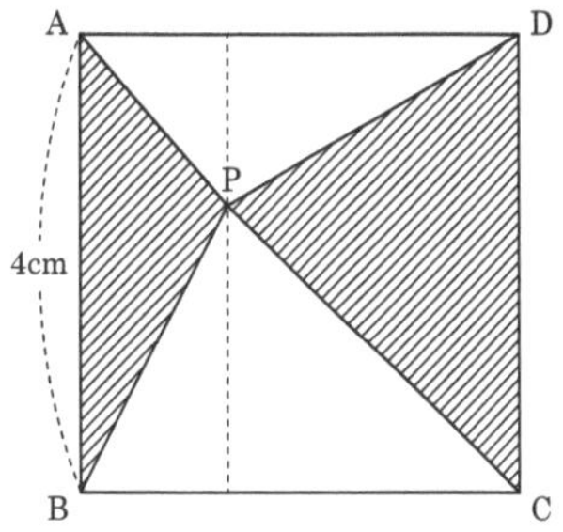

やや難　(3)　太郎さんの学習時間□が9時間より長く9.5時間未満の場合

中央値…□

平均値…□より，$9\times10+\square=90+\square$ が $\square\times11$ に等しく，$\square=90\div(11-1)=9$ となり，不適合

太郎さんの学習時間□が9.5時間の場合

中央値…9.5

平均値…9.5より，$(9\times10+9.5)\div11\fallingdotseq9.05$ となり，不適合

太郎さんの学習時間□が9.5時間より多い場合

中央値…9.5

平均値…9.5より，$\square=9.5\times11-9\times10=14.5$(時間)

したがって，求める時間は14.5時間

重要　4．(平面図形，立体図形，割合と比，単位の換算)

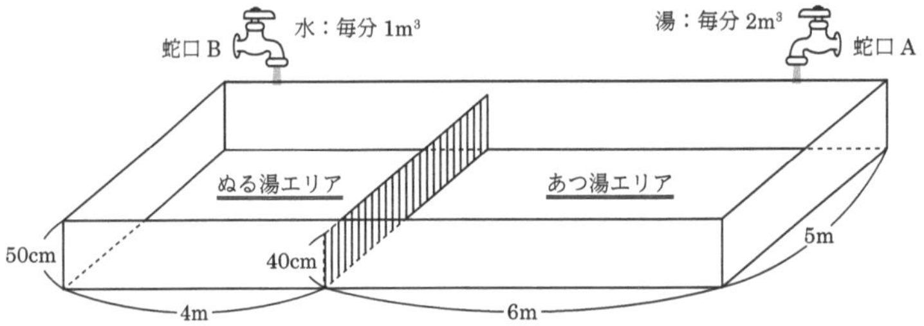

(1)　$5\times6\times0.4\div2=6$(分)

(2)　「あつ湯エリア」にお湯がたまったとき…蛇口Bも開ける

「ぬる湯エリア」にもお湯がたまったとき…蛇口AもBも閉める

したがって，正しいグラフは③

③

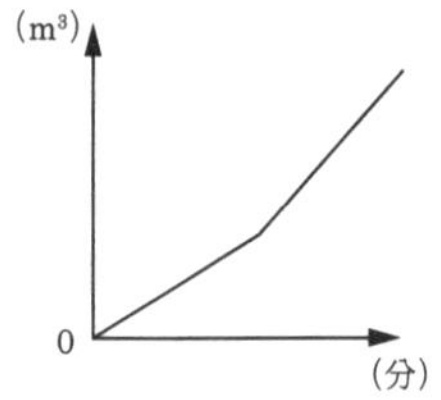

(3)　1人分の体積…$0.05\times100\times100\times100=50000$(cm³)

したがって，求める高さは $40+50000\times20\div(500\times1000)=42$(cm)

重要　5．(速さの三公式と比，割合と比)

(1)　$1200\div50+5+(2000-1200)\div100=29+8=37$(分後)

(2)　下図において(1)より，$29-1200\div200=23$(分後)から $37-2000\div200=27$(分後)まで

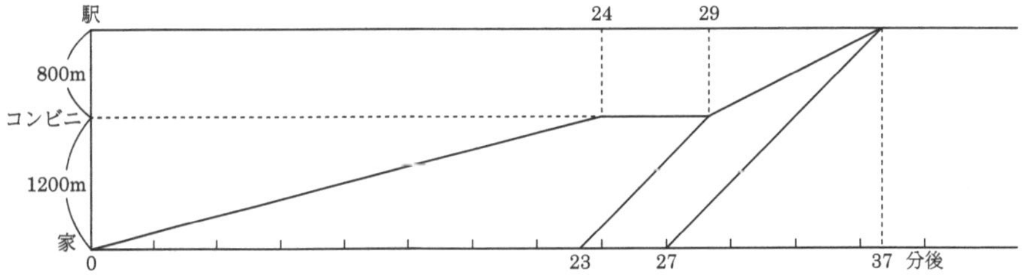

★ワンポイントアドバイス★

3.(3)「11人のデータ」の問題は簡単ではないが，他の問題はそれほど難しくはない。4.(3)「1人分の体積0.05m³」は，50000cm³になる換算ができるかどうかがポイントになる。5.「家から駅までの移動」の問題も，それほど難しくない。

<1／10 理科解答>

1 問1 ① 直列 ② 大きい 問2 比例 問3 1.5A 問4 0.6A 問5 0.45A
2 問1 水素 問2 水上置かん法 問3 イ 問4 イ 問5 20cm^3
問6 490cm^3 問7 1470cm^3
3 問1 A，B，C，D 問2 C，D 問3 双子葉類 問4 エ，オ 問5 ロゼット
問6 オ
4 問1 ① しん食 ② 運ぱん ③ たい積 問2 V字谷 問3 ウ 問4 C
問5 ウ 問6 三角州

○推定配点○

1 問1，問2 各2点×3 他 各3点×3
2 問1～問4 各2点×4 他 各3点×3
3 各2点×6 4 各2点×8 計60点

<1／10 理科解説>

基本 **1 (回路と電流―回路と電流)**

問1 電流計は抵抗と直列に接続する。つなぐ端子は電流の大きい端子から接続し，徐々に小さい端子に変えていく。

問2 表1より，電流と電池の数は比例する。

問3 電池が1個のとき電流は0.3Aなので，電池が5個になると電流は0.3×5＝1.5(A)になる。

問4 表2より，針金の長さと電流の大きさは反比例する。針金の長さが10cmのとき電流が0.3Aなので，長さが2分の1になると電流は2倍になり0.6Aになる。

重要 問5 並列回路では針金の個数と電流の大きさが比例する。針金の長さが20cmのとき電流は0.15Aなので，針金を3個にすると電流も3倍になり0.45Aの電流が流れる。

重要 **2 (気体の発生・性質―気体の性質)**

基本 問1 亜鉛は塩酸と反応して水素を発生する。

基本 問2 水素は水に溶けないので水上置換《かん》法で集める。

問3 固体は表面で反応する。亜鉛を細かく砕くと反応が起こりやすくなるので気体が集まる時間が短くなる。しかし，反応する亜鉛の量は変わらないので集まる気体の量は変わらない。

問4 塩酸の濃度を濃くしても反応する亜鉛の量が変わらないので，最終的に集まる気体の量は変わらない。しかし，反応の速さは速くなる。

問5 グラフより，塩酸の体積が20cm^{3}を超えると発生する気体の体積は変化しなくなる。それで，2.6gの亜鉛とちょうど反応する塩酸の体積は20cm^{3}である。

問6 グラフより，塩酸の量が10cm^{3}のとき気体の体積が490cm^{3}になることがわかる。

問7 亜鉛5.2gとちょうど反応する塩酸の体積は40cm^{3}である。塩酸の体積が30cm^{3}なので，亜鉛は一部溶け残る。塩酸が10cm^{3}のとき気体が490cm^{3}発生するので，30cm^{3}では490×3＝1470(cm^3)の気体が発生する。

3 (植物―植物のつくり)

重要 問1 図は茎の維管束の図である。維管束が環状になるのは双子葉植物の特徴である。A～Fのうち，双子葉植物はサクラ，アブラナ，タンポポ，ジャガイモである。

重要 問2 花びらがくっついているものを合弁花という。タンポポは5枚の花びらがくっついた合弁花

である。

基本 問3　図は維管束が環状になっていて，これは双子葉類の特徴である。単子葉類では維管束は散らばっている。

問4　落葉広葉樹はイチョウとブナである。ツバキは常緑広葉樹，マツとスギは常緑針葉樹である。

問5　タンポポは冬場に葉を地面に張りつくように円形に広げて越冬する。このような状態をロゼットという。冬の弱い光をより多く受けるためにこのような形をしている。

問6　茎を食べるのはタケノコである。ゴボウ，サツマイモ，ニンジンは根を食べる。長ネギは葉を食べる。

基本 4　**(流水・地層・岩石―川のはたらき)**

問1　川が地面を削り取る働きを浸《しん》食という。削られた土砂を下流に運ぶ働きを運搬《ぱん》，運ばれた土砂がたまることを堆《たい》積という。

問2　川底が大きく削られると，V字谷という地形ができる。

問3　上流の石は大きく角ばっている。これが運搬される途中でけずられて小さくなり，また角が取れて丸くなる。

問4　カーブの部分では，カーブの外側の流れが速く，内側がゆるやかである。

問5　カーブの外側の方が流れが速いので浸食作用が強い。そのため川底が削られて深くなる。

問6　河口付近で運ばれてきた土砂が堆積してできる地形を三角州という。

★ワンポイントアドバイス★

基本問題が大半である。基礎知識をしっかりと理解し，ミスのないように解答することが大切である。

<1／10 社会解答>

1　設問1　【A】　北海道　　【B】　鹿児島(県)　　設問2　ウ　　設問3　ア
設問4　オレンジ　　設問5　三重(県)

2　設問1　博物館　　設問2　ウ　　設問3　エ

3　設問1　【A】　藤原不比等　　【B】　北条泰時　　【C】　徳川家光　　【D】　徳川綱吉
設問2　ウ　　設問3　エ→ア→ウ→イ　　設問4　(ⅰ)　京都　　(ⅱ)　管領
(ⅲ)　足利義政　　設問5　イ　　設問6　キリスト教の禁止を徹底するため[幕府が貿易を統制するため]　　設問7　犬　　設問8　徳川慶喜　　設問9　板垣退助
設問10　エ

4　設問1　沖縄(県)　　設問2　(ⅰ)　普通選挙法　　(ⅱ)　15円以上　　(ⅲ)　治安維持法
設問3　(ⅰ)　エ　　(ⅱ)　イ　　設問4　(ⅰ)　ア　　(ⅱ)　ポツダム　　設問5　ウ

5　設問1　【A】　地方自治　　【B】　条例　　設問2　(ⅰ)　ウ　　(ⅱ)　リコール
設問3　(ⅰ)　満18歳　　(ⅱ)　満30歳以上　　設問4　イ

○推定配点○

1　設問1・4・5　各2点×4　　他　各1点×2
2　設問1　2点　　他　各1点×2
3　設問3・4・9　各2点×5　　設問6　4点　　他　各1点×9
4　設問1・2(ⅰ)・(ⅲ)・4(ⅱ)　各2点×4　　他　各1点×5
5　設問1・2(ⅱ)　各2点×3　　他　各1点×4
計60点

＜1／10 社会解説＞

1　(日本の地理―畜産業・貿易など)

設問1　【A】　乳牛では60％以上と圧倒的なシェアを占める北海道。　【B】　肉牛は2位，採卵鶏も3位と畜産王国である南九州の代表・鹿児島。

設問2　1991年，大規模な火砕流の発生で43人の犠牲者が出た雲仙普賢岳は長崎・島原半島。

設問3　ブラジルは世界3位の鶏肉の生産国で輸出では世界の3割を占める輸出大国である。

やや難　設問4　1980年代，アメリカは対日貿易赤字の拡大が大きな政治問題となっていた。自動車など日本の主要な輸出産業を守るため政府はアメリカの要求に答えざるを得なかった。

設問5　松阪は三重中部の都市で，城下町や伊勢神宮の宿場町として発展。松阪牛は全国から高級な黒毛和牛を買い入れ松阪近郊で飼育，肉の芸術品といわれるブランド牛に育てた。

2　(日本の地理―地形図の読み取りなど)

設問1　博物館のほか美術館や歴史館などを表示，2000年代に入って新たに追加された地図記号。

基本　設問2　広瀬川は奥羽山脈を源に仙台市街を流れ太平洋に注ぐ川。

設問3　岩手県の旧南部藩に属していた盛岡などで作られていた鉄瓶などの実用品の総称。宮城は全国5位のコメ産出県，牡鹿半島北部は典型的なリアス海岸，仙台七夕は東北3大祭りの一つ。

3　(日本の歴史―古代～近世の政治・外交など)

重要　設問1　【A】　大化の改新に功績のあった藤原鎌足の息子。　【B】　北条義時の息子で第3代の執権。　【C】　鎖国を行うなど幕府の基礎を固めた将軍。　【D】　極端な動物愛護政策。

設問2　防人は九州の警護に当たった兵士。3年交代で勤務，主に東北地方の農民から選ばれ10世紀ごろまで続いた。都へ運ぶ運脚や国司の下で働く雑徭《ぞうよう》は重い負担となり農民を苦しめた。

設問3　六波羅探題は承久の乱を鎮圧した幕府が京都にとどまり戦後処理にあたったのがはじめ。永仁の徳政令は元寇で困窮した御家人救済策として出されたもの。

設問4　(ⅰ)　3代将軍・足利義満が京都室町に花の御所といわれる邸宅を作ったことに由来する。　(ⅱ)　足利一門の斯波・細川・畠山の3氏が就任した将軍の補佐役。　(ⅲ)　足利義政の後継争いや斯波-畠山氏の家督争いが絡んで11年間にわたって行われた大規模な戦乱。

設問5　A　武士や土豪を城下に集め家臣団として掌握，国力の増加を狙った。　B　斯波氏の家臣・朝倉氏，守護代・織田氏，国人・毛利氏などその出自は多彩である。

設問6　キリスト教の拡大は封建的な秩序を重視する幕府にとり脅威であった。また，貿易による西国大名の強大化もあり幕府は貿易による利益を断念して鎖国に踏み切った。

設問7　綱吉は戌年《いぬどし》生まれであったことから犬を重視，広大な犬屋敷を作って保護した。

設問8　安政の大獄で失脚したが井伊直弼の死後許された水戸徳川家出身の将軍。

設問9　土佐藩出身の政治家。のちに大隈重信と共に隈板《わいはん》内閣を組織した。

設問10　1945年12月，選挙法が改正され翌年の総選挙では39名の女性議員が誕生した。

4 （日本の歴史―近・現代の政治・外交など）

設問1　太平洋戦争で唯一の地上戦を展開，県民の4人に1人が死亡したといわれる。

設問2　（ⅰ）　税額による制限をなくし満25歳以上の男子に選挙権を与えるもの。　（ⅱ）　直接国税15円以上を納める25歳以上の男子で，全国民の約1.1％に過ぎなかった。　（ⅲ）　政府は普通選挙で社会運動が激化することを警戒，取り締まりのために治安維持法の同時成立を図った。

設問3　（ⅰ）　A　第1次世界大戦とシベリア出兵が原因。　B　越中(富山)女一揆と呼ばれた。　（ⅱ）　寺内正毅内閣は辞職，立憲政友会の原敬が初の本格的な政党内閣を誕生させた。

設問4　（ⅰ）　ハワイの米軍基地を奇襲。　（ⅱ）　ドイツ降伏後，ベルリン郊外のポツダムで発表。

やや難　設問5　サンフランシスコ平和条約をソ連は拒否，日ソ国交回復は国連加盟に必須条件だった。

5 （政治―政治のしくみ・地方自治など）

設問1　【A】　日本国憲法でも第8章で規定。　【B】　法律の範囲内で地方議会が制定する決まり。

設問2　（ⅰ）　参議院議員以外はすべて4年。　（ⅱ）　地方自治に認められている直接請求権の一つで，首長や議員だけでなく副知事など主要な職員の解職も求めることができる。

基本　設問3　（ⅰ）　2015年の改正で18歳に引き下げ。　（ⅱ）　参議院議員と都道府県知事が30歳。

設問4　A　地方自治体の財政格差を是正するために支給されるのは地方交付税交付金で，財政が豊かな自治体には支給されない。　B　有権者の3分の1以上の署名で選挙管理委員会に請求，住民投票で過半数の同意があれば解職される。

★ワンポイントアドバイス★

歴史を学習するポイントはまずその大きな流れを把握することである。政治の流れを中心に，外国との関係，文化というように分野ごとのまとめをしていこう。

＜1／10 国語解答＞

一　問1　イ　　問2　A　イ　　B　ア　　問3　光速で八分　　問4　ウ
問5　C　エ　　D　ア　　E　ウ　　問6　A　イ　　B　ウ　　問7　他人には愛
問8　Ⅰ　(例)　猿も[が]木から落ちる　　Ⅱ　(例)　名人も失敗する(という意味。)

二　問1　X　ウ　　Y　イ　　Z　ア　　問2　①　イ　　⑦　ア　　問3　ウ　　問4　ウ
問5　イ　　問6　①　二人の土工　　②　悠悠と茶などを飲み始めた　　③　帰れない
問7　①　不安　　②　心細さ　　問8　無我夢中　　問9　イ　　問10　ウ

三　問1　①　原始的　　②　細工　　③　日課　　④　濃霧
問2　①　ほうもん　　②　しゅうえき　　③　いちじる(しい)　　④　きず[きづ](く)
問3　①　積・績　　②　表・現　　③　左・差　　④　宙・中
問4　①　固(唾)　　②　立(つ)　　③　引(く)　　④　上(を)

○推定配点○

一　問1・問3・問4・問7　各3点×4　　問8Ⅱ　5点　　他　各2点×8
二　問4・問5・問9　各3点×3　　他　各2点×13
三　各2点×16(問3各完答)　　計100点

<1／10 国語解説>

一 (論説文－要旨・細部の読み取り，空欄補充，ことばの意味，記述力)

問1　傍線部①について①後で，「この距離がピンとくるためには，日頃から距離の感覚に親しんでいる必要があります」と述べているのでイが適当。①のある段落内容をふまえ，「距離の感覚」を説明していない他の選択肢は不適当。

問2　空欄A・Bの文の説明としてA・Bのある段落と次段落で，「実感的にわかるためには自分が操作出来る手持ちの心像に置き換えなければな」らず，「自分の操作出来る心象に置き換えるとは，新しく取り込んだ情報を既知の情報に置き換えることで」あると述べているので，Aにはイ，Bにはアが入る。

問3　□の「一億五〇〇〇万キロメートル」を置き換えている「光速で八分以上もかかる距離(13字)」が，傍線部②の「既知の情報」すなわち，すでに知っている情報の具体例である。

重要　問4　傍線部③のある段落から続く5段落で，何かの価値を判断しようとすると，自分の知っている何かとの比較が必要で，山下清がその比較の基準を兵隊の位に置いていたように，われわれも自分が持っているいろいろな価値基準とくらべている，ということを述べているのでウが適当。これらの段落内容をふまえ，山下清が私たちと同じように一定の価値基準を持っていることについて説明していない他の選択肢は不適当。

問5　空欄Cは「兵隊」より「超具体的な」「数字」に対することなので，物質的なものを中心として考えるさまという意味でエ，Dは自分からすすんで行うさまという意味でア，Eは無理にさせるさまという意味でウがそれぞれ入る。

基本　問6　二重傍線部Aは，具体的に心の中に思い浮かべたものという意味でイが適当。Bは具体的な物や図形によってわかりやすく表現されたものという意味でウが適当。

問7　傍線部④の「愛情についての百万言の説教」を表すものは，「道徳というのは……」で始まる段落で「道徳」を教える例として述べている「他人には愛情を持って接しなければならない(20字)」である。

やや難　問8　Ⅰ　傍線部⑤は「文字通り」の意味ということなので，「サルモキカラオチル」の意味がわかるように，ひらがなと漢字で「猿も(または「猿が」)木から落ちる(8字)」と書く。　Ⅱ　傍線部⑥は「サルモキカラオチル」に含まれている人間行動一般の意味ということなので，「名人も失敗する(7字)(という意味。)」といった内容で説明する。

二 (小説－心情・情景・細部の読み取り，空欄補充，ことばの意味，文学作品と作者)

問1　空欄Xはためらいながらするさまを表すウ，Yは勢いよくとどまることなく進むさまを表すイ，Zはついにという意味でアがそれぞれ入る。エは地道に取り組むさま。オはしかたなく行うさま。

問2　傍線部①は，喜びで夢中になり得意の絶頂にあること。⑦は気がかりや心配で落ち着かないこと。

問3　空欄②前で，十日ほど前に怒鳴られた土工とは違って，工事場で「トロッコを押しているのは，二人とも若い男」で「親しみ易いような気がした」という良平の心情が描かれているのでウが適当。②前の良平の心情をふまえていない他の選択肢は不適当。

問4　良平は若い二人の土工とトロッコを押していたが，トロッコを「もう押さなくともいい」と言われるのではないかと傍線部③のようになっているので，ウが適当。③直前の良平の心情をふまえ，もう帰されるのではないかと不安になっていることを説明していない他の選択肢は不適当。

重要　問5「あまり遠く来過ぎたことが，急にはっきりと感じられ」，傍線部④のように念じたが，「行く所まで行きつかなければ，トロッコも彼らも帰れないことは，勿論彼にもわかり切っていた」という良平の心情が描かれているのでイが適当。④前後の良平の心情をふまえ，遠くに来過ぎて怖くなったことを説明していない他の選択肢は不適当。

問6　傍線部⑤直前の描写から，①は「二人の土工(5字)」，②は「悠悠と茶などを飲み始めた(12字)」がそれぞれ入る。③は①・②によって「いらいらしている」ことなので，直前の段落最後の「帰れない(4字)」が入る。

重要　問7　一人で歩いて帰らなければならなくなった良平の心情について，「竹藪の側を……」で始まる段落で「……景色の違うのも不安だった」こと，最後の段落で「あの遠い路を駆け通して来た，今までの心細さをふり返ると……」と描かれていることから，①は「不安(2字)」，②は「心細さ(3字)」がそれぞれ入る。

問8　「良平は少時……」で始まる段落の「無我夢中(4字)」は，心をうばわれ，われを忘れて必死に行動するさま，という意味なので，傍線部⑧と同じような意味で用いられている。

やや難　問9　「やっと……村外れの工事現場」，すなわち出発地点の自分の村が見えたことで，傍線部⑨のようになっているのでイが適当。村近くまで帰ってこれたことで安心したことを説明していない他の選択肢は不適当。

基本　問10　ウの作者は夏目漱石である。

三　(慣用句，漢字の読み書き)

基本　問1　①は文化的でなく，自然の形に近いさま。②は工夫や技巧，飾りなどをつけ加えること。③は毎日決めてする仕事のこと。④は見通しがきかないほど濃く立ちこめた霧。

問2　①は人をたずねること。②は事業などによって利益を得ること。③の音読みは「チョ」。熟語は「著名」など。④の音読みは「チク」。熟語は「建築」など。

重要　問3　①の「積」は積み重ねることなので，手がらや仕事の成果という意味の「績」が正しい。②の「表」は心の中の思いや感情を外に出すという意味なので，見えなかったものが姿や形をはっきり見せるという意味の「現」が正しい。③は正しくは「千差万別」で，さまざまに異なって同じでないこと，たくさんの種類や違いがあること，という意味。④は正しくは「百発百中」で，すべて命中すること。

やや難　問4　①は事の成り行きが気になって緊張して見守るさまを表し，「固唾(かたず)」は緊張しているときなどに口の中にたまるつばのこと。②は多くの人の中から特別に選ばれること。いけにえを求める神が，望む少女の家の屋根に目印として白羽の矢を立てたことから。③は十分に準備してその機会を待ち構えること。戦いの前に手で「くすね(薬煉)」を塗って弓をいつでも使えるように準備しておくことから。④は入り乱れて混乱するさま。上のものを下にし，下のものを上にするということから。

★ワンポイントアドバイス★

小説では，場面や情景とともに変化する主人公の心情をていねいに読み取っていこう。

2024年度

解　答　と　解　説

《2024年度の配点は解答欄に掲載してあります。》

＜1／16 算数解答＞

1. (1)　6　(2)　$\frac{17}{60}$　(3)　$\frac{4}{13}$　(4)　6　(5)　3時間40分

2. (1)　A　10　B　420　(2)　14　(3)　20%　(4)　1時間20分

(5)　A　120　B　6

3. (1)　7個，金曜日　(2)　196日後　(3)　675個，日曜日

4. (1)　A　$\frac{5}{2}$　B　2　(2)　3，4，5　(3)　7個

5. (1)　12.5cm^3　(2)　4個

○推定配点○

各5点×20(2.(1)・(5)，4.(1)・(2)各完答)　計100点

＜1／16 算数解答＞

1. (四則計算，単位の換算)

(1)　$1.5+0.75+3.75=6$

(2)　$(10+5+2)\div60=\frac{17}{60}$

(3)　$\frac{1}{\square}=2+1.25=3.25=\frac{13}{4}=1\div\boxed{\frac{4}{13}}$

重要　(4)　$\square\times\square=3\times2\times\square=6\times\square$　したがって，$\square=6$

基本　(5)　14時15分＝13時75分　13時75分－10時35分＝3時間40分

2. (数の性質，割合と比，仕事算，平面図形)

基本　(1)　60＝10×6，70＝10×7より，A＝10，B＝10×6×7＝420

重要　(2)　3で割ると余りが2になる数…3の倍数－1

5で割ると余りが4になる数…5の倍数－1

したがって，求める数は3×5－1＝14

(3)　100g：400g＝1：4より，1×□＋4×5＝(1＋4)×8＝40

したがって，□は40－20＝20(%)

(4)　□…大人1人1時間の仕事量　△…子供1人1時間の仕事量

全体の仕事量…□×3×4＝□×12が△×10×2＝△×20に等しい□：△＝20：12＝5：3　したがって，求める時間は5×12÷(5×6＋3×5)＝60÷45＝$1\frac{1}{3}$(時間)すなわち1時間20分

(5)　右図

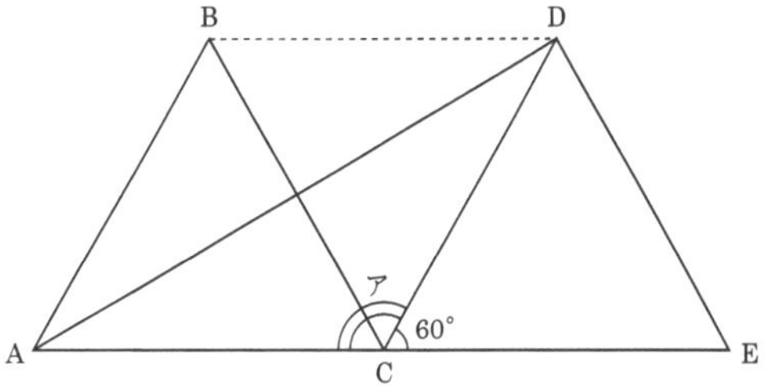

A　角ア…180－60＝120(度)

$\boxed{\text{B}}$ 三角形ACDの面積…6cm^2

重要 **3.（規則性）**

㊊，火，水，㊍，金，土，㊐，月，火，㊌

㊊	火	水
㊍	金	土
㊐	月	火
㊌	木	金
㊏	日	月
㊋	水	木
㊎	土	日
㊊		

(1) スタンプの個数…$(1+20)\div3=7$(個)
1日目のスタンプ…月曜日
最後のスタンプまでの日数…$21-2=19$(日)
最後のスタンプの曜日…$19\div7=2$余り5日より，金曜日

(2) 10個目の日曜日のスタンプまでの日数…右表より，$21\times9+3\times2+1=196$(日後)

(3) スタンプの個数…$2024\div21=96$余り8より，$7\times96+3=675$(個)
最後のスタンプの曜日…余り8より，日曜日

重要 **4.（演算記号，数の性質，割合と比）**

$R(N)=\dfrac{1}{N}$　　　　$[N]=(N\text{の整数部分})$

(1) $R\left(\dfrac{2}{5}\right)=\boxed{\text{A}}\ \dfrac{5}{2}$

$\left[\dfrac{2}{5}+\dfrac{5}{2}\right]=[2.9]=\boxed{\text{B}}\ 2$

(2) $\left[\dfrac{5}{A}\right]=1$…整数$A$は3，4，5

(3) $\left[\dfrac{5}{A}+\dfrac{A}{5}\right]=2$…整数$A$は2，3，4，5，6，7，8の7個

5.（平面図形，立体図形，割合と比，鶴亀算）

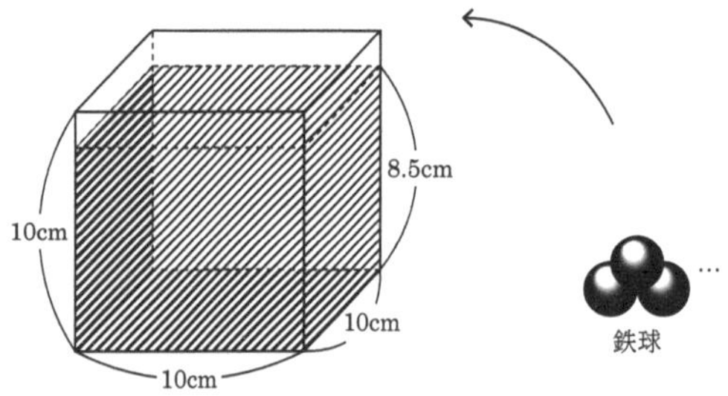

重要 (1) 鉄球1個の体積…$10\times10\times(10-8.5)\div12=12.5$(cm^3)

やや難 (2) にせ物の鉄球1個の体積…(1)より，$12.5\times1.2=15$(cm^3)
したがって，にせ物の鉄球の個数は$10\div(15-12.5)=4$(個)

★ワンポイントアドバイス★

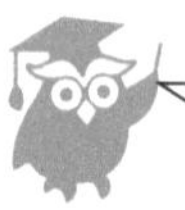

特に，難しい問題はない。1.(4)□の整数は式変形をしなくても解ける可能性があり，2.(4)「仕事算」は「大人1人1時間の仕事量と子供1人1時間の仕事量の比」がポイントになる。3.「スタンプの個数」は「表」を利用しよう。

＜1／12 理科解答＞

1　問1　12.5cm　問2　A　問3　図2　15.0cm　図3　13.75cm　図4　A　16.5cm　B　13.5cm　問5　A　15.5cm　B　13.0cm　問6　ア

2　問1　エ　問2　ウ　問3　食塩[塩化ナトリウム]　問4　二酸化炭素　問5　A，E　問6　ウ　問7　ウ

3　問1　ア，ウ　問2　イ　問3　体温に近い温度で消化酵素がよくはたらくから　問4　結果がだ液によるものだと確かめるため　問5　対照実験　問6　オ　問7　ウ

4　問1　①　真夏日　②　線状降水帯　③　アメダス　問2　(1)　白色　(2)　(イ)　(3)　直射日光が入らないようにするため　問3　ウ　問4　イ　問5　13階級

○推定配点○

1　問5　各3点×2　他　各2点×7　2　各2点×7　3　各2点×7

4　問1，問2　各1点×6　他　各2点×3　計60点

＜1／12 理科解説＞

1　(ばね―ばねののび)

基本　問1　おもりの重さが0のとき，ばねA，Bは共に12.5cmである。

基本　問2　図1より，同じ重さでばねAの方がBより伸びやすい。

重要　問3　ばねAは10gのおもりで0.5cm伸び，ばねBは0.25g伸びる。図2では，ばねA，Bにともに50gの重さがかかるので，ばねAの伸びは0.5×5＝2.5(cm)であり長さは12.5＋2.5＝15.0(cm)になる。図3では，それぞれのばねに25gの重さがかかるので，ばねAの長さは12.5＋0.5×2.5＝13.75(cm)になる。

問4　ばねBには40gの重さがかかるので，ばねBの長さは12.5＋0.25×4＝13.5(cm)である。このときばねAには80gの重さがかかるので，ばねAの長さは12.5＋0.5×8＝16.5(cm)である。

問5　おもりの目盛りが20gになるので，ばねBにかかる重さは20gになる。このときばねBの長さは12.5＋0.25×2＝13.0(cm)になる。また，このときばねAには40＋20＝60(g)の重さがかかるので，ばねAの長さは12.5＋0.5×6＝15.5(cm)になる。

問6　おもりを水に浮かべるとおもりに浮力が働くので，ばねA，Bにかかる重さが問4の時より小さくなる。それでどちらのばねも短くなる。

2　(水溶液の性質・物質との反応―中和反応)

重要　問1　Bの水溶液でBTB溶液が緑色になったので，ちょうど中和して水溶液が中性になった。このとき塩酸と水酸化ナトリウム水溶液の体積の比は1：2である。Cの水溶液は塩酸と水酸化ナトリウム水溶液の体積比が1：3なので，中和の時に比べて水酸化ナトリウム水溶液の方が多く，アルカリ性になる。よってBTB溶液は青色になる。

基本　問2　塩酸が30cm^3なので水酸化ナトリウム水溶液の体積は60cm^3になる。

基本　問3　塩酸と水酸化ナトリウム水溶液が反応すると塩化ナトリウム(食塩)と水ができる。白く残る固体は塩化ナトリウムである。

問4　Dの水溶液は中和時に比べて塩酸の割合が多いので，反応しなかった塩酸が残っている。これが石灰石と反応すると二酸化炭素が発生する。

問5　塩酸が反応せずに残っている溶液で二酸化炭素が発生する。水溶液A，Eで塩酸が残る。

問6　塩酸はツンとしたにおいがする。青色リトマス紙が赤色に変わるのは塩酸だけである。鉄を

加えると塩酸だけが鉄を溶かし水素が発生する。しかし，アルミニウムは塩酸にも水酸化ナトリウム水溶液にも溶けて水素を発生するので，区別ができない。

問7　水$10cm^3$に水酸化ナトリウムを加えると，水溶液の体積が$10cm^3$より大きくなる。体積が大きくなり，その中に含まれる水酸化ナトリウムの量が同じなので，濃度がうすくなる。

基本 3 **(人体―消化酵素)**

問1　炭水化物は砂糖，コメである。コメにはデンプンが含まれる。

問2　消化酵素は体温付近で最もよく働く。

問3　酵素は温度が低かったり，高すぎたりするとその働きを示さなかったり失ったりする。体内で働くので，体温付近にすると最もよく働く。

問4　アミラーゼの有無だけを変えてその他の条件を同じにして実験をすることで，その条件の違いが結果に影響したのかがわかる。

問5　特定の条件だけを変えて，その他の条件は同じにして比較する実験を対照実験という。

問6　だ液に含まれるデンプンの分解酵素をアミラーゼという。

重要 問7　試験管Aではだ液がデンプンを分解するが，Bでは分解しない。ヨウ素液はデンプンと反応して青紫色を示すので，Bだけが青紫色に変化する。

基本 4 **(気象―気象・気象観測)**

問1　①　最高気温が25℃以上の日を夏日，30℃以上の日を真夏日，35℃以上の日を猛暑日という。

②　同じ場所で次々と積乱雲が発達し，長時間激しい雨が降る雨域を線状降水帯という。

③　地域気象観測システムを「アメダス」という。

問2　(1)　百葉箱の色は，太陽の熱の吸収を抑えるために白色にしてある。　(2)　高さは地表から1.2～1.5mであり，地面からの照り返しの熱を抑えるためである。　(3)　扉を開いているときに南からの直射日光を避けるためである。

問3　気象衛星の名前は「ひまわり」である。

問4　空に占める雲の割合が2から8割の時は晴れとする。

問5　風力は0から12までの13階級で表示される。

★ワンポイントアドバイス★

基本問題が大半である。科学用語などをしっかりと覚えたり，基礎知識をしっかりと理解することが大切である。

＜2／6 社会解答＞

1　設問1　(i)　ア　(ii)　エ　(iii)　ア　設問2　(i)　太平洋ベルト　(ii)　ア　(iii)　ウ　設問3　生産拠点[工場]が海外に移転されて，国内生産が低下すること。　設問4　シリコンアイランド　設問5　(i)　火力(発電)　(ii)　イ

2　設問1　【A】　六波羅探題　【B】　石田三成　設問2　イ　設問3　イ　設問4　分国法　設問5　天智天皇　設問6　エ　設問7　後鳥羽上皇　設問8　(i)　ウ　(ii)　文永の役　設問9　エ　設問10　応仁の乱　設問11　承久の乱　設問12　Ⅱ→Ⅲ→Ⅰ→Ⅳ

3 設問1 【A】 西郷隆盛 【B】 民撰議院 【C】 伊藤博文 【D】 天皇
【E】 貴族院 設問2 (ⅰ) 岩倉具視 (ⅱ) ウ 設問3 イ
設問4 秩父事件 設問5 黒田清隆 設問6 法律の範囲内で保障される

4 設問1 【A】 唯一 【B】 閣議 【C】 裁判員 設問2 イ 設問3 イ
設問4 衆議院の優越 設問5 国事行為 設問6 ウ

○推定配点○

1 設問2(ⅰ)・4 各2点×2 設問3 3点 他 各1点×7

2 設問1～3・6・8(ⅰ)・9 各1点×7 他 各2点×7

3 設問2・4 各2点×2(設問2完答) 設問6 3点 他 各1点×8

4 設問4・5 各2点×2 他 各1点×6

計60点

<2／6 社会解説>

1 (日本の地理―工業・エネルギーなど)

設問1 (ⅰ) 東京湾沿いには鉄鋼や石油化学のコンビナートが林立，日本で最も化学工業の割合が高い。 (ⅱ) 首都である東京には情報が集中，新聞社や出版社なども多い。 (ⅲ) 川崎には大規模な発電所や製鉄所が，西部には丹沢山塊がある。イは栃木，ウは東北，エは富山。

設問2 (ⅰ) 人口・産業・経済活動の大半が集中している地域。 (ⅱ) 100を超える製造工程で知られる伝統産業。イは佐賀，ウは秋田，エは京都。 (ⅲ) A 水島は岡山県倉敷市。
B 全国の約6割のシェアを持ち高級で知られる今治タオル。

重要 設問3 バブル期には急速な円高から安い賃金を求めて中国や東南アジアに進出する企業が増加した。現在は円安が進行，企業の国内回帰も増えている。

設問4 1980年代には九州に半導体企業が相次いで進出，カリフォルニアのシリコンバレーに倣ってシリコンアイランドと命名された。現在は世界最大の台湾企業が進出し再び盛り上がっている。

設問5 (ⅰ) 東日本大震災以降，火力発電の割合が上昇している。 (ⅱ) A 火山国日本は潜在的には地熱大国といわれる。 B バイオ燃料とは動植物から生まれた資源(バイオマス)。

2 (日本の歴史―古代～近世の政治・外交など)

設問1 【A】 朝廷や西国の御家人を統制。 【B】 豊臣秀吉の小姓から出世した5奉行の一人。

設問2 京都東山に造営した山荘内の建物。上層が禅宗様で下層が書院造の楼閣。

設問3 幕府のさまざまな機関を統括した将軍の補佐役。足利一門の有力守護である斯波・細川・畠山の3氏から選ばれた。貿易相手は明，支持したのは北朝，追放したのは織田信長。

設問4 戦国大名が領国(分国)支配のために制定した法令。領国内の秩序を厳格に維持するため，喧嘩《けんか》両成敗や連座制など厳しい刑罰規定が定められた。

設問5 藤原鎌足と共に天皇中心の中央集権国家を目指した中大兄皇子。

設問6 唐の都を倣った最初の都。平城遷都まで3代16年にわたり使われた都。

設問7 源氏が3代で滅びた混乱期に，朝廷権力の復活を狙って北条義時追討の院宣を発した上皇。幕府の大軍に敗れ隠岐に配流，その地で没した。

設問8 (ⅰ) A 初代・北条時政が政所の長官(後の執権)になったのは3代・源実朝の就任時。
B 3代執権・北条泰時が初の武家法を制定。 (ⅱ) 元・高麗の連合軍2万8000人が900艘《そう》の船で対馬・壱岐を侵略して博多湾に侵攻，御家人の抵抗と暴風雨により撃退された。

設問9　非常のときに老中の上に置かれた職。江戸時代7人が就任，4人が井伊家であった。

設問10　11年にわたる戦乱で京都は焼け野原となり弱肉強食の下剋上の世となった。

設問11　上皇方の所領は没収され幕府の全国支配体制の強化につながっていった。

重要　設問12　Ⅱ(壬申の乱・672年)→Ⅲ(1221年)→Ⅰ(1467年)→Ⅳ(関ケ原の戦い・1600年)。

3　(日本の歴史―近代の政治・外交など)

重要　設問1　【A】　維新の3傑の一人。　【B】　国民によって選出された議院。　【C】　自らドイツにわたって憲法を研究。　【D】　憲法は天皇が与えたもの。　【E】　皇族・華族・勅選議員から構成。

設問2　(ⅰ)　王政復古のクーデターを成功させた公家。　(ⅱ)　A　極端な欧化政策に対しては国民が反発。　B　日本人を見殺しとしたイギリス人船長が領事裁判で無罪となり怒りが爆発。

設問3　A　フランス流の急進的な自由党とイギリス流の穏健な立憲改進党。　B　私擬憲法と呼ばれる民間の憲法案も発表され中には主権在民や基本的人権の保障を規定するものもみられた。

設問4　デフレによる不況に苦しむ農民が困民党を結成，数千人が決起して役所や警察を襲撃，軍隊の出動によりようやく鎮圧された事件。

設問5　薩摩藩出身の政治家。第2代の総理大臣。

設問6　大日本帝国憲法では国民の自由や権利の保障は「法律の範囲内で」という表現で示され，これらの権利が法律で制限できるものという地位でしかなかった。

4　(政治―憲法・政治のしくみなど)

設問1　【A】　政令や条例も法律の範囲を逸脱《いつだつ》できない。　【B】　全会一致を原則とする。

【C】　市民の感覚を司法に生かすことを目指して導入，裁判官との合議で有罪・無罪，量刑を判断。

設問2　A　会期の冒頭に首相の指名選挙が行われる。　B　衆議院では小選挙区289人，比例代表176人，参議院では選挙区148人，比例代表100人から構成されている。

設問3　天皇は内閣の指名に基づいて最高裁判所の長官を任命する(憲法6条2項)。

設問4　任期が短く解散もあることから衆議院の方が参議院と比べてより国民の声を反映させやすいとされる。不信任のほか首相の指名や予算・条約・法律案の議決などがある。

重要　設問5　天皇は国政に関する権能は持たず，形式的・儀礼的な行為を行うにすぎない。

設問6　違憲立法審査権はすべての裁判所が持っている。国民審査は最高裁判所の裁判官のみ，高等裁判所は全国8か所，重大な間違いが判明すれば再審の請求も可能となる。

★ワンポイントアドバイス★

政治分野に関することはなかなかなじみのない言葉などが多い。日々の生活の中でわからないことがあれば必ず自分で調べてみるといった習慣をつけよう。

<1／12 国語解答>

一　問1　エ　問2　X　ウ　Y　イ　Z　ア　問3　イ　問4　手っ取り早

問5　④　イ　⑦　イ　問6　ア　問7　未来への不安　問8　イ

二　問1　A　しのげ　B　あが　問2　家や家族を　問3　イ　問4　X　会ったこともない相手　Y　心の底から[心を込めて]　問5　オ　問6　イ　問7　ウ

問8　A　ア　　B　ウ

三　問1　①　勝手　　②　忘　　③　厳守　　④　職業　　問2　①　りちぎ　　②　じきひつ　　③　のうぜい　　④　わかげ　　問3　①　イ　　②　カ　　③　ウ　　④　エ

問4　①　転　　②　栄　　③　足　　④　千

○推定配点○

一　問2　各2点×3　　問4・問7　各4点×2　　他　各3点×6

二　問2・問4　各4点×3　　他　各3点×8

三　各2点×16　　計100点

<1／12国語解説>

一　(論説文－要旨・細部の読み取り，接続語，空欄補充，ことばの意味)

やや難　問1　傍線部①について「その背景には，……」で始まる段落で，「高齢者が増えて，健康維持が主目的となった体操……などが流行している」のは，「生活の基盤となる年金が減る一方の高齢者にとって……未来への不安を少しでも和らげようとしている」からであり，「いわば，社会的な圧力……に煽られた健康ブームなのである」と述べているのでエが適当。この段落内容をふまえ，社会的背景の変化と健康を求める動きが起こったことを説明していない他の選択肢は不適当。

問2　空欄Xは直前の内容に付けくわえる内容が続いているのでウ，Yは直前の内容とは対立する内容が続いているのでイ，Zは直前の内容を理由とした内容が続いているのでアがそれぞれ入る。

問3　傍線部②の説明として②直前で，「『健康のためには命を失っても構わない』という」ような心情で「何のために長生きするかを問うことなく，長生きすることのみが目的となっている」ことを述べているのでイが適当。②直前の内容をふまえていない他の選択肢は不適当。

問4　傍線部③のようにするのは，直後の段落で述べているように「手っ取り早く健康になりたいという欲望(18字)」が人々にあるからである。

基本　問5　傍線部④は，着ると身を隠すことができるという想像上の蓑ということから転じて，実態を隠すための手段という意味。⑦はその物の特徴などを強調して宣伝するための広告のこと。

問6　傍線部⑤は「疑似科学」の「健康食品や健康器具が部屋に溢れかえってい」ても「捨てるに捨てられず……といって再度使う気になれない」人のことなのでアが適当。「疑似科学に引き込」まれていることをふまえていない他の選択肢は不適当。

問7　傍線部⑥は⑥後で述べているように「人の弱み(不確定な未来を少しでも明るくしたいという心理)につけ込んだ商売」のことなので，「その背景には，……」で始まる段落の「未来への不安(6字)」を利用したものである。

重要　問8　最後の2段落で，「現代医療は人間の欲望を叶えることが主要な目的になってしまい，なぜ長生きさせることが善なのかを問わなくなっている」のに対し，筆者が非常勤講師で行った大学のある学生の「開発途上国」の「医療状況……の改善のために力を尽くしたい」という熱意に傍線部⑧のように思ったことを述べているのでイが適当。これらの段落内容から「長生きさせること」の理由に学生が答えを出していることを説明していない他の選択肢は不適当。

二　(小説－心情・情景・段落構成・細部の読み取り，空欄補充，慣用句，表現技法)

基本　問1　空欄Aには「しのげ」が入り，「寒さをしのぐ」は寒さを切り抜けること。Bには「あが」が入り，「士気があがる」はやる気や意気込みが高まること。

問2　傍線部①は「写真は，決して生活必需品ではない」が「それでも」写真を救いたい，という思いを表しているので，省略されたプロジェクトメンバーの思いとして「それを聞いて……」で始まる段落の「家や家族を失い，仕事もなくし，今後のことを思って途方に暮れている人たちにとって，一枚の写真が心の支えになることは，きっと，ある。」という一文が「 ― 」に入る。

問3　傍線部②と直後の2段落内容から，ア・ウ・エは読み取れるが，イは描かれていないのでふさわしくない。

問4　光司は黙禱することに傍線部③のように感じていたが，洗浄された写真や板橋さんの話を通して「みんな，無事でいてください……会ったこともない相手なのに，心の底から素直にそう思った」という心情に変化していることが描かれている。設問の文は変化する前の光司の心情なので，空欄Xには「会ったこともない相手(10字)」，Yには「心の底から(5字)」，あるいは「黙禱の前に……」で始まる段落の「心を込めて(5字)」がそれぞれ入る。

問5　空欄Z前後をふくめて整理すると，会場を出たあと，今日の感想を田村に訊かれ，うまく答えられないが「写真救済プロジェクト」の活動には胸が熱くなった→会場でのことを思い返し，最後にスタッフの人が作業を手伝わせてくれた，とあるイ→作業の様子についてのウ→ウの写真を見たうれしさについてのオ→オだけではない思いについてのア→でも，その思いを言葉で表現できない，とあるエ→隣を歩く父親を振り向いて助け舟を求めた，という展開になるので，三番目はオである。

問6　傍線部④のある文は「もしも今日ここに来なければ，部屋の中で黙禱していただろうか，いやしていない」という文脈になるのでイが適当。

重要　問7　被災地を回ることを田村にさそわれ，返事ができない光司に，父親が「反対しないから」と声をかけたことも，最初から傍線部⑤である，ということである。このことと同様のこととして「隣を歩く……」で始まる段落でも，うまく答えられず助け舟を求める光司に，父親がそっぽを向いていることに「田村と事前に取り決めをしたのかもしれない」と描かれていることからウが適当。これらの描写をふまえ，光司自身に考えさせようという約束であることを説明していない他の選択肢は不適当。

やや難　問8　傍線部⑥は「歩行者天国」を「まるで……みたいだった」を用いて「金色の川の中を人々が行き交っている」ことにたとえているので，Aはアが適当。また，「夕日に照らされて」「金色」といった描写から，光司の先行きが明るいものであることを暗示していることが読み取れるので，Bはウが適当。Aのイは「みたいだ」「ようだ」などを用いずにたとえる技法。ウは人ではないものを人に見立てて表現する技法。エは文節をふつうの順序とは逆にする技法。

三　(反対語，四字熟語，漢字の読み書き)

基本　問1　①の「自分勝手」は自分の都合だけを考えること。②の音読みは「ボウ」。熟語は「備忘」など。③はきびしく守ること。④の「職」の部首は「耳(みみへん)」であることに注意。

問2　①は真面目で実直なこと。②は自分自身で書くこと。「ちょくひつ」と読む場合は，ありのままに書くという意味になる。③は税金を納めること。④の「若気の至り」は若さにまかせて分別のない行いをしてしまうこと。

やや難　問3　どれもこれも同様なことの①の対義語は，さまざまであることの意味のイ。仲がよくないことの②の対義語は，調和がとれていて穏やかなことのカ。他とは違っていることの③の対義語は，ありふれていることのウ。やりとおすことの④の対義語は，ある程度のところでやめることのエ。

重要　問4　①の「有為転変」は世の中は移り変わりやすく，はかないものであるということ。②の「栄枯盛衰」はすべての人や物事には繁栄と衰退があるということ。③の「自給自足」は必要な物資をみずからの生産だけでまかなうこと。④の「一騎当千」は一騎で千人を相手にできるほど強いこと。

★ワンポイントアドバイス★

論説文では，具体例の前後で述べている筆者の考えをていねいに読み取っていこう。

MEMO

大切なことはメモしておこうネ！

2023年度

★★★★★★★★★★★★★★★★★★★★★★★★★★★

入　試　問　題

2023年度

狭山ヶ丘高等学校付属中学校入試問題

【算　数】（50分）　＜満点：100点＞

【注意】（1）コンパス・分度器・電卓・定規類の使用は認めません。

（2）問題にかいてある図は必ずしも正確ではありません。

1. 次の □ に当てはまる数を求めなさい。

（1）９＋19＋29＋39＋49＝□

（2）1.96－1.69＋1.44－1.21＝□

（3）$1\frac{1}{4}\times 2-2\div\frac{5}{4}=$ □

（4）□ $\times\frac{1}{2}+$ □ $\times\frac{1}{3}+$ □ $\times\frac{1}{5}=3.1$（ただし，□ には同じ数が入ります。）

（5）１Ｌ50mL＝□ dL

2. 次の □ に当てはまる数を求めなさい。

（1）２g，３g，５gの分銅がそれぞれ１個ずつあります。右の上皿てんびんがつり合ったとき「重さが計れる」とします。左右の皿のどちらにでも分銅をのせていいとき，１gから10gの中で重さが**計れない**のは □ gです。

（2）$\frac{26}{111}$を小数で表したとき，小数点以下30桁目にあらわれる数字は □ です。

（3）１時間で２分40秒遅れる時計があります。この時計を，ある日の正午に正しい時刻に合わせました。翌日の正午には，この時計は午前 □ 時 □ 分を指しています。

（4）船が岸ぺきに向かって毎時76kmで進んでいます。岸ぺきから6.5kmの地点で汽笛を鳴らしました。汽笛の音が，岸ぺきではねかえって船にいる人の聞こえるのは □ 秒後です。
ただし，音の速さは毎秒340mとします。

（5）右の図形は直角三角形に中心角が90度のおうぎ形を重ねたものです。角アの大きさは □ 度です。

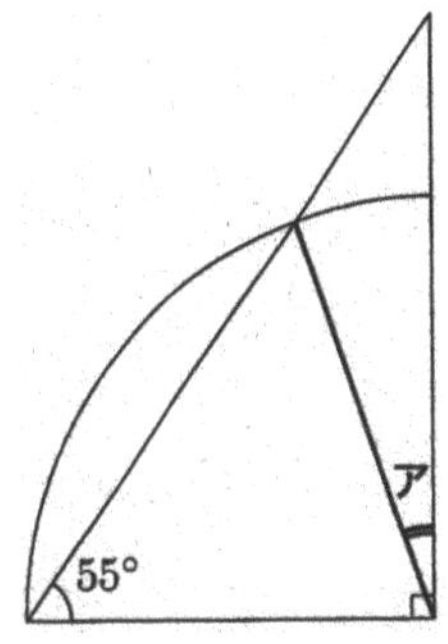

3. ４桁の整数について，記号【　】で次のような数を計算することにします。
例えば，

【1000】＝「０と10の間にある整数の個数」＝11
【1234】＝「12と34の間にある整数の個数」＝23
【2109】＝「９と21の間にある整数の個数」＝13

です。つまり，４桁の整数の上２桁の数と下２桁の数の間にある整数（その数も含む）の個数を数えています。

⑴　【2023】はいくつですか。

⑵　【A】＝90となるような４桁の整数Aは何個ありますか。

⑶　整数Aは，３の倍数で【A】＝12となるものとします。
　それらのうち最大のものと最小のものをそれぞれ答えなさい。

4. ６年生の80人で50m走のタイムを測りました。下の表と円グラフに，0.5秒ごとに次のように階級を分けてその人数をまとめました。
ただし円グラフでは，人数が10人未満だったA，B，Cの階級をまとめて「その他」としています。
Cの階級に入る人数はAの階級に入る人数の1.5倍いました。

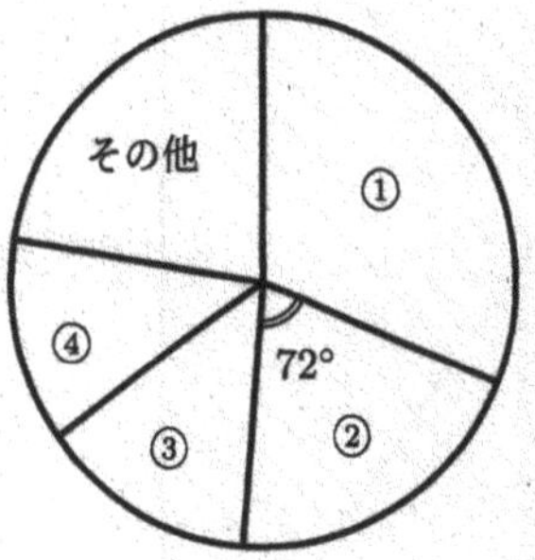

時間（秒）	人数（人）
A:　　　～7.5 未満	
B:　7.5 以上～8.0 未満	
①:　8.0 以上～8.5 未満	25
②:　8.5 以上～9.0 未満	
③:　9.0 以上～9.5 未満	12
④:　9.5 以上～10.0 未満	10
C:　10.0 以上～	
合計	80

⑴　②の階級に入る人数は何人ですか。

⑵　タイムが遅い方から数えて20番目の人は③の階級に入り，30番目の人は②の階級に入りました。Bの階級に入る人数は何人ですか。

5. 次のページの１辺の長さが20cmの立方体の形をした水そうに，短い辺が15cm，長い辺が16cmの長方形を底面にもつ高さ20cmの四角すいの容器がおいてあります。この容器に栓をして水が入らないようにして水そうに水が満たんになるように入れました。
あとの問いに答えなさい。

⑴　水そうに入れた水の体積は何cm^3ですか。（式・考え方も書くこと）

⑵　四角錐の容器の下部についている栓を開けて中に水を入れていきます。

水の出入りが完全に止まったとき，水そうの水面の高さは底から何cmのところにありますか。
（式・考え方も書くこと）

(3) 四角錐の容器に入る水の体積は何cm³ですか。（式・考え方も書くこと）

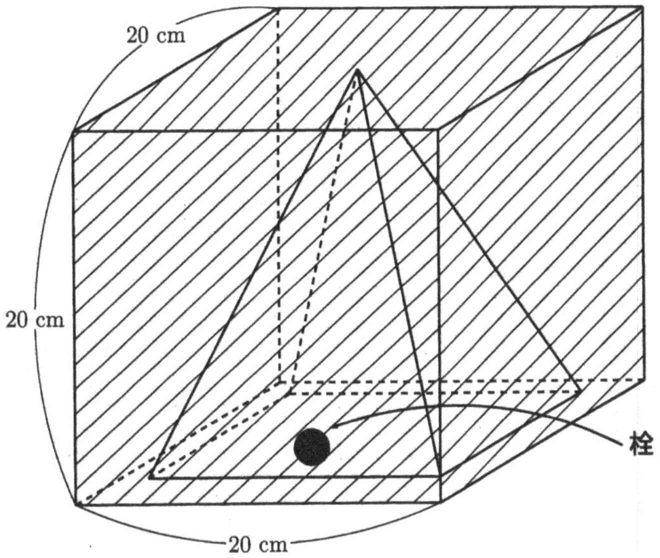

【理　科】（30分）　＜満点：60点＞

1　下の表１は軽いばねＡにおもりをつるしたときのようすを表にまとめたものです。以下の問１～問５に答えなさい。

表１

おもりの重さ[g]	0	10	20	30	40	50
ばねＡの長さ[cm]	①	11	12	13	14	15

問１　表１の空らん①に当てはまる，ばねの自然の長さは何cmですか。

問２　図１・２のように，ばねＡを直列，並列につなぎ50ｇのおもりをつるしました。このとき，ばね全体の長さはそれぞれ何cmですか。

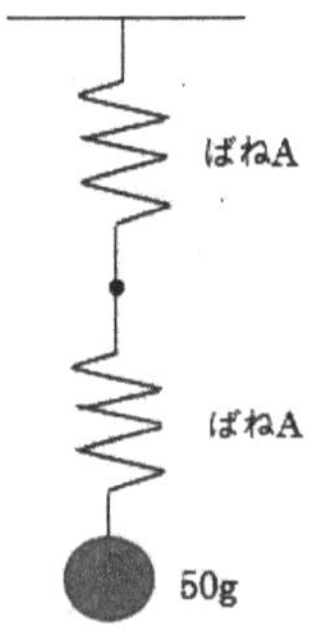

図１

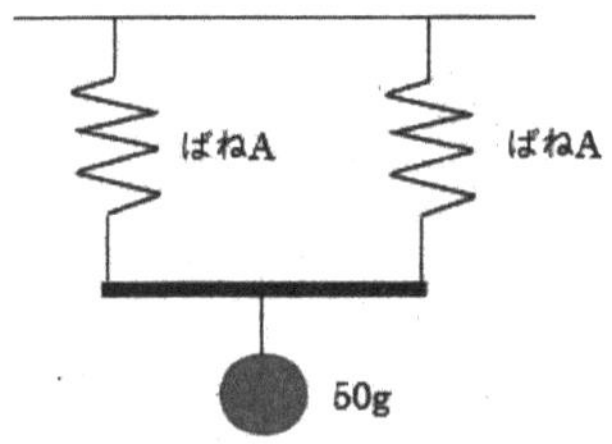

図２

問３　図３・４のように，ばねＡと40ｇのおもりをつなぎました。このとき，ばねの長さはそれぞれ何cmですか。

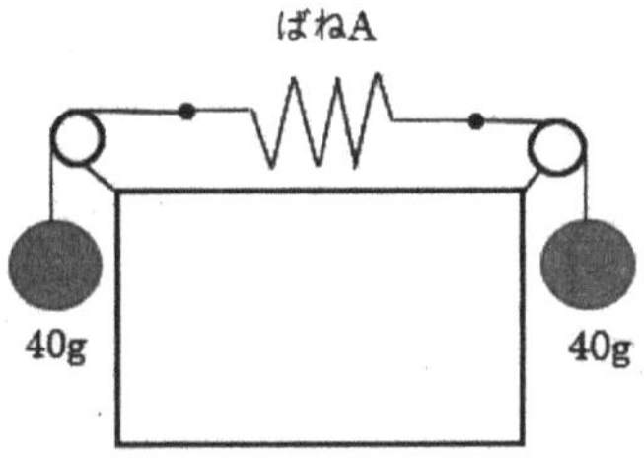

図３

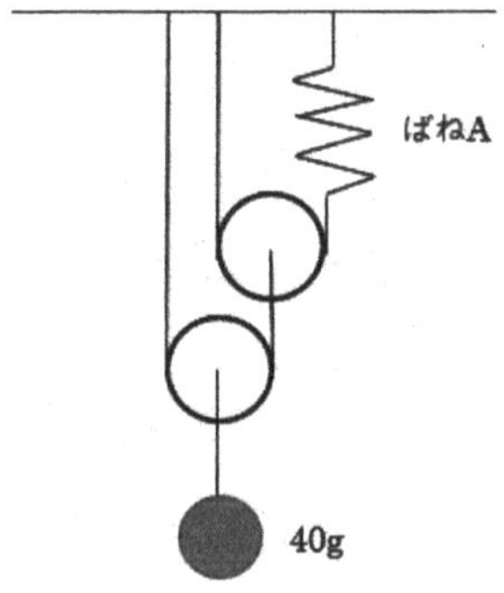

図４

問４　ばねＡと自然の長さが同じで性質のちがう軽いばねＢに150ｇのおもりをつるした時，次のページの図５の位置で棒が水平になりました。このとき，ばねの長さは何cmですか。

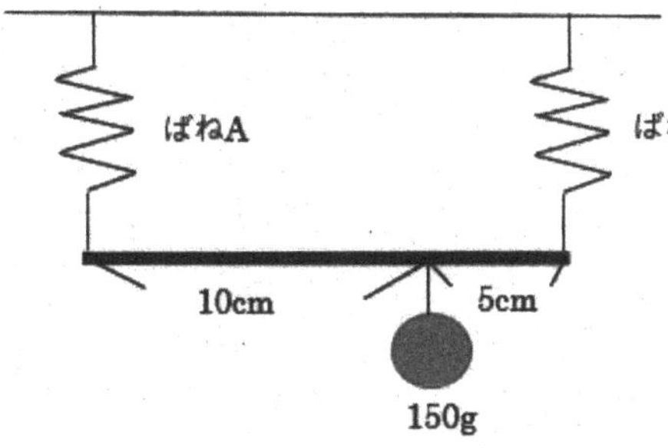

図５

問５　ばねＢに50ｇのおもりをつるすと何cmになりますか。

2　ビーカーに氷を入れて，加熱用バーナーでビーカーを温めました。図１は，このときのビーカー内の温度と時間の関係を表したものです。以下の問１～問６に答えなさい。

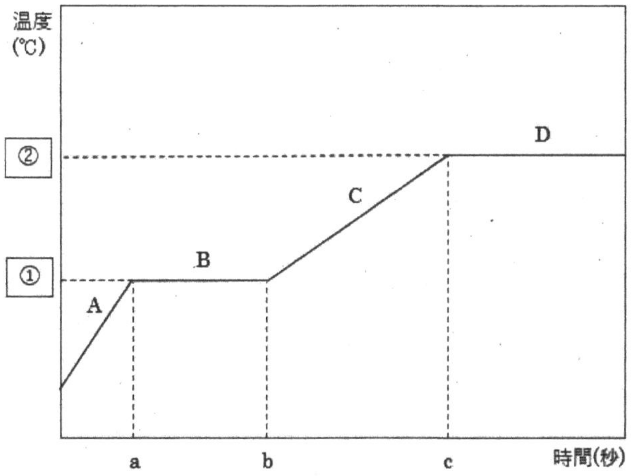

図１

問１　図１の①・②に当てはまる値を答えなさい。

問２　図１のＤの状態で，水から大きな泡が見られました。この状態を何といいますか。

問３　図１のＡ・Ｂの状態はどれですか。正しいものを，次の(ア)～(カ)の中からそれぞれ１つずつ選び，その記号で答えなさい。

(ア)　固体　　(イ)　液体　　(ウ)　気体　　(エ)　固体と液体　　(オ)　固体と気体　　(カ)　液体と気体

問４　次の(1)～(3)は，図１のＡ～Ｄのどれを見れば分かりますか。正しいものを全て選び，Ａ～Ｄの記号で答えなさい。

(1)　氷がとけている間は，温度は上がらない

(2)　水より氷のほうが温まりやすい

(3)　水はある温度よりは上しょうしない

問５　図１のＡ・Ｃの体積を比べると，どちらが大きいですか。ただし，同じ場合は「同じ」と答えなさい。

問６　加熱用の火を強くした時に，前のページの図１はどのように変化しますか。正しいものを，次の㋐～㋒の中から１つ選び，その記号で答えなさい。

㋐　図１のａ・ｂ・ｃの位置は全て左にくる

㋑　図１のａ・ｂの位置は変わらず，ｃの位置は左にくる

㋒　図１の①・②の値が大きくなる

３　植物の葉のはたらきと光の関係を調べるために，次のような実験を行いました。この実験について，以下の問１～問６に答えなさい。

図１のように，一部に白いもようのある葉（ふ入りの葉）をつけたアサガオを用意し，(I)葉の一部を図１のようにアルミニウムはくでおおって暗い部屋で１日置いた。次に，日の当たる場所に４～６時間置き，(II)温めたエタノールに入れた後，水で洗い，ヨウ素液をかけ，色の変化を観察した。

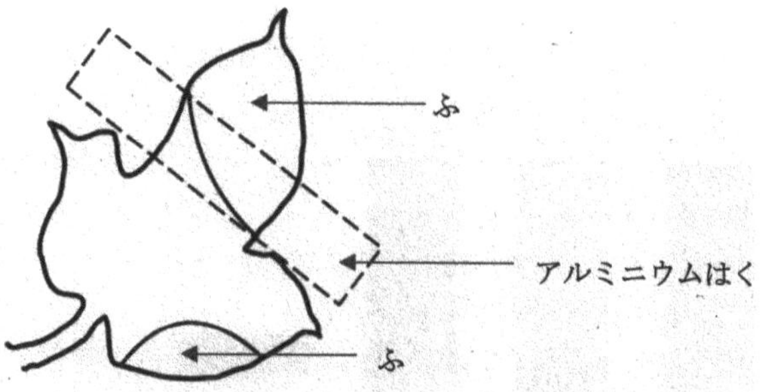

図１

問１　下線部(I)の処理をする理由を簡単に答えなさい。

問２　ヨウ素液が反応する物質は何ですか。

問３　ヨウ素液が反応した場合，何色に変化しますか。

問４　ヨウ素液が反応して，色が変化する部分をぬりつぶしなさい。

問５　下線部(II)の処理をする理由はどれですか。正しいものを，次の㋐～㋓の中から１つ選び，その記号で答えなさい。

㋐　葉をだっ色して，ヨウ素液の変化を見やすくするため

㋑　ヨウ素液の反応を強くするため

㋒　ヨウ素液をかける前に，葉を消毒する必要があるため

㋓　葉の活動をさかんにするため

問６　この実験結果からわかることは何ですか。正しいものを，次の㋐～㋓の中から１つ選び，その記号で答えなさい。

㋐　植物の葉のはたらきに光は関係なく，ふ部分で栄養を作っている

㋑　植物の葉のはたらきに光は関係なく，ふ部分では栄養を作っていない

㋒　植物の葉のはたらきには光が必要で，ふ部分で栄養を作っている

㋓　植物の葉のはたらきには光が必要で，ふ部分では栄養を作っていない

4　次の文章を読んで，以下の問1～問7に答えなさい。

ある丘陵《きゅうりょう》に位置する3地点A～Cで，（　①　）によって地下の地質調査を行った。(I)図1は地質調査を行ったときの地点A～Cの地層の重なり方を示したものである。また，図2は地点A～Cの地図上の位置を示したものであり，曲線は標高の等しい地点を結んだもので（　②　）という。ただし，地質調査を行ったこの地域の地層は，あるかたむきをもって平行に積み重なっており，地層の逆転はないものとする。また，図1に示した火山灰の層は，同時期の同じ火山のふん火でたい積したものとする。

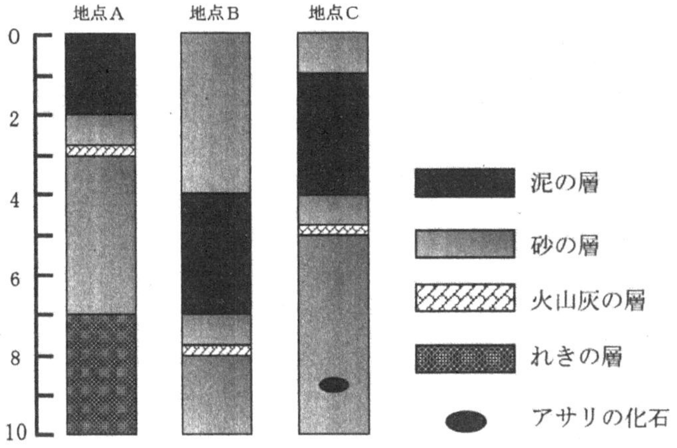

図1

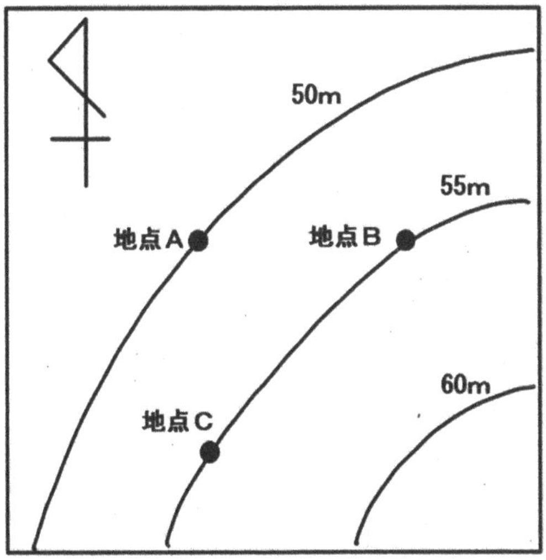

図2

問1　文中の空らん（①）に当てはまる言葉は何ですか。正しいものを，次の(ア)～(エ)の中から1つ選び，その記号で答えなさい。

(ア)　バッティング　　(イ)　シューティング　　(ウ)　ドリリング　　(エ)　ボーリング

問２　下線部(I)ついて，図１のように地層の重なり方を柱状に表したものを何といいますか。

問３　文中の空らん（②）に当てはまる言葉は何ですか。

問４　地点Ｃの砂の層に含まれていたアサリからは，当時の自然かん境が分かります。このような化石を何といいますか。

問５　図３は，地点Ａのれきの層から，れきを１つとりだし，ハンマーで割ってその表面を観察してスケッチしたものです。次の(1)(2)に答えなさい。

(1)　このようなつくりを持つ火成岩を何といいますか。

(2)　このつくりをもつ火成岩はどれですか。正しいものを，次の(ア)～(エ)の中から１つ選び，その記号で答えなさい。

(ア)　カコウ岩　　(イ)　ハンレイ岩　　(ウ)　ゲンブ岩　　(エ)　センリョク岩

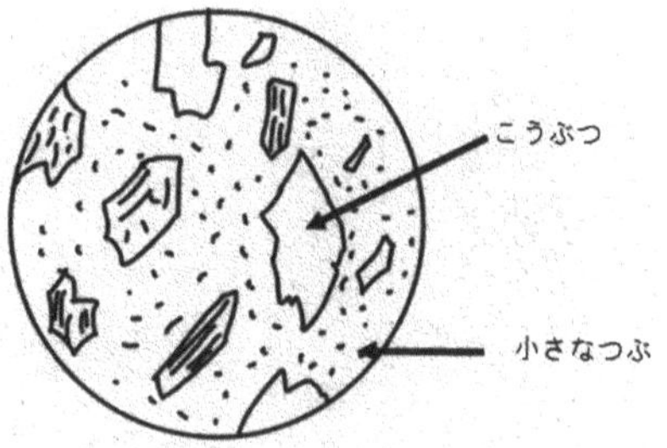

図３

問６　地点Ａの地層の重なり方から分かる，この地層がたい積した期間のかん境の変化はどれですか。正しいものを，次の(ア)～(エ)の中から１つ選び，その記号で答えなさい。

(ア)　海水面が上がったため，地点Ａの位置は海岸から遠くなった

(イ)　海水面が上がったため，地点Ａの位置は海岸に近くなった

(ウ)　海水面が下がったため，地点Ａの位置は海岸から遠くなった

(エ)　海水面が下がったため，地点Ａの位置は海岸に近くなった

問７　この地域の地層は，どの方角に向かって低くなっていますか。その方角を東・西・南・北のいずれかで答えなさい。

【社　会】（30分）　＜満点：60点＞

【1】 次の文章を読み，問に答えなさい。

地図は私たちの生活には欠かせない重要なものである。しかし，球体である地球を平面に描くため，様々な誤差が生じてしまう。よって，ⓐ目的に応じて，ある部分のみを正確に描くため，いくつかの種類の地図が作成されている。また，ある特定の地域を示した地図では，ⓑ等高線などを用いて土地の高低差を読み取ることができるなど，地図から得られる情報は多彩である。

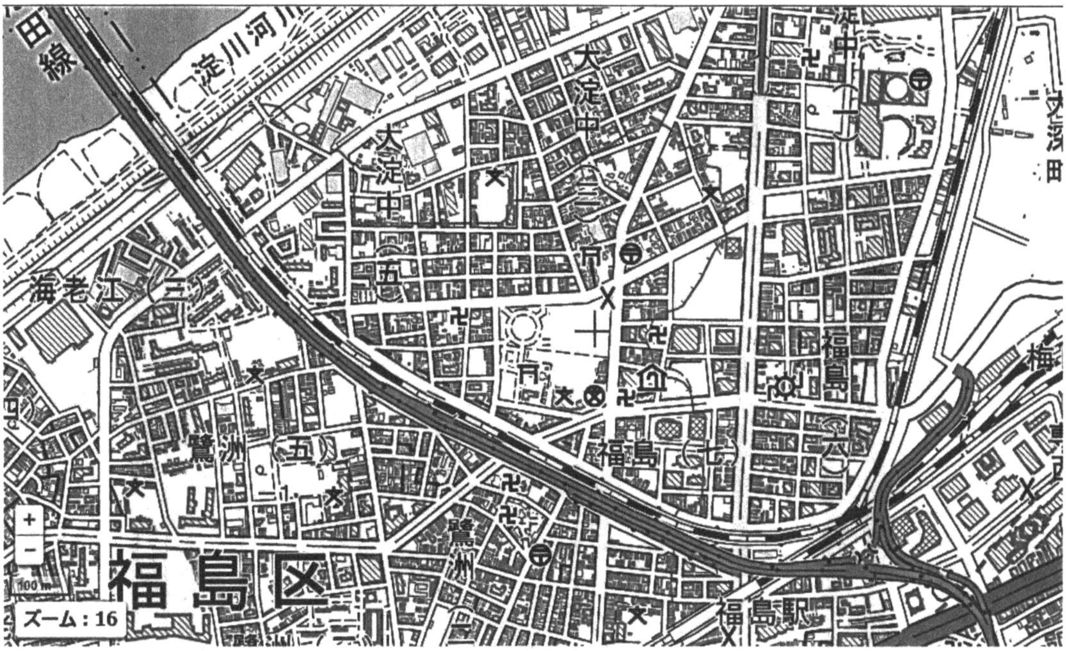

国土地理院HPより作成

上記は大阪府を流れる淀川周辺の地図である。この地図を見てもわかる通り，地図にはⓒ地図記号によって様々な施設の所在地がわかるようになっている。

問1　下線部ⓐに関して，以下の質問に答えなさい。

⑴　地図を描く図法のうち，方位と距離を正しく描く図法を何というか漢字で答えなさい。

⑵　地図上の位置を示す方法に関する以下の説明文の空欄に該当する語句を答えなさい。ただし，漢字で答えるべきところは漢字で，数字で答えるべきところは算用数字で答えること。

（　①　）を0度として南北を各90度に区分している線を（　②　）という。また，ロンドンのグリニッジ天文台を通る線を0度として，東西を各180度に区分している線を（　③　）という。（　③　）は時差の計算にも使用され，15度ごとに（　④　）時間の時差が生じる。そのため，各国では標準時が定められており，日本では兵庫県（　⑤　）を通る線の時刻が標準時とされている。なお，日本とロンドンの時差は（　⑥　）時間である。

問2　下線部ⓑに関して，次のページの地図に示されたⒶとⒷでは，どちらの傾斜が急であるか記号で答えなさい。

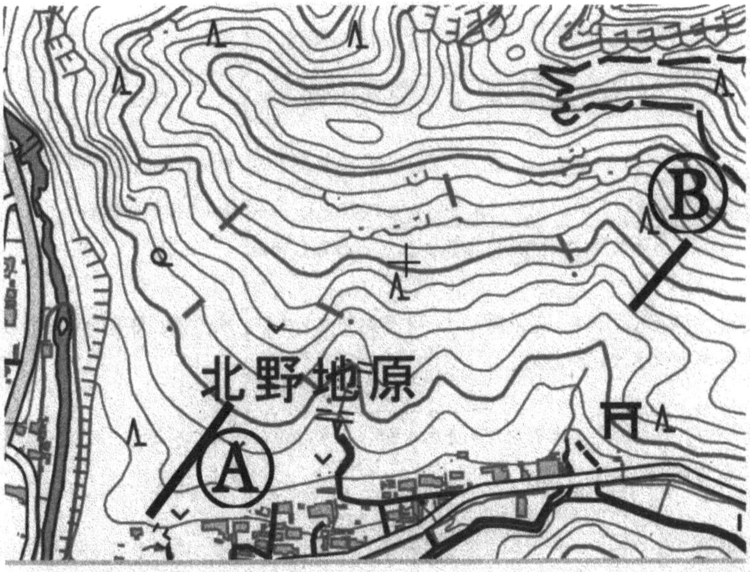

国土地理院 HP より作成

問３　下線部ⓒに関して，以下の地図記号は何を示しているか答えなさい。

【２】 次の会話文を読み，問に答えなさい。

狭山：修学旅行での班別行動計画書を作らないとだね。

入間：僕はどうしても（　①　）を見たいんだ。昔からお城に興味があって，一度は行ってみたいと考えていたんだ。

狭山：（　①　）はⓐ太閤と呼ばれた（　②　）が造ったお城だよね。インターネットで調べてみたら，今残っている建物は，古いものでもⓑ江戸時代に再建されたものらしいね。

入間：そうなんだよ。ⓒ徳川家康率いる軍勢によって落城してしまい，その後，幕府の直轄地となったこの地域を統治するために再建されたんだ。

狭山：天守閣にもいろいろな展示があるみたいだね。面白そうだから行ってみよう。あと，もう一か所は見学したいよね。どこがいいかな？

入間：（　①　）の周辺の様子をインターネットで調べると，ⓓ大仙陵古墳と呼ばれる古墳があるみたいだね。歴史の授業でも習ったワードだから，覚えているよ。ここを見学の候補にしてみたらいいんじゃないかな？でも近くに博物館などもなさそうだから，もう一か所，見学先を探したほうがいいかな。

狭山：それなら，午前中に（　①　）と大仙陵古墳を見学して，電車で移動して午後からは京都市内を散策するのはどうかな？

入間：京都市内なら二条城をみたいな！

問１　空欄①・②に適する語句を漢字で答えなさい。

問２　下線部ⓐに関して，空欄（②）の人物に関する以下の質問に答えなさい。

(1)　この人物が仕えていた人物に関する説明文として誤っているものを，次の中から１つ選び記号で答えなさい。

ア：長篠の戦いで武田勝頼に勝利した。

イ：本能寺で家臣の明智光秀に襲われ，自害した。

ウ：居城である安土城の城下町に楽市令を出した。

エ：京都に銀閣寺を創建した。

(2)　空欄（②）は一揆を防止するために全国の農民から武器を取り上げる命令を出している。この命令を何というか漢字で答えなさい。

問３　下線部ⓑに関して，次の質問に答えなさい。

(1)　以下の３名に共通している幕府の役職を漢字で答えなさい。

松平定信　　水野忠邦　　安藤信正

(2)　江戸時代の農村に関する以下の説明文中の空欄に適語を語群から選びなさい。

江戸時代の農村は年貢を負担する（　①　）と，自分の土地を持たず，（　①　）の田畑を借りて耕作する（　②　）で構成されていた。幕府や大名は農村の自治体制を利用して年貢の徴収を行っていった。年貢徴収に対して，（　①　）に連帯責任を負わせる仕組みである（　③　）の制度を整えるなど，支配体制の安定を目的とした政策を行った。

水呑百姓　　隣組　　浮浪人　　本百姓　　五人組

問４　下線部ⓒに関して，以下の質問に答えなさい。

(1)　徳川家康が1603年に就任した役職を，次の中から１つ選びなさい。

関白　　太政大臣　　征夷大将軍　　内閣総理大臣

(2)　徳川家康の時代に幕府によって発布された，大名統制の基本法を漢字で答えなさい。

問５　下線部ⓓに関して，古墳時代に関する以下の質問に答えなさい。

(1)　この時代に成立した大和政権の首長を何というか。次の中から１つ選びなさい。

大連　　大臣　　大王　　国造　　県主

(2)　この時期に朝鮮半島から伝来した「のぼりがま」で生産された物の名称を，次の中から１つ選び記号で答えなさい。

ア：土師器　　イ：須恵器　　ウ：漆器　　エ：青銅器

【３】　次の文章を読み，問に答えなさい。

鶴岡八幡宮の境内で，ⓐ鎌倉幕府三代将軍（　①　）が暗殺されたのち，鎌倉幕府は（　②　）を務《つと》めた北条氏を中心とした体制が確立された。しかし，ⓑ13世紀後半の２度におよぶ（　③　）以後，御家人の生活が苦しくなると，鎌倉幕府の（　②　）を務《つと》めた北条貞時によってⓒ（　④　）

が出されたが，効果は一時的なものであった。14世紀になると，ⓓ畿内地方を中心に幕府の指示に従わない（　⑤　）と呼ばれる新興の武装勢力が出現していった。次第に，鎌倉幕府への不満が高まるなかで，後醍醐天皇を中心とした鎌倉幕府打倒の動きが強まることとなった。ⓔ有力御家人の裏切りなどもあり，1333年に鎌倉幕府は滅亡し，ⓕ後醍醐天皇を中心とする政治体制が確立した。

問１　空欄①～⑤に該当する語句を，次の中から選びなさい。

御成敗式目　　執権　　源頼朝　　承久の乱　　悪党

管領　　永仁の徳政令　　源実朝　　元寇

問２　下線部ⓐに関して，以下の質問に答えなさい。

(1)　幕府が京都に設置した，朝廷の監視などを担当した役職は何か漢字で答えなさい。

(2)　鎌倉幕府が国ごとに任命した役職は何か漢字で答えなさい。

問３　下線部ⓑに関して，この時に空欄（②）に就任していた人物を，次の中から選びなさい。

北条時宗　　北条時政　　北条泰時　　北条義時

問４　下線部ⓒの説明として正しいものを，次の中から１つ選び記号で答えなさい。

ア：参勤交代を規定したもの。

イ：借金の帳消しを規定したもの。

ウ：新規の土地開発の禁止を規定したもの。

エ：外国との貿易禁止を規定したもの。

問５　下線部ⓓに関して，次の中から畿内地方で発生した歴史的出来事として該当しないものを１つ選び，記号で答えなさい。

ア：正長の土一揆　　イ：大政奉還　　ウ：日本で始めての鉄道開通　　エ：応仁の乱

問６　下線部ⓔに関して，上野国（現在の群馬県）の御家人で，鎌倉を攻撃して幕府を滅亡に追い込んだ人物を次の中から選びなさい。

足利尊氏　　新田義貞　　畠山重忠　　和田義盛

問７　下線部ⓕの体制を何というか５文字で答えなさい。

【４】　次の文章を読み，問に答えなさい。

日本では選挙によって選んだ代表者によって政治が行われる（　①　）が採用されている。そのため，選挙は私たち有権者が政治参加する重要な機会となっている。国政選挙はⓐ衆議院議員選挙と参議院議員選挙の２つがある。選挙では常に「　②　」が問題となっている。これは（　※　）というものであり，憲法14条で規定された法の下の平等に反しているといわれている。また，ⓑ投票率の低下も問題となっており，各政党は（　③　）を作成し，ⓒ政権与党（内閣を組織する政党）となった場合の実施政策を選挙の際に掲げている。そのため（　③　）は「政権公約」とも言われているが，選挙ごとに（　③　）を変更する場合が見られ，一貫性がないとの批判も出ている。

問１　空欄①～③に該当する語句を次の中から選びなさい。

マニフェスト　　直接民主制　　ノーマライゼーション　　一票の格差　　間接民主制

高齢化社会

問２　空欄（※）に該当する説明文を，次の中から１つ選びなさい。

ア：選挙区ごとに有権者の平均年齢に格差がある

イ：選挙区ごとに議員１人当たりの有権者数に格差がある

ウ：選挙区ごとに有権者の平均所得に格差がある
エ：選挙区ごとに立候補できる議員数に格差がある

問３　下線部ⓐで導入されている選挙制度を漢字で答えなさい。

問４　下線部ⓑに関して，投票率を上げるために，仕事などで投票日に投票ができない場合，投票日より前に投票できる制度が導入されている。この制度を何というか答えなさい。

問５　下線部ⓒに関して，以下の質問に答えなさい。

⑴　複数の政党が政権を担当する状態を何というか。４字で答えなさい。

⑵　衆議院議員選挙後，30日以内に内閣総理大臣を指名する国会が開かれるが，その国会を何というか答えなさい。

⑶　次の中から制度上内閣総理大臣になれる人物として該当するものを１つ選びなさい。
ア：与党となった政党の参議院議員
イ：与党となった政党を支持する会社員
ウ：与党となった政党に所属する都道府県知事

ウ　同じ場にいる若い私への親しみをこめた笑い

エ　夫婦同士のたわいない冗談交じりの笑い

問8　傍線部⑦「あのお話」とあるが、その話が具体的に描写されているのはどの段落か。その段落の最初の五字を抜き出し答えなさい。

問9　傍線部⑧「かなしそうな顔をして、黙って私の顔を見つめていました」とあるが、なぜこのような感情になったのか、説明として最も適当なものを次から選び、記号で答えなさい。

ア　美しい雪景色よりスルメのお土産のほうが嬉しかったから。

イ　兄さんと同様にしゅん子は嘘つきだと思ったから。

ウ　兄さんにだまされたしゅん子がかわいそうだったから。

エ　しゅん子の目には美しい雪景色が映っていなかったから。

三

次の各問い（問１～４）に答えなさい。

問1　次のそれぞれの傍線部のカタカナを漢字で書きなさい。

①　楽しい時間ははやくタつ。

②　巨大なビルがタつ。

③　大好きなお菓子をタつ。

④　家庭科の時間に布をタつ。

問2　次のそれぞれの傍線部のカタカナを、漢字で書きなさい。なお、必要な場合は送り仮名も書くこと。

①　戦争のない社会をノゾム。

②　番号をよくタシカメてから電話をかける。

③　彼の頼みをココロヨク引き受ける。

④　川のキヨラカな流れに身をゆだねる。

問3　次のそれぞれの空欄を漢字一字で埋め、慣用句を完成させなさい。

①　青菜に□

②　船頭多くして船□に上る

③　かわいい子には□をさせよ

④　灯台下□し

問4　次のそれぞれの文が示す四字熟語を次から選び、記号で答えなさい。

①　方針がすぐに変わってしまうこと

②　何回も人にお願いすること

③　行動に対する、納得できる理由

④　みかけ倒しで中身がないこと

ア　三拝九拝

イ　大義名分

ウ　朝三暮四

エ　一衣帯水

オ　羊頭狗肉

カ　朝令暮改

「生意気を言ってやがる。」

兄さんは、ぶっとふくれて隣りの六畳間に引込みました。

（太宰治「雪の夜の話」新潮文庫）

問１　空欄 A には、次の選択肢を並び替えたものが入る。最初から三番目に来る選択肢を記号で答えなさい。

ア　私は長靴をはいていたので、かえって気持がはずんで、わざと雪の深く積っているところを選んで歩きました。

イ　私はのんき者の抜けさんだけれども、それでも、ものを落したりなどした事はあまり無かったのに、その夜は、降り積る雪に興奮してはしゃいで歩いていたせいでしょうか、落しちゃったの。

ウ　おうちの近くのポストのところまで来て、小脇にかかえていたスルメの新聞包が無いのに気がつきました。

エ　そうして、スルメを二枚お土産にもらって、吉祥寺駅《きちじょうじ》に着いた時には、もう暗くなっていて、雪は一尺以上も積り、なおその上やまずひそひそと降っていました。

オ　私は、しょんぼりしてしまいました。

問２　傍線部①「義憤を感じて」とあるが、どんな感情か。説明として最も適当なものを次から選び、記号で答えなさい。

ア　切迫感に基づく怒り

イ　使命感に基づく怒り

ウ　正義感に基づく怒り

エ　差別感に基づく怒り

問３　傍線部②「リュックサックをしょって、野菜でも買って来て下さいな」とあるが、このようなことをする人のことを本文中でなんと呼んでいるか、六字で抜き出し答えなさい。

問４　傍線部③「あさましい」と同じ意味の一語を四字で抜き出し答えなさい。

問５　傍線部④「たちどころに」の意味として最も適当なものを次から選び、記号で答えなさい。

ア　だんだんと変化が起こる様子

イ　すぐに変化が起こる様子

ウ　完全に変化が終わる様子

エ　全く変化が起こらない様子

問６　傍線部⑤「二人でその水夫の死体をねんごろに葬った」とあるが、なぜそのような行動をしたのか。説明として最も適当なものを次から選び、記号で答えなさい。

ア　水夫のひとみの中から、水夫が自分の命よりも家族の団らんを大切に思ったことを読み取り、その優しさに感動したから。

イ　水夫のひとみの中には、家族の団らんの光景が映っており、二人は家族の大切さを改めて実感したから。

ウ　水夫のひとみの中から、寂しく死んだ水夫が家族のことを思い出していたことを読み取り、水夫をあわれんだから。

エ　水夫のひとみの中には、家族の団らんの光景が映っており、二人は水夫を家族に会わせてやりたいと思ったから。

問７　傍線部⑥「笑いながら」とあるが、本文全体を踏まえ、この「笑い」の説明として最も適当なものを次から選び、記号で答えなさい。

ア　おなかにいる赤ちゃんへの期待をこめた笑い

イ　夫に対する要求を通すためにこびる笑い

「お願いですから、その、あなたのお写真だけはよして下さい。それを眺めると、私、胸がわるくなって。」と、おとなしいお嫂さんも、さすがに我慢できなかったのでしょう、拝むようにして兄さんにたのんで、とにかくそれだけは撤回させてもらいましたが、兄さんのお写真なんかを眺めていたら、猿面冠者みたいな赤ちゃんが生れるに違いない。兄さんは、あんな妙ちきりんな顔をしていて、それでもご自身では少しは美男子だと思っているのかしら。呆《あき》れたひとです。本当にお嫂さんはいま、おなかの赤ちゃんのために、この世で一ばん美しいものばかり眺めていたいと思っていらっしゃるのだ、きょうのこの雪景色を私の眼の底に写して、そうしてお嫂さんに見せてあげたら、お嫂さんはスルメなんかのお土産より、何倍も何十倍もよろこんで下さるに違いない。

　私はスルメをあきらめてお家に帰る途々《みちみち》、できるだけ、どっさり周囲の美しい雪景色を眺めて、眼玉の底だけでなく、胸の底にまで、純白の美しい景色を宿した気持でお家へ帰り着くなり、

「お嫂さん、あたしの眼を見てよ、あたしの眼の底には、とっても美しい景色が一ぱい写っているのよ。」

「なあに？　どうなさったの？」お嫂さんは笑いながら立って私の肩に手を置き、「おめめを、いったい、どうなさったの？」

「ほら、いつか兄さんが教えて下さったじゃないの。人間の眼の底には、たったいま見た景色が消えずに残っているものだって。」

「とうさんのお話なんか、忘れたわ。たいてい嘘なんですもの。」

「でも、⑦あのお話だけは本当よ。あたしは、あれだけは信じたいの、だから、ね、あたしの眼を見てよ。あたしはいま、とっても美しい雪景色をたくさんたくさん見て来たんだから。ね、あたしの眼を見て。きっと、雪のように肌の綺麗な赤ちゃんが生れてよ。」

　お嫂さんは、⑧かなしそうな顔をして、黙って私の顔を見つめていました。

「おい。」

　とその時、隣りの六畳間から兄さんが出て来て、「しゅん子（私の名前）のそんなつまらない眼を見るよりは、おれの眼を見たほうが百倍も効果があらあ。」

「なぜ？　なぜ？」

　ぶってやりたいくらい兄さんを憎く思いました。

「兄さんの眼なんか見ていると、お嫂さんは、胸がわるくなるって言っていらしたわ。」

「そうでもなかろう。おれの眼は、二十年間きれいな雪景色を見て来た眼なんだ。おれは、はたちの頃まで山形にいたんだ。しゅん子なんて、物心地のつかないうちに、もう東京へ来て山形の見事な雪景色を知らないから、こんな東京のちゃちな雪景色を見て騒いでいやがる。おれの眼なんかは、もっと見事な雪景色を、百倍も千倍もいやになるくらいどっさり見て来ているんだからね、何と言ったって、しゅん子の眼よりは上等さ。」

　私はくやしくて泣いてやろうかしらと思いました。その時、お嫂さんが私を助けて下さった。お嫂さんは微笑《ほほえ》んで静かにおっしゃいました。

「でも、とうさんのお眼は、綺麗な景色を百倍も千倍も見て来たかわりに、きたないものも百倍も千倍も見て来られたお眼ですものね。」

「そうよ、そうよ。プラスよりも、マイナスがずっと多いのよ。だからそんなに黄色く濁っているんだ。わあい、だ。」

包を見つける事はひどくむずかしい上に、雪がやまず降り積り、吉祥寺の駅ちかくまで引返して行ったのですが、石ころ一つ見あたりませんでした。溜息をついて傘を持ち直し、暗い夜空を見上げたら、雪が百万の蛍《ほたる》のように乱れ狂って舞っていました。きれいだなあ、と思いました。道の両側の樹々は、雪をかぶって重そうに枝を垂れ時々ためいきをつくように幽《かす》かに身動きをして、まるで、なんだか、おとぎばなしの世界にいるような気持になって私は、スルメの事をわすれました。はっと妙案が胸に浮びました。この美しい雪景色を、お嫂さんに持って行ってあげよう。スルメなんかより、どんなによいお土産か知れやしない。たべものなんかにこだわるのは、いやしい事だ。本当に、はずかしい事だ。

　人間の眼玉は、風景をたくわえる事が出来ると、いつか兄さんが教えて下さった。電球をちょっとのあいだ見つめて、それから眼をつぶっても眼蓋《まぶた》の裏にありありと電球が見えるだろう、それが証拠だ、それに就いて、むかしデンマークに、こんな話があった、と兄さんが次のような短いロマンスを私に教えて下さったが、兄さんのお話は、いつもでたらめばっかりで、少しもあてにならないけれど、でもあの時のお話だけは、たとい兄さんの嘘のつくり話であっても、ちょっといいお話だと思いました。

　むかし、デンマークの或るお医者が、難破した若い水夫の死体を解剖して、その眼球を顕微鏡でもって調べその網膜に美しい一家団欒《だんらん》の光景が写されているのを見つけて、友人の小説家にそれを報告したところが、その小説家は④たちどころにその不思議の現象に対して次のような解説を与えた。その若い水夫は難破して怒濤《どとう》に巻き込まれ、岸にたたきつけられ、無我夢中でしがみついたところは、燈台の窓縁であった、やれうれしや、たすけを求めて叫ぼうとして、ふと窓の中をのぞくと、いましも燈台守の一家がつつましくも楽しい夕食をはじめようとしている、ああ、いけない、おれがいま「たすけてえ！」と凄《すご》い声を出して叫ぶとこの一家の団欒が滅茶苦茶になると思ったら、窓縁にしがみついた指先の力が抜けたとたんに、ざあっとまた大浪が来て、水夫のからだを沖に連れて行ってしまったのだ、たしかにそうだ、この水夫は世の中で一ばん優しくてそうして気高い人なのだ、という解釈を下し、お医者もそれに賛成して、⑤二人でその水夫の死体をねんごろに葬ったというお話。

　私はこのお話を信じたい。たとい科学の上では有り得ない話でも、それでも私は信じたい。私はあの雪の夜に、ふとこの物語を思い出し、私の眼の底にも美しい雪景色を写して置いてお家へ帰り、

「お嫂さん、あたしの眼の中を覗《のぞ》いてごらん。おなかの赤ちゃんが綺麗《きれい》になってよ。」と言おうと思ったのです。せんだってお嫂さんが、兄さんに、

「綺麗なひとの絵姿を私の部屋の壁に張って置いて下さいまし。私は毎日それを眺めて、綺麗な子供を産みとうございますから。」と⑥笑いながらお願いしたら、兄さんは、まじめにうなずき、

「うむ、胎教か。それは大事だ。」

とおっしゃって、孫次郎というあでやかな能面の写真と、雪の小面という可憐《かれん》な能面の写真と二枚ならべて壁に張りつけて下さったところまでは上出来でございましたが、それから、さらにまた、兄さんのしかめつらの写真をその二枚の能面の写真の間に、ぴたりと張りつけましたので、なんにもならなくなりました。

二　次の文章を読んで、後の問い（問１～９）に答えなさい。

あの日、朝から、雪が降っていたわね。もうせんから、とりかかっていたおツルちゃん（姪《めい》）のモンペが出来あがったので、あの日、学校の帰り、それをとどけに中野の叔母さんのうちに寄ったの。

[　A　]

スルメを落してがっかりするなんて、下品な事で恥ずかしいのですが、でも、私はそれをお嫂《ねえ》さんにあげようと思っていたの。うちのお嫂さんは、ことしの夏に赤ちゃんを生むのよ。おなかに赤ちゃんがいると、とてもおなかが空《す》くんだって。おなかの赤ちゃんと二人ぶん食べなければいけないのね。お嫂さんは私と違って身だしなみがよくてお上品なので、これまではそれこそ「カナリヤのお食事」みたいに軽く召上って、そうして間食なんて一度もなさった事は無いのに、このごろはおなかが空いて、恥ずかしいとおっしゃって、それからふっと妙なものを食べたくなるんですって。こないだもお嫂さんは私と一緒にお夕食の後片附《あとかたづ》けをしながら、ああ口がにがいにがい、スルメか何かしゃぶりたいわ、と小さい声で言って溜息《ためいき》をついていらしたのを私は忘れていないので、その日偶然、中野の叔母さんからスルメを二枚もらって、これはお嫂さんにこっそり上げましょうとたのしみにして持って来たのに、落しちゃって、私はしょんぼりしてしまいました。

ご存じのように、私の家は兄さんとお嫂さんと私と三人暮しで、そうして兄さんは少しお変人の小説家で、もう四十ちかくなるのにちっとも有名でないし、そうしていつも貧乏で、からだ工合が悪いと言って寝たり起きたり、そのくせ口だけは達者で、何だかんだとうるさく私たちに口ごとを言い、そうしてただ口で言うばかりでご自分はちっとも家の事に手助けしてくれないので、お嫂さんは男の力仕事までしなければならず、とても気の毒なんです。或る日、私は①義憤を感じて、

「兄さん、たまには②リュックサックをしょって、野菜でも買って来て下さいな。よその旦那さまは、たいていそうしているらしいわよ。」

と言ったら、ぶっとふくれて、

「馬鹿野郎！　おれはそんな下品な男じゃない。いいかい、きみ子（お嫂さんの名前）もよく覚えて置け。おれたち一家が餓《う》え死《じ》にしかけても、おれはあんな、③あさましい買い出しなんかに出掛けやしないのだから、そのつもりでいてくれ。それはおれの最後の誇りなんだ。」

なるほど御覚悟は御立派ですが、でも兄さんの場合、お国のためを思って買い出し部隊を憎んで居られるのか、ご自分の不精から買い出しをいやがって居られるのか、ちょっとわからないところがございます。私の父も母も東京の人間ですが、父は東北の山形のお役所に長くつとめていて、兄さんも私も山形で生れ、お父さんは山形でなくなられ、兄さんが二十《はたち》くらい、私がまだほんの子供でお母さんにおんぶされて、親子三人、また東京へ帰って来て、先年お母さんもなくなって、いまでは兄さんとお嫂さんと私と三人の家庭で、故郷というものもないのですから、他の御家庭のように、たべものを田舎から送っていただくわけにも行かず、また兄さんはお変人で、よそとのお附合いもまるで無いので、思いがけなくめずらしいものが「手にはいる」などという事は全然ありませんし、たかだかスルメ二枚でもお嫂さんに差上げたら、どんなにかお喜びなさる事かと思えば、下品な事でしょうけれども、スルメ二枚が惜しくて、私はくるりと廻れ右して、いま来た雪道をゆっくり歩いて捜しました。けれども、見つかるわけはありません。白い雪道に白い新聞

ている必要は必ずしもありません。絵画や写真を見る場合は、画家やカメラが立っていた場所の視点を、その場所ではないところにいながらにして獲得します。顕微鏡写真や望遠鏡写真も含めれば、肉眼では見ることのできない視点に立つことすらできます。想像の中でその場所に立つこうした場合も含め、どこから空間や物をまなざしているか、その点が「視点」と呼ばれます。

　同じ空間でも、視点によって見え方が全く異なります。同じ部屋でも上座から見たのと下座から見たのでは見えるものが正反対ですし、はたまたノミの視点で床から見たり、ハエの視点で天井から見下ろしたのでは全く違う風景が広がっているはずです。けれども、私たちが体を持っているかぎり、一度に複数の視点を持つことはできません。

　このことを考えれば、目が見えるものしか見ていないことを、つまり空間をそれが実際にそうであるとおりに三次元的にはとらえ得ないことは明らかです。それはあくまで「私の視点から見た空間」でしかありません。

（伊藤亜紗「目の見えない人は世界をどう見ているのか」光文社新書）

問1　傍線部①「たとえば『富士山』」とあるが、これは筆者が何を説明するための例か。本文中から十八字で探し、最初と最後の五字を抜き出しなさい。

問2　空欄［①］・［②］に漢字一字を入れて図形の名称を完成させなさい。

問3　傍線部②「二次元化」とあるが、同じ意味で使われている語句を本文中から三字で抜き出しなさい。

問4　空欄［③］・［④］に当てはまる語を次からそれぞれ選び、記号で答えなさい。

ア　一次元的　　イ　二次元的　　ウ　三次元的　　エ　四次元的

問5　傍線部③「富士山についても同様です」とあるが、その説明として次の文の空欄に当てはまる語句を本文中から八字で抜き出しなさい。

富士山の［　　　　］が現実の富士山の見方を作っているということ。

問6　傍線部④「物が実際にそうであるように理解している」とあるが、どういうことか。次から選び、記号で答えなさい。

ア　文化的なフィルターを通して理解しているということ。
イ　見えているそのままの風景を理解しているということ。
ウ　「過去に見たもの」を使って理解しているということ。
エ　対象そのものを定義通りに理解しているということ。

問7　傍線部⑤「どうしても『混色』が理解できない」理由として最も適当なものを次から選び、記号で答えなさい。

ア　オレンジ色を見たことがないから。
イ　色が混ざる時の法則が理解できないから。
ウ　実際に絵の具が混ざるのを見たことがないから。
エ　世の中にオレンジ色のものが少ないから。

問8　空欄［A］～［C］にあてはまる選択肢として最も適当なものを次からそれぞれ選び、記号で答えなさい。（同じ記号は使用できない）

ア　ところが　　イ　そこで　　ウ　つまり　　エ　たとえば

問9　傍線部⑥「前者は平面的なイメージとして、後者は空間の中でとらえている」とあるが、「前者」と「後者」を五字以内でそれぞれ答えなさい。

見える人が見た富士山

ダーや絵本で、デフォルメされた「八の字」を目にしてきました。そして何より富士山も満月も縁起物です。その福々しい印象とあいまって、「まんまる」や「八の字」のイメージはますます強化されています。

見えない人、とくに先天的に見えない人は、目の前にある物を視覚でとらえないだけでなく、私たちの文化を構成する視覚イメージをもとらえることがありません。見える人が物を見るときにおのずとそれを通してとらえてしまう、文化的なフィルターから自由なのです。

見えない人の色彩感覚

[A] 見えない人は、見える人よりも、④物が実際にそうであるように理解していることになります。模型を使って理解していることも大きいでしょう。その理解は、概念的、といってもいいかもしれません。直接触ることのできないものについては、辞書に書いてある記述を覚えるように、対象を理解しているのです。

定義通りに理解している、という点で興味深いのは、見えない人の色彩の理解です。

個人差がありますが、物を見た経験を持たない全盲の人でも、「色」の概念を理解していることがあります。「私の好きな色は青」なんて言われるとかなりびっくりしてしまうのですが、聞いてみると、その色をしているものの集合を覚えることで、色の概念を獲得するらしい。

[B] 赤は「りんご」「いちご」「トマト」「くちびる」が属していて「あたたかい気持ちになる色」、黄色は「バナナ」「踏切」「卵」が属していて「黒と組み合わせると警告を意味する色」といった具合です。

ただ面白いのは、私が聞いたその人は、⑤どうしても「混色」が理解できないと言っていたことでした。絵の具が混ざるところを目で見たことがある人なら、色は混ざると別の色になる、ということを知っています。赤と黄色を混ぜると、中間色のオレンジ色ができあがることを知っています。[C]、その全盲の人にとっては、色を混ぜるのは、机と椅子を混ぜるような感じで、どうも納得がいかないそうです。赤＋黄色＝オレンジという法則は分かっても、感覚的にはどうも理解できないのだそうです。

見える人には必ず「死角」がある

もう一度、富士山と月の例に戻りましょう。見える人は三次元のものを二次元化してとらえ、見えない人は三次元のままとらえている。つまり⑥前者は平面的なイメージとして、後者は空間の中でとらえている。だとするとそもそも空間を空間として理解しているのは、見えない人だけなのではないか、という気さえしてきます。見えない人は、厳密な意味で、見える人が見ているような「二次元的なイメージ」を持っていない。でもだからこそ、空間を空間として理解することができるのではないか。

なぜそう思えるかというと、視覚を使う限り、「視点」というものが存在するからです。視点、つまり「どこから空間や物を見るか」です。「自分がいる場所」と言ってもいい。もちろん、実際にその場所に立っ

【国　語】（五〇分）〈満点：一〇〇点〉

［一］　次の文章を読んで、後の問い（問１～９）に答えなさい。

見えない人にとっての富士山と、見える人にとっての富士山

見える人と見えない人の空間把握の違いは、単語の意味の理解の仕方にもあらわれてきます。空間の問題が単語の意味にかかわる、というのは意外かもしれません。けれども、見える人と見えない人では、ある単語を聞いたときに頭の中に思い浮かべるものが違うのです。

①たとえば「富士山」。これは難波さんが指摘した例です。見えない人にとって富士山は、「上がちょっと欠けた円すい形」をしています。いや、実際に富士山は上がちょっと欠けた円すい形をしているわけですが、見える人はたいていそのようにとらえていないはずです。

見える人にとって、富士山とはまずもって「八の字の末広がり」です。つまり「上が欠けた円すい形」ではなく「上が欠けた［　①　］形」としてイメージしている。平面的なのです。月のような天体についても同様です。見えない人にとって月とはボールのような球体です。では、見える人はどうでしょう。「まんまる」で「盆のような」月、つまり厚みのない［　②　］形をイメージするのではないでしょうか。

見えない人が見た富士山

三次元を②二次元化することは、視覚の大きな特徴のひとつです。「奥行きのあるもの」を「平面イメージ」に変換してしまう。とくに、富士山や月のようにあまりに遠くにあるものや、あまりに巨大なものを見るときには、どうしても立体感が失われてしまいます。もちろん、富士山や月が実際に薄っぺらいわけではないことを私たちは知っています。けれども視覚がとらえる二次元的なイメージが勝ってしまう。このように視覚にはそもそも対象を平面化する傾向があるのですが、重要なのは、こうした平面性が、絵画やイラストが提供する文化的なイメージによってさらに補強されていくことです。

私たちが現実の物を見る見方がいかに文化的なイメージに染められているかは、たとえば木星を思い描いてみれば分かります。木星と言われると、多くの人はあのマーブリングのような横縞《よこじま》の入った茶色い天体写真を思い浮かべるでしょう。あの縞模様の効果もありますが、木星はかなり［　③　］にとらえられているのではないでしょうか。それに比べると月はあまりに平べったい。満ち欠けするという性質も平面的な印象を強めるのに一役買っていそうですが、なぜ月だけがここまで［　④　］なのでしょう。

その理由は、言うまでもなく、子どものころに読んでもらった絵本やさまざまなイラスト、あるいは浮世絵や絵画の中で、私たちがさまざまな「まあるい月」を目にしてきたからでしょう。紺色の夜空にしっとりと浮かびあがる大きくて優しい黄色の丸——月を描くのにふさわしい姿とは、およそこうしたものでしょう。

こうした月を描くときのパターン、つまり文化的に醸成された月のイメージが、現実の月を見る見方をつくっているのです。私たちは、まっさらな目で対象を見るわけではありません。「過去に見たもの」を使って目の前の対象を見るのです。

③富士山についても同様です。風呂屋の絵に始まって、種々のカレン

MEMO

大切なことはメモしておこうネ！

2023年度

狭山ヶ丘高等学校付属中学校入試問題

【算　数】（50分）　＜満点：100点＞

【注意】（1） コンパス・分度器・電卓・定規類の使用は認めません。

（2） 問題にかいてある図は必ずしも正確ではありません。

1. 次の □ に当てはまる数を求めなさい。

（1） $31.4\times 2-12\times 3.14+6.28=\square$

（2） $17\div\left(\frac{1}{2}+\frac{2}{3}-\frac{3}{5}\right)=\square$

（3） $\dfrac{2+\square}{6+\square}=\dfrac{2}{3}$（ただし，□ には同じ数が入ります。）

（4） $2030\div\square=17$あまり７

（5） $1234\text{cm}^3=\square\text{mL}$

2. 次の □ に当てはまる数や言葉を答えなさい。

（1） 男女の合計が40人のクラスで算数のテストをしたところ，男子の平均点が58点で女子の平均点が63点，クラス全体の平均点が60点でした。男子の人数は □ 人です。

（2） 2023年２月６日は月曜日です。2023年４月７日は □ 曜日です。

（3） 濃さ４％の食塩水140ｇと濃さ □ ％の食塩水60ｇを混ぜると，濃さが７％の食塩水ができます。

（4） 落とした高さの75％跳ね上がるボールがあります。このボールを高さ60cmの台の160cm上から落としたところ，１回目は台の上で跳ね上がり，２回目は床の上で □ cm跳ね上がりました。

（5） 下の図のような投影図（平面図と立面図）で表される立体の体積は □ cm^3です。
ただし，円周率は3.14とします。

平面図

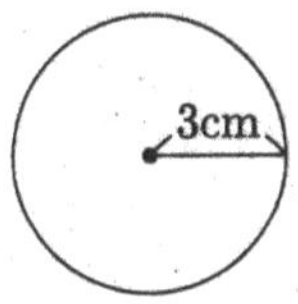

立面図

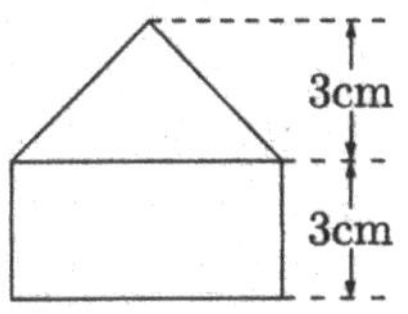

3. ５つの数を小さい順にA，B，C，D，Eとします。同じ数はありません。この５つの数について次のことが分かっているときに，Cの数を求めなさい。

（1） $A+B=26$，$B+C=40$，$C+A=32$

（2） $A+B=12$，$B+C=23$，$C+D=33$，$D+E=43$，$E+A=29$

（3） ４つの数の平均が，小さい順に6.5，7，7.25，8，8.25

4. 2つの駅を結ぶバス停AとBを往復するバスを考えます。下のダイアグラムはAとBを同時に出発した2台のバスのダイアグラムです。どのバスも一定の同じ速さで動き，駅に到着したらAでは5分停車し，Bでは9分停車します。

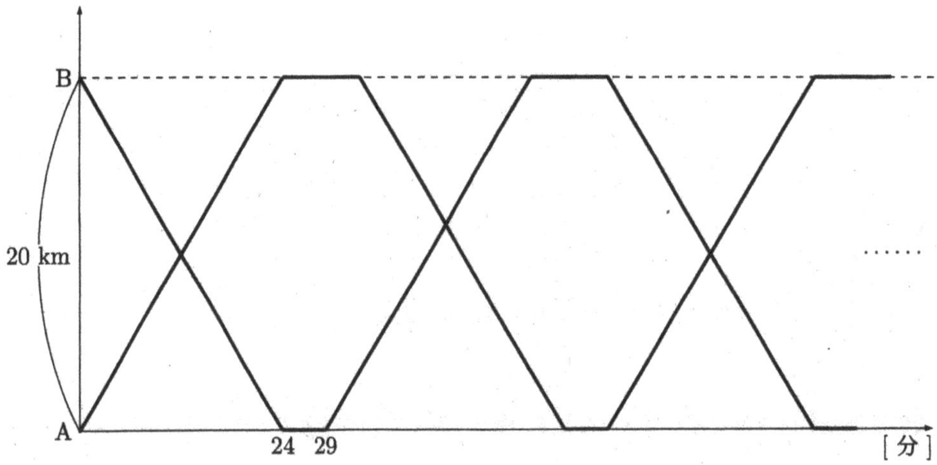

(1) バスの速さは時速何㎞ですか。

(2) 2つのバスが3回目にすれ違うのは，最初にバスが走り始めてから何時間何分後ですか。
また，2回目にすれ違うのは，最初にバスが走り始めてから何分後のときですか。

5. 1辺の長さが12㎝の正方形の折り紙があります。これを次のように折り，はさみで切ることを考えます。

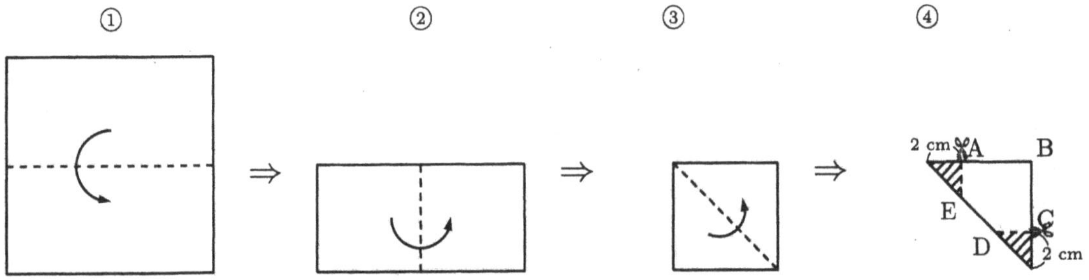

ただし，④ではそれぞれの辺に平行になるようにはさみで真っ直ぐ切っています。

(1) ④で斜線部分をはさみで切り落としたとき，残って見えている部分の五角形ABCDEの面積は何cm^2ですか。（式・考え方も書くこと）

(2) ④で残った折り紙を広げると，どのような図形になりますか。
解答用紙に，**切り取られた部分を塗りつぶして**答えなさい。

【理　科】（30分）　＜満点：60点＞

1　次の文章を読んで，以下の問1に答えなさい。

図1はAの位置ではなしたふりこがふれるようすを表したものである。このとき，最もふりこが速いのは（　①　）の位置であり，AからBの時間と，BからCの時間は（　②　）のほうが短い。また，Aの位置を高くしたとき，Cでのふりこの速さは位置を変える前に比べて（　③　）。また，周期は（　④　）。

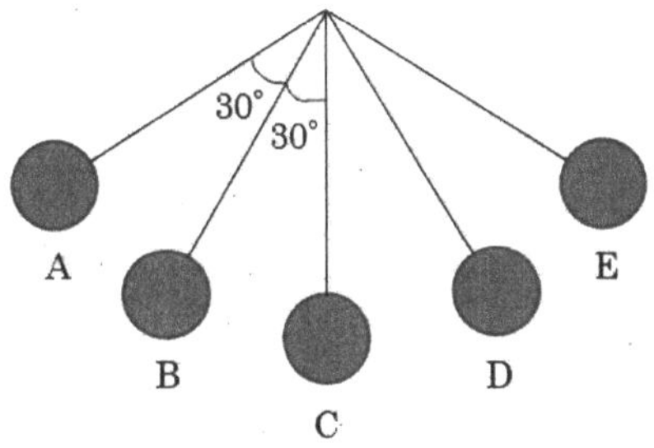

図1

問1　文中の空らん（①）～（④）に当てはまる記号や言葉を答えなさい。

次に，ふりこの条件を変えてA～Eの実験を行った。下の表1はその結果をまとめたものである。以下の問2～問5に答えなさい。

表1

実験	A	B	C	D	E
ひもの長さ[cm]	25	50	50	100	400
おもりの重さ[g]	20	10	20	20	30
10往復の時間[秒]	10	14	14	20	⑤

問2　実験Cのふりこの周期を答えなさい。

問3　ふりこの周期とおもりの重さの関係が分かる実験はどれですか。正しいものを，表1のA～Eの中から2つ選び，その記号で答えなさい。

問4　表1の⑤に当てはまる値を答えなさい。

問5　図2のように，ひもの長さを100cmにして，50cmの位置にくぎを打ちました。このとき，10往復にかかる時間は何秒ですか。

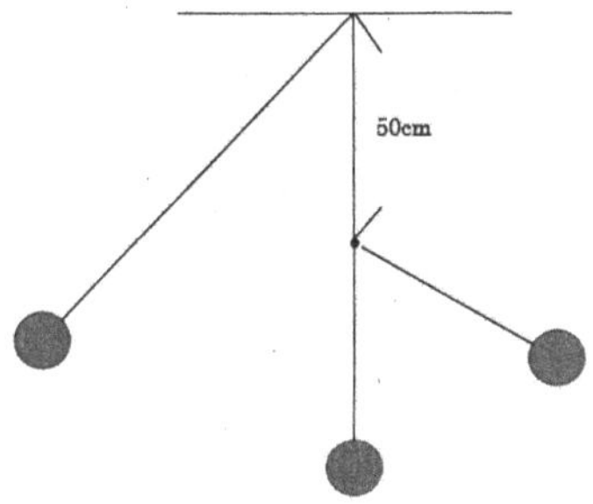

図2

2　図1は二酸化炭素を発生させる実験のようすです。以下の問1～問4に答えなさい。

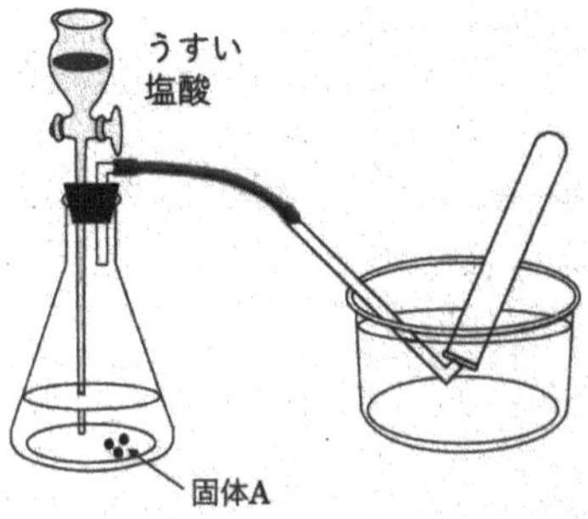

図1

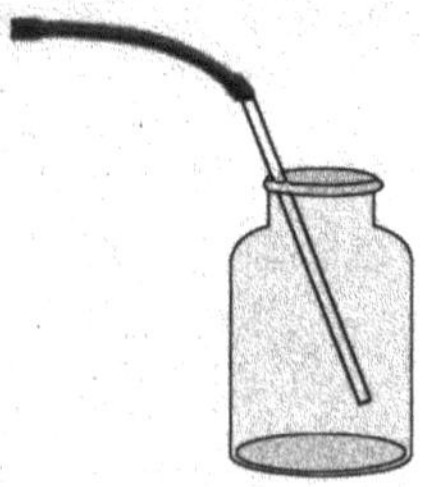

図2

問1　図1の固体Aとして適当なものはどれですか。正しいものを，次の(ア)～(エ)の中から1つ選び，その記号で答えなさい。

(ア)　鉄　　(イ)　銅　　(ウ)　食塩　　(エ)　石灰石

問2　図1のような気体の集め方を何といいますか。

問3　図1の気体の集め方のかわりに，図2の方法でも集めることができます。その理由を簡単に答えなさい。

問4　二酸化炭素の性質はどれですか。正しいものを，次の(ア)～(オ)の中から全て選び，その記号で答えなさい。

(ア)　水に少しとけ，酸性を示す

(イ)　水にとけやすく，鼻をさすにおいがある

(ウ)　ものを燃やすはたらきがある

(エ)　色，においのない気体で，空気中の体積の約20％をしめる

(オ)　石灰水を白くにごらせる

次に，表1はマグネシウムリボン0.1 gにうすい塩酸を加えたときの塩酸の体積と，発生した気体の体積の関係をまとめたものである。以下の問5～問6に答えなさい。

表1

加えた塩酸の体積[cm^3]	5	10	15	20
発生した気体[cm^3]	80	160	200	200

問5　マグネシウムリボン0.1 gを全てとかすためには，うすい塩酸は何cm^3以上必要ですか。小数第1位まで答えなさい。

問6　マグネシウムリボン0.2 gに塩酸を15cm^3加えたとき，発生する気体は何cm^3ですか。

3　次の文章を読んで，以下の問1～問7に答えなさい。

ある地域では，次の①～⑤の生物が生活していて，(I)「食う，食われるの関係」でつながっている。次のページの図1はこれらの生物の数量関係をピラミッド形で表したものである。

①　バッタ　　②　イネ　　③　ヘビ　　④　イヌワシ　　⑤　カエル

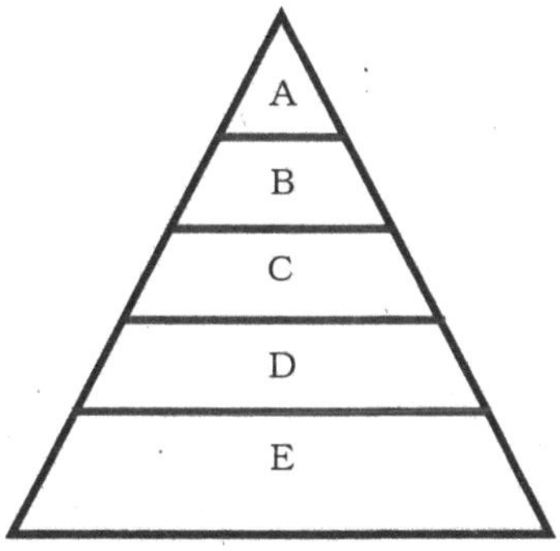

図1

生物の数は一時的に増減しても，大きな増減でなければ，時間がたつことによって，再びもとの数量関係にもどるため，生態系に大きなえいきょうはない。しかし，人の手によって生態系が大きく変わってしまうこともある。(II)例えば，その土地にのみ生息する多くの（　①　）をもつ奄美《あまみ》大島では，人の手によって持ちこまれた（　②　）によって島の生態系の多様性が失われる危険があった。このようなことを防ぐためにも，生き物のあつかいには気をつけなければならない。

問1　下線部(I)のような生物どうしの関係を何といいますか。

問2　図1のA，D，Eグループに入る生物はどれですか。正しいものを，上の①～⑤の中からそれぞれ1つずつ選び，その番号で答えなさい。

問3　肉食動物はどれですか。正しいものを，上の①～⑤の中から全て選び，その番号で答えなさい。

問4　図1のBのグループに当てはまる生物がある原因で減少しました。このとき，A，C，Dのグループに当てはまる生物の数量は一時的にどうなりますか。正しいものを，次の(ア)～(エ)の中から1つ選び，その記号で答えなさい。

(ア)　Aの生物は増え，Cの生物が減ることで，Dの生物も減る
(イ)　Aの生物は減り，Cの生物が増えることで，Dの生物は減る
(ウ)　Aの生物は増え，Cの生物も増えることで，Dの生物は減る
(エ)　Aの生物は減り，Cの生物が増えることで，Dの生物は増える

問5　文中の空らん（①）（②）に当てはまる言葉は何ですか。正しいものを，次の(ア)～(カ)の中からそれぞれ1つずつ選び，その記号で答えなさい。

(ア)　固定種　　(イ)　人工種　　(ウ)　固有種　　(エ)　希少種　　(オ)　外来種　　(カ)　在来種

問6　文中の空らん（②）について，日本各地で見られる生物の例はどれですか。正しいものを，次の(ア)～(オ)の中から全て選び，その記号で答えなさい。

(ア)　アメリカザリガニ　　(イ)　ヤンバルクイナ　　(ウ)　アユ　　(エ)　アオダイショウ
(オ)　ヒアリ

問7　下線部(II)について，奄美大島においてハブをくじょするために人の手によって持ち込まれた生物は何ですか。

4 次の文章を読んで，以下の問１～問５に答えなさい。

地震《じしん》は初めに小さなゆれがあり，続けて大きなゆれがくる。はじめの小さなゆれを初期微動《しょきびどう》といい，続けて起こるゆれを主要動という。

初期微動が始まってから主要動が始まるまでの時間を初期微動けい続時間といい，その長さは(I)震源から観測地点までのきょりに（　①　）する。初期微動を起こす地震波をＰ波，主要動を起こす地震波をＳ波という。地震のゆれの強さの程度を（　②　）といい，（　③　）段階で表される。地震のエネルギーの大きさは（　④　）という言葉で表される。地震の多い日本ではその被害を軽減するために平成19年から強い地震が来る可能性があるときには(II)きん急地震速報が出されるようになった。

問１　文中の空らん（①）～（④）に当てはまる言葉や数字を答えなさい。

問２　下線部(I)について，震源の深さと地震の関係を説明したものはどれですか。正しいものを，次の(ア)～(エ)の中から１つ選び，その記号で答えなさい。

(ア)　震源が深くなるほど地震のゆれは小さくなり，ゆれるはんいが広くなる

(イ)　震源が深くなるほど地震のゆれは小さくなり，ゆれるはんいがせまくなる

(ウ)　震源が深くなるほど地震のゆれは大きくなり，ゆれるはんいが広くなる

(エ)　震源が深くなるほど地震のゆれは大きくなり，ゆれるはんいがせまくなる

問３　ある地震でのＰ波の速さは秒速８km，Ｓ波の速さは秒速４kmでした。初期微動けい続時間が10秒だったとき，観測地点と震源のきょりは何kmですか。

問４　下線部(II)について，ある地震のきん急地震速報は震源から32kmはなれた観測所にＰ波がとう着した２秒後に発表されました。震源から120kmはなれているＡさんの家では，きん急地震速報を聞いてから何秒後に強いゆれが起こりますか。ただし，Ｐ波の速さは秒速８km，Ｓ波の速さは秒速４kmとします。

問５　地震によって引き起こされる現象の１つに，ゆるくたい積した砂の地ばんに強いしん動が加わって，地層が液体状になる現象があります。この現象の名前は何ですか。正しいものを，次の(ア)～(エ)の中から１つ選び，その記号で答えなさい。

(ア)　液体化　　(イ)　液状化　　(ウ)　水中化　　(エ)　地《じ》ばん沈下《ちんか》

【社　会】（30分）　＜満点：60点＞

【1】 次の文章を参考に，問に答えなさい。

日本列島は新期造山帯の（　①　）に含まれており，現在も大地の動きが活発な地域である。そのため，地震や火山の活動が多く見られる。また，日本の大部分は気候区分としては（　②　）に属しており，【　A　】という特徴がみられる。そのため各地でⓐ農業が営まれている。しかし，日本の農家の多くが【　B　】であり，一人当たりの耕作面積も世界に比べると狭いのが特徴である。また，農家の高齢化も問題となっており，専業農家の割合は少なくなっている。

問1　空欄①・②に該当する語句を，次の中から選びなさい。

環太平洋造山帯　　安定陸塊　　熱帯　　温帯　　寒帯　　アルプス-ヒマラヤ造山帯

問2　空欄Aに該当する説明文を，次のア～エの中から1つ選び記号で答えなさい。

ア：1年を通じて氷や雪に閉ざされている

イ：1年を通じて乾燥しており，降水量が少ない

ウ：1年を通じて高温で降水量も多い

エ：1年を通じて気候は穏やかで四季の区分がはっきりしている

問3　空欄Bに該当する説明文を，次のア～エの中から1つ選び記号で答えなさい。

ア：大規模で企業経営

イ：大規模で家族経営

ウ：小規模で企業経営

エ：小規模で家族経営

問4　下線部ⓐに関して，日本の農業に関する以下の質問に答えなさい。

⑴「日本の米ぐら」と呼ばれる地方はどこか漢字で答えなさい。

⑵ 大都市周辺では野菜の近郊農業がさかんであるが，その理由を説明しなさい。

問5　下図に示した都道府県に関する説明文として該当するものを，次のア～エの中から1つ選び記号で答えなさい。

ア：高原が多く夏でも涼しい気候を利用した抑制栽培が盛んであり，レタスなどを栽培している。

イ：冬でも暖かい気候を利用して野菜の栽培がおこなわれており，近隣の大都市への野菜を出荷している。

ウ：周辺を山地に囲まれ海に面していない内陸県であり，りんごなどの果樹栽培が盛んである。

エ：日本海側に面しており，日本有数の砂丘ではらっきょうなどの栽培が有名である。

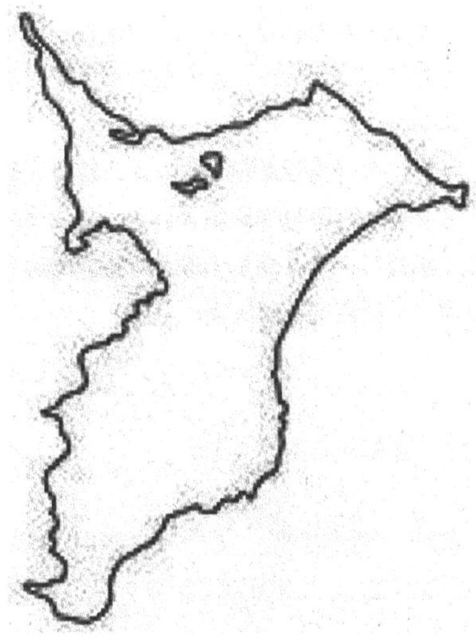

【２】 次の文章を参考に，問に答えなさい。

税を徴収するというのは，国家を運営していく上では重要なことである。日本で税制度が確立されたのは律令国家の時期だといえる。ⓐ遣隋使や遣唐使を通じて，中国の制度や知識を導入しながら701年に日本初の本格的な律令である（　①　）が制定され，ⓑ律令国家体制が確立された。この仕組みの中で，国家は戸籍と計帳を用いながら民衆から税を徴収した。その基本となる租は，（　②　）才以上の男女に一定面積の（　③　）を支給して，そこからの生産物を一定量徴収する仕組みであった。また成年男子には調・庸などの税も課され，（　④　）と呼ばれる方法で，民衆が都に直接納税した。

ⓒ武士が政治を行うようになると，年貢が重要な税となった。特にⓓ戦国時代になると，富国強兵のため，家臣たちの収入をしっかりと把握する必要から検地が実施された。1590年に天下統一を成し遂げた（　⑤　）は，検地を全国的に実施し，土地の面積を調査し，そこから予想される収穫高を計算して（　⑥　）で把握し，土地の耕作者氏名などとともに検地帳で管理する仕組みを整えた。

問１　空欄①～⑥に該当する語句を，語群から選びなさい。

運脚　　10　　養老律令　　石高　　織田信長　　6
口分田　　荘園　　豊臣秀吉　　貫高　　大宝律令

問２　下線部ⓐに関して，以下の質問に答えなさい。

⑴　厩戸王が隋に派遣した使者として該当する人物を，次のア～エの中から１つ選び記号で答えなさい。

ア：小野妹子　　イ：阿倍仲麻呂　　ウ：吉備真備　　エ：山上憶良

⑵　遣唐使に関する説明文ＸＹに関して，その内容の正誤の組み合わせとして正しいものを，次のア～エの中から１つ選び記号で答えなさい。

Ｘ：遣唐使を通じた交流の窓口となったのは長崎の出島である。
Ｙ：遣唐使の廃止を提案したのは藤原道長である。

ア：Ｘ－正　Ｙ－正　　イ：Ｘ－正　Ｙ－誤
ウ：Ｘ－誤　Ｙ－正　　エ：Ｘ－誤　Ｙ－誤

問３　下線部ⓑに関して，708年に鋳造された銅銭の名称を漢字で答えなさい。

問４　下線部ⓒに関して，以下の質問に答えなさい。

⑴　以下のア～エは武士が活躍した戦いの名称である。年代順に並べ変えなさい。

ア：関ヶ原の戦い　　イ：壇ノ浦の戦い　　ウ：応仁の乱　　エ：鳥羽・伏見の戦い

⑵　次の説明文のア～エの中から，室町時代に関するものを１つ選び記号で答えなさい。

ア：米将軍と呼ばれる人物による改革が実施され，上米の制などが定められた。
イ：九州で発生したキリシタンの反乱以後，幕府主導でキリスト教徒弾圧が厳しく行われた。
ウ：３代将軍は幕府政治を安定させるとともに，参勤交代の制度などを本格的に導入した。
エ：勘合貿易を積極的に実施し，多くの明銭が日本に輸入された。

問５　下線部ⓓに関して，戦国時代にはヨーロッパの国とも貿易が行われるようになった時期である。この貿易を何というか解答欄の【　】に２文字で答えなさい。

【３】 次の文章を読み，問に答えなさい。

大日本帝国憲法施行後，日本では帝国議会が開催された。ⓐ帝国議会は二院制であったが，衆議院と政府は対立することが多かった。政府は富国強兵を掲げて軍備増強を中心とした予算を要求しており，減税などには否定的であった。一方，ⓑ議会では国民の負担軽減を掲げて，政府に対して減税を要求しており，常に予算案をめぐって対立していた。しかし，この対立は，朝鮮半島を巡って（　①　）との緊張関係が高まると，次第に見られなくなった。ⓒ1894年に日本は（　①　）との戦争を開始するが，議会は政府が要求する予算案をそのまま可決するなど，戦争を背景に政府支持の姿勢を見せていった。戦後，ⓓ日本は（　①　）との間に講和条約である（　②　）を締結し，莫大《ばくだい》な賠償金を獲得した。賠償金を背景に日本政府は重工業化を進めたが，その一方で，（　②　）で獲得した（　③　）を（　①　）に返還するように，（　④　）が他の２国とともに日本に要求を行った。日本はこの要求を受け入れるしかなく，（　④　）との対決を念頭に，軍備増強を進めていくこととなった。ⓔ1900年に（　①　）で事件が発生すると，日本は列強各国と共同で出兵して事件を鎮圧したが，（　④　）はその後も大規模な部隊を（　①　）の北部に駐留させ続けた。この（　④　）の行動に危機感を募らせた（　⑤　）は日本と1902年に同盟を結び，これに対応しようとした。日本国内でも次第に（　④　）との戦争を支持する動きが高まりを見せ，議会でもそのような動きがみられるようになった。

問１　空欄①～⑤に該当する語句を，語群からそれぞれ選び答えなさい。

①　満州国　　清国　　米国　　琉球

②　ポーツマス条約　　ヴェルサイユ条約　　下関条約　　南京条約

③　台湾　　遼東半島　　山東半島　　樺太

④　ドイツ　　フランス　　スペイン　　ロシア

⑤　ポルトガル　　イタリア　　イギリス　　オランダ

問２　下線部ⓐに関して，この議会が初めて開かれた際の衆議院議員の選挙で選挙権はどのような人たちに与えられていたのか。次のア～エの中から該当するものを１つ選び記号で答えなさい。

ア：直接国税15円以上を納めている満25歳以上の男子

イ：直接国税15円以上を納めている満25歳以上の男子と女子

ウ：満20歳以上の男子

エ：満20歳以上の男子と女子

問３　下線部ⓑに関して，減税が求められたものとして1873年に導入された金納の税があげられる。この税について，以下の質問に答えなさい。

⑴　この税を何というか漢字２字で答えなさい。

⑵　この税の当初の税率は土地の価格の何％か。解答欄に適する数字を算用数字で答えなさい。

問４　下線部ⓒに関して，この戦争のきっかけとなった朝鮮半島南部での農民反乱を何というか答えなさい。

問５　下線部ⓓを主導した外務大臣は陸奥宗光であったが，彼は幕末に締結した不平等条約の一部を改正させた人物でもある。陸奥宗光の不平等条約改正の内容について，以下の文章の【　】に適する説明を解答欄に答えなさい。

陸奥宗光は【　　　　　】や関税率の引き上げなどを含む日英通商航海条約を締結し，不平等条約の一部改正に成功した。

問６　下線部ⓔの事件を何というか漢字で答えなさい。

【４】 次の文章を読み，問に答えなさい。

第二次世界大戦終結後，国際秩序体制の維持を目的に新たに結成されたものが国際連合（以下，国連）であった。国連の本部は（　①　）に置かれ，2019年現在で193か国が加盟している組織である。ⓐ様々な機関によって構成されているが，その中で全加盟国によって構成されているのが（　②　）である。また，ⓑ５か国の常任理事国と10か国の非常任理事国で構成される（　③　）が重要な機関として有名である。国連の仕事としてあげられるのが，国連平和維持活動（通称「　X　」）である。各地の紛争を平和的に解決する活動であり，日本の自衛隊も条件を満たすことで参加している国際的な活動である。また，ⓒ人権を守る活動も積極的に行われており，国連主導の国際条約や宣言が締結されている。

近年ではグローバル化によって，ⓓ経済格差や食糧問題など様々な問題が表面化しており，国単体では解決が困難になってきている。そのため，各地域で連携して諸問題にあたる地域統合が進んでおり，日本も東南アジア諸国連合（通称「　Y　」）との連携を強めている。

問１　空欄①～③に該当する語句を答えなさい。ただし，漢字で答えるべきところは漢字で答えること。

問２　空欄X・Yに該当する略語を，次の中からそれぞれ選びなさい。

IAEA　　NATO　　PKO　　OPEC　　NAFTA　　ASEAN

問３　下線部ⓐに関して，その機関の１つである国際司法裁判所が設置されているオランダの都市はどこか。次のア～エの中から１つ選び記号で答えなさい。

ア：オスロ　　イ：ハーグ　　ウ：ブリュッセル　　エ：リスボン

問４　下線部ⓑに該当しない国を，次の中から１つ選びなさい。

フランス　　アメリカ　　中華人民共和国　　イギリス　　イタリア

問５　下線部ⓒに関して，18歳未満の子どもを対象に，子どもたちが自由に自己の意見を表明する権利を保障する条約を何というか答えなさい。ただし，漢字で答えるべきところは漢字で答えなさい。

問６　下線部ⓓに関して，南北問題とはどのような問題か説明しなさい。

問5 傍線部⑤「自分の幸運」とあるが、どういうことか。最も適当なものを次から選び、記号で答えなさい。

ア　ピアノを習わなくてもいいという幸運。

イ　ピアノ教室には他の男の子がいるという幸運。

ウ　ピアノは大きく、とても高価であるという幸運。

エ　そばでピアノの音を聞くことができるという幸運。

問6 傍線部⑥「イライラは最初の爆発をおこした」とあるがなぜか。その理由を説明した次の文の空欄に合うように、指定された字数で本文中から抜き出して答えなさい。

弟は誕生日に［A（二字）］の［B（三字）］を買ってもらったのに私の［B（三字）］は［C（四字）］だったことに加えて、私の誕生日プレゼントは［D（三字）］だったから。

問7 本文中空欄［①］に当てはまる漢字一字を答えなさい。

問8 傍線部⑦「両親はとても恐ろしい顔をした」とあるが、それはなぜか。最も適当なものを次から選び、記号で答えなさい。

ア　弟のことを憎んでいるのが気に入らなかったから。

イ　せっかく高価なピアノを買ったのに喜ばないから。

ウ　私のイライラを理解できず不思議に思ったから。

エ　私が言うことを聞かずわがままばかり言うから。

問9 傍線部⑧「私がわざとこの時間をねらって練習する」とあるがそれはなぜか。その理由を本文中から十九字で抜き出し、「～から。」に続くように答えなさい。

三 次の各問い（問１～４）に答えなさい。

問1 次の文にはそれぞれ誤字が一字ずつある。誤字を指摘した上で正しい字に直しなさい。

①　エイリアンと意志の疎通《そつう》を図る。

②　帰りの会で卒直な意見を述べる。

③　社会の授業で学んだ平安文化に感心をもつ。

④　父の会社では秋に人事移動がある。

問2 次のそれぞれの傍線部の読みをひらがなで答えなさい。

①　先生との問答の末、シャープペンシルを使うことが許された。

②　この勝利は価千金だ。

③　我が家は江戸時代から代々和菓子屋を商っている。

④　彼のパス回しは、神業と表現しても良いほど上手だ。

問3 次のそれぞれの空欄に漢字を入れ、慣用句を完成させなさい。なお、一つの□に一文字の漢字が入る。

①　魚心あれば□□

②　□目置く。

③　根に□つ

④　□□の一角

問4 次の傍線部のカタカナを漢字に直しなさい。

①　彼のカセツが正しいか検証してみよう。

②　お年玉を銀行にアズける。

③　シフクで登校できる期間はあと少しだ。

④　先生のキタイにこたえる。

進は耳からイヤホーンをはずして言った。この時間帯には、進の好きなアニメーションの再放送がある。
「あんた、ジャマよ！　どっか、行っちゃってよ」
私は声をとがらせた。
「なんで、いっつも四時半にやるんだよ。今じゃなくたって、やれるじゃないか」
弟はふくれた。⑧私がわざとこの時間をねらって練習するのを彼は知っているのだ。
「ねえ、テレビ、もう一つ買おうよ。キミオくんチなんか、ちゃんと二個あるんだよ。ゲーム用にさ」
「残念でした。ピアノ買ったから、うちは赤字なの。お金がないの。そうでしょう？　お母さん」
母はため息をついた。そして、進にテレビを消して外で遊ぶように命令した。
「けえええっ」
進は思いきりわめいたが、言いつけには従った。そして、腹立ちまぎれに、私に向かって悪態をついた。
「アマダレ、アマダレ。下手くそのこと、アマダレって言うんだよ。あまだれぇ」
私は黙ってドレミファソラシドを左手で弾いた。
「アマダレじゃ雨がかわいそうだな。ゴマダレだもんな。ゴマダレ。佳《か》奈《な》のブタ肉」
私は目をつりあげて立ち上がったが、進の逃げ足は速かった。
玄関でしゃくにさわる弟はどなった。
「母さん、シャブシャブやろう！　ゴマダレが食いたい」

（佐藤多佳子「サマータイム」新潮文庫）

問１　傍線部①「なぜ来るか」とあるが、実際はなぜか。最も適当なものを次から選び、記号で答えなさい。

ア　誕生日プレゼントだから。
イ　恐れさせようとしたから。
ウ　ピアノが欲しかったから。
エ　手ごわい敵にしようとしたから。

問２　本文中の空欄 X ～ Z に入る語句の組み合わせとして最も適当なものを次から選び、記号で答えなさい。

ア　X　べたべた　Y　ゴロゴロ　Z　つやつや
イ　X　つやつや　Y　べたべた　Z　ゴロゴロ
ウ　X　つやつや　Y　ゴロゴロ　Z　べたべた
エ　X　ゴロゴロ　Y　べたべた　Z　つやつや

問３　傍線部②「ピアノが怒るわよ！」傍線部④「巨大な歯のような」で用いられている表現技法を次からそれぞれ選び、記号で答えなさい。

ア　対句法　　イ　直喩（明喩法）
ウ　隠喩（暗喩法）　エ　擬人法

問４　傍線部③「その言葉がやけにずしんときた」とあるが、なぜそう思ったのか。最も適当なものを次から選び、記号で答えなさい。

ア　とても大きな音が鳴り響くから。
イ　キキキキキと鳴り、笑われている気がするから。
ウ　とても大きく恐ろしいものに思えたから。
エ　頭をキンとさせるようなにおいがするから。

私はすぐにピアノがきらいだとわかった。そして毎日それを弾《ひ》かされることが決まるとピアノは、かつてない手ごわい敵になった。

私は母にうったえた。

「なんで、あたしだけなの？　進はやらなくていいの？」

「男の子はピアノを習わないものなの」

私の通っていたピアノ教室には、ちゃんと男の子がいた。だが、母にそのことを説明してもむだだった。一つ違いの弟の進は、⑤自分の幸運に気づきもせず、それが、いよいよ私をむっとさせた。

私は自分のイライラを、まゆの中のかいこのようにひっそりと育てていた。五月の誕生日に進が新品の自転車を買ってもらった時、⑥イライラは最初の爆発をおこした。私の四月のバースデー・プレゼントは、あのピアノだ。そして、私の自転車は同じ団地のB棟に住む従姉《いとこ》のお下がりだった。

不公平だ。当時はそんな立派な言葉を知らなかったから、ずるいずるいとわんわんわめいた。両親は怒った。そして、私にピアノの値うちを理解させようとさんざん［①］を折ったが、それはむだな努力だった。ピアノの値段がいくらだろうと、弾けるようになるのがどんなにすばらしいことだろうと、私はかまいやしない。

私はピアノは欲しくなかった。進は一番欲しがっていた自転車を買ってもらった。これはサベツだ。私は、ずっとずっと小さい時から、弟が自分よりいい思いをしないように、気をつけて見はっていたのだ。

「なんて、わがままなんでしょう」

母はなげいた。

「今の自転車がこわれたら、新しいのを買ってやるから」

母より甘い父がとりなした。

「ふうん。じゃ、すぐにこわすわ」

私は言った。本気だった。

⑦両親はとても恐ろしい顔をした。あの顔を私は今でもよく覚えている。彼らには、私のイライラはさっぱり理解できなかったのだ。

ピアノの練習は、いつも母の〝見はり〟つきだった。団地の狭いＬＤＫのリビングの端にピアノ、キッチンの端に流し台がある。母は夕食の支度をしながら、私のピアノを聴いた。タンタタンタンと野菜を刻む音は、私の音階練習よりは、はるかにリズミカルで聞いていて気持ちのいいものだった。

「ほら、違う。音がとんだわよ。ラの音を抜かした」

「わかってる！」

「だって、さっきもラを抜かしたのよ。ちゃんと譜面《ふめん》を見てる？」

「見てる。あたしは指が五本しかないのに、どうしてドレミファソラシドは八個あるのよ。このピアノって大きすぎる！」

「ピアノはみんな一緒よ。ちゃんと練習すれば、誰だって出来るの」

ドレミ…ファ…ソ…ラシ……ド。

「そうよ。それでいいの」

私たちは背中を向けあって、しゃべっていた。母は流しやガス台に目を配り、私はみがきたての歯のような鍵盤をにらんでいる。そして、私の後ろのソファーには、進がしょっちゅう［Ｚ］ところがっていたのだ。

「ああ、うるさい」

問２　傍線部②「前者」とは何を指すか、十字以内で抜き出し答えなさい。

問３　傍線部③「情報を伝えてくれる虫」とあるが、どんな情報を伝える虫なのか。「～情報。」につながるように本文中から十六字で探し、最初の五字を答えなさい。

問４　空欄 A に漢字二字を入れ、「目を A させる」という慣用句を完成させなさい。

問５　空欄 X には、次の選択肢を並び替えたものが入る。最初から三番目に来る選択肢を記号で答えなさい。

ア　むしろ虫という存在をみとめるところに大きな特徴がある。だから日本人が飼っている虫は、知らせてくれるだけではない。

イ　虫の知らせは、必ずしも前後関係をいうのではない。

ウ　きらいな人間に対して、「あいつは虫が好かん」などと言う。

エ　確かめてみるとやっぱりそうだったといえばプレだけれども、まず虫が知らせてくれて、やがて正式の情報が届くというわけでもない。

オ　どこがどうだといえないが、とにかく感情的、直感的に好きになれない時の気持ちである。

問６　傍線部④「市民権をもたせるべきではないか」とはどういうことか。説明として最も適当なものを次から選び、記号で答えなさい。

ア　もう少し働きが求められるのではないか、ということ。

イ　もう少し人々から認められるのがよいのではないか、ということ。

ウ　より様々な場面で用いられるべきではないか、ということ。

エ　誤った理解がされているのではないだろうか、ということ。

問７　空欄 B ・ C にはそれぞれ共通する動作を表す語が入る。入る動作の語をそれぞれ次から選び、記号で答えなさい。

ア　歩く　　イ　通る　　ウ　入る　　エ　走る

問８　本文中における「虫」「子ども」「もの」の共通点はどのようなものか。本文中から三十五字以内で探し、最初の五字を答えなさい。

二　次の文章を読んで、後の問い（問１～９）に答えなさい。

家に黒いお化けのようなアップライト・ピアノが届いた！　私はそれが〝来る〟ことを知っていたが、①なぜ来るかは知らなかったし、うかつにも自分に関係があるとは思っていなかったのだ。

新品のそいつは、 X とよく光り、さわると指のあとが残る。それは、なんともうれしい、ゾックリさせられる瞬間だった。私はクッキーのバターがしみこんだ手で、ピアノに Y と模様をつけて遊び、母のお目玉をくらった。

「②ピアノが怒るわよ！」

当時、小学校にはいりたての私には、③その言葉がやけにずしんときたものだ。私はピアノを恐れていた。なにしろ大きすぎる。背もたれのない丸いすに腰かけ、ピアノに向かうと自分が世界中で一番チビのような気持ちにさせられるのだ。

重たいふたをのしっとあげる。④巨大な歯のような真っ白い鍵盤《けんばん》がずらずらとどこまでも続いていく。ピアノはその大きな歯をむいてにににに、キキキキキと笑う。私がキーをたたくと、たしかにそんな音がした。

ピアノの黒は悪い黒だ。やみ夜の色、ごきぶりの色。

頭をキンとさせるようなにおいがする。

いまでも重病になると「病、膏肓《こうこう》に［C］」と言う。間違って「膏《こう》盲《もう》に［C］」と言ったりするが、これは体内にいるふたりの子どもが、内臓の中の、膏と肓の間に隠れたことをいう。ふたりの子とは病気の原因となる子ども。病気の因の子どもがここへ入るとなかなか治らないのである。

これなどは、やはり病気の因を子どもにたとえたものだから、虫といったのと似ている。

虫だの子どもだのと、たとえばなしでいうからわかりにくいが、人間の体の中には人間の五感――視覚、聴覚、嗅《きゅう》覚、味覚、触覚では知ることのできない生き物がいて、それが大活躍をしていることを、知っている必要があるだろう。

虫の情報をせせら笑っていると、思わぬ落とし穴におちるのである。

「気」が先手を生む

同じような働きで、こんな話を聞いたことがある。友人に六大学野球で活躍した男がいる。彼いわく「バッターボックスに立って球が飛んでくる時、バットは吸いよせられていく。球のくる方へもっていくなんていうのじゃないんだ」と。

球とバットに磁石が入っているわけじゃなし、そんなバカなと思うが、やはり快打が出る出合いは、技術や作為を超えたものであるらしい。もう体にしみ込んだ運動神経がそうさせるといってもいいし、スポーツ選手の勘だといってもいい。

やはりここにも、人間の五感という貧しい世界を、はるかに上まわる力によって行われるものの存在を、認めないわけにはいかない。

これも人から聞いた話だが、野球のイチロー選手は、バットをふる時、「お母さん！」と思うのだという。するとよく当たる。

これも私には大いにうなずける。心が安定し、神経が集中する。その虚心の世界に何物かがバットを合わせていく。この何物かこそが大事な存在なのだ。

相撲だって、心技体というではないか。心の重視は横綱の権威のためではない。心を澄ますことによって何物かが働けるようになり、勝つことができる。技や体と切りはなされた心を横綱に要求しているのではない。

この何物か、これがくせ者だ。虫と同じように、正体を見せない、それでいて絶妙な「何物か」を日本人は「もの」（物）とよんできた。

「物心がついた時から」などとわれわれは平気でいうが、外国人から「What is monogokoro?」ときかえされると、困るのではないか。

むかしは「もの」を霊魂の働きと考えていたが、現代語の物心には、まだそれが残っているかもしれない。

（中西進「日本人の忘れもの」ウェッジ文庫）

問１　傍線部①「虫の知らせ」の辞書的な意味を踏まえた例文として最も適当なものを次から選び、記号で答えなさい。

ア　虫の知らせのおかげか、外でアイスを食べたら落としてしまった。

イ　虫の知らせのおかげか、宝くじを買ったら一等に当選した。

ウ　虫の知らせのおかげか、赤信号を歩いたら事故にあった。

エ　虫の知らせのおかげか、一本遅い電車に乗ったら事故にあわずに済んだ。

【国　語】（五〇分）〈満点：一〇〇点〉

一　次の文章を読んで、後の問い（問1～8）に答えなさい。

「虫」が情報を伝えてくれる

以前、仲間でがやがやとおしゃべりをしていた時、「①虫の知らせ」は英語で何というのか、ということになった。

ひとりがイマジネーションだと言った。そうなるとまったくちがう。「虫の知らせ」は虫が知らせてくれるのだが、イマジネーションでは、こちらがかってに想像するだけだ。

もうすこしクラシックな男がいて、「いや、プレモニションとか、プレセンチメントとかだ」と言う。②前者なら先立って知らせてくれる者がいることになる。

モニターという英語は日本語にもなっているが、ほんらいこのことばには警告とか忠告とか、何やら悪いことがつきまとっている。この働きにプレをつけたものだ。

やはり「虫の知らせ」とは少しちがう。

後者ならセンチメンタルな働きだから、やや感情に入りこんでいて、情緒的なところがおおいにあるが、これもプレというから、先立った働きに中心がある。

それにひきかえて日本人は堂々と「虫の知らせ」と言う。③情報を伝えてくれる虫がいるのである。直訳して「クリケット・インフォメーション」と言えば、外国人は目を［A］させるだろう。

［　　　　X　　　　］

理屈でいえないものを、みんな虫のせいにするのが日本人なのか。

当節、理屈でいえないものは、存在がみとめられない。「虫が好かん」などと言うと、いかにも野蛮でヒステリックで、相手にできないのが日本人と、きめつけられてしまいかねない。

しかし虫にはもう少し、④市民権をもたせるべきではないか。

「虫が好かん」どころか、もっといやな奴に会うと、「虫酸《むしず》が［B］」と言う。体中、ぞくぞくっとして「ああ、嫌な奴だ」と相手を敬遠する。人間だけではない。ナメクジを見ると虫酸が［B］人もいる。

ところが私は、妙に虫酸ということばに感心している。とにかく人間不愉快になると胃の中から口の中まで酸性になって胸やけして吐きそうになる。それが虫酸の［B］状態だとすると、これはリアリティーがある。虫酸は非科学的にいったり、迷信だったりするのではなくて、ほんとうに酸っぱくなるのだから、虫酸は捨てたものではない。

どうやら日本人のいう虫とは、霊妙な働き手であって、心理や情緒を具体的・生理的な働きによってコントロールする高級な生き物らしい。

虫酸の反対に、相手に好感をもった時は「虫アルカリ」をいっぱい出しているのかもしれない。ちなみに、胎児の男女は卵管が酸性かアルカリ性かできまるというから、卵管にも虫がいるのだ（！）

そうなると事実よりももっと確実に、虫が情報を相手につたえても、けっしておかしくはない。こちらの虫が相手の虫といちはやく交信することもできるし、相手の虫がすばやくこちらへ情報を送ってくれてもいい。

要するに、人間の意識できる能力範囲を超えた世界で活動している働きを、われわれの祖先は敏感にキャッチして、「虫」というよび名をあたえたのである。

2023年度

解　答　と　解　説

《2023年度の配点は解答欄に掲載してあります。》

＜1／10 算数解答＞

1.　(1)　145　　(2)　$0.5\left[\frac{1}{2}\right]$　　(3)　$0.9\left[\frac{9}{10}\right]$　　(4)　3　　(5)　10.5dL

2.　(1)　9g　　(2)　4　　(3)　10時56分　　(4)　36秒後　　(5)　20度

3.　(1)　4　　(2)　12個　　(3)　最大9786　　最小1122

4.　(1)　16人　　(2)　7人

5.　(1)　6400cm^3　　(2)　16cm　　(3)　1587.2cm^3

○推定配点○

4，5　各6点×5　　他　各5点×14　　計100点

＜1／10 算数解説＞

1.　(四則計算，数列，速さの三公式と比，単位の換算)

(1)　58×2＋29＝116＋29＝145

【別解】9×5＋(1＋2＋3＋4)×10＝145

(2)　0.3＋0.2＝0.5

(3)　2.5－1.6＝0.9

(4)　$\square=3.1\div\left(\frac{1}{2}+\frac{1}{3}+\frac{1}{5}\right)=3.1\times30\div31=3$

重要　(5)　1050mL＝10.5dL

重要　2.　(数の性質，速さの三公式と比，時計算，旅人算，単位の換算，平面図形)

(1)　量れる重さ…1＝3－2，2，3，4＝2＋5－3，5，6＝3＋5－2，7＝2＋5，8＝3＋5，10＝2＋3＋5

したがって，量れないのは9g

(2)　小数第30位…26÷111＝0.234～，30÷3＝10より，求める数は4

(3)　24時間で遅れる時間…$2\frac{2}{3}\times24=48+16=64$(分)

したがって，求める時刻は12時－1時間4分＝10時56分

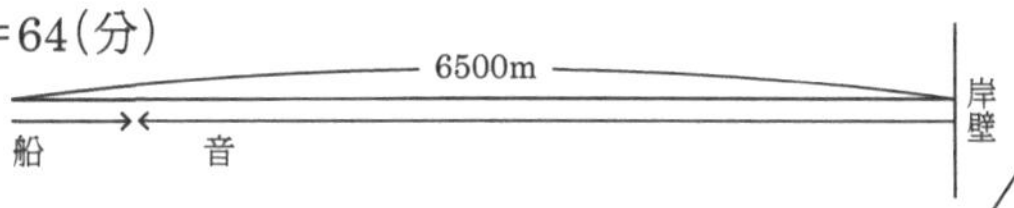

(4)　時速76km…秒速$76\div3.6=\frac{190}{9}$(m)

したがって，求める時刻は$6500\times2\div\left(\frac{190}{9}+340\right)=13000\div\frac{3250}{9}=$36(秒後)

(5)　角ア…右図より，90－(180－55×2)＝20(度)

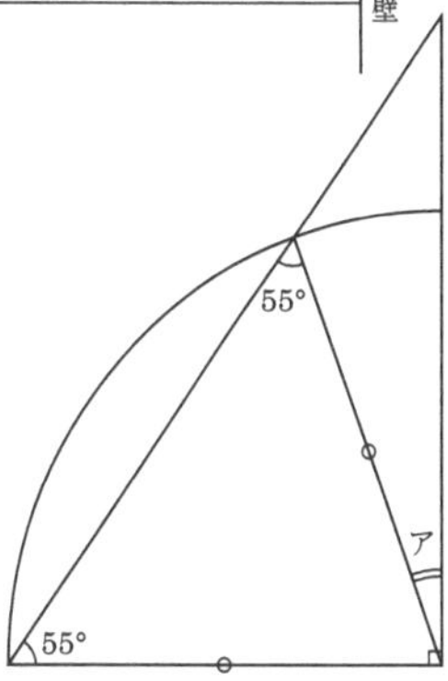

3.　(演算記号，数の性質)

4ケタの整数の上2桁の数Aと下2桁の数Bの間にある整数の個数…AもBもそれらの個数に含む

基本　(1)　23－19＝4

やや難　(2)　以下の12個がある。

1099，8900，9001，9102，9203，9304，9405，9506，9607，9708，9809，9910

(3)　最大の数…97－85＝12より，9786(9＋7＋8＋6＝30)

最小の数…22－10＝12より，1122(1＋1＋2＋2＝6)

4．（割合と比，グラフ，数の性質，論理）

A・B・C…それぞれ9人以下

A・B・C・②…これらの人数の和は

80－(25＋12＋10)＝33(人)

C…1.5の倍数より，3人か6人か9人

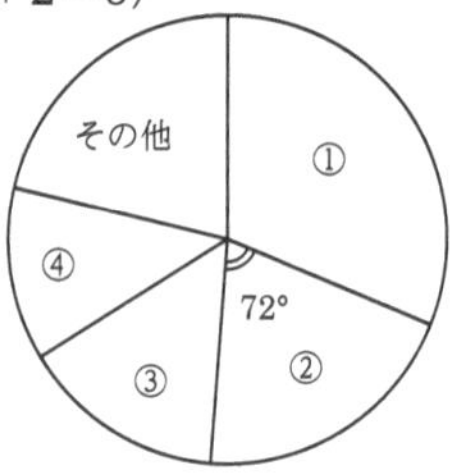

時間（秒）	人数（人）
A:　　　　～7.5未満	
B:　7.5以上～8.0未満	
①:　8.0以上～8.5未満	25
②:　8.5以上～9.0未満	
③:　9.0以上～9.5未満	12
④:　9.5以上～10.0未満	10
C: 10.0以上～	
合計	80

基本　(1)　②の人数…80÷360×72＝16(人)

重要　(2)　A・B・C…(1)より，これらの人数の和は33－16＝17(人)

Cの人数…9人の場合，タイムが遅いほうから30番目の人が②に入ることがなく，3人の場合，Bの人数が9人以下にならないので6人

Aの人数…6÷1.5＝4(人)

したがって，Bの人数は17－(6＋4)＝7(人)

5．（平面図形，立体図形，割合と比）

基本　(1)　20×20×20－15×16×20÷3＝20×(400－80)＝6400(cm^3)

重要　(2)　(1)より，6400÷(20×20)＝16(cm)

やや難　(3)　右図…全体の四角錐と小さい四角錐の相似比は20：4＝5：1，体積比は125：1

したがって，求める体積は15×16×20÷3÷125×(125－1)＝7936÷5＝1587.2(cm^3)

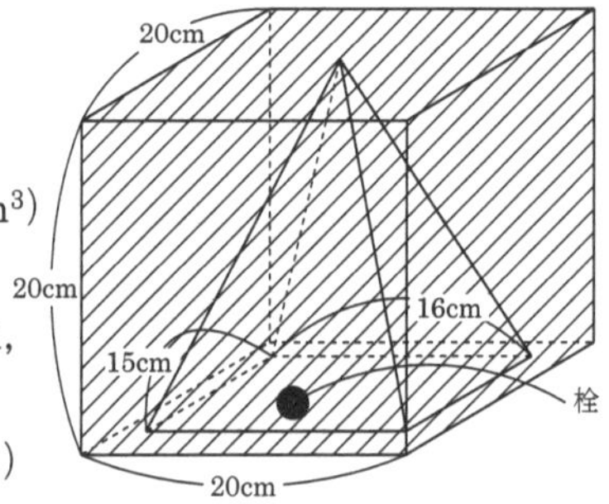

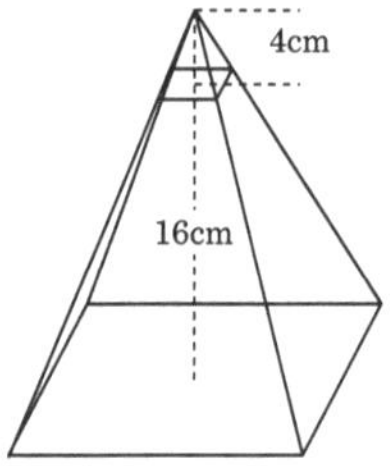

★ワンポイントアドバイス★

2.の5題は簡単な問題ではなく，3.「4ケタの整数」の問題も(2)・(3)が容易ではない。ある意味では4.「50m走のタイム」，5.「水そうとそのなかの四角錐の容器」の問題のほうが取り組みやすい。したがって，時間配分が重要になる。

<1／10 理科解答>

1　問1　10cm　問2　図1　30cm　図2　12.5cm［25cmも可］　問3　図3　14cm　図4　11cm　問4　15cm　問5　12.5cm

2　問1　①　0　②　100　問2　ふっとう　問3　A　ア　B　エ　問4　(1)　B　(2)　AとC　(3)　D　問5　A　問6　ア

3 問1 葉に元々あるデンプンをなくすため
問2 デンプン　問3 青紫色　問4 右図
問5 ア　問6 エ

4 問1 エ　問2 柱状図　問3 等高線
問4 示相化石　問5 (1) 火山岩
(2) ウ　問6 ア　問7 北

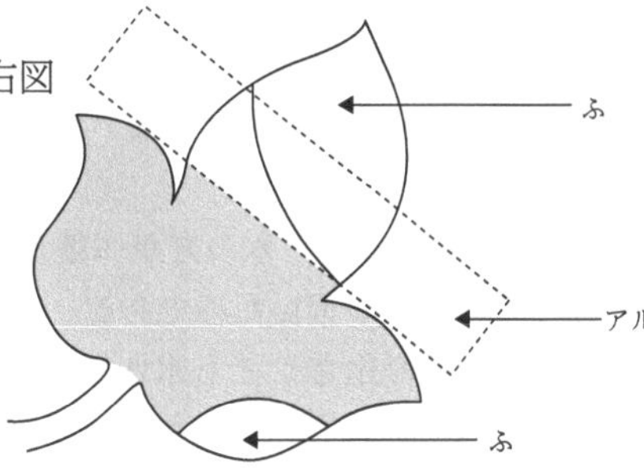

○推定配点○

1 問5 3点　他 各2点×6
2 問1，問4 各1点×5　他 各2点×5
3 問1，問2，問4 各3点×3　他 各2点×3
4 問1 1点　他 各2点×7　計60点

＜1／10 理科解説＞

1 (ばね・てこ・てんびん・滑車・滑車―ばねと滑車)

基本 問1 10gのおもりでばねAは1cm伸びるので，ばねの自然の長さは10cmであった。

基本 問2 図1では，どちらのばねAにも50gの重さがかかるので，それぞれが15cmずつになり，ばね全体の長さは30cmになる。図2ではどちらのばねにも25gの重さがかかり，どちらも12.5cmになる。2本の合計の長さ25cmと答えたものも正解とする。

重要 問3 図3ではばねに40gの重さがかかるので，ばねの長さは14cmになる。図4では下側の動滑車の両側に20gの重さがかかり，上側の動滑車には両側に10gずつの重さがかかる。これがばねを引く力になるので，ばねAは10gの力で引かれ長さは11cmになる。

重要 問4 ばねAには$150\times\frac{1}{3}=50$gの重さが，ばねBには$150\times\frac{2}{3}=100$gの重さがかかる。このときばねAの長さは15cmで棒は水平になるので，ばねBも15cmになっている。

重要 問5 ばねBのもとの長さは10cmであり，100gの重さで5cm伸びている。50gのおもりでは2.5cm伸びるので，ばねBの長さは12.5cmになる。

2 (物質の状態変化―三態変化)

基本 問1 ①は1気圧のもとでの水の融点を示し0℃である。②は1気圧のもとでの水の沸点を表し100℃である。

基本 問2 液体の内部から気化が起きる現象を沸騰(ふっとう)という。

重要 問3 A 加熱すると温度が上がっており，融点までの間の変化を示すので，Aの状態は固体のみの状態である。　B 加熱を続けても温度が0℃のまま保たれている。これは氷と水が共存している状態で，すべての氷が水にかわるまで0℃のままである。ちなみに，Cは液体のみの状態，Dは液体と気体が共存する状態を示す。

問4 (1) Bの状態で，加熱しているのに温度が保たれている。このことから，すべての氷が解けるまで温度が0℃のままであることがわかる。

やや難 (2) Aの直線の傾きとCの傾きを比較すると，Aの方が傾きが大きい。直線の傾きは加えた熱に対する温度の上がりやすさを示し，傾きが大きい方が温度が上がりやすい。よって氷の方が水より温まりやすい。

(3)　Dではすべての水が水蒸気になるまで温度が100℃を保つことがわかる。つまり，1気圧のもとでは水は100℃以上の温度になれず，100℃のまますべての水が水蒸気になり，その後温度が再び上昇する。

重要　問5　同じ重さの氷と水では，氷の方が体積が大きくなる。言い換えると，氷が水に浮くのは同体積で比較すると氷の方が軽いためである。

問6　加える熱の量を変化させても氷から水にかわる温度(融点)や，水から水蒸気にかわる温度(沸点)は変化しない。ただ，加熱用の火を強くすると，短い時間で熱を加えることになるので，①や②に達するまでの時間が短くなり，a・b・cの位置が左にくる。

3　(植物―光合成)

重要　問1　実験前に行った光合成でできたデンプンを含むので，この処理をしてデンプンが消化されるのを待った。

基本　問2　ヨウ素液をデンプンに加えると青紫色になる。

問3　ヨウ素液がデンプンで青紫色に変化する反応を，ヨウ素デンプン反応という。

基本　問4　光合成には光と，葉緑素，水，二酸化炭素が必要である。アルミニウム箔でおおった部分には光が当たらなかったので，光合成は起きない。また，ふの入った部分には葉緑素がないので光合成が起きない。

基本　問5　葉の葉緑素を溶かして，ヨウ素液の色の変化を見やすくするためである。

問6　アルミニウム箔でおおった部分には光が当たらないので光合成が起きなかった。ふの部分には葉緑素がないので光合成が起きなかった。このことから，光合成には光が必要で，ふの部分では栄養を作っていないことがわかる。

4　(流水・地層・岩石―柱状図)

問1　地面に管を差し込んで地層の様子を調べる調査を，ボーリング調査という。

問2　地層の重なり方を柱状に表したものを柱状図という。

基本　問3　標高の等しい地点を結んだ曲線を等高線という。

基本　問4　その生物が生きていた当時の環境がわかる化石を，示相化石という。アサリの化石が見つかったので，この地層ができたころは浅い海であったと推定できる。

基本　問5　(1)　マグマのはたらきでできる岩石を火成岩という。そのうち，マグマが短い時間で冷えて固まってできたものを火山岩，ゆっくり冷えて固まったものを深成岩という。火山岩の特徴は，図3に示すように粒の大きい鉱物が粒の小さいガラス質の部分に含まれている点で，これを斑状組織という。

(2)　カコウ岩，ハンレイ岩，センリョク岩は深成岩，ゲンブ岩が火山岩である。

重要　問6　地点Aでは，下の層かられきの層，砂の層，火山灰の層をはさんで，泥の層と積み重なっている。れきは粒が大きく重いので，河口の近くに堆積する。泥は軽いので河口から遠くまで運ばれて堆積する。地点Aでは，時間とともに海底の深さが深くなっているので，海水面が上昇し海岸が遠くなったことがわかる。

重要　問7　柱状図を標高に合わせて並べてみると，地点AとBでそれぞれの地層の高さが等しくなり傾きがないことがわかる。地点A，BとCでは泥の層，砂の層，火山灰の層がCの方が高い場所にあるので，Cに対してA，Bの方角に下がっていることがわかる。よって北の方角に向かって低くなっている。

★ワンポイントアドバイス★

基本問題が大半である。科学用語などをしっかりと覚えたり，基礎知識をしっかりと理解することが大切である。

＜1／10社会解答＞

【1】 問1 (1) 正距方位図法 (2) ① 赤道 ② 緯線 ③ 経線 ④ 1
⑤ 明石市 ⑥ 9 問2 B 問3 発電所

【2】 問1 ① 大坂城[大阪城] ② 豊臣秀吉 問2 (1) エ (2) 刀狩令
問3 (1) 老中 (2) ① 本百姓 ② 水呑百姓 ③ 五人組
問4 (1) 征夷大将軍 (2) 武家諸法度 問5 (1) 大王 (2) イ

【3】 問1 ① 源実朝 ② 執権 ③ 元寇 ④ 永仁の徳政令 ⑤ 悪党
問2 (1) 六波羅探題 (2) 守護 問3 北条時宗 問4 イ 問5 ウ
問6 新田義貞 問7 建武の新政

【4】 問1 ① 間接民主制 ② 一票の格差 ③ マニフェスト 問2 イ
問3 小選挙区比例代表並立制 問4 期日前投票 問5 (1) 連立政権
(2) 特別会[特別国会] (3) ア

○推定配点○

【1】 問1(1)・(2)①・②・③・⑤・問3 各2点×6 他 各1点×3
【2】 問1・問2(2)・問3(1)・問4(2) 各2点×5 他 各1点×7
【3】 問1・問3～問6 各1点×9 他 各2点×3
【4】 問1・問2・問5(3) 各1点×5 他 各2点×4 計60点

＜1／10社会解説＞

【1】 (日本の地理―地図の見方など)

問1 (1) 図の中心からの距離と方位が正しい図法。経線は放射状に延び，緯線は等間隔の同心円を描く。国連のマークは北極を中心に図案化したもの。 (2) ① アフリカの中央部からマレー半島の先端，南アメリカではアマゾン川とほぼ平行に走る。 ②・③ 日本はほぼ北緯20度～46度，東経123度～154度の間に位置する。 ④ 360÷24で計算。 ⑤ 明石海峡を望む兵庫県南部の都市。 ⑥ 日本の標準時子午線は明石を通る東経135度。

重要

基本

問2 等高線の間隔が狭いほど傾斜は急で，間隔が広いほど傾斜は緩やかとなる。

問3 歯車と電気を送る線を図案化した地図記号。歯車だけは工場。

【2】 (日本の歴史―古代～近世の政治・社会など)

問1 ① 石山本願寺の跡地に築城された5層9階の巨大な城。大坂の陣で焼失した。 ② 織田信長の足軽から異例の出世，山崎の戦で明智光秀を破り天下を握った武将。

問2 (1) 京の東山に銀閣を創建したのは応仁の乱のきっかけを作った足利義政。 (2) 京の方広寺大仏殿造営を口実に発布，百姓一揆の防止と農民を耕作に専念させることを目指した法令で，江戸時代の身分統制の先駆けとなったもの。

問3　(1)　安藤信正は井伊直弼暗殺後，公武合体を進めた幕末の老中。　(2)　①　田畑や屋敷を持ち検地帳に記載された百姓。　②　村の正式な構成員と認められなかった百姓。転じて貧しい農民を意味した。　③　キリシタン禁制や防犯などにも連帯責任を持たせた自治組織。

重要　問4　(1)　源頼朝以降は武士政権の首領を意味した役職。　(2)　豊臣氏滅亡直後に出された大名統制策。将軍の代替わりごとに出され，3代家光の時には参勤交代が制度化された。

問5　(1)　7世紀後半の天武天皇の頃から天皇という称号が用いられるようになった。　(2)　傾斜に沿って階段状に造られた窯《かま》。1000度以上の高温となり黒灰色で硬質の土器が焼ける。

【3】　(日本の歴史—中世の政治・外交など)

問1　①　兄である頼家の子・公暁に暗殺された。　②　侍所と政所の長官を兼ねた鎌倉幕府の実質的な最高権力者。　③　文永，弘安の2度にわたった蒙古の来襲。　④　初めて出された徳政令だがかえって経済界の混乱を招き失敗に終わった。　⑤　権力の側から見て秩序を乱す者という意味。討幕の立役者となった楠木正成などがその代表といえる。

重要　問2　(1)　鴨川の東，六波羅の地に置かれた組織。執権・連署に次ぐ重職で北条一門が任じられた。(2)　源義経の追捕《ついぼ》を目的に国ごとに設置され有力な御家人が任命された。

問3　18歳の若さで就任した執権。国難に当たり北条宗家(得宗家)の独裁を強める結果となった。

問4　御家人の所領の売却や質入れを禁止し，無償で返還を命じた法令。

問5　イギリスの技術・資金援助で新橋・横浜間に鉄道が開通したのは1872年。

問6　上野国・新田荘を開発した源氏の名門。同族の足利氏は隣接する下野国・足利荘が本拠地。

問7　天皇親政の復活を目指したが足利尊氏の裏切りで3年足らずで崩壊した。

【4】　(政治—憲法・政治のしくみなど)

問1　①　人口が多く複雑な社会では直接民主制は難しい。代表民主制などとも呼ばれる。

②　議員1人当たりの有権者が2倍になるとその選挙区の国民の権利は半分になってしまう。

③　細かな数値などを具体的に示したもの。ノーマライゼーションとはハンディのある人も普通に生活できる社会が当たり前であるという考え。

問2　2倍以上の格差に対しては最高裁判所が違憲判決を出している例もある。

問3　1996年から導入されている選挙制度。1選挙区から1名を選出する小選挙区(289名)と，得票数に応じて政党に議席を配分する比例代表制(全国11ブロック・176名)とから構成される。

問4　2022年の参議院選挙では投票率が約52％と過去4番目の低い投票率となったが，期日前投票では約18％，1900万人以上の有権者が投票するなど確実に定着しつつある。

重要　問5　(1)　自民党と社会党による55年体制が崩壊した1993年以降は単独政党による政権は誕生していない。2012年以降はすべて自民党と公明党による連立政権である。　(2)　新しい内閣総理大臣の指名が最大の議題となるため通例会期は3～4日となることが多い。　(3)　内閣総理大臣は国会議員の中から国会の議決でこれを指名する(憲法67条)。

★ワンポイントアドバイス★

歴史を学習する際にはその大きな流れを把握することが大切である。細かな部分は後回しとし，政治や社会といった分野ごとの流れをつかむことから始めよう。

＜1／10 国語解答＞

一　問1　見える人と～把握の違い　　問2　①　台　　②　円　　問3　平面化
　問4　③　ウ　　④　イ　　問5　文化的なイメージ　　問6　エ　　問7　ウ
　問8　A　ウ　　B　エ　　C　ア　　問9　(前者)　見える人　　(後者)　見えない人

二　問1　ウ　　問2　ウ　　問3　買い出し部隊　　問4　いやしい　　問5　イ　　問6　ア
　問7　エ　　問8　むかし，デ　　問9　ウ

三　問1　①　経　　②　建　　③　断　　④　裁　　問2　①　望む　　②　確かめ
　③　快く　　④　清らか　　問3　①　塩　　②　山　　③　旅　　④　暗
　問4　①　カ　　②　ア　　③　イ　　④　オ

○推定配点○

一　問1　5点(完答)　　問2・問8　各2点×5　　問5　4点　　他　各3点×7
二　問8　4点　　他　各3点×8
三　各2点×16　　計100点

＜1／10 国語解説＞

一　**(論説文－細部の読み取り，接続語の問題，空欄補充)**

重要　問1　「たとえば」以降の内容から，見えない人と見える人の富士山の絵が異なることを述べている。これは，両者の空間把握が異なることを説明しているので，冒頭の段落の「見える人と～把握の違い」のことを，富士山の絵で説明しているということになる。

問2　参考資料として描かれている富士山の絵を参考にしよう。　①　見える人が描くのは真横から見たような「『台』形」である。　②　見える人は「まんまる」・「盆のような」という表現で，「厚みがない」のだから，単純な「『円』形」をイメージする傾向が高い。

やや難　問3　文章中の「三次元・二次元」という用語を，問2で考えた富士山の絵で考えると，見えない人が見た富士山のような「立体的」なものが三次元，一方，見える人が見た富士山のような「平面的」なものを二次元としている。が，傍線②は「二次元化」なので「平面的」と書くと対応していない解答になる。傍線②をふくむ段落に「～視覚にはそもそも対象を『平面化』する傾向がある」としている。「二次元化」は「平面化」である。

問4　③　木星を描くときのことを考えると，周囲の輪を描くことでかなり立体的に描くことになるだろう。立体的は「三次元」なのでウだ。　④　木星を描くときと比べて，「月はあまりにも平べったい」と評価している。「平面的」とも表現しているので「二次元」であるのでイである。

問5　「同様」というのは，直前で述べていた「月」の描き方と富士山の描き方が同様の見方をしているという比較だ。まず，富士山のことを説明している「三次元を～」で始まる段落の最終文に「文化的イメージ」で平面性が出ているとしている。この説明の補強として月の描き方を説明する流れになっていることは「私たちが現実の物～」で始まる段落の始まりが，「いかに『文化的なイメージ』に染められているか」という書き出しであることからわかる。つまり「文化的なイメージ」で描いていることと同様だということになる。

やや難　問6　問5で考えたように，見える人は文化的なイメージを持つので，現実とは異なるものを描くということだ。「見える人にとって，富士山は～」で始まる段落にあるように，富士山にしても，天体にしても，現実に近いものは，見えない人の認識の方だ。このことを「適宜通りに理解している」と表現しているので，エである。

基本　問7　直後にある，「絵の具が混ざるところを～」が着目点になる。見える人は実際に見たことがあるから理解できるが，見えない人は感覚的にわからないと説明しているのでウである。

問8　A　直前に小見出しが入っているが，前部分は，見えない人は文化的なフィルターから自由だというもので，後部分は，前部分の内容を「物が実際そうであるように理解している」とまとめているので「つまり」が入る。　B　前部分はその色をしているものの集合を覚えることで色の概念を獲得するというものだ。後部分はその例を挙げているので「たとえば」である。

C　見える人は色が混ざることを見ることで理解しているという前部分に対して，後部分は見えない人は感覚的に理解ができないと説明しているので「ところが」だ。

重要　問9　「前者，後者」という示し方は，その言葉以前に，二つのことがらが述べられていて，初めに書かれていることがらを前者，二番目のことがらを後者と呼ぶ。この文章の場合，「見える人は二次元で～見えない人は三次元のまま～」となっているので，前者は「見える人」，後者は「見えない人」ということになる。

二　(物語－論理展開・段落構成，心情・情景，細部の読み取り，空欄補充，ことばの意味)

重要　問1　叔母さんの家に立ち寄ったということの次にくるのは，お土産にスルメをもらって帰るときには雪が積もりまだ降り続いていたという状況の説明なのでエが一番目だ。その雪道を歩くのに長靴をはいていたのではしゃいだ歩き方をしていたという説明が続くのでア。家の近くまで来て，おみやげのスルメが無いことに気づいたのだ。したがって，「三番目」はウになる。その後，自分はあまり落とし物をしないほうだけれど落としてしまったということでイが続き，最後はしょんぼりしたというオという流れだ。

やや難　問2　「義憤」とは，道義にはずれたこと，不公正なことに対するいかりということなので「正義感」とあるウを選択する。

問3　傍線②のような発言に対して兄は，絶対に「買い出しなんかに出掛けない」と宣言している。つまり，リュックサックをしょって買ってくることを「買い出し」というのだ。6字でという条件なので，「なるほど～」で始まる段落にある「買い出し部隊」を抜き出す。

問4　「あさましい」とは，品位がない，下品だ，見苦しく情けない，嘆かわしいというような意味の言葉である。さもしい，いやしいという言葉が同様の意味を持つ言葉である。「なるほど～」で始まる段落の最終文に，たべものにこだわるなんて「いやしい」と，自分に言い聞かせている。

問5　「たちどころに」は，その場ですぐに実現するさまを表す言葉である。同じような意味の言葉として，たちまち，すぐさまがある。

問6　おぼれた水夫は助けを求めようとしたが，家族団欒を台無しにしてしまうと思って力をぬいたとたん波にさらわれてしまったという話だ。この水夫の行いを「優しくて気高い人」と言っていることに着目し，アを選ぶ。

やや難　問7　「本文全体を踏まえ」という条件に注意しよう。この場面だけで考えると，アも当てはまる気がする。そして，もちろん綺麗な子が生まれてくるようにという期待はあるのだろうが，妻の願いをかなえるために夫である兄が自分の写真を張りつけると「あなたの写真はやめて～」のような発言をしている。夫婦で仲良く，たわいない会話をしていると考えられるのでエである。

問8　スルメを落として，気落ちしたが，以前兄から聞いた水夫の話を信じて，美しい雪景色をお嫂さんのおみやげにしようと思ったのだ。水夫の話の始まりを考えることになる。「むかし，デ」からが水夫の話だった。

やや難　問9　「おめめを～どうなさったの？」と聞くのだから，実際に美しい雪景色が瞳に映っているわけではない。お嫂も水夫の話を兄から聞いていたことがわかるが，たいてい嘘であるから忘れたと言っている。傍線⑧の「かなしそう」が難しいところだが，選択肢の中では，自分は忘れたが，義妹は，あの話だけは本当だと信じていることがかわいそうに思ったのだ。

三 （ことわざ・慣用句，漢字の書き取り）

問1 ① 時間の経過ということだから「経」である。 ② ビルの「建設」ということで「建」。 ③ お菓子だが，食事を食べないことを「断食(だんじき)」という。飲食物をとらない「タ-つ」は「断」である。 ④ 紙や布を切ることを「裁断(さいだん)」という。

問2 ① 願いの意味の「ノゾ-む」は「希望」の「望」である。 ② 「確かめ」「確」は全15画の漢字。8画目は7画目と交差する。送り仮名は「かめ」である。 ③ 送り仮名に気をつけよう。「よく」と書いてしまう誤りが多い。 ④ 「清」の音読みは「セイ・ショウ」で，訓読みは「きよ-い・きよ-まる・きよ-める」など「きよ」なので「らか」と送り仮名を書く。

問3 ① 「青菜に塩」は「あおなにしお」と読む。 ② 「船頭多くして船山に上る」は，「せんどうおおくして，ふね，やまにのぼる」のような区切りで読む。「船山」を「ふなやま」のように続けない。 ③ 「かわいい子には旅をさせよ」。「旅」は全10画の漢字。7・8画目は「イ」のような形で書く。 ④ 「灯台下暗し」は「とうだいもとくらし」と読む。「とうだいした」ではない。

問4 ① 朝に決めたことが，夕方になったら変わっていた，改められたということなので「朝令暮改」だ。 ② お願いすることを「拝む(おがむ)」と考える。何度も何度も拝むということで「三拝九拝」である。 ③ なぜこういう行動をするのかということの根拠や正当性をを示す言葉を「大義名分」という。 ④ 見かけや表面と，実際・実質とが一致しないことを「羊頭狗肉(ようとうくにく)」という。

★ワンポイントアドバイス★

知識問題での失点をできる限り少なくするように意識しよう。

2023年度

解　答　と　解　説

《2023年度の配点は解答欄に掲載してあります。》

＜2／6 算数解答＞

1.　(1)　31.4　　(2)　30　　(3)　6　　(4)　119　　(5)　1234mL
2.　(1)　24人　　(2)　金曜日　　(3)　14％　　(4)　135cm　　(5)　113.04cm^3
3.　(1)　23　　(2)　15　　(3)　8
4.　(1)　時速50km　　(2)　(3回目)1時間14分後　　(2回目)43分後
5.　(1)　14cm^2　　(2)　解説参照

○推定配点○

1，3　各5点×8　　他　各6点×10　　計100点

＜2／6 算数解説＞

1.（四則計算，単位の換算）

(1)　3.14×(20－12＋2)＝31.4

(2)　17÷17×30＝30

(3)　$\frac{2}{3}=\frac{8}{12}$　　したがって，□＝8－2＝12－6＝6

(4)　□＝(2030－7)÷17＝119

重要　(5)　1234cm^3＝1234mL

2.（割合と比，平均算，数の性質，平面図形，図形や点の移動）

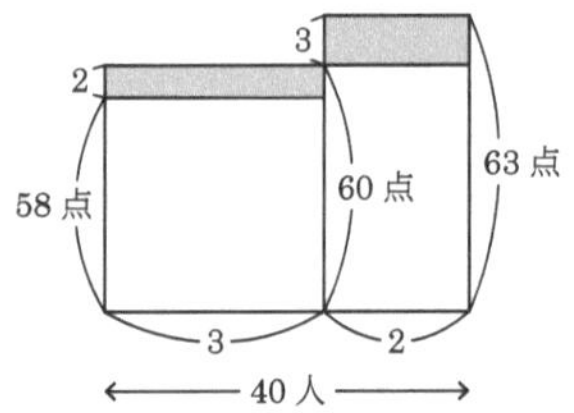

重要　(1)　(63－60)：(60－58)＝3：2

したがって，男子は40÷(3＋2)×3＝24(人)

基本　(2)　2月6日から4月7日まで…28－5＋31＋7＝61(日)

したがって，61÷7＝8余り5より，4月7日は月曜日から5日目の金曜日

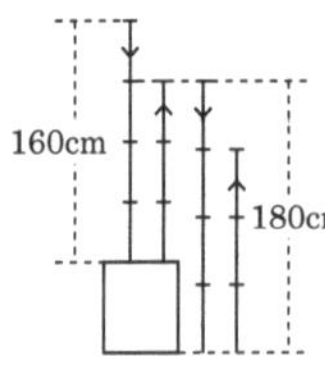

重要　(3)　140g：60g＝7：3より，7×4＋3×□＝(7＋3)×7＝70

したがって，□は(70－28)÷3＝14(％)

重要　(4)　右図…$\left(160\times\frac{3}{4}+60\right)\times\frac{3}{4}=135$(cm)

基本　(5)　右図…3×3×(3＋3÷3)×3.14＝36×3.14＝113.04(cm^3)

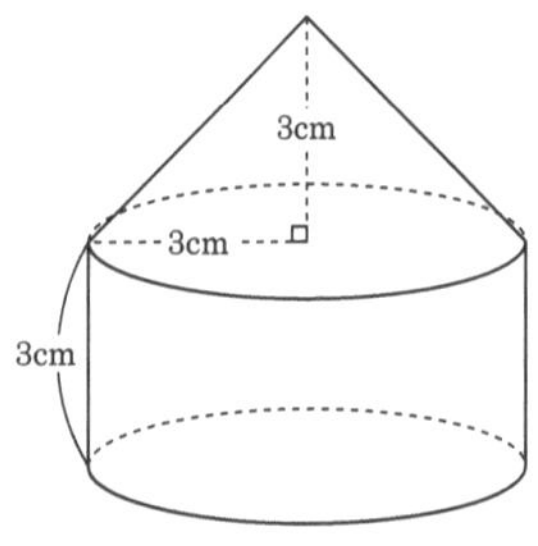

重要　3.（消去算，平均算）

(1)　A＋B＋C…(26＋40＋32)÷2＝98÷2＝49

したがって，Cは49－26＝23

(2)　A＋B＋C＋D＋E…(12＋23＋33＋43＋29)÷2＝140÷2＝70

したがって，Cは70－(12＋43)＝15

(3)　A＋B＋C＋D＝6.5×4＝26　　A＋B＋C＋E＝7×4＝28

A＋B＋D＋E＝7.25×4＝29　　A＋C＋D＋E＝8×4＝32

B＋C＋D＋E＝8.25×4＝33

A＋B＋C＋D＋E…(26＋28＋29＋32＋33)÷4＝148÷4＝37

したがって，Cは37－29＝8

4．(速さの三公式と比，グラフ，単位の換算)

基本　(1)　時速

…グラフより，

$20\div\frac{24}{60}=50$(km)

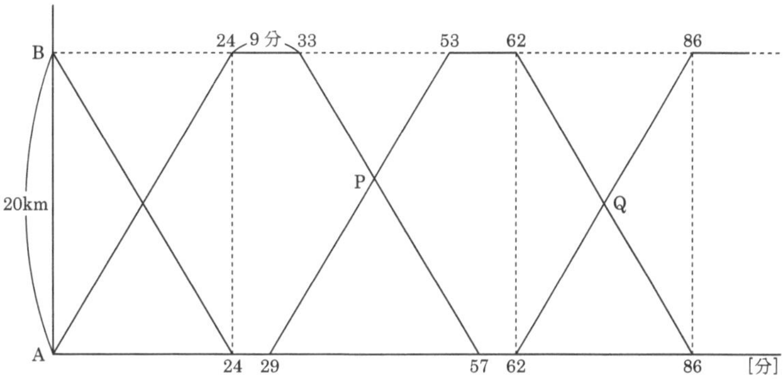

重要　(2)　3回目

…頂点Qを共有する2つの三角形の相似比は1：1

したがって，求める時刻は(62＋86)÷2＝74(分後)すなわち1時間14分後

2回目

…頂点Pを共有する2つの三角形の相似比は(57－29)：(53－33)＝7：5

したがって，求める時刻は33＋(57－33)÷(7＋5)×5＝43(分後)

5．(平面図形，図形や点の移動)

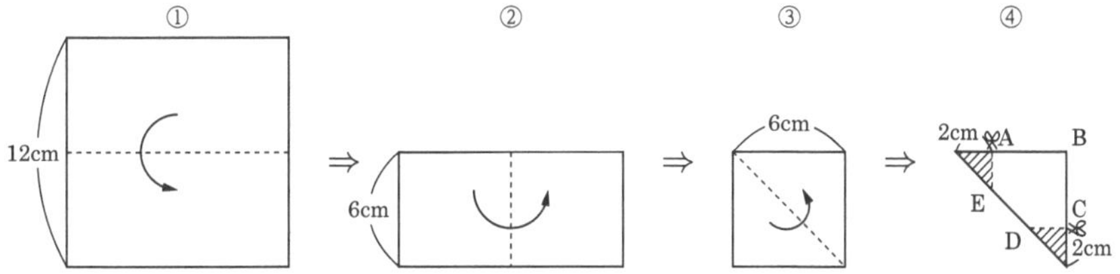

基本　(1)　右下図…6×6÷2－2×2＝14(cm^2)

重要　(2)　求める図形は，右図のようになる。

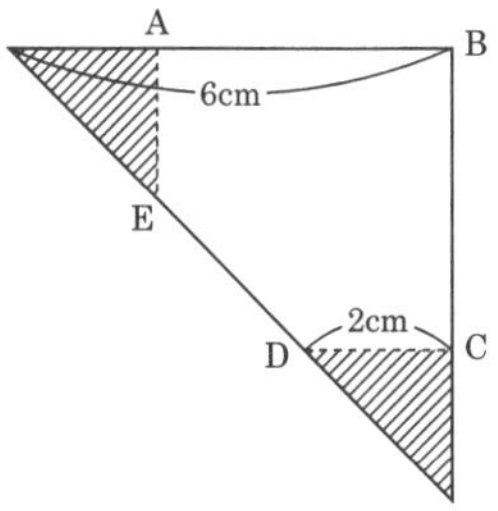

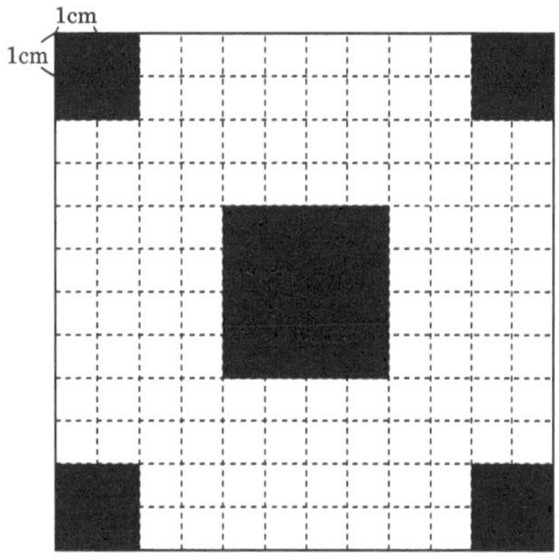

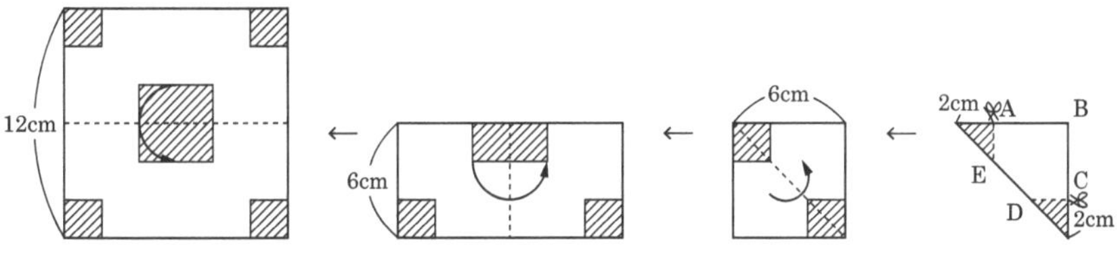

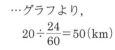

★ワンポイントアドバイス★

特には，難しい問題がない。3.「消去算・平均算」もよく出題されるパターンの問題であり，4.「ダイアグラム」の問題も「2台のバス」が同じ速さであり，簡単な設定になっている。時間配分に注意して，解きやすい問題から解いていこう。

<1／12 理科解答>

1　問1　①　C　②　BからC　③　速い[速くなる]　④　変わらない　問2　1.4秒
問3　BとC　問4　40　問5　17秒

2　問1　エ　問2　水上置かん法　問3　二酸化炭素は空気より重いから　問4　ア，オ
問5　12.5cm^3　問6　240cm^3

3　問1　食物連鎖　問2　A　④　D　①　E　②　問3　③，④，⑤　問4　イ
問5　①　ウ　②　オ　問6　ア，オ　問7　マングース

4　問1　①　比例　②　震度　③　10　④　マグニチュード　問2　ア
問3　80km　問4　24秒後　問5　イ

○推定配点○

1　問2　1点　他　各2点×7
2　問3，問5，問6　各3点×3　他　各2点×3
3　問2～問4　各1点×5(問3完答)　他　各2点×5(問6完答)
4　問5　1点　他　各2点×7　計60点

<1／12 理科解説>

重要 1　(物体の運動―ふりこ)

基本 問1　①　ふりこの速さが一番速いのは，ふりこの高さが一番低いとき(図①のC)である。
②　AからBとBからCの距離は同じで，下に行く方がふりこが速くなるため，BからCの時間の方が短い。　③　Aの位置が高くなるほど，Cでのふりこの速さは速くなる。　④　ふりこの周期はふりこの長さだけで決まり，ふれ幅には関係しない。

基本 問2　10往復に14秒かかるので，周期は14÷10＝1.4秒である。

問3　同じ長さで，おもりの重さの異なるふりこを比べる。BとCを比べると，重さが2倍になっても周期が変わらないことがわかる。

問4　AとDを比べると，ふりこの長さが4倍になると周期が2倍になることがわかる。よってEはDの4倍の長さなので周期は2倍になり，⑤は40秒とわかる。

問5　長さが100cmのとき10往復するのに20秒かかる。長さが50cmのときには14秒かかる。図2では，それぞれの長さで半分だけ往復するので，かかる時間は(20＋14)÷2＝17秒である。

基本 2　(気体の発生・性質―気体の性質)

問1　二酸化炭素を発生させるには石灰石に塩酸を加える。

問2　図1のような気体の集め方を，水上置換法という。水に溶けにくい気体でこの方法を用いる。

問3　図2は下方置換法と呼ばれ，水に溶けやすく空気より重い気体で用いる。二酸化炭素はわずかに水に溶け空気より重いので，下方置換法を用いることもある。

問4　二酸化炭素は空気より重い気体で，無色，無臭である。水にわずかに溶け，水溶液は酸性を示す。二酸化炭素を石灰水に吹き込むと白くにごる。

重要　問5　加えた塩酸が全て反応する範囲では，塩酸の体積と発生する気体の体積は比例する。0.1gのマグネシウムが全て反応すると200cm^{3}の気体が発生した。これだけの気体が発生するとき必要な塩酸の体積は，5：80＝□：200　□＝12.5cm^{3}である。

重要　問6　マグネシウム0.2gを完全に溶かすのに必要な塩酸は12.5×2＝25cm^{3}である。しかし，塩酸は15cm^{3}なので，これだけの塩酸が全て反応すると発生する気体の体積は，5：80＝15：□　□＝240cm^{3}である。

3 (生物総合—食物連鎖)

重要　問1　自然界の「食う・食われる」の関係を，食物連鎖という。

重要　問2　Aは大きな肉食動物である④のイヌワシである。Bはカエルを食べるヘビで，自身はイヌワシに食われる。Cはバッタを食べるカエル。Dはイネを食べるバッタ，Eは生産者と呼ばれる植物のイネである。

基本　問3　5つのうち肉食動物に入るのは，カエル，ヘビ，イヌワシである。

重要　問4　Bが減少すると，BをエサにするAも減少する。しかし，Bに食われる側のCは増加し，Cに食われるDが減少する。このように，自然界の生物はつながっており，互いに影響を及ぼし合っている。

問5　その土地にのみ生息する生物を固有種といい，外から持ち込まれた生物を外来種という。

問6　外来種の例は，アメリカザリガニ，ヒアリである。ヤンバルクイナは固有種である。

問7　ハブの駆除のために持ち込まれたのはマングースである。しかし，マングースはハブ以外の他の固有種の生物を襲うようになり，今では大きな問題になっている。

4 (流水・地層・岩石—地震)

基本　問1　初期微動継続時間の長さは，震源からの距離に比例する。地震の揺れの大きさは震度で表され，震度は0から5弱，5強，6弱，6強，7までの10段階で示される。地震のエネルギーの大きさはマグニチュードで示され，マグニチュードが1大きくなるとエネルギーは約32倍になる。

基本　問2　一般的に震源が深いほど地震の揺れは小さくなり，揺れの範囲は広くなる。

重要　問3　震源から観測地点までの距離を□kmとすると，P波が観測地点に届くまでの時間は$\frac{\square}{8}$秒であり，S波では$\frac{\square}{4}$秒である。この差が10秒なので$\frac{\square}{4}-\frac{\square}{8}=10$　□＝80kmである。

問4　観測所にP波が到着するのにかかる時間は32÷8＝4秒である。その2秒後に緊急地震速報が出されたので，地震の発生から6秒後になる。Aさんの家にS波が到達するのにかかる時間は120÷4＝30秒なので，緊急地震速報が出てから30－6＝24秒後に強いゆれが起こる。

問5　地震によって地層が液体状になる現象を液状化という。

★ワンポイントアドバイス★

基本問題が大半である。基礎知識をしっかりと理解し，ミスの無いように解答することが大切である。

<1／12社会解答>

【1】 問1 ① 環太平洋造山帯　② 温帯　問2 エ　問3 エ
問4 (1) 東北地方[北陸地方]　(2) 消費地である大都市に，新鮮な農産物を供給するため。　問5 イ

【2】 問1 ① 大宝律令　② 6　③ 口分田　④ 運脚　⑤ 豊臣秀吉　⑥ 石高
問2 (1) ア　(2) エ　問3 和同開珎　問4 (1) イ→ウ→ア→エ
(2) エ　問5 南蛮(貿易)

【3】 問1 ① 清国　② 下関条約　③ 遼東半島　④ ロシア　⑤ イギリス
問2 ア　問3 (1) 地租　(2) 3%　問4 甲午農民戦争[東学党の乱]
問5 領事裁判権の撤廃　問6 義和団事件[北清事変]

【4】 問1 ① ニューヨーク　② 総会　③ 安全保障理事会　問2 X PKO
Y ASEAN　問3 イ　問4 イタリア　問5 子どもの権利条約
問6 (例) 地球規模で発生している先進国と発展途上国の間に存在する経済格差問題のこと。

○推定配点○
【1】 問4(1) 2点　問4(2) 3点　他 各1点×5
【2】 問1・問2・問4 各1点×10　他 各3点×2
【3】 問1・問2 各1点×6　問3(1)・問6 各3点×2　他 各2点×3
【4】 問1 各2点×3　問2～問4 各1点×4　他 各3点×2　計60点

<1／12社会解説>

【1】 (日本の地理―国土と自然・農業など)

問1 ① アンデス山脈から太平洋を取り囲むようにニュージーランドに至る造山帯の総称。
② 熱帯と亜寒帯(冷帯)に挟まれ，温和で適量の降水がみられる地域。

基本 問2 緯度30～40度近辺を中心に分布。日本など大陸の東岸に多い温暖湿潤気候のほか，大陸の西岸にみられる西岸海洋性気候や地中海性気候などに分かれる。

問3 狭い耕地からより多くの収益を上げるため，多くの労働力や資金を投入する集約的な農業。労働生産性は低いが単位面積当たりの収量は世界的にみても高い。

問4 (1) 東北6県(青森・秋田・岩手・山形・宮城・福島)で日本全体の約18%，北陸4県(新潟・富山・石川・福井)で約14%を生産している。 (2) 大消費地に近い利点を生かし野菜や草花，果樹，養鶏，養豚，酪農などを展開，小規模だが高度に集約化された農業。

問5 落花生やネギ，ホウレンソウ，ダイコン，ニンジンなどは全国トップクラスであり，温暖な房総半島南部ではカーネーションなど花の栽培もさかんである。

【2】 (日本の歴史―古代～近世の政治・社会・外交など)

重要 問1 ① 701年，文武天皇の命で刑部《おさかべ》親王や藤原不比等らが編纂。 ② 6年ごとに戸籍を整備して支給。 ③ 良民男子には2段(約23a)を，女子にはその3分の2を支給し死亡すると国に返還させた。 ④ 租は地方財源とされたが庸や調は中央政府の財源となった。運搬は納入する農民の負担となり途中で餓死する者も多かったといわれる。 ⑤ 1590年には最後まで抵抗する小田原の北条氏を討伐し奥州も平定した。 ⑥ それまでは銭に換算した貫高で所領を示していたが，秀吉は米の収穫高で統一し石高に見合った軍役を負担する体制を完成させた。

基本

問2 (1) 携えた国書は「日出処の天子…」の文言で知られ，煬帝《ようだい》の怒りを買った。帰国した翌年には隋の使者とともに再び海を渡った。 (2) 出島は1634年に建設された長崎港内の埋立地。遣唐使の廃止を提案したのは学者出身で異例の出世を遂げた菅原道真。

問3 武蔵の国から天然の銅が献上されたことを契機に元号を和同と改め貨幣を鋳造させた。平城京遷都にかかる莫大な費用を確保するために発行されたともいわれる。

問4 (1) 壇ノ浦の戦い(1185年)→応仁の乱(1467年)→関ケ原の戦い(1600年)→鳥羽・伏見の戦い(1868年)の順。 (2) 1404年，足利義満は明に朝貢，明からは生糸や銅銭を輸入，日本からは銀や刀剣などが輸出された。大量に輸入された銅銭は国内通貨として江戸期まで流通した。

問5 中国で周囲の文化的に遅れた国を指す蔑称《べっしょう》(相手をさげすんで言う呼び名)，東夷・西戎《せいじゅう》・南蛮・北狄《ほくてき》の一つ。ポルトガル・スペインを指し，イギリスやオランダは紅毛人と呼ばれた。

【3】 (日本の歴史—近代の政治・社会・外交など)

問1 ① 満洲から侵攻した女真族が建国した中国最後の王朝。 ② 領土のほか年間予算の3倍以上の賠償金を獲得。 ③ 中国北東部，渤海《ぼっかい》と黄海の間に突き出した半島。 ④ 返還後はロシアが租借し自国の基地とした。 ⑤ ロシアの南下を警戒するイギリスと利害が一致。

重要 問2 全人口の約1%に過ぎなかったが，税額は徐々に引き下げられ1925年に撤廃された。

問3 (1) 新政府の財源は地租が8割となり安定財源の確保ができた。 (2) 農民の負担は軽くならず各地で反対一揆が続発，政府は税率を2.5%に引き下げざるを得なかった。

問4 西学(カトリック)に対し東学と呼ばれる民間宗教を中心とする農民一揆が発生，日清両国が鎮圧のため軍を派遣し両軍が衝突する結果となった。

問5 外国人の犯罪を国内法で裁けないという治外法権を認めたもの。1886年発生したノルマントン号事件などで領事裁判に対する国民の不満は大いに高まっていた。

問6 日清戦争後中国は列強諸国の半植民地状態となった。これに対し宗教結社・義和団が扶清滅洋(清を助け西洋を滅ぼす)を唱えて蜂起，列国は協議のうえこれを鎮圧した事件。

【4】 (政治—人権・国際社会と平和など)

重要 問1 ① 設立を主導したアメリカ最大の都市。 ② 1国1票の投票権があるがその決議には拘束力がない。 ③ 国際平和の安全と維持を目的とする最重要な組織。

問2 X 湾岸戦争後にはPKO協力法が制定され自衛隊の海外派兵も可能となった。 Y 東南アジア10か国が加盟する経済組織。EUのような共同体結成を目指している。

問3 王宮や国会，政府機関が置かれ事実上の首都といわれる都市。

問4 拒否権を持つ常任理事国(5大国)はいずれも核保有国で残り1か国はロシア。

問5 18歳未満を対象に，保護の対象だけではなく権利の主体とした条約で日本は1994年に批准。

問6 貧しい発展途上の国は南半球の多く，豊かな先進国は北半球に多いことから命名されたもの。同じ発展途上国でも資源の豊かな国もあり南南問題といった新たな問題も生じている。

★ワンポイントアドバイス★

記述問題を克服するにはまずなれることが大切である。字数は考えずポイントとなるワードを書き出してからそれをコンパクトにまとめるようにしよう。

<1／12 国語解答>

一 問1 エ　問2 プレモニション　問3 人間の意識　問4 白黒　問5 ア
問6 イ　問7 B エ　C ウ　問8 人間の五感

二 問1 ア　問2 イ　問3 ② エ　④ イ　問4 ウ　問5 ア
問6 A 新品　B 自転車　C お下がり　D ピアノ　問7 骨　問8 エ
問9 進の好きなアニメーションの再放送がある

三 問1 ① [誤]志 → [正]思　② [誤]卒 → [正]率　③ [誤]感 → [正]関
④ [誤]移 → [正]異　問2 ① もんどう　② あたい　③ あきな
④ かみわざ　問3 ① 水心　② 一　③ 持　④ 氷山　問4 ① 仮説
② 預　③ 私服　④ 期待

○推定配点○

一 問2・問3・問8 各4点×3　問4 2点　他 各3点×5
二 問9 4点　問7 2点　他 各3点×11
三 各2点×16　計100点

<1／12 国語解説>

一 **(論説文－論理展開，段落構成，細部の読み取り，空欄補充，ことばの意味)**

問1 日本語の「虫の知らせ」は,「何者」かが事前に知らせてくれることだが，辞書的な意味では，良くないことを予感するということなので，イのような当選の予感ということではない。エは結果的には良い方向になったことだが，電車の事故という良くないことの予感めいたものということになるのでエだ。

基本 問2 プレモニションとプレセンチメントが事前に挙げられている語である。この前者なのだから「プレモニション」だ。

やや難 問3 「要するに～」で始まる段落が着目点になる。傍線③以降「虫」の説明を続け，「要するに～」でまとめている段落ということだ。われわれの祖先は「人間の意識できる能力範囲を超えた」情報ということだ。解答は「人間の意識」が最初の5文字ということになる。

問4 虫の知らせを直訳して「クリケット・インフォメーション」と言ったら，外国人はさっぱり意味がわからずおどろくだろうということだ。おどろくことを「目を『白黒』させる」という。

やや難 問5 外国語でいろいろな言い方を考えたが，うまく言い表せないのは，先だったという意味の「プレ」が入るとニュアンスが異なることを述べている。したがって，まず，イの「前後関係をいうのではない」として，それを具体的に説明しているエが続く。そして，日本語独特なのは「むしろ虫という存在をみとめるところに特徴がある」と展開するので3番目はアだ。そして「虫が好かない」という語を例に挙げ，最後にオの「どこがどうだとは～」という一文になる。この一文の「どこがどうだ」が，次の「理屈でいえないものを～」につながる。

問6 筆者は，日本人が使う「虫」の用法を，問3で考えたように「人間の意識できる能力範囲を超えた世界の働き」として評価しているのだから，イのように認められてもいいのではないかと考えているのである。

やや難 問7 B 非常に不快な状態にあることを「虫唾が『走る』」という慣用句で表現する。　C 「病，膏肓(やまい，こうこう)というのは，おそらくあまり聞いたことがないと思われる言葉だ。直後にある「これは体内にいる～隠れたことをいう。」から考える。隠れた，つまり，「入った」ということになるので「入る」である。

問8　「虫だの子どもだのと～」で始まる段落が着目点になる。虫だの子どもだのという「たとえばなし」だからわかりにくいが「人間の五感」が大活躍というのだから，虫だの子どもだのは「人間の五感」をたとえている。

二　(物語－心情・情景，細部の読み取り，空欄補充，慣用句，表現技法)

重要　問1　「私は自分のイライラを～」で始まる段落に着目する。弟は誕生日に欲しがっていた自転車をもらった。私の四月のバースデー・プレゼントはピアノだとあるのでアである。

基本　問2　X　直後に「よく光」だから，光を表す「つやつや」があるイとウにしぼれる。　Y　バターがついた指先で模様をつけていくのだから「べたべた」だ。この段階でイとなるのでZで確認すると，弟がソファーで「ごろごろ」してくつろいでいるということでイで確定できる。

問3　②　人間でないピアノを，「怒る」という人間の動作で表しているので擬人法である。
④　「～ような」と明記してたとえているので直喩だ。

問4　イとエの内容も文中にあるが，線③直後に「恐れていた」とあることに着目する。大きすぎて，世界中で自分が一番チビのような気持ちになるから，その大きなピアノが怒ると思うとずしんとくるのだからウを選ぶ。

問5　自分はピアノのレッスンなどしたくもないのに，男の子だからといってやらなくていい弟がうらめしいのだ。レッスンをしなければならない自分を「不運」と考えると，弟は「ピアノを習わなくていい」のだから「幸運」だと思うのだ。

問6　A・B　弟は誕生日に，「『新品』の『自転車』」を買ってもらっている。　C　弟は欲しがっていた自転車を，しかも新品のものを買ってもらったのに対し，自分の自転車は従姉の「お下がり」であることが不満なのだ。　D　しかも，自分がもらったものは欲しくもない「ピアノ」だったのだから不満はなおさらだ。

問7　ピアノに不満を持つ娘に両親は，いろいろなことを一生懸命説明してわからせようとしたということだ。一生懸命取り組むことを「骨を折る」という。

やや難　問8　イとエで迷うところである。が，ただ誕生日のプレゼントにピアノが気に入らないと言っている段階では，骨を折って説得している。この段階で恐ろしい顔をしたわけではない。弟と同じように，新品の自転車が欲しいのなら，こわれたら買ってあげると言っているのに，今の自転車をすぐこわすとまで言い出した娘のわがままさに怒りを感じたのだからエである。

問9　「私」がピアノのレッスンをしているときは，レッスンのじゃまにならないように弟はイヤホーンでテレビを見ている。それに対して新しいテレビを買おうと文句を言っているのだ。「私」は，イヤホーンで見なければならない状況をわざと作っているのだ。それは弟である「進が好きなアニメーションの再放送がある」ことを知っているからだ。

三　(慣用句，漢字の読み書き)

やや難　問1　①　「意思」と「意志」の違いの大まかな考え方は，「意思」は気持ち，「意志」は意欲と考える。①の場合は「気持ちを通じ合わせようとする」ということなので「志→思」だ。　②　「卒」は確かに「卒業」の「ソツ」なので誤りやすいが，「率直・率先・引率」などの「ソツ」は「率」である。　③　あることがらに心を寄せるという意味の「カンシン」は「関心」だ。「感心」は，すぐれたものに接して心を動かされることである。　④　「移動」は物理的に場所を移ること，場所を移すことということで，「異動」は人事の変化・内容の変化があることを表す場合に使う。会社の人事は「異動」。

問2　①　質問と応答をすることだが，一般的には一回限りの問いと答というより議論するという場合に使うことが多い。読みは「もんどう」だ。「とう」ではない。　②　「価」は音読みは「カ」，訓読みは「あたい」である。　③　商売をすることを「あきな-う」という。　④　「神技」と表記しそうだが「神業」表記だ。ゲームなどで見聞きするかもしれない。

問3　①　「魚心あれば水心」。「どちらか一方が好意を示せば，相手も自然と好意を示すようになる」という意味から，「相手の出方次第でこちらの出方が決まる」という意味として使われる。

②　「一目置く」。囲碁で弱い者が先に一つ石を置いて勝負を始めるところから，自分より相手が優れていることを認め，一歩を譲るという意味で使う。それを強めて「一目も二目も置く」という言葉もある。　③　「根に持つ」。いつまでもうらみに思って忘れないこと。　④　「氷山(ひょうざん)の一角」。氷山の海面上に見える部分は全体の七分の一から八分の一であるところから，物事のごく一部分が外に現われていることのたとえとして使われる言葉だ。根深く広がっているという意味なので，好ましくない場合に使う言葉である。

問4　①　「仮」は全6画の漢字。4画目の始点は3画目の上に出さない。　②　「預」は全13画の漢字。2画目の点を忘れずに書く。　③　制服ではない，自分の手持ちの服ということ。「服」は全8画の漢字。5画目は折ってから内向きにはねる。　④　「待」は全9画の漢字。「持」と混同しないようにする。

★ワンポイントアドバイス★

漢字の読み書き，ことばの意味，ことわざ・慣用句などの出題は難度が高いものが出題される。知識問題に手を抜かないように学習しよう。

2022年度

★★★★★★★★★★★★★★★★★★★★★★★

入　試　問　題

2022年度

狭山ヶ丘高等学校付属中学校入試問題

【算　数】（50分）　＜満点：100点＞

【注意】(1)　コンパス・分度器・電卓・定規類の使用は認めません。

(2)　問題にかいてある図は必ずしも正確ではありません。

1.　次の □ に当てはまる数を求めなさい。

(1)　19＋28＋37＋46＋55＝□

(2)　$\left(5\frac{1}{2}-2\frac{1}{5}\right)\div 1.1=$ □

(3)　$1\frac{3}{5}\times 0.25-(1-3.5\div 5)=$ □

(4)　$\dfrac{(\square+3.14)\times 5+2.3}{4}=7$

(5)　時速33km＝分速 □ m

2.　次の □，$\boxed{A}$，$\boxed{B}$ に当てはまる数を求めなさい。

(1)　濃さ15％の食塩水300ｇがあります。濃すぎたので，食塩水100ｇを捨て，水100ｇをかわりに入れると食塩水の濃さは □ ％になります。

(2)　$\frac{5}{6}$にかけても$3\frac{1}{8}$にかけても積が整数になる数のうち，最も小さい整数は $\boxed{A}$ で，最も小さい分数は $\boxed{B}$ です。

(3)　ある学校の仕事をするのにＡ先生１人だと20日，Ｂ先生１人だと30日かかります。この仕事を２人でいっしょに始めましたが，途中でＡ先生が何日か休んだため仕事が終わるまで18日かかりました。Ａ先生が休んだのは □ 日です。

(4)　右の９個のマスのそれぞれに３～11の９個の数字をそれぞれ１個ずつ使って，縦，横，ななめの３つの数の和がどれも同じ数になるようにうめるとき，Ａに入る数字は □ です。

4	9	
A		10

(5)　右の図形は一辺が６cmの正方形に円を重ねたものです。斜線部分の面積は □ cm^2です。

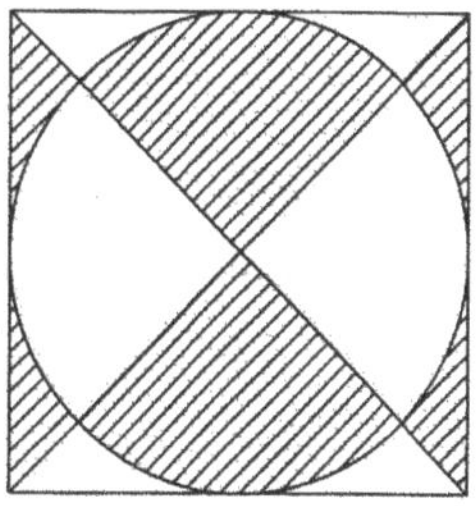

3. 四角の枠に，○または×のどちらかの記号を１つずつ書き込んでいきます。

例えば，□□には，

○○，○×，×○，××

のように４通りの書き込み方があります。
また，書き込み方の規則①，②として，

規則①　同じ記号は３つ以上続かないようにすること

規則②　２種類の記号の個数は異なるようにすること

があるとします。

(1)　規則①を守って□□□に書き込む方法は何通りありますか。

(2)　規則②を守って□□□□に書き込む方法は何通りありますか。

(3)　規則①，②の両方を守って□□□□に書き込む方法は何通りありますか。

4. 下の図は，幅が２cmのテープを使って作った「山」の字です。この周上を半径が１cmの円をすべらないように転がして一周させます。ただし，円周率は3.14とします。

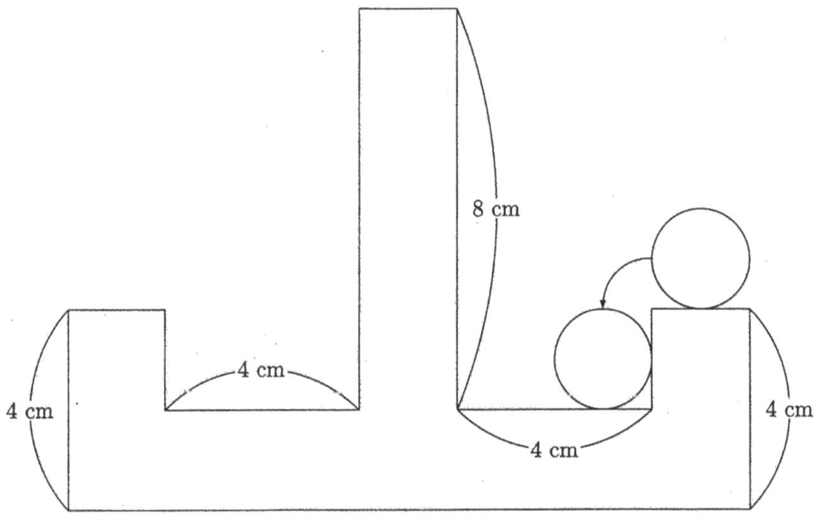

(1)　この「山」の字の周の長さは何cmですか。

(2)　この「山」の字の面積は何cm^2ですか。

(3)　円が転がって通過する部分の面積は何cm^2ですか。

5. 一の位が0と5の数を除いた数の列を考えます。

1，2，3，4，6，7，8，9，11，12，13，14，16，17，……

(1) この数の列の9までの数をすべて掛けた数

$$1\times2\times3\times4\times6\times7\times8\times9=(1\times9)\times(2\times8)\times(3\times7)\times(4\times6)$$

の一の位の数はいくつですか。(式・考え方も書くこと)

(2) この数の列の2022までの数をすべて掛けた数

$$1\times2\times3\times4\times6\times\cdots\cdots\times2019\times2021\times2022$$

の一の位と十の位の数はそれぞれいくつですか。(式・考え方も書くこと)

【理　科】（30分）　＜満点：60点＞

1　次の文章を読んで，以下の問１～問６に答えなさい。

人類は，古くから重いものを持ち上げる際には滑車《かっしゃ》を利用してきた。滑車は，紀元前からその利用が確認されている，人類が利用してきた道具の中でも長い歴史をもつ道具である。

(I)かべや天井などに滑車が固定されているものを定滑車といい，これは主に（　①　）を変えるはたらきをする。一方，滑車が固定されず物体と共に動くような滑車を動滑車といい，これは主に（　②　）というはたらきをする。ただし，(②) 分だけ引くきょりが長くなる特ちょうがある。これらを組み合わせることで，様々なものを持ち上げたり，動かしたりして生活を便利にすることができた。

問１　文中の空らん（①）（②）に当てはまる語句は何ですか。正しいものを，次の(ア)～(カ)の中からそれぞれ１つずつ選び，その記号で答えなさい。

(ア)　力の向き　　(イ)　力の種類　　(ウ)　力の大きさ

(エ)　かける力を増やす　　(オ)　かける力をへらす　　(カ)　かける力が不要になる

問２　下線部(I)について，身のまわりで定滑車を使用している例を簡単に答えなさい。

問３　図１のように，定滑車を使って100ｇの荷物を持ち上げるとき，引く力は何ｇですか。

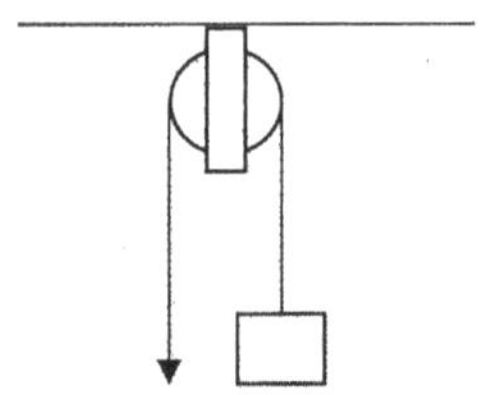

図１

問４　図２のように，定滑車と動滑車を使って荷物を持ち上げるとき，荷物を30cm引き上げるためには，ひもを何cm引き下げればよいですか。

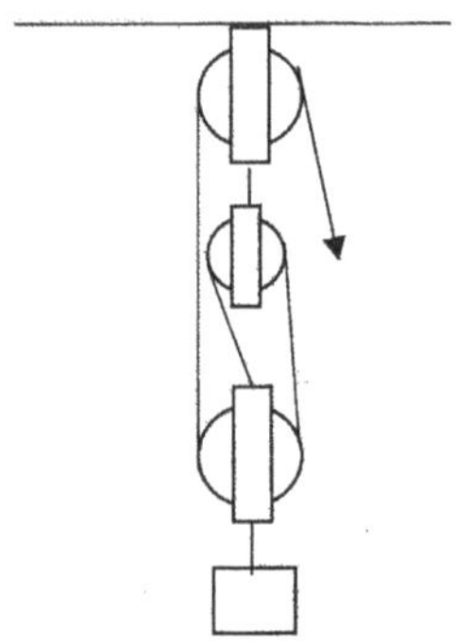

図２

問５　図３のように，定滑車と動滑車を使って100ｇの荷物を持ち上げるとき，引く力は何ｇですか。

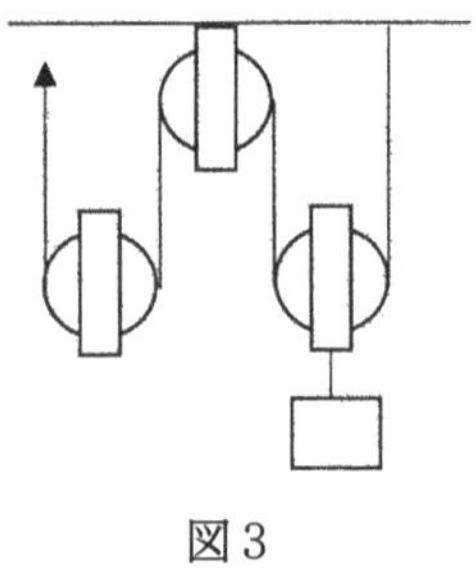

図３

問６　図４のように，動滑車の数を変えて40kgの荷物を持ち上げたとき，2.5kgのおもりで支えるには動滑車がいくつ必要ですか。

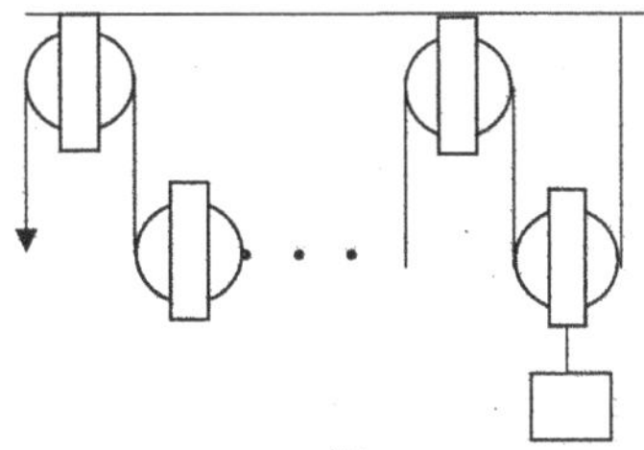

図４

2　次の文章を読んで，以下の問１～問４に答えなさい。

オキシドールは，傷口などの消毒液として用いられる薬品である。傷口にオキシドールが付くと，血液の成分と反応して（　①　）があわとして発生し，これがばい菌《きん》などを殺菌すると考えられている。この血液の成分と同じはたらきをするのが二酸化マンガンで，オキシドールを入れた試験管に二酸化マンガンを加えると(①)が発生する。血液の成分にも二酸化マンガンにもオキシドールから（①）が発生するのを助ける役割があるが，それ自体は変化しない。このようなはたらきをするものを（　②　）という。

問１　文中の空らん（①）（②）に当てはまる言葉を答えなさい。

問２　(①) の性質はどれですか。正しいものを，次の(ア)～(エ)の中から全て選び，その記号で答えなさい。

(ア)　ものを燃やすはたらきがある　　(イ)　水にとけやすい

(ウ)　空気中に最も多くふくまれる　　(エ)　植物の光合成によって発生する

問３　二酸化マンガンの粒《つぶ》とオキシドールを使って（①）を集める実験を行いました。これについて，以下の(1)～(3)に答えなさい。

(1)　この気体を集めるとき，はじめの気体は使いません。それはなぜですか。簡単に答えなさい。

(2)　集める（①）の量を多くしたいときに，量を増やすべきなのはどちらですか。

(3)　二酸化マンガンの粒をくだいてふん末にすると実験結果はどうなりますか。正しいものを，次の(ア)～(ウ)の中から１つ選び，その記号で答えなさい。

(ア)　集めるのにかかる時間が長くなる

(イ)　集めるのにかかる時間は変わらない

(ウ)　集めるのにかかる時間が短くなる

問４　文中の例以外で，（①）が利用されている例を１つ答えなさい。

3　次の文章を読んで，以下の問１～問５に答えなさい。

(Ⅰ)こん虫は，からだのつくりが共通である。こん虫のからだは（　①　），（　②　），（　③　）の３つの部位からできている。あしは（②）から（　④　）対でている。（①）にはにおいを感じたり，しん動を感じることのできる（　⑤　）がある。また，トンボなどは小さな目がたくさん集まった（　⑥　）をもつ。(Ⅱ)たまごからの育ち方はこん虫すべてで共通ではなく，いくつかのタイプに分かれている。このようにこん虫は共通部分を持ち，かつ独自の生態を持っているといえる。現在，科学の世界では(Ⅲ)こん虫のもつ技術を人工的に再現しようという試みもなされている。

問１　文中の空らん（①）～（⑥）に当てはまる言葉を答えなさい。

問２　下線部(I)について，こん虫でないものはどれですか。正しいものを，次の(ア)～(オ)の中から全て選び，その記号で答えなさい。

(ア)　ダンゴムシ　　(イ)　クモ　　(ウ)　セミ　　(エ)　ダニ　　(オ)　コオロギ

問３　下線部(II)について，カブトムシは，たまご→幼虫→さなぎ→成虫の順に育ちます。このように，さなぎの時期を持つ育ち方を何といいますか。

問４　さなぎから成虫になることを何といいますか。

問５　下線部(III)について，この考えはバイオミメティクスと呼ばれるもので，意味は生物模ほう技術のことです。実際に蚊《か》からアイデアを得て製品化されたものは注射針として利用されています。このほかに，バイオミメティクスの例にはどんなものがありますか。その生物名と，具体例を答えなさい。

４　図１は北極星の方向から，地球や月を見たときの図です。以下の問１～問７に答えなさい。

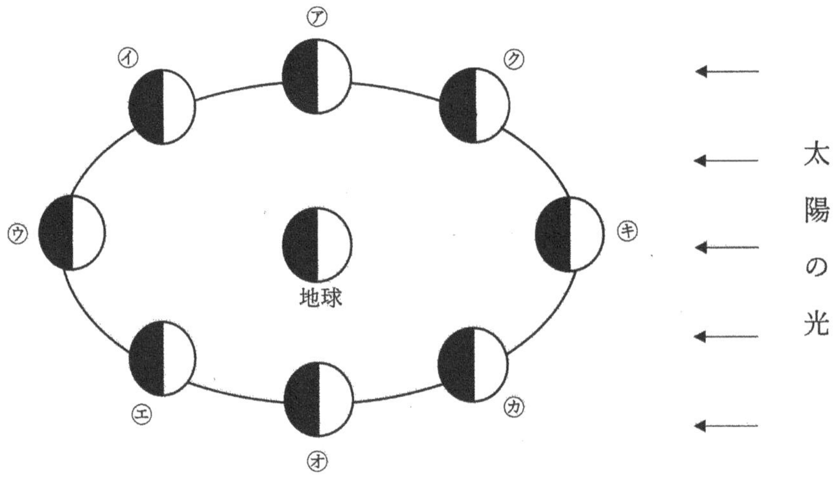

図１

問１　地球の自転は，時計回りですか，反時計回りですか。

問２　月のように，わく星の周りをまわっている星を何といいますか。

問３　上げんの月となるのは月がどの位置にあるときですか。正しいものを，図１の㋐～㋗の中から１つ選び，その記号で答えなさい。

問４　夕方，東の空に見える月の位置はどれですか。正しいものを，図１の㋐～㋗の中から１つ選び，その記号で答えなさい。

問５　皆既《かいき》日食が起きるときの月の位置はどこですか。正しいものを，図１の㋐～㋗の中から１つ選び，その記号で答えなさい。

問６　地球からは常に月の同じ面しか観察できません。この理由を簡単に答えなさい。

問７　ある時刻に真南に見えている月は，3日後の同じ時刻にはどの方向に見えますか。正しいものを，次の(ア)～(ウ)の中から１つ選び，その記号で答えなさい。

(ア)　東寄りに見える　　(イ)　西寄りに見える　　(ウ)　変わらない

【社　会】（30分）　＜満点：60点＞

1　次の文章を読み，あとの設問に答えなさい。

京浜工業地帯，(1)中京工業地帯，阪神工業地帯，北九州工業地帯の四大工業地帯は，明治時代後半にはすでに形成されている。現在は，北九州工業地帯を除く3つの地域を(2)三大工業地帯と呼ぶ。(3)北九州工業地帯については，(4)鉄鋼業を中心に発展してきており，その後の素材型から組み立て型への工業の構造転換が遅れ，生産額が減少している。

2018年の段階では，工業生産額第一位の中京工業地帯は約60兆円であるのに対して，北九州工業地帯は約10兆円程度で，約6倍の開きがある。1960年代の高度成長期以降に形成された(5)各地の工業地域の生産額は，いずれも北九州工業地帯を超過している。

また，1990年の段階では約50兆円で工業生産額第一位であった京浜工業地帯の生産額は，2000年には約40兆円となっており，2010年には約25兆円，その後もほぼ同額で推移している。2000年から2010年にかけて大きく生産額が低下した理由は，(5)ある産業が工業統計から外れ，製造品出荷額に含まれなくなったためである。

設問1．下線部(1)中京工業地帯に含まれる各県の説明文として誤っているものを次から一つ選び記号で答えなさい。

ア．肥よくな濃尾平野では稲作が盛んであり，また県内にはメロン栽培がさかんな地域がある。

イ．人口100万人を超える県庁所在地をはじめ，県内に複数の政令指定都市がある。

ウ．県面積の3分の2程度を森林がしめており，林業が発達している地域で，人工林が多い。

エ．複雑な海岸線のリアス式海岸があり，真珠の養殖で有名である。

設問2．下線部(2)三大工業地帯のうち，阪神工業地帯の製造品出荷額等の構成を次から一つ選び記号で答えなさい（データは2018年のもの）。

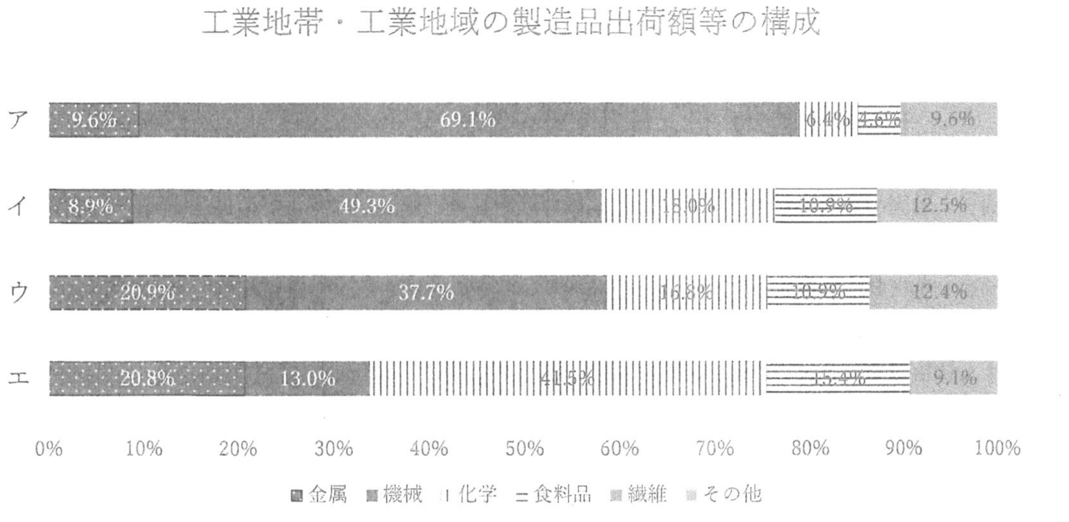

『日本国勢図会 2021/22』より作成

設問3．下線部(3)北九州工業地帯が広がる県は野菜・果物のうち，ある農作物の生産が日本第二位である。その農作物をひらがなで答えなさい。

設問４．下線部(4)について，北九州工業地帯が鉄鋼業を中心に発展した背景には，ある工場が明治時代に設立されたことが挙げられる。その工場を答えなさい。

設問５．下線部(5)ある産業について，2002年より工業統計から外されたこの産業は，京浜工業地帯に首都東京が含まれていることから，他の工業地帯に比べて発達していた。その産業を次から一つ選び記号で答えなさい。

ア．新聞，出版業　　イ．ゴム製品製造業　　ウ．プラスチック製品製造業　　エ．家具製造業

２　次の地図は山口県萩市の地図である。あとの設問に答えなさい。

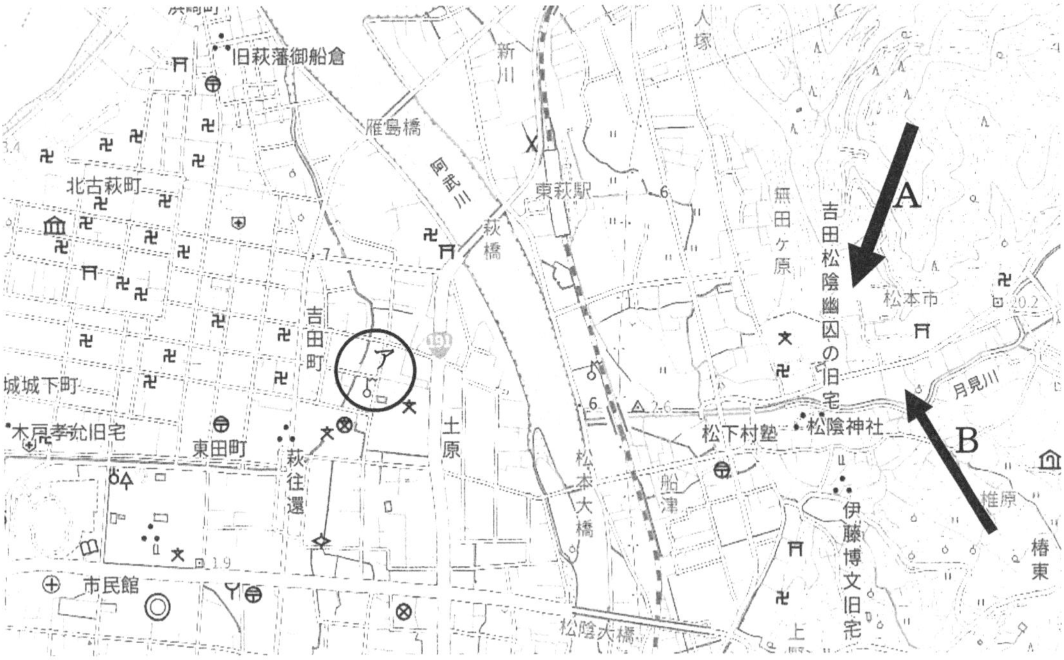

国土地理院ＨＰより作成

設問１．地図中㋐で示している地図記号は何か答えなさい。

設問２．地図中２つの→ＡとＢで示した地域のけいしゃ（傾斜）は，Ａで示した地域の方がＢで示した地域よりも急である。そのように読みとれる理由を説明しなさい。

設問３．山口県についての説明文として誤っているものを次から一つ選び記号で答えなさい。

ア．本州では最も西に位置している県であり，瀬戸内海と日本海に面している。

イ．秋吉台では石灰岩台地であるカルスト地形が発達している。

ウ．倉敷の水島地区では石油化学が発達している。

エ．県庁所在地の都市も含めて，県内に政令指定都市はない。

３　次の文章を読み，あとの設問に答えなさい。

Ａ

三代将軍【　①　】は，(1)中国との国交を成立させ，貿易を始めた。この時代の中国との貿易は(2)勘合と呼ばれた合い札を用いたため勘合貿易と呼ばれた。この貿易では中国産の生糸などが輸入

され，貿易港として堺や博多などが栄えた。

B

【　②　】は娘の徳子を高倉天皇のきさきにして，(3)その間に生まれた子を天皇にして権力をにぎった。【　②　】は現在の神戸付近の港を修築して中国船が畿内に入れるようにして，中国との貿易を掌握《しょうあく》した。この貿易では大量の銅銭が輸入され，その後の貨幣経済の発達に大きな影響を与えた。

C

【　③　】の意見によって約250年以上続いた(4)遣唐使の派遣が中止された。これにより，中国の文化を日本風に消化して，日本の風土や生活にあった文化が形成されていった。これを(5)国風文化という。

D

中国との貿易がとだえるようになると，東アジアに進出してきたポルトガルやスペインとの貿易によって中国産の生糸や絹を輸入するようになった。当時，ポルトガル人やスペイン人らを【　④　】人と呼んでいたことから，この貿易を【　④　】貿易という。その後，幕府の政策でポルトガル・スペインとの貿易が禁止されると，(6)日本は長崎において中国などの外国と貿易を行った。

設問１．【①】～【③】に適語を次の語群から選び答えなさい。

語群

平清盛　　徳川家光　　足利義満　　菅原道真　　源実朝　　阿倍仲麻呂　　吉備真備

設問２．【④】に適語を答えなさい。

設問３．下線部(1)中国について，この時代の中国の王朝名を漢字で答えなさい。

設問４．下線部(2)について，この目的を説明しなさい。

設問５．下線部(3)について，この天皇は誰か。漢字で答えなさい。

設問６．下線部(4)遣唐使の航路は非常に危険で，帰国できず中国で死去した人物もいた。そのような人物として適切な人物を設問1．の語群から一つ選び答えなさい。

設問７．下線部(5)国風文化についての説明文として誤っているものを次から一つ選び記号で答えなさい。

ア．紀貫之が中心となり『古今和歌集』が編さんされた。

イ．紫式部の『枕草子』や清少納言の『源氏物語』などの文学作品が生まれた。

ウ．この時期の貴族たちは寝殿造と呼ばれる住居をいとなんだ。

エ．藤原頼通は京都の宇治に平等院鳳凰堂を建てた。

設問８．下線部(6)について，この時代の日本が長崎で交流をもったヨーロッパの国を答えなさい。

設問９．文章ＡＢＣＤを年代の正しい順に並び替えなさい。

4　次の文章を読み，あとの設問に答えなさい。

長く続いた鎖国体制も18世紀末ごろから動揺《どうよう》しはじめた。1792年にロシアの【　①　】が根室に来航して幕府に通商を求めた。その後もロシア使節が来日し，さらに(1)イギリス軍艦が長崎に侵入する事件が起こると，幕府は1825年に【　②　】を出して強い姿勢で鎖国体制の維持をはかったが，(2)中国がイギリスとの戦争に敗れたことが日本に伝わると，幕府は【　②　】をゆるめて薪水給与令を出した。

その後，アメリカの接近によって開国をしいられると，アメリカは幕府に通商を強く要求するようになった。通商条約の調印には朝廷の許可が下りなかったものの，1858年，大老【　③　】は朝廷の許可なく(3)日米修好通商条約に調印した。尊王攘夷派の武士は【　③　】の独裁的な政治に対して強く反発したものの，(4)【　③　】は彼ら反対派を厳しく処罰したため，(5)1860年に暗殺された。

また，日米修好通商条約はいわゆる不平等条約で，(6)その改正は明治維新後の政府にとって大きな課題となっていった。

設問１．【①】に適切な人物を答えなさい。

設問２．【②】【③】に適切な語句，人物を漢字で答えなさい。

設問３．下線部(1)について，このイギリス軍艦を次から選び記号で答えなさい。

ア．フェートン号　　イ．モリソン号　　ウ．リーフデ号　　エ．サン＝フェリペ号

設問４．下線部(2)について，この戦争を何というか。５字で答えなさい。

設問５．下線部(3)日米修好通商条約に関する説明文として正しいものを次から一つ選び記号で答えなさい。

ア．ペリーは軍艦４隻を率いて来航し，この条約の調印を強要した。

イ．この条約によって下田・箱館の開港が取り決められた。

ウ．この条約は神奈川の宿場近くで調印されたため神奈川条約ともいう。

エ．この条約によって開始された貿易で，国内の物価は急激に上昇した。

設問６．下線部(4)について，この出来事を何というか答えなさい。

設問７．下線部(5)について，この暗殺事件を６字で答えなさい。

設問８．下線部(6)についてあとの問いに答えなさい。

(i)　明治政府の外交を担当していた井上馨が，条約改正交渉のために建設した洋館を漢字で答えなさい。

(ii)　条約改正交渉に関する説明文として誤っているものを次から一つ選び記号で答えなさい。

ア．岩倉具視を代表とする使節団を派遣したものの，列強諸国は交渉に応じてくれなかった。

イ．ノルマントン号沈没に際して，領事裁判でイギリス人船長が無罪となると国民の間で条約改正に対する要求が高まった。

ウ．陸奥宗光外務大臣は日清戦争直前の1894年に日英通商航海条約を締結し，条約改正に成功した。

エ．小村寿太郎外務大臣は1911年に領事裁判権を撤廃して，不平等条約の完全な改正に成功した。

５　次の会話文を読み，あとの設問に答えなさい。

太郎：お父さん，明日社会の授業で模擬選挙をやることになったのだけど，①選挙について全然分からないから教えてよ。

父親：いいよ。選挙は国会議員や②地方公共団体の首長などを投票により選ぶものなんだ。国民は選挙で投票を行うことで政治に参加することになるんだよ。現在は，満（　X　）歳以上の

国民に選挙権があるよね。

そういえば近々，衆議院選挙があるからニュースでもよく取り上げられているね。

太郎：確かに。だから最近立候補した人が街中で演説しているんだね。

父親：そういうこと。票を集めるために政治的な意見を言ったり，公約を掲げたりしながら自分をＰＲしているんだ。ちなみに，選挙に関することは（　Ｙ　）という法律で規定されているから，それに則って活動しなければならないんだよ。

太郎：なるほど，だんだん興味がわいてきた！

父親：いいことだね。せっかく衆議院という言葉が出てきたから，ついでに③国会や内閣についても説明してあげるよ。

太郎：うん！

設問１．空欄（Ｘ）・（Ｙ）に当てはまる適切な語句を答えなさい。

ただし，（Ｙ）については漢字で答えなさい。

設問２．下線部①に関して，次の説明文から正しいものを一つ選び記号で答えなさい。

ア．日本では第一次世界大戦後に男女普通選挙が実現した。

イ．投票率の増加を目的として期日前投票が導入されている。

ウ．衆議院の比例代表の投票用紙には候補者名か政党名を記入する。

エ．衆議院議員と参議院議員の被選挙権はともに30歳以上の国民に与えられている。

設問３．下線部②に関して，次の問いに答えなさい。

(i)　地方公共団体の一つとして政令指定都市がある。次の選択肢から政令指定都市に該当しないものを一つ選び記号で答えなさい。

ア．横浜市　　イ．さいたま市　　ウ．大阪市　　エ．長野市

(ii)　太郎が住む○○市は下記の内容を進めるにあたって，国に補助金を要請した。この場合に国から支給される補助金を答えなさい。

～○×小学校改修工事のお知らせ～

校舎の老朽化に伴い、安全性の確保を目的として改修工事を行います。何卒ご理解・ご協力をお願いします。

委託先：狭山ヶ丘建設

工事期間：2020 年 1 月～2021 年 8 月

○○市××課

設問４．下線部③に関して，以下の文章を読み，あとの問いに答えなさい。

A国会は衆議院と参議院で構成される。これを二院制というんだ。両院が賛成した時に，法律や予算が決められるのが原則なんだけど，任期の短さや解散があることから衆議院には参議院よりも強い権限が与えられていて，これをB衆議院の優越というんだ。法律や予算に基づいて実際に政治を行う機関が内閣だよね。内閣にはC１府12省庁が設置されていて，実務を分担して行っているんだ。

(i) 波線部Ａ国会は，裁判官に職務上の義務違反などがあった場合，辞職させるかどうかを判断する〔　　　〕裁判所を設置することがある。〔　〕に適切な語句を答えなさい。

(ii) 波線部Ｂ衆議院の優越に該当しないものを一つ選び記号で答えなさい。

ア．法律案の議決　　イ．内閣総理大臣の指名　　ウ．条約の承認　　エ．憲法改正の発議

(iii) 波線部Ｃに関して，次の文章Ｘ・Ｙの正誤の組み合わせとして正しいものを次から選び記号で答えなさい。

Ｘ：省庁の長である国務大臣は過半数が国会議員でなければならない。

Ｙ：環境省は，公害対策や原子力規制に関することを担当している。

ア　Ｘ：正　Ｙ：正　　イ　Ｘ：正　Ｙ：誤

ウ　Ｘ：誤　Ｙ：正　　エ　Ｘ：誤　Ｙ：誤

として最も適当な選択肢を一つ選び、記号で答えなさい。

ア　自分を適切な方法で飼育する教師を信頼しているということ。
イ　教師の発言に納得ができず、飼育方針を疑っているということ。
ウ　これから自分に訪れる死の予感を具体的に抱いているということ。
エ　何かは明確にわかってはいないが、不吉な予感があるということ。

問７　傍線部⑥「豚は何だか、この語が、耳にはひって、それから咽喉につかへた」理由として最も適当な選択肢を次の中から一つ選び、記号で答えなさい。

ア　校長の言動に違和感を覚えたから。
イ　校長が死亡証を手に持っていたから。
ウ　豚が殺されると知ったから。
エ　豚が証文に印を押したから。

問８　傍線部⑦「あんまり動きまはらんでね」という校長の真意は何か。その説明として最も適当な選択肢を一つ選び記号で答えなさい。

ア　豚の成長度合いに不満をもっている。
イ　豚の態度に腹がたっている。
ウ　豚の精神面を心配している。
エ　豚の肉質を落としたくないと思っている。

問９　作中の「人間」の豚に対する態度を象徴し、比喩を使って表現しているものを本文の中から十三字で書き抜きなさい。

問10　本文の作者宮沢賢治の作品を次の中から一つ選び、記号で答えなさい。

ア『赤い蝋燭と人魚』　イ『一房の葡萄』
ウ『蜘蛛の糸』　エ『銀河鉄道の夜』

三　次の各問い（問１～４）に答えなさい。

問１　次の傍線部の片仮名を漢字に直しなさい。

①　文学のセンモン家
②　マフラーをアむ
③　貴重品をカンリする
④　キソク正しい生活を送る

問２　次の傍線部の漢字を平仮名に直しなさい。

①　気が急く
②　小豆を洗う
③　彼の気に障る
④　先祖の供養をする

問３　次の空欄に入る漢字一字を答えなさい。

①　□を長くする（わくわくして待つこと）
②　□を巻く（驚いたり感心したりすること）
③　□をさす（いい状態の邪魔をすること）
④　□を割ったような性格（さっぱりした性格のこと）

問４　次の傍線部の誤りを正しく直し、漢字で答えなさい。

①　気想天外　②　言語同断　③　自我自賛　④　新機一転

『とにかくよくやすんでおいで。あんまり動きまはらんでね。』一体これはどう云ふ事か。あゝつらいつらい。豚は斯う考へて、まるであの梯形《ていけい》の、頭も割れるやうに思った。おまけにその晩は強いふゞきで、外では風がすさまじく、乾いたカサカサした雪のかけらが、小屋のすきまから吹きこんで豚のたべものの余りも、雪でまっ白になったのだ。

（宮沢賢治「フランドン農学校の豚」筑摩書房）

注　※1　匁……重さの単位
　　※2　貫……重さの単位

問1　傍線部①「豚」は作中でどのように描かれているか。その説明として最も適当な選択肢を次の中から一つ選び、記号で答えなさい。

ア　他の動物に比べ豊富な知識を持っており、人間との仲介役になっている。
イ　知能を最大限活用しながら、人間の持つ力を超えようとしている。
ウ　明晰な頭脳を持ち合わせており、人間を見下している。
エ　言葉を操り、考え、会話もするが、知性としては人間に及ばない。

問2　傍線部②「生きた一つの触媒」とはどういうことか。それを説明した次の文の空欄に入る語句を十字程度で答えなさい。

水や藁を［　　］こと。

問3　傍線部③「豚の幸福」とあるが、どのようなことに幸福を感じているのか。その説明として最も適当な選択肢を次の中から一つ選び、記号で答えなさい。

ア　自分が難解な数式の計算のできる能力があると誇りに思うこと。
イ　自分が高給取りの人間と同じであると思い込むこと。
ウ　自分が白金を生成している錬金術師のような存在だと自負すること。
エ　自分が年間六十万円稼いでいるという事実をかみ締めること。

問4　傍線部④「（大学生諸君、意志を鞏固にもち給へ。いゝかな。）」から解釈できることとして最も適当な選択肢を次の中から一つ選び、記号で答えなさい。

ア　農学校の授業は動物の真意に沿うものではないことを表している。
イ　農学校の学生や先生は動物たちを実験の対象にしている。
ウ　農学校での授業が動物の生命を奪う残酷なものである。
エ　農学校での授業内での先生の話が作品を構成している。

問5　傍線部（a）「不可知」（b）「気がふさいで」の意味として最も適当な選択肢を次の中から一つ選び、記号で答えなさい。

（a）「不可知」
ア　知りえないということ。
イ　必ずわかるということ。
ウ　知識として備わっているということ。
エ　すべてを知っているということ。

（b）「気がふさいで」
ア　恐ろしくなって
イ　腹が立って
ウ　憂うつになって
エ　寂しくなって

問6　傍線部⑤「大へんいやになった」とはどういうことか。その説明

計算しては帰って行った。

「も少しきちんと窓をしめて、室中《へや》暗くしなくては、脂がうまくかゝらんぢゃないか。それにもうそろそろと肥育をやってもよからうな、毎日阿麻仁《あまに》を少しづつやって置いて呉《く》れないか。」教師は若い水色の、上着の助手に斯《か》う云った。豚はこれをすっかり聴いた。そして又⑤大へんいやになった。楊子《やうじ》のときと同じだ。折角のその阿麻仁も、どうもうまく咽《の》喉《ど》を通らなかった。これらはみんな畜産の、その教師の語気について、豚が直覚したのである。（とにかくあいつら二人は、おれにたべものはよこすが、時々まるで北極の、空のやうな眼をして、おれのからだをじっと見る、実に何ともたまらない、とりつきばもないやうなきびしいこゝろで、おれのことを考へてゐる、そのことは恐《こは》い、ああ、恐い。）豚は心に思ひながら、もうたまらなくなり前の柵《さく》を、むちゃくちゃに鼻で突っ突いた。

ところが、丁度その豚の、殺される前の月になって、一つの布告がその国の、王から発令されてゐた。

それは家畜撲殺同意調印法といひ、誰《たれ》でも、家畜を殺さうといふものは、その家畜から死亡承諾書を受け取ること、又その承諾証書には家畜の調印を要すると、かう云ふ布告だったのだ。

さあそこでその頃《ころ》は、牛でも馬でも、もうみんな、殺される前の日には、主人から無理に強ひられて、証文にペタリと印を押したもんだ。ごくとしよりの馬などは、わざわざ蹄鉄《ていてつ》をはづされて、ぼろぼろなみだをこぼしながら、その大きな判をぱたっと証書に押したのだ。

フランドンのヨークシャイヤも又活版刷りに出来てゐるその死亡証書を見た。見たといふのは、或《あ》る日のこと、フランドン農学校の校長が、大きな黄色の紙を持ち、豚のところにやって来た。豚は語学も余程進んでゐたのだし、又実際豚の舌は柔らかで素質も充分あったのでごく流暢《りゅうちょう》な人間語で、しづかに校長に挨拶《あいさつ》した。

「校長さん、いゝお天気でございます。」

校長はその黄色な証書をだまって小わきにはさんだまゝ、ポケットに手を入れて、にがわらひして斯う云った。

「うんまあ、天気はいゝね。」

⑥豚は何だか、この語《ことば》が、耳にはひって、それから咽喉《のど》につかへたのだ。おまけに校長がじろじろと豚のからだを見ることは全くあの畜産の、教師とおんなじことなのだ。

豚はかなしく耳を伏せた。そしてこはごは斯《か》う云った。

「私はどうも、このごろは、(b)気がふさいで仕方ありません。」

校長は又にがわらひを、しながら豚に斯う云った。

「ふん。気がふさぐ。さうかい。もう世の中がいやになったかい。さういふわけでもないのかい。」豚があんまり陰気な顔をしたものだから校長は急いで取り消しました。

それから農学校長と、豚とはしばらくしいんとしてにらみ合ったまゝ立ってゐた。たゞ一言も云はないでじいっと立って居《を》ったのだ。そのうちにたうとう校長は今日は証書はあきらめて、

「とにかくよくやすんでおいで。⑦あんまり動きまはらんでね。」例の黄いろな大きな証書を小わきにかいこんだまゝ、向ふの方へ行ってしまふ。

豚はそのあとで、何べんも、校長の今の苦笑やいかにも底意のある語を、繰り返し繰り返しして見て、身ぶるひしながらひとりごとした。

二　次の文章を読んで、後の問い（問1～10）に答えなさい。

尤《もっと》もこれは①豚の方では、それが生れつきなのだし、充分によくなれてゐたから、けしていやだとも思わなかった。却《かへ》ってある夕方などは、殊に豚は自分の幸福を、感じて、天上に向いて感謝してゐた。といふわけはその晩方、化学を習った一年生の、生徒が、自分の前に来ていかにも不思議さうにして、豚のからだを眺《なが》めて居た。豚の方でも時々は、あの小さなそら豆形の怒ったやうな眼《め》をあげて、そちらをちらちら見てゐたのだ。その生徒が云《い》った。

「ずゐぶん豚といふものは、奇体なことになってゐる。水やスリッパや藁《わら》をたべて、それをいちばん上等な、脂肪や肉にこしらへる。豚のからだはまあたとへば②生きた一つの触媒だ。白金と同じことなのだ。無機体では白金だし有機体では豚なのだ。考へれば考へる位、これは変になることだ。」

豚はもちろん自分の名が、白金と並べられたのを聞いた。それから豚は、白金が、一注(※1)匁《もんめ》三十円することを、よく知ってゐたものだから、自分のからだが二十注(※2)貫で、いくらになるといふことも勘定がすぐ出来たのだ。豚はぴたっと耳を伏せ、眼を半分だけ閉ぢて、前肢《まへあし》をきくっと曲げながらその勘定をやったのだ。

20×1000×30＝600000　実に六十万円だ。六十万円といったならそのころのフランドンあたりでは、まあ第一流の紳士なのだ。いまだってさうかも知れない。さあ第一流の紳士だもの、豚がすっかり幸福を感じ、あの頭のかげの方の鮫《さめ》によく似た大きな口を、にやにや曲げてよろこんだのも、けして無理とは云はれない。

ところが③豚の幸福も、あまり永くは続かなかった。

それから二三日たって、そのフランドンの豚は、どさりと上から落ちて来た一かたまりのたべ物から、（④大学生諸君、意志を鞏固《きょうこ》にもち給へ。いゝかな。）たべ物の中から、一寸《ちょっと》細長い白いもので、さきにみじかい毛を植ゑた、ごく率直に云ふならば、ラクダ印の歯磨楊子《はみがきやうじ》、それを見たのだ。どうもいやな説教で、折角洗礼を受けた、大学生諸君にすまないが少しこらへてくれ給《たま》へ。

豚は実にぎょっとした。一体、その楊子の毛を見ると、自分のからだ中の毛が、風に吹かれた草のやう、ザラッザラッと鳴ったのだ。豚は実に永い間、変な顔して、眺めてゐたが、たうとう頭がくらくらして、いやないやな気分になった。いきなり向ふの敷藁に頭を埋めてくるっと寝てしまったのだ。

晩方になり少し気分がよくなって、豚はしづかに起きあがる。気分がいゝと云ったって、結局豚の気分だから、苹果《りんご》のやうにさくさくし、青ぞらのやうに光るわけではもちろんない。これ灰色の気分である。灰色にしてやゝつめたく、透明なるところの気分である。さればまことに豚の心もちをわかるには、豚になって見るより致し方ない。

外来ヨークシャイヤでも又黒いバアクシャイヤでも豚は決して自分が魯鈍《ろどん》だとか、怠惰だとかは考へない。最も想像に困難なのは、豚が自分の平らなせなかを、棒でどしゃっとやられたとき何と感ずるかといふことだ。さあ、日本語だらうか伊太利亜《イタリア》語だらうか独乙《ドイツ》語だらうか英語だらうか。さあどう表現したらいゝか。さりながら、結局は、叫び声以外わからない。カント博士と同様に全く(a)不可知なのである。

さて豚はずんずん肥《ふと》り、なんべんも寝たり起きたりした。フランドン農学校の畜産学の先生は、毎日来ては鋭い眼で、じっとその生体量を、

問２　傍線部②「相手が実際に同じように思っている」とは相手がどう思うことか。説明として最も適当な選択肢を次から選びなさい。

ア　自分が何かをすると相手が喜ぶと思っている。
イ　相手がしてくれたことをうれしく思っている。
ウ　自分がしたことを相手もしたいと思っている。
エ　相手が喜ぶことをするべきだと思っている。

問３　傍線部③「押しつけであり、ひどい場合には暴力になります」とあるが、この状況を別の言葉で何と表現しているか、傍線部より前から十字以内で抜き出し答えなさい。

問４　傍線部④「その見返り」とあるが、本文中における「見返り」とはどういうことか、文中の語句を用い十字以内で説明しなさい。

問５　空欄 イ ・ ロ に入る語句をひらがな三文字でそれぞれ答えなさい。

問６　傍線部⑤「私の『思い』が『予測できなさ』に吸収されるならば」とあるが、どういうことか。本文中の傍線部⑤より前から十九字で抜き出し、次の空欄を埋める形で説明しなさい。

これをしてあげたら相手に取って利になるだろう、という考えから［　　　　　　　　］という考えに変わること。

問７　傍線部⑥「ブレイディによれば」とあるが、ここで示される具体例は何を示すための具体例か、本文中から五字で抜き出し答えなさい。

問８　傍線部⑦「ユートピア」の語の意味として最も適当な選択肢を次から選びなさい。

ア　理想郷　　イ　異常事態　　ウ　社会　　エ　行動

問９　空欄 X には次のア～オを並び替えたものが入る。並び替えて最初から三番目になる選択肢を答えなさい。

ア　にもかかわらず、どうしても私たちは「予測できる」という前提で相手と関わってしまいがちです。「思い」が「支配」になりやすいのです。
イ　実際には相手は別のことを思っているかもしれないし、いまは相手のためになっていても、一〇年後、二〇年後にはそうではないかもしれません。
ウ　少なくとも、平時の私たちは、自分の行為の結果は予測できるという前提で生きています。
エ　利他的な行動を取るときには、とくにそのことに気をつける必要があります。
オ　でも、だからこそ「こうだろう」が「こうであるはずだ」に変わりやすい。

問10　傍線部⑧「『他者の発見』は『自分の変化』の裏返しにほかなりません」とはどういうことか、説明として最も適当な選択肢を次から選びなさい。

ア　他者がする思いがけない行動によって自分の価値観が変化するということ。
イ　他者が自分の思い通りにならないことによって自分の行動が変化するということ。
ウ　他者の思い通りに自分が振る舞わないことで自分の意志の強さを発見するということ。
エ　他者が自分と違う存在だと気がつくことで、自分の存在意義が明確になるということ。

の上からのコントロールが働いていない状況下で、相互扶助のために立ち上がるという側面もある。コロナ禍において、とりあえず自分にできることをしようと立ち上がった人は、日本においても多かったように思います。

　レベッカ・ソルニットの「災害⑦ユートピア」という言葉があります。これは、地震や洪水など危機に見舞われた状況のなかで、人々が利己的になるどころか、むしろ見知らぬ人のために行動するユートピア的な状況を指した言葉です。

　このようなことが起こるひとつのポイントは、非常時の混乱した状況のなかで、平常時のシステムが機能不全になり、さらに状況が刻々と変化するなかで、自分の行為の結果が予測できなくなることにあるのではないかと思います。どうなるか分からないけど、それでもやってみる。混乱のなかでこそ純粋な利他が生まれるようにみえる背景には、この「読めなさ」がありそうです。

▼ケアすることとしての利他

　他方で平常時は、こうした災害時に比べると、行為の結果が予測しやすいものになります。

X

　そのためにできることは、相手の言葉や反応に対して、真摯《しんし》に耳を傾け、「聞く」こと以外にないでしょう。知ったつもりにならないこと。自分との違いを意識すること。利他とは、私たちが思うよりも、もっとずっと受け身なことなのかもしれません。

　さきほど、信頼は、相手が想定外の行動をとるかもしれないという前提に立っている、と指摘しました。「聞く」とは、この想定できていなかった相手の行動が秘めている、積極的な可能性を引き出すことでもあります。「思っていたのと違った」ではなく「そんなやり方もあるのか」と、むしろこちらの評価軸がずれるような経験。

　他者の潜在的な可能性に耳を傾けることである、という意味で、利他の本質は他者をケアすることなのではないか、と私は考えています。

　ただし、この場合のケアとは、必ずしも「介助」や「介護」のような特殊な行為である必要はありません。むしろ、「こちらには見えていない部分がこの人にはあるんだ」という距離と敬意を持って他者を気づかうこと、という意味でのケアです。耳を傾け、そして拾うことです。

　ケアが他者への気づかいであるかぎり、そこは必ず、意外性があります。自分の計画どおりに進む利他は押しつけに傾きがちですが、ケアとしての利他は、大小さまざまなよき計画外の出来事へと開かれている。この意味で、よき利他には、必ずこの「他者の発見」があります。

　さらに考えを進めてみるならば、よき利他には必ず「自分が変わること」が含まれている、ということになるでしょう。相手と関わる前と関わった後で自分がまったく変わっていなければ、その利他は一方的である可能性が高い。⑧「他者の発見」は「自分の変化」の裏返しにほかなりません。

（伊藤亜紗「『利他』とは何か」集英社新書）

注※1　アナキズム……無政府主義のこと。

問1　傍線部①「利他的な行動」とは何か、説明として最も適当な選択肢を次から選びなさい。

ア　自分を大切にする行動　　イ　他人に利用される行動

ウ　個人が選択する行動　　エ　他人のためになる行動

【国　語】（五〇分）〈満点：一〇〇点〉

一　次の文章を読んで、後の問い（問1～10）に答えなさい。

▼利他の大原則

①利他的な行動には、本質的に、「これをしてあげたら相手にとって利になるだろう」という、「私の思い」が含まれています。

　重要なのは、それが「私の思い」でしかないことです。

　思いは思い込みです。そう願うことは自由ですが、②相手が実際に同じように思っているかどうかは分からない。「これをしてあげたら相手にとって利になるだろう」が「これをしてあげるんだから相手は喜ぶはずだ」に変わり、さらには「相手は喜ぶべきだ」になるとき、利他の心は、容易に相手を支配することにつながってしまいます。

　つまり、利他の大原則は、「自分の行為の結果はコントロールできない」ということなのではないかと思います。やってみて、相手が実際にどう思うかは分からない。分からないけど、それでもやってみる。この不確実性を意識していない利他は、③押しつけであり、ひどい場合には暴力になります。

　「自分の行為の結果はコントロールできない」とは、別の言い方をすれば、「見返りは期待できない」ということです。「自分がこれをしてあげるんだから相手は喜ぶはずだ」という押しつけが始まるとき、人は利他を自己犠牲ととらえており、④その見返りを相手に求めていることになります。

　私たちのなかにもつい芽生えてしまいがちな、見返りを求める心。先述のハリファックスは、警鐘《けいしょう》を［イ］ます。「自分自身を、他者を助け問題を解決する救済者と見なすと、気づかぬうちに権力志向、うぬぼれ、自己陶酔《とうすい》へと傾きかねません」（『Compassion』）。

　アタリの言う合理的利他主義や、「［ロ］は人のためならず」の発想は、他人に利することがめぐりめぐって自分にかえってくると考える点で、他者の支配につながる危険をはらんでいます。ポイントはおそらく、「めぐりめぐって」というところでしょう。めぐりめぐっていく過程で、⑤私の「思い」が「予測できなさ」に吸収されるならば、むしろそれは他者を支配しないための想像力を用意してくれているようにも思います。

▼コロナ禍のなかでの相互扶助

　どうなるか分からないけど、それでもやってみる。ブレイディみかこは、コロナ禍の英国ブライトンで彼女が目にした光景について語っています（ブレイディみかこ×栗原康「コロナ禍と〝クソどうでもいい仕事〟について」、「文學界」二〇二〇年一〇月号）。

⑥ブレイディによれば、町がロックダウンしているさなか、一人暮らしのお年寄りや自主隔離に入った人に食料品を届けるネットワークをつくるために、自分の連絡先を書いた手づくりのチラシを自宅の壁に貼ったり、隣人のポストに入れて回ったりしていた人がいたそうです。普通ならば「個人情報が悪用されるのではないか」などと警戒するところですが、そうではなく、とりあえずできることをやろうと動き出した人がいた。

　ブレイディは、これは一種の注（※1）アナキズムだと言います。アナキズムというと一切合切破壊するというイメージがありますが、政府など

MEMO

大切なことはメモしておこうネ！

2022年度

狭山ヶ丘高等学校付属中学校入試問題

【算　数】（50分）　＜満点：100点＞

【注意】（1）コンパス・分度器・電卓・定規類の使用は認めません。

（2）問題にかいてある図は必ずしも正確ではありません。

1. 次の □ に当てはまる数を求めなさい。

（1）$49.05\times8+58.86\times5+39.24\times5+98.1=$ □

（2）$\left\{2\div\frac{1}{7}+(3\times2-0.75)\div\frac{7}{3}\right\}\times\frac{4}{5}=$ □

（3）$5+\frac{20-\square}{3}=23-\square$（ただし，□ には同じ数が入ります。）

（4）$(3.75-\square\times1.25)\times\frac{2}{3}-\frac{1}{55}=\frac{9}{11}$

（5）午前9時の $2\frac{77}{360}$時間前は，午前 □ 時 □ 分 □ 秒

2. 次の □ に当てはまる数および曜日を答えなさい。

（1）兄弟は親と祖父からそれぞれお年玉をもらいました。親からは3：2の割合で兄が多くもらいました。祖父からは2人とも1万円もらったところ，2人の金額の比は5：4になりました。弟がもらったお年玉の合計は □ 万円です。

（2）A，B，C，D，Eの5人が1組と2組の2つの教室に分かれて入ります。5人の分かれ方は □ 通りあります。ただし，教室には必ず1人は分かれて入る必要があります。

（3）狭丘くんは車で家族旅行に出かけました。入間市と仙台市を往復するのに，行きは時速80kmで走行して4時間半の時間がかかりました。帰りは渋滞だったため，車は時速60kmで走行していました。往復の車の平均の速さは時速 □ kmです。
ただし，答えは小数第1位を四捨五入して整数のがい数で答えなさい。

（4）112を1から順に割って，その商と余りを見ていくと，商と余りが等しくなるときがあります。そのような商と余りのうち，最も大きい数は □ です。

（5）下の図のように，直径6cmの半円を30°だけ回転させました。このとき，斜線の部分の面積は □ cm^2です。
ただし，円周率は3.14とします。

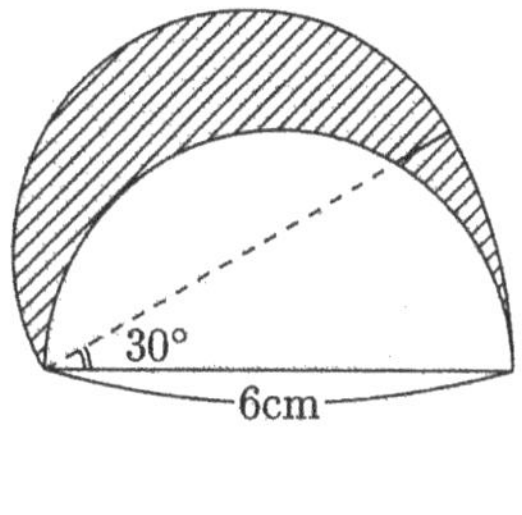

3. 下の画像は，「2022年度狭山ヶ丘高等学校付属中学校入試問題」の書籍についているバーコードです。バーコードの下に13個の数字が書いてあります。

9784814117833

これらの数字は12番目までの数字は商品を情報をそれぞれ表していますが，13番目は「チェックディジット」と呼ばれる正しくバーコードを読み取れているかの確認用の数字になっています。この数字をXとすると，このXの値は次のように計算します。

① 偶数番目の数を３倍した数と，奇数番目の数をすべて足す。

② ①の数を10で割った余りを求める。

③ 10から②で求めた余りを引く。これをXとする。

（ただし，$X=10$となった場合は，$X=0$に書き直すことにします。）

例えば，上のバーコードでは，$X=3$ですが，

① $9+7\times3+8+4\times3+8+1\times3+4+1\times3+1+7\times3+8+3\times3=107$

② $107\div10=10$あまり７

③ $10-7=3$

となり，同じ数字になっていることが分かります。これについて，次の問いに答えなさい。

(1) 123456789101Xであるとき，Xはいくつですか。

(2) 1Y34567891011であるとき，Yはいくつですか。

4. １年生40人が算数のテストを受けました。その得点と人数を記録し，それを下の表や右の円グラフにしている途中の状態です。

	A	B	C	D	E
得点 (点)	10	20	30	40	50
人数 (人)	6				2

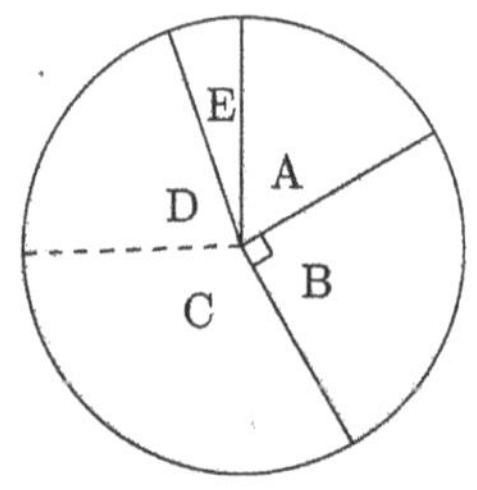

(1) 20点の生徒は何人ですか。

(2) 30点の人数のほうが40点の人数より３人以上は多いようですが，３倍よりは少ないようでした。30点の生徒の人数は何人以上何人以下ですか。

(3) 平均点が27.5点のとき，円グラフのDの扇形の中心角は何度ですか。

5. 長さが20㎝の線分ＰＱと，１辺が20㎝の正三角形ABCがあります。三角形ABCの上を点Ｘが毎秒５㎝の速さでＡ→Ｂ→Ｃ→Ａの順に進んでいきます。このときの三角形XPQの面積の変化を考えます。

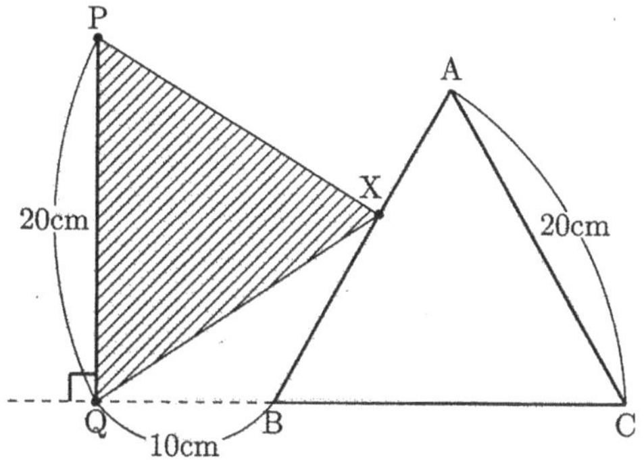

⑴　点Ｘが三角形ABCを一周するうち，三角形XPQの面積が最も大きくなるのは何秒後ですか。また，そのときの面積は何㎠ですか。
（式・考え方も書くこと）

⑵　点Ｘが三角形ABCを一周するうち，ＸがBC上にあるときに三角形XPQの面積が225㎠となりました。次に三角形XPQの面積が225㎠となるのはそれから何秒後ですか。
（式・考え方も書くこと）

【理　科】（30分）　＜満点：60点＞

1　次の文章を読んで，以下の問１～問５に答えなさい。

回路を流れる電気の流れを電流という。電流は，かん電池や電源装置の＋極から出て，どう線を通って電球やモーターを通り，－極へ流れる。電池と電球のつなぎ方には大きく分けて２通りあり，この内，図１のように，電池や電球などを通る電気の道筋が一本になるようなつなぎ方を（　①　）つなぎといい，図２のように，道筋がいくつかに分かれるようなつなぎ方を（　②　）つなぎという。つなぎ方によって電流の流れ方が異なる。

また，(I)電球の代わりに電熱線を用いると，流れる電気を（　③　）に変えることができる。このように(II)電気は様々な形に変えることができ，音・(③)・光・運動などに変えて利用されている。(III)私たちは様々な方法で電気を生み出し，生活を快適にすることができている。

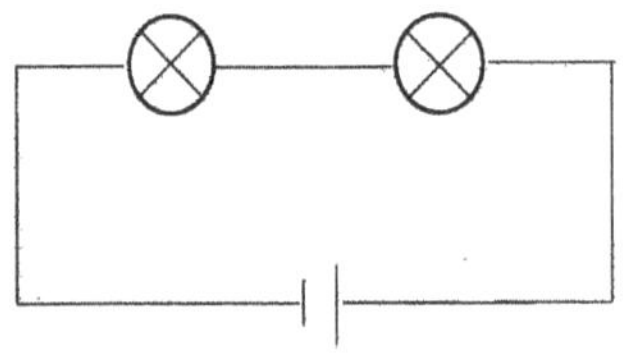

図１

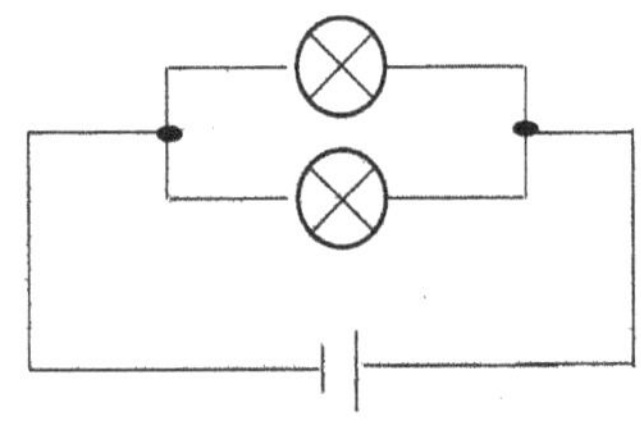

図２

問１　文中の空らん（①）～（③）に当てはまる言葉を答えなさい。

問２　回路のつなぎ方について，正しく述べたものはどれですか。正しいものを，次の(ア)～(エ)の中から全て選び，その記号で答えなさい。ただし，図１･図２で使う電球は全て同じものとします。

(ア)　図１のつなぎ方では，電球をいくつに変えても回路を流れる電流の大きさは変わらない

(イ)　図１のつなぎ方では，2つの電球の明るさは等しい

(ウ)　図２のつなぎ方では，電球を片方外すと残った電球のあかりが消える

(エ)　図２のつなぎ方では，電球が１つの時と明るさが等しい

問３　文中の下線部(I)について，図２の回路の電球を太さの異なる電熱線に変えて電流を流した時，より多く（③）が得られるのはどちらですか。太い電熱線または細い電熱線から選んで答えなさい。

問４　文中の下線部(II)について，電気が音・(③)・光・運動に変えられている例を１つ答えなさい。

問５　文中の下線部(III)について，これを発電といいます。あなたが知っている発電について１つ挙げ，その方法と短所を簡単に答えなさい。

2　次の文章を読んで，以下の問１～問４に答えなさい。

我々人類が住んでいる地球には大気があり，大気には様々な種類の気体が含《ふく》まれている。最も多く含まれているのは（　①　）で，(①)は変化しにくく，食品の品質保持用のふう入ガスとしても利用される。次に多いのが（　②　）で，多くの生物の呼吸に必要不可欠であるほか，(I)ものを燃やすはたらきもある。また，生物の呼吸では（②）と（　③　）が交かんされる。(③)は，空気より（　④　）く，石灰水を白くにごらせる性質がある。

人類の様々な行動によっても，気体は発生する。例えば，自動車などのはい気ガスには二酸化ちっ素が含まれ，これが水にとけると強い酸性を示し，（　⑤　）などの問題になっている。そのため，自動車には様々な改良がなされており，太陽電池や燃料電池といった電気を動力とした自動車も開発されている。燃料電池は（　⑥　）と（②）を燃料として用いるものである。

問1　文中の空らん（①）～（⑥）に当てはまる言葉を答えなさい。

問2　文中の気体の内，水上置かんで集めると良いものはどれですか。正しいものを，①，②，③，⑥の中から，全て選び，その記号で答えなさい。

問3　文中の気体①～③の内，十分に水に通した後に，BTBよう液が黄色に変わるのはどれですか。正しいものを，①～③の中から1つ選び，その記号で答えなさい。

問4　文中の気体⑥について，その性質はどれですか。正しいものを，次の(ア)～(エ)の中から全て選び，その記号で答えなさい。

(ア)　空気よりも軽い

(イ)　水にとけてアルカリ性を示す

(ウ)　ロケットの燃料に使われる

(エ)　鼻をさすようなにおいがする

3　次の文章を読んで，以下の問1～問6に答えなさい。

食べ物に含まれる栄養素を身体が吸収できるように分解していくことを（　①　）という。（①）では各部位から出る（　②　）が重要なはたらきをする。だ液にふくまれる（②）は（　③　）といい，これはデンプンを（　④　）に分解する。（②）は種類によってはたらきやすい環《かん》境がちがっていて，ペプシンは（　⑤　）性の環境でよくはたらく。(I)デンプン，(II)タンパク質，(III)脂肪《しぼう》はそれぞれ分解された後，(IV)小腸から吸収されて体内に取り込まれる。

問1　文中の空らん（①）～（⑤）に当てはまる言葉を答えなさい。

問2　文中の（②）のはたらきがよくなる温度は何℃ですか。最も適するものを，次の(ア)～(オ)の中から1つ選び，その記号で答えなさい。

(ア)　0℃以下　　(イ)　10～20℃　　(ウ)　30～40℃　　(エ)　50～60℃　　(オ)　70℃以上

問3　下線部(I)について，デンプンがあるかないかを調べるときに使われる薬品の名前を何といいますか。

問4　下線部(II)について，タンパク質でできているものはどれですか。正しいものを，次の(ア)～(オ)の中から全て選び，その記号で答えなさい。

(ア)　つめ　　(イ)　米　　(ウ)　かみの毛　　(エ)　紙　　(オ)　ペットボトル

問5　下線部(III)について，脂肪は，脂肪酸とモノグリセリドに分解され，その後，小腸で吸収されるとすぐに脂肪にもどります。もどった脂肪が入る管の名前を何といいますか。

問6　下線部(IV)について，小腸にはじゅう毛があり，これによって効率的に養分を吸収することができます。その理由を簡単に答えなさい。

4　次の文章を読んで，以下の問1～問7に答えなさい。

下の表1は気温とほう和水蒸気量（$1\,m^3$の空気中にふくむことができる水蒸気の最大量）の関係を示したものである。

表1

温度(°C)	15	16	17	18	19	20	21	22	23	24	25
ほう和水蒸気量(g/m³)	12.8	13.6	14.5	15.4	16.3	17.3	18.3	19.4	20.6	21.8	23.1

大きさ$50\,m^3$の部屋が気温22℃，湿《しつ》度66パーセント（%）である時，この部屋の空気について考える。なお，湿度は次の式で表される。

$$湿度（\%）=\frac{空気1\,m^3中にふくまれる水蒸気の量[g]}{ほう和水蒸気量[g]}\times 100$$

問1　湿度を求める際には，上の式を用いずに乾《かん》湿計を用いることがあります。乾湿計の湿球部分の特ちょうを簡単に答えなさい。

問2　次の(1)(2)に答えなさい。

(1)　空気をある温度まで下げた時，空気中の水蒸気の一部が水てきになりました。このときの温度を何といいますか。

(2)　(1)のときの湿度は何%ですか。

問3　この空気$1\,m^3$中に含まれる水蒸気の量は何gですか。小数第2位を四捨五入して，小数第1位まで答えなさい。

問4　この部屋に除湿機を置いて，温度を22℃に保ったまま，湿度を66%から50%まで下げました。このとき，除湿機が集めた水は何gですか。小数第1位を四捨五入して，整数で答えなさい。

雲は山間部で多く発生する。この理由は山では上昇《しょう》気流が発生しやすいためである。上昇気流によって雲が生じ，その雲が山頂に着くまでに雨が降ったとすると，(I)山をこえた先の地域にふく風は山をこえる前よりも，暖かく乾そうしたものになる。これは湿《しめ》った空気が上昇するときの気温の下がる割合と，乾そうした空気が下降するときの気温の上がる割合が異なるために起こる現象である。

問5　登山に行くと，山頂でおかしなどのふくろを見て気圧の変化を感じることができます。気圧の変化とふくろがどのように変化したかを簡単に答えなさい。

問6　空気が100m上昇するときに温度が0.6℃下がるとします。ふもとの気温が16℃のとき，標高1500mの山の山頂の気温は何℃になりますか。整数で答えなさい。

問7　下線部(I)について，この現象を何といいますか。

【社　会】（30分）　＜満点：60点＞

1　次の文章を読み，あとの設問に答えなさい。

江戸時代であれば，多くの人々にとって移動手段は徒歩が一般的で，東京・京都間は約2週間かかっていた。明治以降の鉄道網の普及によって，人々の移動の速さや範囲は大きく変化していった。現在では各地に新幹線が整備され，いっそう，人々の移動は便利になった。最初の新幹線は，1964年に東京・新大阪間で開通した(1)東海道新幹線である。以後，各地で新幹線は整備された。

2010年代に入っても，2011年に(2)九州新幹線が全線開通し，2015年には東京駅と(3)金沢駅の間が新幹線で結ばれた。翌年には北海道まで新幹線は延伸され，さらに各地で整備計画がすすめられ，(4)環境アセスメントが計画されている地域もある。

設問1．下線部(1)東海道新幹線は，東京駅を出発し，おおむね太平洋側を通って新大阪駅へと至る新幹線である。東海道新幹線が通過する都道府県として誤っているものを次から一つ選び記号で答えなさい（都道府県の縮尺は同じではない）。

ア

イ

ウ

エ

設問2．下線部(2)九州新幹線の終着駅は鹿児島県の鹿児島中央駅である。鹿児島県の説明文として誤っているものを次から一つ選び記号で答えなさい。

ア．県の大部分がシラス台地と呼ばれる，火山灰におおわれた地形からなっており，水持ちが悪く稲作には向かない地域である。

イ．県内の屋久島では，数千年の樹齢をほこる縄文杉が有名で，ユネスコの世界自然遺産に登録されている。

ウ．畜産業がさかんな県で，豚の生産は全国第一位で，ブロイラー，肉用牛は全国第二位の地位をしめている。

エ．海に面している県であり，水産業もさかんで，有明海ののりの養殖は全国的にも有名である。

設問3．下線部(3)金沢についてあとの問いに答えなさい。

(i)　金沢の雨温図として適切なものを次から一つ選び記号で答えなさい。

ア

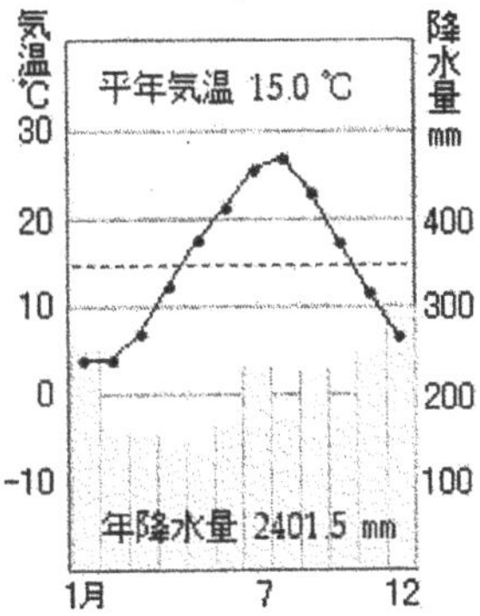

イ

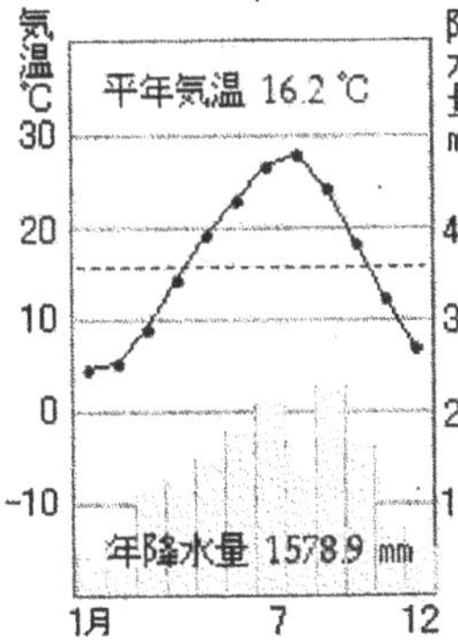

ウ

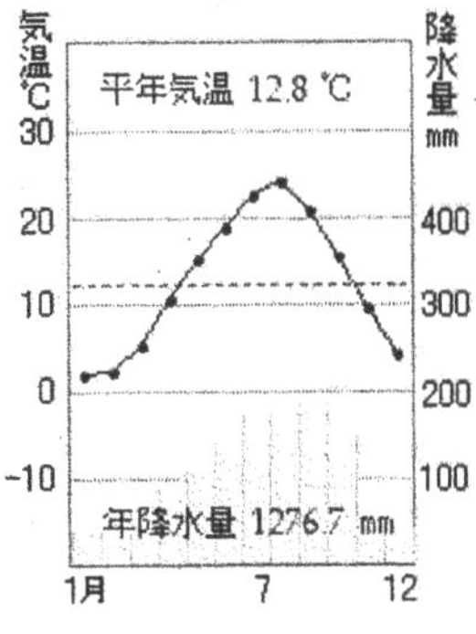

エ

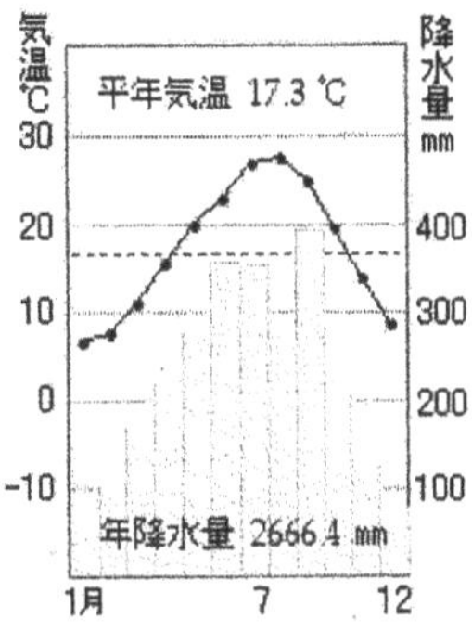

(ii) 金沢は，北陸四県を代表する都市の一つである。北陸地方についての説明文として誤っているものを次から一つ選び記号で答えなさい。

ア．稲作が新潟県の平野部などでさかんで，能登半島のたな田なども有名である。

イ．若狭湾はリアス式海岸として知られ，越前ガニの水揚げで有名である。

ウ．北陸工業地域では，富山の製薬の他，富士や富士宮のパルプ生産が知られている。

エ．加賀友禅などの伝統工業もさかんな地域である一方，福井県鯖江《さばえ》のメガネフレーム生産は，国内生産の９割をほこっている。

設問４．下線部(4)環境アセスメントとは何か。説明しなさい。

2　次の地図を見て，あとの設問に答えなさい。

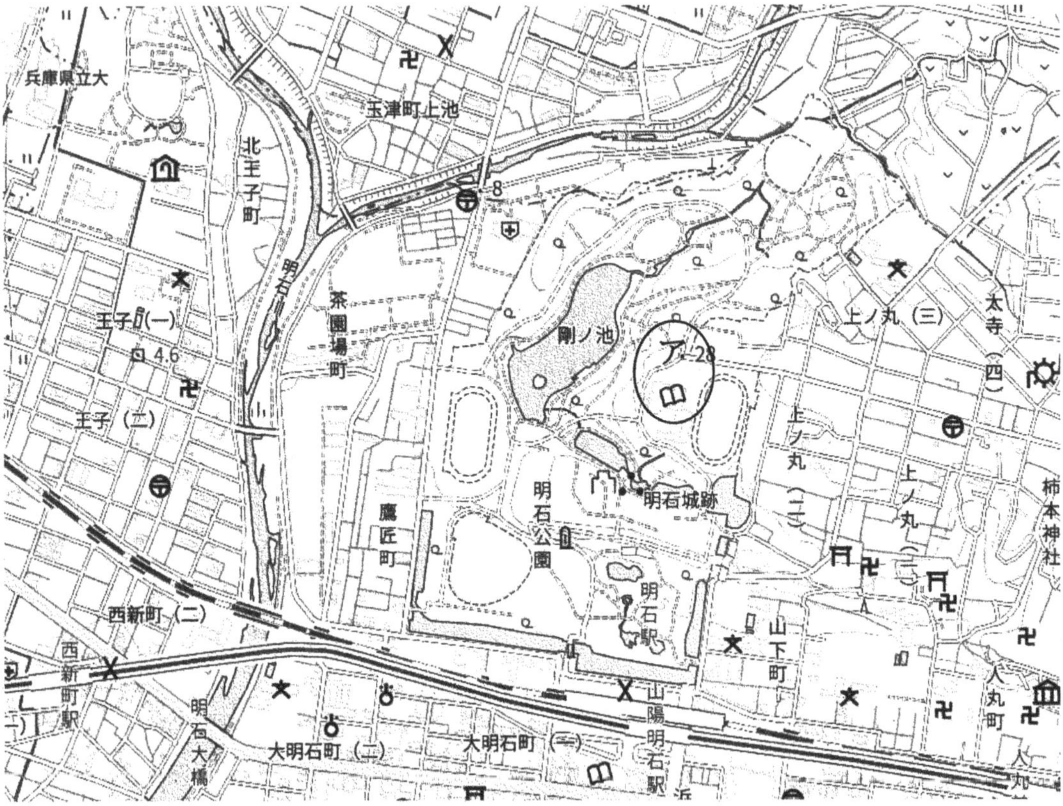

国土地理院ＨＰより作成

設問１．地図中㋐で囲んでいる地域に示されている地図記号は何か答えなさい。

設問２．この地図に関する説明文Ａ・Ｂの正誤の組み合わせとして正しいものを記号で答えなさい。

Ａ：地図の西方を流れている明石川は日本海にそそいでいる河川である。

Ｂ：明石城跡や明石公園の東側には寺院や神社が点在している地域がある。

ア．Ａ＝正　　Ｂ＝正　　イ．Ａ＝正　　Ｂ＝誤

ウ．Ａ＝誤　　Ｂ＝正　　エ．Ａ＝誤　　Ｂ＝誤

設問３．この地図は兵庫県明石市の地図である。明石市には日本の標準時を決めるための経線が通っている。その経線の経度を答えなさい。

3　次の文章を読み，あとの設問に答えなさい。

A

(1)八代将軍に仕えたこの人物は，彼が京都の(2)東山に営んだ山荘の庭をつくったことで有名である。この人物が仕えた将軍の時代には，(3)自分のあとつぎをめぐる争いから幕府を二分する争乱が起こったが，この争乱で京都は荒れてしまい，幕府の力はおとろえた。

B

(4)この人物が瀬戸内海の海賊を率いて朝廷に反乱を起こした時代には，地方の武士が国司と対立することから始まった争乱が数多く起こった。(5)新皇を名乗り，関東地方の大部分を占領した人物が起こした争乱もその代表例である。これらの争乱は，朝廷や貴族に武士の実力を知らせる結果となった。

C

長い間政治を主導した法皇が亡くなると，天皇家や摂関家のなかの対立が原因となり都で争乱が起きた。(6)この争乱で力をつけたこの人物は，3年後に起こった争乱でも勝利をおさめ，武士として初めての太政大臣となり政治の実権をにぎった。

D

(7)幕府に対する武士たちの不満が高まったのをみると，(8)この人物は幕府をたおそうとした。一度は失敗するも，しだいに幕府に反乱を起こす武士も増えていき，ついに幕府はほろぼされた。政治の実権をにぎったこの人物は，(9)それまでの武家社会の慣習を無視した政治を行ったために社会の混乱をまねき，京都の二条河原にはこの政治を批判した落書がかかげられた。

設問１．下線部(1)について，この八代将軍とは誰か。漢字で答えなさい。

設問２．下線部(2)について，この山荘につくられた建築物として正しいものをあとから選び記号で答えなさい。

ア

イ

ウ

エ

設問３．下線部(3)について，この争乱を次から選び記号で答えなさい。

ア．平治の乱　　イ．保元の乱　　ウ．応仁の乱　　エ．承久の乱

設問４．下線部(4)この人物を次から選び記号で答えなさい。

ア．藤原道長　　イ．藤原頼通　　ウ．藤原秀郷　　エ．藤原純友

設問５．下線部(5)について，この人物は誰か。漢字で答えなさい。

設問６．下線部(6)について，この人物は誰か。漢字で答えなさい。

設問７．下線部(7)について，この幕府の説明文として正しいものを次から一つ選び記号で答えなさい。

ア．この幕府の名前の由来は，花の御所と呼ばれる屋敷の所在地である。

イ．この幕府は朝廷を監視するため，六波羅探題を設置した。

ウ．この幕府は明との貿易を行い，生糸や銅銭などを輸入した。

エ．この幕府は外国との交渉を長崎でのみ行う外交を展開した。

設問８．下線部(8)について，この人物を次から選び記号で答えなさい。

ア．後鳥羽上皇　　イ．白河法皇　　ウ．天武天皇　　エ．後醍醐天皇

設問９．下線部(9)について，この政治を一般に何というか。５字で答えなさい。

設問10．文章ＡＢＣＤを年代の正しい順に並び替えなさい。

4　次の文章を読み，あとの設問に答えなさい。

大河ドラマの主人公としてとりあげられた渋沢栄一は，1840年に現在の埼玉県深谷市で生まれた。青年となった渋沢は，江戸に出て最後の将軍となる【　①　】に仕え，パリ万国博覧会に参加するためにフランスに渡航した。(1)大政奉還にともない帰国した渋沢は，新政府につかえるようになり，大蔵省の官僚として金融制度の整備などに尽力した。この間，近代日本の主な輸出品である生糸を生産した官営模範工場である【　②　】の設立にも関わった。(2)1873年に政府をやめた渋沢は，実業家としての道を歩み始める。現在のみずほ銀行である第一国立銀行の頭取をはじめ，多くの銀行の設立や経営に関与し，数多くの企業を設立して日本資本主義の父と称された。

(3)第一次世界大戦中の1916年に実業界から引退した渋沢は，社会事業を中心に活動した。(4)国際連盟の目的と精神を普及させるための国際連盟協会の設立を主導して，初代会長になるなど，民間外交にも積極的であった。江戸時代後半に生まれた渋沢は，明治時代，(5)大正時代を経て，(6)昭和初期まで生き，1931年に病気のため死去した。

設問1．【①】に適切な人物を漢字で答えなさい。

設問2．【②】に適切な語句を漢字で答えなさい。

設問3．下線部(1)大政奉還とは何か。説明しなさい。

設問4．下線部(2)1873年には地租改正が行われた。地租改正についての説明文ＡＢを読み，その正誤の組み合わせとして正しいものを次から選び記号で答えなさい。

Ａ：地租改正のために発行された地券は，江戸時代からの年貢負担者に発行され，小作人にはわたされなかった。

Ｂ：地租は，土地の値段である地価の３％と定められ，農民にとっては重たい負担であったが，一度も変更されることはなかった。

ア．Ａ：正　Ｂ：正　　イ．Ａ：正　Ｂ：誤

ウ．Ａ：誤　Ｂ：正　　エ．Ａ：誤　Ｂ：誤

設問5．下線部(3)第一次世界大戦についての説明文として誤っているものを次から一つ選び記号で答えなさい。

ア．第一次世界大戦がはじまったきっかけはサラエボ事件である。

イ．第一次世界大戦に対して，日本も日英同盟を口実に参戦した。

ウ．大戦中，日本では，東京から始まった米騒動によって内閣がかわった。

エ．大戦後，パリのベルサイユ宮殿で講和会議が行われ，ベルサイユ条約が結ばれた。

設問6．下線部(4)国際連盟について，国際連盟の事務次長として活躍した日本人を次から一つ選び記号で答えなさい。

ア．新渡戸稲造　イ．伊藤博文　ウ．原敬　エ．板垣退助

設問7．下線部(5)大正時代の出来事の説明文として誤っているものを次から一つ選び記号で答えなさい。

ア．ロシア革命が起きて，世界で初めての社会主義の政府が成立した。

イ．加藤高明内閣が普通選挙法を成立させたが，女性に参政権は与えられなかった。

ウ．ラジオ放送が始まって，野球などの実況中継が人気を集めた。

エ．足尾銅山の鉱毒によって，栃木県の渡良瀬川流域の漁村に大きな被害が出た。

設問8．下線部(6)昭和初期の出来事の説明文として誤っているものを次から一つ選び記号で答えなさい。

ア．世界恐慌の影響を受けて，日本でも大不況が起き，庶民の生活は混乱した。

イ．二・二六事件によって総理大臣の犬養毅が射殺され，政党政治は終わった。

ウ．満州事変の結果，日本は中国の東北部を事実上支配するようになった。

エ．国際的に孤立を深めた日本は，国際連盟を脱退した。

5　次の会話文を読み，あとの設問に答えなさい。

先生：2015年に開催された①国際連合の総会で「持続可能な開発目標（SDGs）」が採択され，現在も目標達成に向けて様々な取り組みが行われています。次回の授業で班ごとに目標を１つ取り上げて，調べたことを発表してもらいます。では，授業を終わります。

山田：田中君，佐藤君。どの目標にしようか？

田中：僕は「貧困をなくそう」がいいと思う。先週の授業で②発展途上国が抱える問題として貧困

について勉強したばかりだし，個人的に興味があるな。

佐藤：うーん，僕は③地球環境問題に関連する「気候変動に具体的な対策を」も良いと思う。身近な取り組みについて知ることができそうだし。山田君はどちらがいい？

山田：僕は，田中君の意見に賛成するよ！

田中：よし！各自情報を集めて明日持ち寄ろう！

設問１．下線部①に関して，次の問いに答えなさい。

(i) 国際連合の本部がおかれている都市を次から選び記号で答えなさい。

ア．ニューヨーク　　イ．ブリュッセル　　ウ．ハーグ　　エ．ジュネーブ

(ii) 次の文章ＸＹの正誤の組み合わせとして正しいものを次から選び記号で答えなさい。

Ｘ：発足当初から加盟している日本は，国際連合の活動費を多く負担して運営の重要な役割を果たしている。

Ｙ：常任理事国が持つ拒否権はこれまで一度も発動されたことはない。

ア　Ｘ：正　Ｙ：正　　イ　Ｘ：正　Ｙ：誤

ウ　Ｘ：誤　Ｙ：正　　エ　Ｘ：誤　Ｙ：誤

(iii) 次の説明文Ａ・Ｂが指す国際連合の専門機関を，次からそれぞれ一つずつ選び記号で答えなさい。

Ａ：生活環境が悪化している国で，子どもを支援する活動を行っている。

Ｂ：労働者の地位向上や労働問題の解決に向けた活動を行っている。

Ａ　ア：UNHCR　　イ：UNISEF　　ウ：UNCTAD　　エ：UNESCO

Ｂ　ア：WTO　　イ：ILO　　ウ：WHO　　エ：FAO

(iv) 国際司法裁判所の本部が設置されている国を地図中から選び記号で答えなさい。

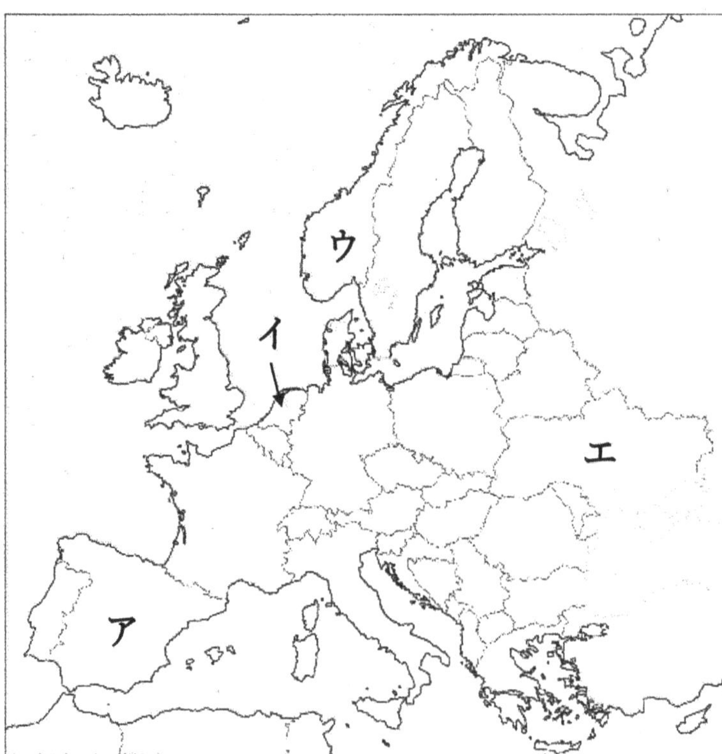

設問２．下線部②に関して，先進国が発展途上国に対して行う経済援助のことを何というか漢字６字で答えなさい。

設問３．下線部③に関して，次の文章を読み，空欄（Ａ）・（Ｂ）に当てはまる適切な語句を答えなさい。

1992年，リオデジャネイロで地球サミットが開催され，地球温暖化の防止に関する気候変動枠組み条約が採択された。その具体的なルールとして地球温暖化の要因となる温室効果ガスの削減に向けた目標値を定めた（　Ａ　）が1997年に採択された。その後も，温室効果ガス削減にむけた国際的な議論は続けられ，2015年には，発展途上国を含めた全ての国が温室効果ガス排出量の削減に取り組むことを定めた（　Ｂ　）協定が採択された。

① □が売れる（有名になること）
② 馬の□に念仏（いくら意見をしても全く効き目のないこと）
③ □を焼く（困り果てること）
④ 猫の□（非常に狭いこと）

問４ 次の傍線部の誤りを正しく直し、漢字で答えなさい。

① 大義明分
② 引果応報
③ 雅田引水
④ 案中模索

わしいという意味の語を完成させなさい。

問5 傍線部④「昨夕の失望」とは何かを説明した次の文章の空欄を埋める語句をそれぞれ指定の文字数で本文中から抜き出し答えなさい。

「私」は一ヶ月ぶりにヘクトーの名前を呼んだとき（①七字）を示してくれることを期待していたが、一ヶ月ぶりに会ったヘクトーは（②十一字）ため、主人の声を忘れてしまったと思ったこと。

問6 傍線部⑤「腹の中では彼を貰い受けた当時の事さえ思い起された」とあるが、このときの「私」の心情を説明したものとして最も適当な選択肢を次から選びなさい。

ア　ヘクトーが上等な犬ではなかったことを思い返し、彼を諦める気持ち。

イ　ヘクトーを大切にしていた頃の思い出を振り返り、彼を心配する気持ち。

ウ　ヘクトーは届け出をした犬だから、保健所から連絡が来ると安心する気持ち。

エ　ヘクトーを引き取った責任を思い出し、元の飼い主に申し訳なくなる気持ち。

問7 傍線部⑥「秋風の聞えぬ土に埋めてやりぬ」とあるが、このように一句を書いたのはなぜか、説明として最も適当な選択肢を次から選びなさい。

ア　悲惨な死に方をしてしまったヘクトーに、せめて安らかな気持ちで眠ってほしかったから。

イ　手水鉢同様に、いつかは忘れられてしまうだろうヘクトーのことを、「私」だけでも覚えていようと決意したから。

ウ　一句とともに裏庭に埋葬することが、「私」の家ではペットが死んだときの恒例行事だから。

エ　病気のヘクトーを医者に連れて行くことができなかったことを家の者ともども申し訳なく思ったから。

問8 筆者が著したほかの作品として最も適当な選択肢を次から選びなさい。

ア　『城の崎にて』

イ　『人間失格』

ウ　『金色夜叉』

エ　『坊っちゃん』

三　次の各問い（問1～4）に答えなさい。

問1 次の傍線部の片仮名を漢字に直しなさい。

①　仏の道をトく

②　罪人をサバく

③　物事のゼヒを問う

④　体育館が市民に一般カイホウされる

問2 次の傍線部の漢字を平仮名に直しなさい。

①　相談所を設ける

②　台風の上陸に備える

③　優しく朗らかな性格

④　旅行先でお土産を買う

問3 次の空欄に体の一部を示す漢字一字を入れ、（　）内の意味になるようにしなさい。

私は次の日も木賊《とくさ》の中に寝ている彼を一目見た。そうして同じ言葉を看護婦に繰り返した。しかしヘクトーはそれ以来姿を隠したぎり再び宅《うち》へ帰って来なかった。

「医者へ連れて行こうと思って、探したけれどもどこにもおりません」

家《うち》のものはこう云って私の顔を見た。私は黙っていた。しかし⑤腹の中では彼を貰い受けた当時の事さえ思い起された。届書《とどけしょ》を出す時、種類という下へ混血児《あいのこ》と書いたり、色という字の下へ赤斑《あかまだら》と書いた滑稽《こっけい》も微《かす》かに胸に浮んだ。

彼がいなくなって約一週間も経《た》ったと思う頃、一二丁隔《へだ》ったある人の家から下女が使に来た。その人の庭にある池の中に犬の死骸《しがい》が浮いているから引き上げて頸輪《くびわ》を改ためて見ると、私の家の名前が彫《ほ》りつけてあったので、知らせに来たというのである。下女は「こちらで埋《う》めておきましょうか」と尋ねた。私はすぐ車夫《くるまや》をやって彼を引き取らせた。

私は下女をわざわざ寄こしてくれた宅《うち》がどこにあるか知らなかった。ただ私の小供の時分から覚えている古い寺の傍《そば》だろうとばかり考えていた。それは山鹿素行《やまがそこう》の墓のある寺で、山門の手前に、旧幕時代の記念のように、古い榎《えのき》が一本立っているのが、私の書斎の北の縁から数多《あまた》の屋根を越してよく見えた。

車夫は筵《むしろ》の中にヘクトーの死骸を包《くる》んで帰って来た。私はわざとそれに近づかなかった。白木《しらき》の小さい墓標を買って来《こ》さして、それへ「⑥秋風の聞えぬ土に埋《う》めてやりぬ」という一句を書いた。私はそれを家《うち》のものに渡して、ヘクトーの眠っている土の上に建てさせた。彼の墓は猫の墓から東北《ひがしきた》に当って、ほぼ一間ばかり離れているが、私の書斎の、寒い日の照らない北側の縁に出て、硝子戸《ガラスど》のうちから、霜《しも》に荒された裏庭を覗《のぞ》くと、二つともよく見える。もう薄黒く朽《く》ちかけた猫のに比べると、ヘクトーのはまだ生々《なまなま》しく光っている。しかし間もなく二つとも同じ色に古びて、同じく人の眼につかなくなるだろう。

（夏目漱石「硝子戸の中」岩波文庫）

注※1　毫も……少しも
※2　操行……常日頃の振る舞い
※3　病がようやく怠って……病気がようやくよくなって

問1　傍線部①「まんじりともしない様子」とはどのような様子か、説明として最も適当な選択肢を次から選びなさい。

ア　少しも喜ばない様子
イ　少しもじっとしない様子
ウ　少しも眠らない様子
エ　少しもなつかない様子

問2　傍線部②「私はとうとうヘクトーという偉い名を、この子供たちの朋友に与えた」とあるが、このように名付けられた犬のヘクトーは実際にはどのような性格であったか、本文中から二字で抜き出し答えなさい。

問3　傍線部③「首を傾げていた」とあるが、医者はどう考えていたのか、説明として最も適当な選択肢を次から選びなさい。

ア　ヘクトーが命を落とすかもしれないと思っていた。
イ　「私」がヘクトーを大事にしていないと思っていた。
ウ　ヘクトーの病気を治すことを不満に思っていた。
エ　ヘクトーが牛乳を好まないと思っていた。

問４　空欄 X にひらがな3文字を入れ、「〇〇〇臭い」という、疑

彼を見る事があった。それでも宅にさえいれば、よく X 臭いものに吠《ほ》えついて見せた。そのうちで最も猛烈に彼の攻撃を受けたのは、本所辺から来る十歳《とお》ばかりになる角兵衛獅子《かくべえじし》の子であった。この子はいつでも「今日《こんち》は御祝い」と云って入って来る。そうして家《うち》の者から、麺麭《パン》の皮と一銭銅貨を貰わないうちは帰らない事に一人できめていた。だからヘクトーがいくら吠えても逃げ出さなかった。かえってヘクトーの方が、吠えながら尻尾《しっぽ》を股《また》の間に挟《はさ》んで物置の方へ退却するのが例になっていた。要するにヘクトーは弱虫であった。そうして注(※2)操行からいうと、ほとんど野良犬《のらいぬ》と択《えら》ぶところのないほどに堕落していた。それでも彼らに共通な人懐《ひとなつ》っこい愛情はいつまでも失わずにいた。時々顔を見合せると、彼は必《かなら》ず尾を掉《ふ》って私に飛びついて来た。あるいは彼の背を遠慮なく私の身体《からだ》に擦《す》りつけた。私は彼の泥足のために、衣服や外套《がいとう》を汚《よご》した事が何度あるか分らない。

　去年の夏から秋へかけて病気をした私は、一カ月ばかりの間《あいだ》ついにヘクトーに会う機会を得ずに過ぎた。注(※3)病《やまい》がようやく怠《おこた》って、床《とこ》の外へ出られるようになってから、私は始めて茶の間の縁《えん》に立って彼の姿を宵闇《よいやみ》の裡《うち》に認めた。私はすぐ彼の名を呼んだ。しかし生垣《いけがき》の根にじっとうずくまっている彼は、いくら呼んでも少しも私の情《なさ》けに応じなかった。彼は首も動かさず、尾も振らず、ただ白い塊《かたまり》のまま垣根にこびりついてるだけであった。私は一カ月ばかり会わないうちに、彼がもう主人の声を忘れてしまったものと思って、微《かす》かな哀愁《あいしゅう》を感ぜずにはいられなかった。

　まだ秋の始めなので、どこの間《ま》の雨戸も締《し》められずに、星の光が明け放たれた家の中からよく見られる晩であった。私の立っていた茶の間の縁には、家《うち》のものが二三人いた。けれども私がヘクトーの名前を呼んでも彼らはふり向きもしなかった。私がヘクトーに忘れられたごとくに、彼らもまたヘクトーの事をまるで念頭に置いていないように思われた。

　私は黙って座敷へ帰って、そこに敷いてある布団《ふとん》の上に横になった。病後の私は季節に不相当な黒八丈《くろはちじょう》の襟《えり》のかかった銘仙《めいせん》のどてらを着ていた。私はそれを脱ぐのが面倒だから、そのまま仰向《あおむけ》に寝て、手を胸の上で組み合せたなり黙って天井《てんじょう》を見つめていた。

　翌朝《あくるあさ》書斎の縁に立って、初秋《はつあき》の庭の面《おもて》を見渡した時、私は偶然また彼の白い姿を苔《こけ》の上に認めた。私は④昨夕《ゆうべ》の失望を繰《く》り返《かえ》すのが厭《いや》さに、わざと彼の名を呼ばなかった。けれども立ったなりじっと彼の様子を見守らずにはいられなかった。彼は立木《たちき》の根方《ねがた》に据《す》えつけた石の手水鉢《ちょうずばち》の中に首を突き込んで、そこに溜《たま》っている雨水《あまみず》をぴちゃぴちゃ飲んでいた。

　この手水鉢はいつ誰が持って来たとも知れず、裏庭の隅《すみ》に転《ころ》がっていたのを、引越した当時植木屋に命じて今の位置に移させた六角形《ろっかくがた》のもので、その頃は苔《こけ》が一面に生《は》えて、側面に刻みつけた文字《もんじ》も全く読めないようになっていた。しかし私には移す前一度判然《はっきり》とそれを読んだ記憶があった。そうしてその記憶が文字として頭に残らないで、変な感情としていまだに胸の中を往来していた。そこには寺と仏と無常の匂《におい》が漂《ただよ》っていた。

　ヘクトーは元気なさそうに尻尾《しっぽ》を垂れて、私の方へ背中を向けていた。手水鉢を離れた時、私は彼の口から流れる垂涎《よだれ》を見た。「どうかしてやらないといけない。病気だから」と云って、私は看護婦を顧《かえり》みた。私はその時まだ看護婦を使っていたのである。

け居心地の好い寝床《ねどこ》を拵《こしら》えてやったあと、私は物置の戸を締《し》めた。すると彼は宵《よい》の口《くち》から泣き出した。夜中には物置の戸を爪で掻き破って外へ出ようとした。彼は暗い所にたった独《ひと》り寝るのが淋しかったのだろう、翌《あく》る朝《あさ》まで①まんじりともしない様子であった。

この不安は次の晩もつづいた。その次《つぎ》の晩もつづいた。私は一週間余りかかって、彼が与えられた藁の上にようやく安らかに眠るようになるまで、彼の事が夜《よる》になると必ず気にかかった。

私の小供は彼を珍らしがって、間《ま》がな隙《すき》がな玩弄物《おもちゃ》にした。けれども名がないのでついに彼を呼ぶ事ができなかった。ところが生きたものを相手にする彼らには、是非とも先方の名を呼んで遊ぶ必要があった。それで彼らは私に向って犬に名を命《つ》けてくれとせがみ出した。②私はとうとうヘクトーという偉い名を、この小供達の朋友《ほうゆう》に与えた。

それはイリアッドに出てくるトロイ一の勇将の名前であった。トロイと希臘《ギリシャ》と戦争をした時、ヘクトーはついにアキリスのために打たれた。アキリスはヘクトーに殺された自分の友達の讐《かたき》を取ったのである。アキリスが怒《いか》って希臘方《がた》から躍《おど》り出した時に、城の中に逃げ込まなかったものはヘクトー一人であった。ヘクトーは三たびトロイの城壁をめぐってアキリスの鋒先《ほこさき》を避けた。アキリスも三たびトロイの城壁をめぐってその後《あと》を追いかけた。そうしてしまいにとうとうヘクトーを槍《やり》で突き殺した。それから彼の死骸《しがい》を自分の軍車《チャリオット》に縛《しば》りつけてまたトロイの城壁を三度引《ひ》き摺《ず》り廻した。……

私はこの偉大な名を、風呂敷包にして持って来た小さい犬に与えたのである。何にも知らないはずの宅《うち》の小供も、始めは変な名だなあと云っていた。しかしじきに慣れた。犬もヘクトーと呼ばれるたびに、嬉《うれ》しそうに尾を振った。しまいにはさすがの名もジョンとかジョージとかいう平凡な耶蘇《ヤソ》教信者《きょうしんじゃ》の名前と一様に、注（※1）毫《ごう》も古典的《クラシカル》な響を私に与えなくなった。同時に彼はしだいに宅のものから元《もと》ほど珍重されないようになった。

ヘクトーは多くの犬がたいてい罹《かか》るジステンパーという病気のために一時入院した事がある。その時は子供がよく見舞《みまい》に行った。私も見舞に行った。私の行った時、彼はさも嬉しそうに尾を振って、懐《なつ》かしい眼を私の上に向けた。私はしゃがんで私の顔を彼の傍《そば》へ持って行って、右の手で彼の頭を撫《な》でてやった。彼はその返礼に私の顔を所嫌《ところきら》わず舐《な》めようとしてやまなかった。その時彼は私の見ている前で、始めて医者の勧《すす》める小量の牛乳を呑《の》んだ。それまで③首を傾《かし》げていた医者も、この分ならあるいは癒《なお》るかも知れないと云った。ヘクトーははたして癒った。そうして宅《うち》へ帰って来て、元気に飛び廻った。

日ならずして、彼は二三の友達を拵《こしら》えた。その中《うち》で最も親しかったのはすぐ前の医者の宅にいる彼と同年輩ぐらいの悪戯者《いたずらもの》であった。これは基督教徒《キリストきょうと》に相応《ふさわ》しいジョンという名前を持っていたが、その性質は異端《いたん》者《しゃ》のヘクトーよりも遥《はるか》に劣っていたようである。むやみに人に噛《か》みつく癖《くせ》があるので、しまいにはとうとう打《う》ち殺《ころ》されてしまった。

彼はこの悪友を自分の庭に引き入れて勝手な狼藉《ろうぜき》を働らいて私を困らせた。彼らはしきりに樹の根を掘って用もないのに大きな穴を開《あ》けて喜んだ。綺麗《きれい》な草花の上にわざと寝転《ねころ》んで、花も茎も容赦《ようしゃ》なく散らしたり、倒したりした。

ジョンが殺されてから、無聊《ぶりょう》な彼は夜遊《よあそ》び昼遊びを覚えるようになった。散歩などに出かける時、私はよく交番の傍《そば》に日向《ひなた》ぼっこをしている

ア　ロサンゼルス　　イ　シアトル
ウ　首都ワシントンDC　　エ　ニューヨーク

問6　**Y** に共通して入る語句として最も適当なものを次の選択肢の中から一つ選び、記号で答えなさい。

ア　2倍　　イ　4倍　　ウ　2割　　エ　4割

問7　傍線部②「驚きの声が上がった」とあるが、その理由を説明したものとして最も適当な選択肢を次の中から一つ選び、記号で答えなさい。

ア　日本企業の社員に対する待遇が中国企業の待遇に比べて劣っていたから。
イ　日本企業の給与と比較して中国企業の給与が非常に高かったから。
ウ　中国企業の給与と比較すると日本企業の給与が異常に低かったから。
エ　中国企業の社員に対する待遇が日本企業に比べて劣っていたから。

問8　傍線部③「物価が安いので暮らしやすいという話は成立しません」とあるが、その理由として最も適当な選択肢を次の中から一つ選び、記号で答えなさい。

ア　日本においても貧富の差はあるため、物価が低くても暮らしが楽ではない人は一定数いるから。
イ　生活必需品はどの国で購入しても価格に差はないため、日本での暮らしが特別楽ではないから。
ウ　外国の価格動向の影響を受けるため、物価の低い日本での外国製品の買い物は相対的に高くなるから。
エ　日本の物価が欧米に比べて低いため、高い外国の製品を購入することがはばかられるから。

問9　傍線部④「これ」とは何か。その説明として最も適当な選択肢を次の中から一つ選び、記号で答えなさい。

ア　輸入品を原材料に製造されること。
イ　食品メーカーの利益が減ること。
ウ　賃金が安い国は、貧しくなってしまうこと。
エ　生活が貧しくなったとの感覚を持つこと。

問10　傍線部⑤「『ステルス値上げ』」とは、どのような目的で行われているものか。その説明として最も適当な選択肢を次の中から一つ選び、記号で答えなさい。

ア　一部の高所得な消費者を想定した高級な商品を販売するため。
イ　賃金の低い消費者にも安価で良質な商品を提供するため。
ウ　消費者に見えないように商品の品質を下げるため。
エ　低下した消費者の購買力でも企業が利益を確保するため。

二　次の文章は夏目漱石によって大正時代に書かれた随筆である。これを読んで、後の問い（問1～8）に答えなさい。

私がHさんからヘクトーを貰った時の事を考えると、もういつの間にか三四年の昔になっている。何だか夢のような心持もする。
その時彼はまだ乳離《ちばな》れのしたばかりの小供であった。Hさんの御弟子は彼を風呂敷《ふろしき》に包んで電車に載《の》せて宅《うち》まで連れて来てくれた。私はその夜《よ》彼を裏の物置の隅《すみ》に寝かした。寒くないように藁《わら》を敷いて、できるだ

海外と比較して賃金が安い国は、同じ輸入品を購入する場合でも、より多くの負担が必要となりますから、最終的な可処分所得は減少します。つまり、端的に言うと賃金が安い国は、その分だけ貧しくなってしまうのです。

このところ私たちの生活が貧しくなったとの感覚を持つ人が増えていますが、その理由が、まさに④これです。日本人の賃金が相対的に下がったことで、私たちの購買力が低下し、これが社会の貧しさに直結しているのです。

こうした貧しさは至る所で観察することができます。

ここ数年、食品の価格を据え置き、内容量だけを減らす、いわゆる「⑤ステルス値上げ」が横行していました。食品に使われる原材料の価格は海外の物価上昇の影響で年々上がっており、食品メーカーの利益は減る一方です。

本来であれば、原材料価格が上がった分だけ製品の価格を値上げすればよいのですが、日本人の賃金が上がらないので、値上げを実施すると商品が売れなくなってしまいます。苦肉の策として考え出したのが、価格を据え置き、内容量だけを減らすというやり方なのですが、これは、海外の物価上昇に対して日本人の購買力が低下し、同じ価格では少ない量しか買えなくなったことが原因なのです。

食品に限らず、小物類や電気製品、住宅の建材など、あらゆる分野において、価格を据え置いて材料の品質を下げるという取り組みが行われています。値段が変わらないので、何も変わっていないように見えますが、こうした行為は、最終的には生活感覚の貧しさにつながっていきます。日本が安い国になっていることは、経済的に見ると悪いことだらけですから、「物価が安いので暮らしやすい」と考えるべきではないのです。

（加谷珪一「貧乏国ニッポン　ますます転落する国でどう生きるか」幻冬舎新書）

問1　「金回りや所持金、資産」などを意味するように空欄［W］に入る語句を次の選択肢の中から一つ選び、記号で答えなさい。

ア　靴　　イ　懐　　ウ　襟　　エ　袖

問2　［X］、［Z］に入る語句として適当なものを次の各語群の中からそれぞれ一つずつ選び、記号で答えなさい。

［X］

ア　ちなみに　　イ　おそらく　　ウ　もし　　エ　かりに

［Z］

ア　つまり　　イ　ただ　　ウ　しかし　　エ　一方

問3　次の一文は本文のある段落の末尾に挿入されるべきものである。挿入すべき段落の最初の五字を書き抜きなさい。

> 諸外国では、一部の富裕層を除き、多くが夫婦ともにフルタイムで労働していますから、世帯収入という意味ではさらに大きな差が付くという図式です。

問4　傍線部①「粗末な売り家に1億円の値札が付けられている状況」とあるが、このような状況になってしまうのはなぜか。その理由を説明した次の文の空欄に入る語句を本文から五字で書き抜きなさい。

サンフランシスコ周辺は土地の値段だけでなく［　　］から。

問5　空欄［a］～［d］に入る都市を次の選択肢の中からそれぞれ記号で答えなさい。

一連の状況を総合的に考えると、米国と日本を比較した場合、**Y**程度の年収格差があると考えてよさそうです。

先ほど、グーグルやアップルの新入社員の年収は１５００万円以上と書きましたが、両社は世界の頂点に立つ超優良企業ですから、年収も破格です。一般的な米国企業の場合、大卒新入社員の年収は約５００～６００万円が相場だといわれています。

Z、日本では大卒社員の初任給は20万円程度が普通ですから、年収に換算すると２４０万円です。ここでも日本と米国を比較すると、**Y**以上の開きがあります。これは米国の例ですが、いわゆるグローバルに展開する大企業であれば、欧州であってもアジアであっても、年収はほぼ同じです。

以前、中国の大手通信機器メーカーのファーウェイ（華為技術）日本法人が、大卒の新入社員に対して月収40万円を提示して話題になったことがありました。日本ではあまりの高さに②驚きの声が上がったのですが、これはグローバル企業としてはごく普通の水準です。

ＯＥＣＤが行った調査によると、購買力平価（物価を考慮した為替レート）でドル換算した日本人労働者の平均賃金は約4万ドルですが、米国は6万３０００ドル、フランスは4万４０００ドル、オーストラリアは5万３０００ドルとなっています。これは賃金が安い労働者を含めたすべての平均ですが、日本と諸外国との間にはやはり１・５倍程度の賃金格差が存在しています。

日本の場合、女性の賃金が著しく安いという現実があります。夫婦共働きといっても、妻はパートなど賃金が安い仕事に従事しており、夫ほどお金を稼げないケースが少なくありません。

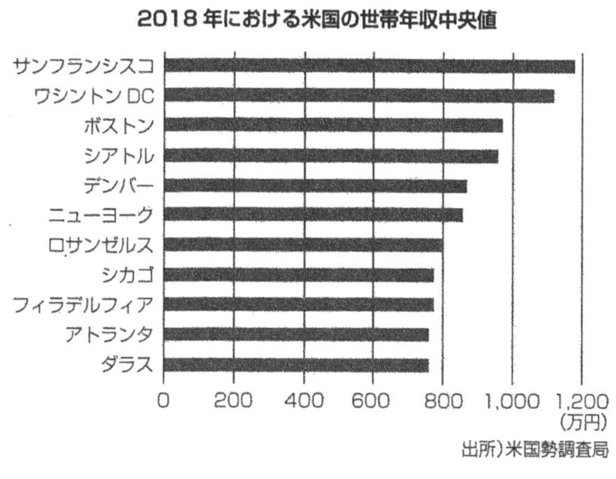

ここで、少し疑問を感じた読者がいるのではないかと思います。「諸外国の賃金は日本より高いかもしれないが、物価も高いので実質的な生活水準は変わらないのではないか？」というものです。

実際、日本は賃金が安い分、物価も安いのですが、残念なことに③物価が安いので暮らしやすいという話は成立しません。

生活に必要なほとんどのモノを自国で生産し、鎖国によって海外との貿易を極端に制限していた江戸時代であれば、確かにその通りかもしれません。しかし、今の時代は活発に貿易が行われており、私たちが日常的に購入するモノの多くは輸入品もしくは輸入品を原材料に製造されています。こうした製品は海外の価格動向の影響を受けてしまうので、賃金の安い日本人から見ると、高い買い物になってしまうのです。

日本は物価の下落が続いていると喧伝《けんでん》されていますが、それは国内要因だけで決まる一部の製品やサービスに限った話です。海外から輸入される製品は、海外の価格がそのまま適用されますから、国内事情とは関係なく値上がりします。

【国　語】（五〇分）〈満点：一〇〇点〉

一　次の文章を読んで、後の問い（問1～10）に答えなさい。

先ほど、米国では年収１４００万円は低所得という記事が反響を呼んだという話を紹介しましたが、本当のところ米国人の［W］事情はどうなのでしょうか。

記事で紹介された場所は西海岸のサンフランシスコですが、この街の近郊には、シリコンバレーと呼ばれるハイテク産業が集積したエリアが広がっています。具体的にはサンフランシスコ市内から国道１０１号を南下し、パロアルト、マウンテンビューなどを経て、サンノゼに至るまでの地域のことを指します。

ここにはグーグルやアップル、フェイスブックといったＩＴ企業が拠点を構えており、おびただしい数のＩＴ長者が住んでいます。この地域の土地の値段は東京の銀座並みに高いと言われており、①粗末な売り家に1億円の値札が付けられている状況です。

このため隣接するサンフランシスコも不動産価格などが高騰しており、全米でも屈指の物価が高いエリアとなっています。サンフランシスコではこうした事情も手伝って、家族を持つ年収１４００万円以下の世帯は低所得に分類するという判断になりました。

グーグルやアップルといった著名ＩＴ企業に新卒で入る社員は、年収１５００万円程度はもらえると言われていますが、米国の高所得エリアでは物価も高いですから、彼等の生活はそれほどラクではありません。新卒の社員は単身者が多いので何とかやっていけますが、日本で言えば年収３００万円から４００万円の感覚でしょう。日本において年収４００万円の人は、単身者であればそれなりの生活が送れますが、４人家族となるとかなり大変です。これがサンフランシスコの場合には１４００万円に相当するわけですが、米国の他の都市はどうでしょうか。

米国勢調査局の調査によると、２０１８年における［a］の世帯年収中央値は約10万２０００ドル（約１１２０万円）、［b］は約8万7０００ドル（約９６０万円）、［c］は約7万8０００ドル（約８６０万円）、［d］は約7万3０００ドル（約８００万円）でした。

この値は平均値ではなく中央値であることに注意してください。

中央値というのは、年収が高い人から低い人までを順番に並べて、ちょうど真ん中になった人の金額を指します。年収が極めて高い人はごく一部なので、中央値は平均値と比べて低い数字が出ることがほとんどです。

米国の都市部においては、世帯年収の中央値が８００万～１０００万円ということですから、平均値は１０００万～１５００万円程度になっていると推定されます。サンフランシスコは特別かもしれませんが、他の都市でも１０００万～１５００万円の年収がないとそれなりの生活はできないというのが実状です。

［X］日本における世帯所得の平均値は約５５０万円、中央値は約４２３万円となっています。今の日本で５５０万円という世帯収入は標準的ですが、東京で家族と一緒に住んでいるという場合には、それほどラクな生活はできません。同じようなことが米国にも当てはまり、都市部の場合には１０００万円では生活がラクではないのです。

2022年度

解　答　と　解　説

《2022年度の配点は解答欄に掲載してあります。》

<1/10 算数解答>

1. (1)　185　　(2)　3　　(3)　0.1　　(4)　2　　(5)　分速550m

2. (1)　10%　　(2)　$\boxed{A}=24$, $\boxed{B}=\frac{24}{5}$　　(3)　10日　　(4)　6　　(5)　$18cm^2$

3. (1)　6通り　　(2)　10通り　　(3)　4通り

4. (1)　56cm　　(2)　$52cm^2$　　(3)　$120.26cm^2$

5. (1)　6　　(2)　一の位2，十の位1

○推定配点○

各5点×20　　計100点

<1/10 算数解説>

1. (四則計算，数列，速さの三公式と比，単位の換算)

(1)　$(19+55)\times5\div2=37\times5=185$

(2)　$(5.5-2.2)\div1.1=3$

(3)　$1.6\times0.25-0.3=0.4-0.3=0.1$

(4)　$\square=(28-2.3)\div5-3.14=5.14-3.14=2$

基本　(5)　分速$33\times1000\div60=550$(m)

重要　**2.** (割合と比，数の性質，仕事算，方陣算，平面図形)

(1)　$15\div300\times(300-100)=10$(%)

(2)　$\frac{5}{6}$にかけても，$\frac{25}{8}$にかけても積が整数になる最小の整数$\boxed{A}$は，6，8の最小公倍数24であり，最小の分数$\boxed{B}$の分子は24，分母は5と25の最大公約数5であり，$\frac{24}{5}$

(3)　仕事全体の量…20，30の最小公倍数60とする。

A先生が1日にする仕事量…$60\div20=3$

B先生が1日にする仕事量…$60\div30=2$

A先生が休んだ日数…$18-(60-2\times18)\div3$

$=10$(日)

4	9	ア
イ	ウ	エ
A	オ	10

(4)　右図より，エ…$4+9-10=3$

イ－オ$=10-4=6$より，イ$=11$，オ$=5$

A$+4+11=$A$+15$とウ$+9+5=$ウ$+14$と

ア$+3+10=$ア$+13$が等しく，A$=6$

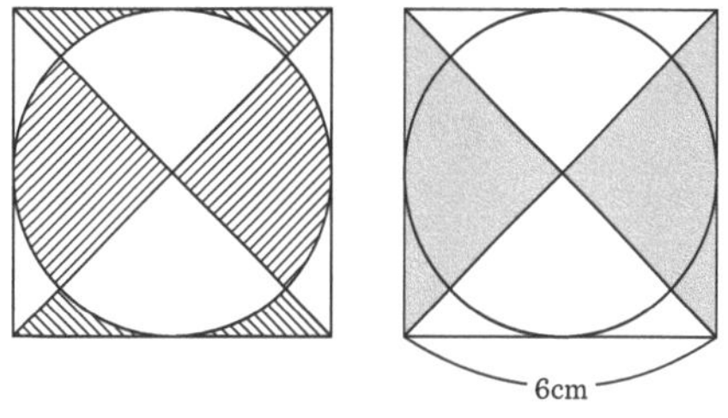

(5)　右図より，斜線部分と色がついた部分の面積は等しく，$6\times6\div2=18(cm^2)$

重要 **3．（平面図形，場合の数）**

規則①…同じ記号は3個以上，続かない　　規則②…○，×の個数は異なる

（1）　以下の6通りがある。

○○×	○×○	×○○	××○	×○×	○××

（2）　以下の10通りがある。

○○×○	○×○○	××○×	×○××	○○○○
○○○×	×○○○	×××○	○×××	××××

（3）　（2）より，4通り

重要 **4．（平面図形，図形や点の移動）**

（1）　斜線部分の周の長さ…下図より，$14\times2+(6+4)\times2+2\times4=56$（cm）

（2）　斜線部分の面積…$2\times(14+6)+2\times2\times3=52$（$cm^2$）

（3）　円の軌跡の面積…$2\times2\times3.14\times2+2\times14\times2+2\times(4+6)\times2-(2\times2-1\times1\times3.14)$

$=25.12+96-0.86=120.26$（cm^2）

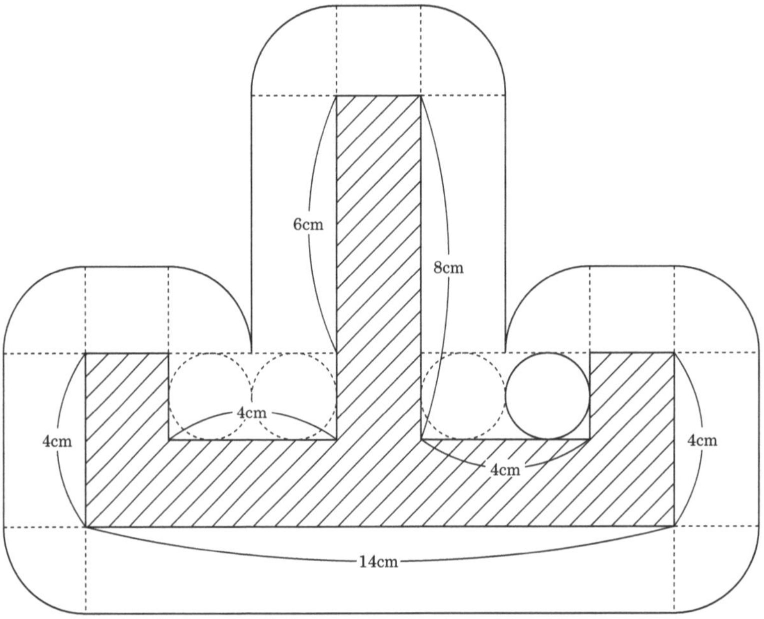

5．（規則性，数の性質）

重要　（1）　1×9の一の位の数…9　　2×8の一の位の数…6　　3×7の一の位の数…1

4×6の一の位の数…4　　9×6×4の一の位の数…6

やや難　（2）　一の位の数…（1）より，1から2019までの数の積は6を連続してかけあわせた数になり，一の位の数は6であり，最後に2021×2022をかけると，一の位の数は6×2より，2

十の位の数…（1）より，1×9＝9，2×8＝16，3×7＝21，4×6＝24

9×16×21×24について下2ケタの数は44，24，76，88，44，24，76と変化する。したがって，76に最後に2021×2022をかけると，下2ケタの数は96，12と変化するので十の位の数は1

★ワンポイントアドバイス★

2.の5題で差がつきやすく，これらのうち4題以上の正解を目指そう。3.「○と×」は，(1)は規則①により，(2)は規則②により，解答する。5.(2)「十の位の数」は，一見，難しそうだが，下2ケタの数の変化がポイントになる。

＜1／10 理科解答＞

1　問1　①　ア　②　オ　問2　井戸[エレベーター]　問3　100　問4　60
問5　25　問6　4つ

2　問1　①　酸素　②　触媒　問2　ア，エ　問3　(1)　空気が含まれるため
(2)　オキシドール　(3)　ウ　問4　人工呼吸器[酸素ボンベ，酸素カプセル]

3　問1　①　頭　②　胸　③　腹　④　3　⑤　触角　⑥　複眼
問2　ア，イ，エ　問3　完全変態　問4　羽化
問5　生物名　蓮の葉など　具体例　ヨーグルトのフタなど

4　問1　反時計回り　問2　衛星　問3　ア　問4　ウ　問5　キ　問6　月の自転周期と公転周期が同じだから　問7　イ

○推定配点○

1　問1　各1点×2　他　各2点×5　2　各2点×7
3　問5　各1点×2　他　各2点×9　4　各2点×7　計60点

＜1／10 理科解説＞

1　(てこ・てんびん・滑車―定滑車と動滑車)

基本　問1　定滑車では物体を持ち上げるのに必要な力の大きさは変わらず，力の向きが変化する。動滑車では必要な力の大きさが小さくなるが，引く距離が長くなる。

問2　井戸はロープを引いて水の入った桶を引き上げる。エレベーターはおもりの上下でかごを上げ下げする。

基本　問3　定滑車ではおもりを持ち上げるの必要な力の大きさは，おもりの重さと等しい。

重要　問4　動滑車を1つ使うと必要な力の大きさは半分になるが，ひもを引く長さが倍になる。荷物を30cm持ち上げるので，60cmひもを引く。

重要　問5　動滑車を2個使うので，力の大きさは4分の1になり25gの力で引く。

問6　40kgの荷物を引き上げるのに1個の動滑車では20kgの力が必要である。2個ではさらにその半分の10kg，3個では5kg，4個で2.5kgの力が必要である。

2　(気体の発生・性質―酸素)

重要　問1　オキシドールに含まれる過酸化水素という物質が，血液中の物質によって酸素を発生する。化学反応の速さを速くするが，それ自体は変化しない物質を触媒という。

基本　問2　酸素は無色，無臭の気体で，ものを燃やす性質がある。空気中では窒素に次いで2番目に多く含まれる。酸素は植物の光合成でも生じる。

重要　問3　(1)　最初に，容器に入っていた空気が押し出されて出てくるので，純粋な酸素を得るには初めの気体を集めない。　(2)　二酸化マンガンは触媒として働く。過酸化水素から酸素が生じ

るので，過酸化水素の量を増やす。　(3)　固体の触媒では触媒の表面で反応が起きるので，細かい粒にして表面積を増やすと反応が速くなる。

問4　酸素は医療用に多く用いられる。コロナ禍の医療では，人工呼吸器で酸素が多く用いられている。

基本 ③　(動物―昆虫)

問1　昆虫の体は，頭，胸，腹からできている。頭には触角があり，においや振動を感じとる。胸から3対6本の足が出ている。トンボなどの小さな目がたくさん集まった眼を複眼という。

問2　ダンゴムシは節足動物，クモは足が8本でクモ類に属し昆虫とは区別される。ダニはクモの仲間である。

問3　さなぎの時期を経る変化を完全変態という。さなぎの時期のないものを不完全変態という。

問4　さなぎから成虫への変化を羽化という。

問5　蓮の葉が水をはじく性質をまねて，ヨーグルトのフタの撥水加工に利用している。カワセミのくちばしの構造をまねて，新幹線の車両に応用した。オオオナモミの実をマジックテープに応用したなど。

④　(地球と太陽・月―月の動き)

問1　地球の自転と公転は，北極側から見て反時計回りである。

問2　惑星の回りをまわる星を衛星，恒星の回りをまわる星のうち比較的軽い星を惑星という。

問3　上弦の月は右側が光る半月で，沈むときに上側が直線部分になる。夕方南の空に見え，深夜に西の空に沈む。

問4　夕方東の空に昇ってきて真夜中に南の空に見える月は満月で，図ではウの位置にあるとき。

問5　皆既日食は太陽，月，地球の順に並ぶときに生じる。キの位置に月が来るとき。

重要 問6　月の自転周期と公転周期が同じため，月はいつも地球に同じ側を向ける。

重要 問7　月の公転により，同じ時刻に観察すると1日に約12°だけ月の位置は東から西に移動する。

★ワンポイントアドバイス★

基本問題が大半である。科学用語などをしっかりと覚えたり，基礎知識をしっかりと理解することが大切である。

＜1／10 社会解答＞

① 設問1　イ　　設問2　ウ　　設問3　いちご　　設問4　八幡製鉄所　　設問5　ア

② 設問1　電波塔　　設問2　→Aで示された地域の方が→Bで示された地域よりも等高線の間隔が狭いから。　設問3　ウ

③ 設問1　【①】 足利義満　　【②】 平清盛　　【③】 菅原道長　　設問2　南蛮
設問3　明　　設問4　正式な使節と倭寇を区別するため　　設問5　安徳天皇
設問6　阿倍仲麻呂　　設問7　イ　　設問8　オランダ　　設問9　C→B→A→D

④ 設問1　ラクスマン　　設問2　【②】 異国船打払令[無二念打払令]　　【③】 井伊直弼
設問3　ア　　設問4　アヘン戦争　　設問5　エ　　設問6　安政の大獄
設問7　桜田門外の変　　設問8　(ⅰ)　鹿鳴館　　(ⅱ)　エ

5　設問1　(X)　18　(Y)　公職選挙法　設問2　イ　設問3　(ⅰ)　エ　(ⅱ)　国庫支出金　設問4　(ⅰ)　弾劾　(ⅱ)　エ　(ⅲ)　ア

○推定配点○

1　設問1・設問2・設問5　各1点×3　他　各2点×2
2　設問3　1点　他　各2点×2
3　設問7・設問9　各1点×2　他　各2点×9
4　設問3・設問5・設問8(ⅱ)　各1点×3　他　各2点×7
5　設問1(Y)・設問3(ⅱ)・設問4(ⅰ)　各2点×3　他　各1点×5　計60点

＜1／10 社会解説＞

1　(日本の地理―国土と自然・工業など)

設問1　政令指定都市とは都道府県並みの権限を持つ都市で，人口70万人以上を目安に指定され現在20の都市が存在している。中部地方では名古屋・浜松・静岡・新潟の4都市。

設問2　古くから繊維工業を中心に発展してきた工業地帯で，現在は大阪湾岸沿いに重化学工業が発達している。アは中京工業地帯，イは京浜工業地帯，エは京葉工業地域。

設問3　イチゴの生産は「とちおとめ」の栃木，「あまおう」の福岡，「ゆうべに」の熊本の順。

重要　設問4　産業の米といわれた鉄の生産は近代国家建設には欠かせないものであった。日清戦争で勝利した政府はその賠償金の一部を利用して北九州に官営の製鉄所を建設した。

設問5　首都である東京周辺には情報を扱う報道機関や出版社などが集中している。

2　(日本の地理―地形図・工業など)

設問1　アンテナの丸い形と電波が飛ぶ様子を表現した地図記号。

基本　設問2　等高線が密なところほど傾斜が急で，まばらなところほど傾斜は緩やかになる。

設問3　瀬戸内工業地域の代表である倉敷の水島コンビナートは岡山南部に位置する。

3　(日本の歴史―古代～近世の政治・外交など)

設問1　①　南北朝を統一，有力守護大名を滅ぼすなど将軍の権威を確立した将軍。　②　平治の乱で権力を掌握，武士として初めて太政大臣に上り詰め平氏政権を樹立した。　③　学者の家に生まれ右大臣にまで異例の出世をした政治家。藤原氏の陰謀により大宰府に左遷された。

設問2　南方から来航したことからの命名。オランダ人やイギリス人は紅毛人と呼ばれた。

設問3　朱元璋がモンゴル民族の元を北に追って建国した漢民族の王朝。

設問4　倭寇の侵略に悩まされた明は足利幕府にその取り締まりを依頼，義満は「日本国王臣源」と称して明に朝貢し勘合を用いた貿易で大きな利益を得た。

設問5　3歳で即位，源平の争乱では西国に逃れたが壇ノ浦の戦いで祖母に抱かれて入水《じゅすい》した。

設問6　留学先の唐で高官にまで出世，鑑真と共に帰国を目指したが失敗し現地で死亡した。

設問7　紫式部は長編小説の源氏物語，清少納言は随筆の枕草子を著した。

設問8　プロテスタントのオランダは布教よりも貿易による利益を重視した。

重要　設問9　C(平安前期)→B(平安末期)→A(室町)→D(江戸)の順。

4　(日本の歴史―近世～近代の政治・外交など)

設問1　日本人漂流民・大黒屋光太夫らの送還を機に通商を求めて来航したロシア軍人。幕府との交渉では長崎入港の許可証を得たものの通商は拒否され帰国した。

設問2　②　1825年，清・オランダ以外はためらうことなく撃退することを命じた法。　③　1858

年，大老に就任した彦根藩主。開国和親を主張して尊王攘夷派と対立した。

やや難 設問3　当時オランダはナポレオンに占領されておりイギリスと対立していた。イは蛮社の獄の原因となったアメリカ船，ウは1600年に漂着したオランダ船，エは1596年に漂着したスペイン船。

設問4　アヘンの禁輸措置から起こった戦争。南京条約で中国は上海をはじめ5港の開港や香港を割譲するなど不平等条約を結ばされ半植民地化の第1歩となった。

設問5　貿易による流通機構の混乱や金貨の流出による品質の劣る小判の鋳造などで物価は高騰し庶民の暮らしを直撃した。ア・イ・ウは日米和親条約。

重要 設問6　将軍の跡継ぎや条約締結をめぐり対立する前水戸藩主・徳川斉昭らを隠居や謹慎とし，長州藩士の吉田松陰らを処刑するなど大弾圧を加えた。

設問7　水戸の脱藩藩士らが登城途中を襲撃した事件。これにより幕府の権威は急速に失墜した。

設問8　（ⅰ）　日比谷に建てられた洋館。行き過ぎた欧化政策は国民の反感を買い改正には失敗した。　（ⅱ）　小村寿太郎は日米通商航海条約を結び関税自主権の全面回復に成功した。

5　（政治―政治のしくみ・地方自治など）

設問1　X　2015年に18歳に変更。　Y　国会議員や地方議会議員，首長の選挙に関する法律。

設問2　2021年の衆院選では全有権者の約20％が利用した。衆議院の比例代表は政党名のみ。

設問3　（ⅰ）　長野市は県下最大の都市だが人口は約37万人。　（ⅱ）　特定の事務や事業の一部を国が支給するもの。地方交付税は財政格差を是正するもので使途は限定されていない。

重要 設問4　（ⅰ）　衆参各7名の国会議員が裁判官となって審議する。　（ⅱ）　各議院の総議員の3分の2以上の賛成で国会が発議すると規定。　(3)　2011年の東日本大震災の教訓から環境省の外局として原子力規制委員会が発足，それまで文科省や内閣府にあった規制組織を一元化した。

★ワンポイントアドバイス★

政治分野を学習する際には毎日のニュースが最高の教材である。世の中の動きに関心を持ち，わからない言葉などがあったら必ず調べる習慣をつけよう。

<1／10 国語解答>

一　問1　エ　　問2　イ　　問3　相手を支配する(こと)　　問4　(例)　相手が喜ぶこと
問5　イ　ならし　　ロ　なさけ　　問6　自分の行為の結果はコントロールできない
問7　純粋な利他　　問8　ア　　問9　イ　　問10　ア

二　問1　エ　　問2　(例)　(上等な)脂肪や肉に変える　　問3　イ　　問4　エ
問5　(a)　ア　　(b)　ウ　　問6　エ　　問7　ア　　問8　エ
問9　まるで北極の，空のやうな眼　　問10　エ

三　問1　①　専門　　②　編　　③　管理　　④　規則　　問2　①　せ　　②　あずき
③　さわ　　④　くよう　　問3　①　首　　②　舌　　③　水　　④　竹
問4　①　奇　　②　道　　③　画　　④　心

○推定配点○

一　問4　4点　　他　各3点×10　　二　問2　4点　　他　各3点×10
三　各2点×16　　計100点

<1／10 国語解説>

一 （論説文－論理展開・段落構成，細部の読み取り，空欄補充，ことばの意味，記述力）

基本 問1　直後に，「本質的に～相手にとって利益になるだろう」という説明がある。「利他」とは他を利するということなのでエだ。

問2　直前にある「そう願うことは自由」に着目する。「そう」は，してあげたら相手は喜ぶだろうという思いだ。傍線②の「相手」は，「してもらう側」ということなので，「してもらう側も喜んでいる」かどうかはわからないということになる。「してもらう側」に立って述べているイが適当だ。

問3　「思いは思い込み～」で始まる段落に着目する。相手がどう思うのかわからないのだから，喜ぶはず，喜ぶべきだと発展してしまうことは「相手を支配する(こと)」になると述べている。

重要 問4　「見返り」とは，人が自分にしてくれたことにこたえて，その人に何かをしてあげることという意味の言葉である。この文章の場合，「自分がこれをしてあげるんだから相手は喜ぶはず」という押しつけの場合の「見返り」なのだから，求めるのは自分のしてあげたことに対して，「相手が喜ぶこと」である。

問5　イ　危険を予告し，警戒をうながすことを「警鐘を『ならす』」という。漢字表記は「鳴らす」だが,「ひらがな」指定なので気をつけよう。同じような意味の言葉は「警告」だ。　ロ　「『なさけ』は人のためならず」である。このことわざの意味は，めぐりめぐってやがては自分にもどってくるということだ。「ならず」を，親切にすることはその人のためにならないと誤認している人も多いので気をつけよう。

やや難 問6　傍線部の解釈は難しい。掲出文の「～という考えから～考えに変わること」と手がかりに考える。「つまり，利他の～」で始まる段落に，「相手が実際にどう思うかは分からない」とある。これが「予測できなさ」ということだ。「～利になるだろう」から変化しなくてはいけない方向が「予想できない」と思うことだ。「予想できない」ということは，利他の大原則だと述べているのだから，大原則に立つと言いかえることもできる。この大原則が「自分の行為の結果はコントロールできない」ということになる。

問7　具体的な例は，コロナや災害時に相互扶助，とにかく自分にできることをしようと立ち上がる例を挙げている。大変な危機に見舞われた状況の中で利己的になるどころか見知らぬ人のために行動することが述べられている。この内容をまとめたのが「このようなことが起こる～」で始まる段落である。どうなるかわからないけれど，それでもやってみるということを「純粋な利他」と説明している。

問8　直後の言葉が「これは，～」なので，「災害ユートピア」を説明していることがわかる。災害時に利己的行動に走らず，見知らぬ人のために行動するという状況は，理想的な世界である。

やや難 問9　平常時は行為の結果が予想しやすい，に続く内容なのだから，ウの「少なくとも～生きています。」という，予想しやすいと述べたことを補充する内容が続く。平常時は予想しやすいから，思い込みや決めつけが起きやすいということでオが入る。しかし，本文でも繰り返し述べているように，「実際には相手は別のことを考えているかもしれないし，10年20年後はそうでないかもしれない」と展開するので，3番目はイだ。相手は別の事を考えているかも知れないのに，「予想できるという前提で行動し『支配』になりやすい」ということでア。最後はエの「気をつける必要がある」となる。そして，本文では，「そのためにできることは～」と続く。「気をつけるためにできること」ということになるので自然につながる。

やや難 問10　アとエで迷うところである。「そのためにできること～」で始まる段落と，続く「さきほど～」

で始まる段落に着目する。「そんなやり方もあるのかと～評価軸がずれるような経験」とはあるが，これは新たな気づきということでアのような「価値観の変化」ではない。他者によって自分の価値観がころころ変化するのではなく，「自分との違いを意識すること」とあるように，他者が自分とは違う個であることに気づくことで，自分というものがはっきりしてくるというのが「自分の変化」であるのでエだ。

二 （物語－心情・情景，細部の読み取り，文学作品と作者，ことばの意味，記述力）

問1　生徒や教師の発言を聞いて考えているが，自分の価値が高いと知って単純に喜んだりしているが，実はそれが人間に都合のようようにあつかわれているのだから知性においては人間に及んでいないのでエだ。

やや難　問2　「触媒」とは，化学反応の前後でそれ自身は変化しないが，反応の速度を変化させる物質のこと。直後にある「白金」は，水素と酸素から水を生じさせるなど，さまざまな変化をうながす代表的な物質であるが，ここでは「変化させる」程度の意味で考える。豚が水やスリッパや藁を食べて「上等な，脂肪や肉に変える」ことを，奇体なこと，つまり，不思議なことといっているのである。

問3　60万円といったら第一流の紳士だと思えることが幸福なのである。第一流の紳士は，その紳士を売買するわけはないので，それだけお金をかせげる人間ということになる。つまり，豚は高給取りの人間と自分は同じだと思い込んで幸福感を感じていたのである。

やや難　問4　イとエで迷うところである。豚を良質な肉にするため，体重を増やすために行っていることを考えると，「実験」であるとは言えるが，「意志を鞏固にもち給へ」という教師の言葉によって，その実験も，今後の家畜たちの運命も進められていくのだからエを選択する。

問5　(a)　「不可知」とは，知ることが可能ではないということだからア。　(b)　「ふさぐ」には，気分がすぐれず，ゆううつになるという意味もあるのでウである。

問6　「語気について，豚が直覚した」というのだから，明確にはわかっていない。言葉の調子で悪いことを直感的に感じたということだ。何だかわからないがいやな予感がするということでエである。

問7　問6で考えたように，何かぼんやりとした不安がある状況での校長との会話だ。しずかにていねいに挨拶したのだから，普通に挨拶を返してくればいい場面なのに，にがわらいしながら言いよどんでいるような態度に何か変だと感じたのだからアである。

問8　「肥育をやっても」など豚を太らせていい肉にしようとしていることを考える。アとエで迷うところだが，不満を持っていたらもっと亜麻仁を増やしたりすることを続けるだろう。様子を見に来ているということは，すでに満足する大きさになっているということだ。だから，今のままの状態を維持するようにということになるのでエだ。

問9　登場する人間の中で，豚への愛情を感じさせる人はいない。みんな豚を食用にするものという冷たさを感じる。「比喩を使って」という条件なので，「さて豚は～」で始まる段落にある豚の言葉に着目する。「まるで北極の，空のやうな眼」をして見るのだ。

基本　問10　アの「赤い蝋燭(ろうそく)と人魚」は小川未明(おがわみめい)の作品。イの「一房の葡萄」は有島武郎(ありしまたけお)の作品。ウの「蜘蛛の糸」は芥川龍之介の作品。エの「銀河鉄道の夜」が宮沢賢治の作品である。

三 （四字熟語，慣用句，漢字の読み書き）

重要　問1　①　「専」は全9画の漢字。右上に点をつけて全10画の漢字にしない。　②　「編」は全15画の漢字。13画目は左右に出さない。　③　「管」は全14画の漢字。同音の「官」と混同しないようにする。　④　「規」は全11画の漢字。4画目はとめる。

問2　①　「急」は音読み「キュウ」。訓読みは「いそ-ぐ」の他に「せ-く」がある。　②　「あずき」は熟字訓であるのでそのまま覚える。　③　「障」は音読みは「障害」の「ショウ」。訓読みでは「さわ-る」だ。　④　「提供」の「供」の音読みは「キョウ」。訓読みは「そな-える」・「とも」のほかに「く」の読みもある。

問3　①　「首を長くする」。同じような意味を四字熟語で表すと「一日千秋の思いで待つ」。　②　「舌を巻く」。同じような意味の慣用句は「目を見張る」。　③　「水をさす」。同じような意味の慣用句は「腰を折る」。　④　「竹を割ったような性格」。竹は一直線に割れることからきた慣用句だ。

問4　①　「奇想天外」。普通では考えられないほど風変わりであることという意味。　②　「言語道断」。「ごんごどうだん」と読む。「げんご」ではない。　③　「自画自賛」。自分で自分をほめたたえること。　④　「心機一転」。あることをきっかけに，すっかり気持ちや心をよいほうに入れかえることという意味なので「心」である。

★ワンポイントアドバイス★

幅広く知識問題に取り組んでおこう。問題数が多いので，知識問題での失点は最小限におさえたい。

2022年度

解　答　と　解　説

《2022年度の配点は解答欄に掲載してあります。》

<1／15 算数解答>

1.　(1)　981　　(2)　13　　(3)　17　　(4)　$1\frac{274}{275}$　　(5)　6時47分10秒

2.　(1)　2万円　　(2)　30通り　　(3)　時速69km　　(4)　8　　(5)　9.42cm^2

3.　(1)　9　　(2)　8

4.　(1)　10人　　(2)　13人以上16人以下　　(3)　72度

5.　(1)　8秒後，300cm^2　　(2)　4.5秒後

○推定配点○

1，4　各5点×8（4(2)完答）　　他　各6点×10　　計100点

<1／15 算数解説>

1.（四則計算，消去算，単位の換算）

(1)　98.1×(4＋1)＋5×98.1＝981

(2)　(14＋5.25÷7×3)×4÷5＝16.25×4÷5＝13

重要　(3)　(15＋20－□)÷3＝23－□より，35－□が23×3－□×3＝69－□×3に等しい。　したがって，□＝(69－35)÷(3－1)＝17

(4)　$□=\left\{3.75-\left(\frac{45}{55}+\frac{1}{55}\right)\times\frac{3}{2}\right\}\times\frac{4}{5}=\frac{549}{275}$

重要　(5)　午前9時－2時間－$\frac{77}{360}$時間＝午前7時－$\frac{77}{6}$分＝午前6時$47\frac{1}{6}$分＝午前6時47分10秒

重要　2.（割合と比，場合の数，速さの三公式と比，平均算，概数，数の性質，平面図形，図形や点の移動）

(1)　$\boxed{3}$＋1と$\boxed{2}$＋1の比が5：4のとき，($\boxed{3}$＋1)×0.8＝$\boxed{2.4}$＋0.8が$\boxed{2}$＋1に等しく，$\boxed{1}$は(1－0.8)÷(2.4－2)＝0.5(万円)　　したがって，弟の金額は0.5×2＋1＝2(万円)

(2)　1組に1人のとき…5通り　　　1組に2人のとき…5×4÷2＝10(通り)
　　1組に3人のとき…10通り　　　1組に4人のとき…5通り
したがって，全部で(5＋10)×2＝30(通り)

(3)　往復の距離…80×4.5×2＝360×2＝720(km)　　往復の時間…4.5＋360÷60＝10.5(時間)
平均の時速…720÷10.5≒68.5
より69km

(4)　112÷A＝□…□のとき，
112＝A×□＋□＝□×(A＋1)
112＝2×2×2×2×7＝8×14
より，A＝13のとき，商と余りは8

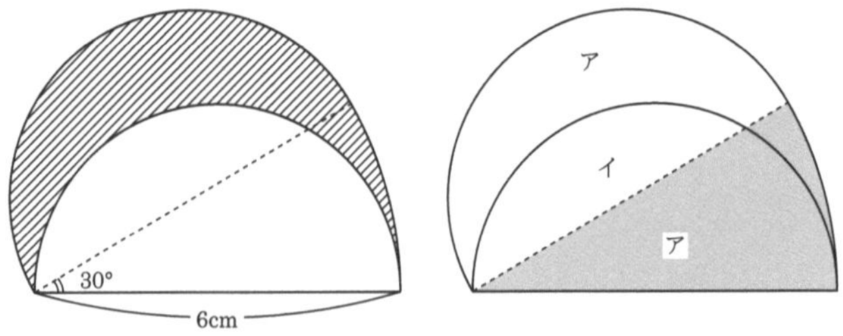

(5)　前ページの図より，求める面積は6×6×3.14÷12＝3×3.14＝9.42(cm^2)

重要 **3．(数の性質)**

Xの計算法…①「偶数番目の数の和×3＋奇数番目の数の和」○を求める。
②○÷10の余り□を求める。
③10－□を求める。

(1)　(2＋4＋6＋8＋1＋1)×3＋1＋3＋5＋7＋9＋0＝66＋25＝91
91÷10＝9…1　したがって，X＝10－1＝9

(2)　(Y＋4＋6＋8＋1＋1)×3＋1＋3＋5＋7＋9＋0＝Y×3＋85
(Y×3＋85)÷10＝△…Z　10－Z＝1
したがって，Z＝10－1＝9，Y×3＋85＝10×△＋9より，Y＝8

4．(割合と比，表とグラフ，和差算，相当算，平均算，鶴亀算)

	A	B	C	D	E
得点（点）	10	20	30	40	50
人数（人）	6				2

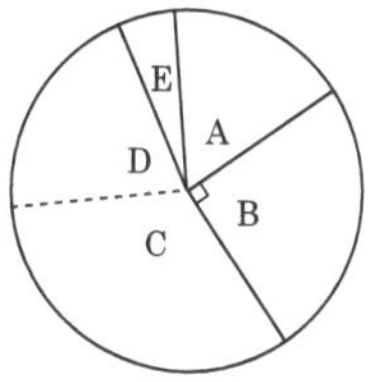

基本　(1)　Bの割合…90÷360＝$\frac{1}{4}$　したがって，Bの人数は40÷4＝10(人)

重要　(2)　Cの人数をア，Dの人数をイとする。
(1)より，ア＋イ＝40－(6＋10＋2)＝22
アがイより3以上多いとき，(22＋3)÷2＝12.5より，アは13以上
アがイの3倍未満より，22÷(3＋1)＝5.5より，イは6以上，アは22－6＝16以下
したがって，Cの人数は13人以上で16人以下

(3)　(1)より，Bの人数は10人，(2)より，ア＋イ＝22
30×ア＋40×イ…27.5×40－(10×6＋20×10＋50×2)＝1100－360＝740(点)
イ…(740－30×22)÷(40－30)＝8(人)
したがって，Dの中心角は360×8÷40＝72(度)

5．(平面図形，図形や点の移動，割合と比)

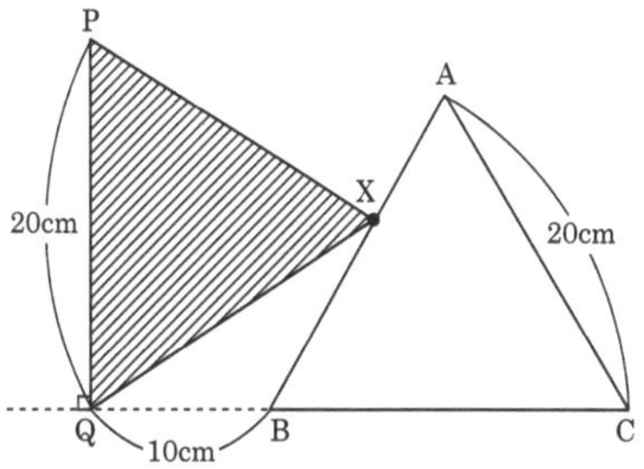

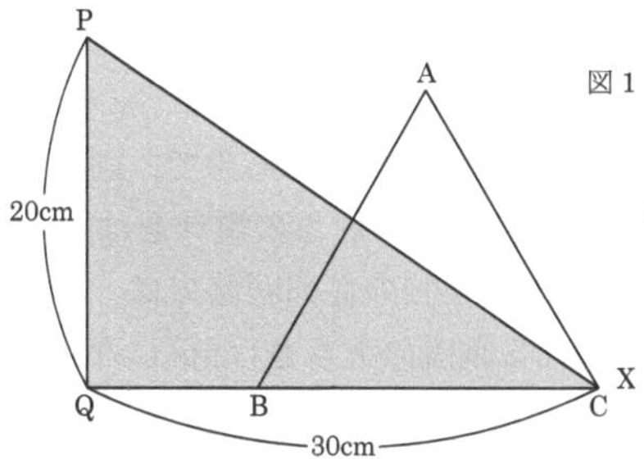

図1

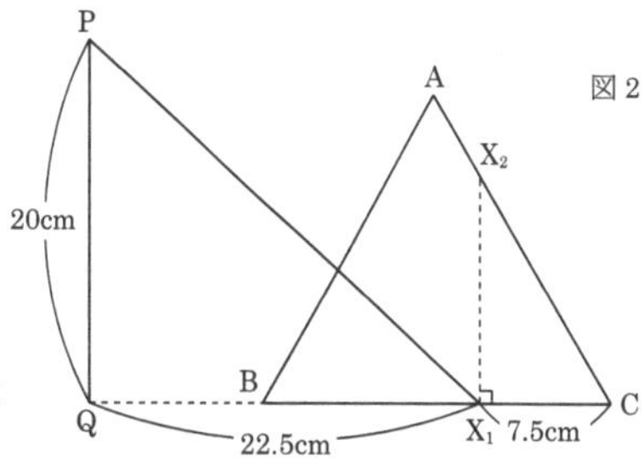

図2

基本　(1)　図1より，時刻は20×2÷5＝8(秒後)，面積は20×30÷2=300(cm^2)

やや難　(2)　図2より，X_1Cは30－225×2÷20＝7.5(cm)，BX_1：X_1Cは(20－7.5)：7.5＝5：3　したがって，図3より，求める時刻は(7.5＋20÷4×3)÷5＝22.5÷5＝4.5(秒後)

図3

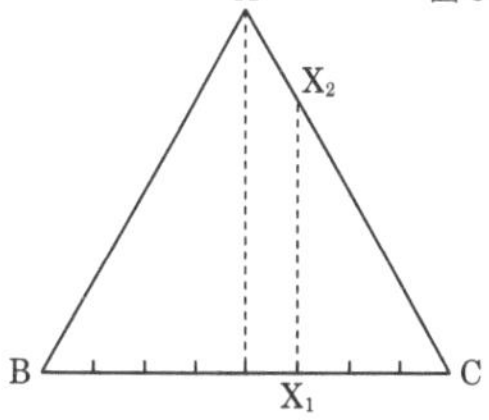

★ワンポイントアドバイス★

1.(3)「消去算」が簡単ではなく，2.の5題で差がつきやすい。また，4.(2)「Cの人数の範囲」，(3)「Dの中心角」も難度があり，5.(2)「225cm^2になる時刻」も簡単ではないが，難問ではないのでしっかり挑戦しよう。

＜2／7 理科解答＞

1 問1 ① 直列 ② 並列 ③ 熱 問2 イ，エ 問3 太い電熱線
問4 モーター[懐中電灯，電子オルゴール，電気ストーブ]
問5 (方法) 水力発電 (短所) 設置される場所が限られる

2 問1 ① 窒素 ② 酸素 ③ 二酸化炭素 ④ 重 ⑤ 酸性雨 ⑥ 水素
問2 ①，②，⑥ 問3 ③ 問4 ア，ウ

3 問1 ① 消化 ② 消化酵素 ③ アミラーゼ ④ 糖 ⑤ 酸 問2 ウ
問3 ヨウ素液 問4 ア，ウ 問5 リンパ管 問6 表面積が大きくなるため

4 問1 湿ったガーゼで包まれている 問2 (1) 露点 (2) 100% 問3 12.8
問4 155 問5 袋が膨らんだのを見て気圧が下がったことがわかった。 問6 7℃
問7 フェーン現象

○推定配点○
1 各2点×8 2 問1 各1点×6 他 各2点×3
3 問1 各1点×5 問6 3点 他 各2点×4 4 各2点×8 計60点

＜2／7 理科解説＞

1 (回路と電流—回路)

基本 問1 図1が直列回路，図2が並列回路である。電熱線を流れる電流が大きくなると，発熱量が増える。

重要 問2 (ア) 図1で電球を多くすると抵抗が大きくなり，それぞれの電球を流れる電流の大きさは同じであるが，回路を流れる電流は小さくなる。 (イ) 並列回路では，電流がそれぞれの回路に分かれて流れる。同じ電球をつないでいるので，両方の回路に流れる電流は同じであり，明るさも同じになる。 (ウ) 図2では，片方の電球をはずしても，もう一方の回路がつながっているので電流が流れる。 (エ) 図2の並列回路では，全体の抵抗が電球1個のときの半分の大きさになり，回路全体を流れる電流の大きさは2倍になる。これが2つに分かれてそれぞれの回路に流れるので，電球が1個のときと同じ明るさになる。

基本 問3 電熱線を流れる電流が大きいほど発熱量は多い。また，電熱線の太さが太いほど電流が多く流れるので，太い電熱線の方がより多くの熱が得られる。

問4 電気を音に変えるものには電子オルゴールなどがあり，熱に変えるものは電気ストーブなどがある。光に変えるものには懐中電灯や電球があり，運動に変えるものにはモーターなどがある。

問5 発電の方法には火力発電，原子力発電，水力発電，太陽光発電などの自然エネルギーを利用した発電がある。火力発電は地球温暖化の原因の二酸化炭素を出す問題がある。原子力発電は原

発事故や廃棄物の問題が解決されていない。水力発電は設置できる場所が限られる。自然エネルギーを利用した発電は，気候などの条件によって発電量が左右される問題がある。

基本 **2** **（気体の発生・性質―気体の性質）**

問1　大気中に最も多く含まれている気体は窒素であり，約80％を占める。次に多いのが酸素で約20％含まれる。生物は呼吸するとき酸素を取り入れ二酸化炭素を放出する。二酸化炭素は空気より重い。二酸化窒素は水に溶けると酸性を示す。このような酸性の雨が森林を枯らしたり，湖や沼の水質を変化させて生物に影響を及ぼしている。この酸性の雨を酸性雨という。主な燃料電池は水素を燃料として用いている。

問2　水に溶けない気体は水上置換法で集める。窒素，酸素，水素がこれに適する。

問3　BTB溶液が黄色になるのは酸性の水溶液である。水に溶けて酸性を示す気体は①～③では，③の二酸化炭素である。

問4　水素は空気より軽い気体で，無色，無臭である。水に溶けにくく，ロケットの燃料としても用いられる。

3 **（人体―消化）**

重要 問1　体が栄養素を吸収できるように分解することを消化という。消化を助けるはたらきをする物質を消化酵素という。それぞれの消化酵素が分解できる物質は，酵素ごとに決まっている。だ液に含まれるアミラーゼは，デンプンを糖に分解する。ペプシンはタンパク質の分解酵素で，胃の中で働くため，強い酸性の下でよくはたらく。

重要 問2　酵素は生物の体内ではたらく。そのため，体温付近の30～40℃で最もよくはたらく。

基本 問3　デンプンがあるかないかを調べる薬品はヨウ素液である。デンプンがあると無色から青紫色に変化する。

問4　つめや髪の毛はケラチンというタンパクからできている。

問5　小腸で吸収されたモノグリセリドは脂肪に戻り，リンパ管を通って体内を移動し心臓に運ばれる。

重要 問6　多くの柔毛があるため表面積が大きくなり，効果的に栄養素が吸収される。

4 **（気象―湿度）**

問1　湿球部分はガーゼで包まれ，水を吸収するようになっている。ガーゼから水が蒸発するとき蒸発熱が奪われるので，乾球より温度が低くなる。

基本 問2　(1)　空気中の水蒸気が水滴になる温度を露点という。

(2)　露点では空気中の水蒸気量が飽和水蒸気量になるので，湿度は100％になる。

重要 問3　気温が22℃で湿度が66％である。22℃の飽和水蒸気量が19.4g/m^3なので，この空気1m^3中の水蒸気量は19.4×0.66＝12.8(g/m^3)である。

問4　湿度50％のときの1m^3中の水蒸気量は19.4×0.50＝9.7(g)である。初め12.8g/m^3だったので，1m^3当たり12.8－9.7＝3.1(g)の水が除湿器に集められた。部屋の広さが50m^3なので，全体の水の量は，3.1×50＝155(g)である。

問5　袋の中の圧力は空気が抜けていなければふもとの圧力のままであるが，山頂では気圧がふもとより低くなっているので，おかしの袋がふくらむ。

問6　100mごとに0.6℃温度が下がるので，1500mでは15×0.6＝9(℃)下がり16－9＝7(℃)になる。

問7　湿った空気より乾いた空気の方が，高さが100m変化するごとの気温変化が大きい。湿った空気が山の斜面で雨を降らせて山頂に達し，その後反対側の斜面を下るとき，気温の上昇度が上りよりも大きくなり気温が上がる。この現象をフェーン現象という。

★ワンポイントアドバイス★

基本問題が大半である。基礎知識をしっかりと理解し，ミスの無いように解答することが大切である。

＜1／12 社会解答＞

1　設問1　イ　　設問2　エ　　設問3　（ｉ）ア　（ⅱ）ウ　　設問4　新たな開発を行う際に，あらかじめその開発が環境にどのような影響を与えるか予測，評価しておくこと。

2　設問1　図書館　　設問2　ウ　　設問3　東経135度

3　設問1　足利義政　　設問2　ア　　設問3　ウ　　設問4　エ　　設問5　平将門
設問6　平清盛　　設問7　イ　　設問8　エ　　設問9　建武の新政
設問10　B→C→D→A

4　設問Ⅰ　徳川慶喜　　設問2　富岡製糸場　　設問3　(江戸幕府が)政権を朝廷に返上すること。　　設問4　イ　　設問5　ウ　　設問6　ア　　設問7　エ　　設問8　イ

5　設問1　（ｉ）ア　（ⅱ）エ　（ⅲ）A：イ　B：イ　（ⅳ）イ
設問2　政府開発援助　　設問3　(A)　京都議定書　　(B)　パリ

○推定配点○

1　設問4　5点　　他　各1点×4
2　設問2　1点　　他　各2点×2
3　設問1・設問5・設問6・設問9　各3点×4　　設問10　2点　　他　各1点×5
4　設問1・設問2　各3点×2　　設問3　4点　　他　各1点×5
5　設問1　各1点×5　　設問2　3点　　設問3　各2点×2　　　計60点

＜1／12 社会解説＞

1　(日本の地理—国土と自然・産業など)

設問1　イは南四国の高知。アは静岡，ウは神奈川，エは愛知。

設問2　有明海は福岡・佐賀・長崎・熊本に囲まれた干満の差が6mにも達する大きな湾。

設問3　（ｉ）日本海側に位置する金沢は世界的にも豪雪地帯として知られている。（ⅱ）北陸工業地域は伝統的な工業や豊富な電力を生かした化学工業などが発達。富士や富士宮は静岡。

やや難　設問4　環境影響評価。公害や自然破壊を未然に防ぐための重要なシステム。条例での規制はあったが国の法制化は遅れ1997年にようやく環境アセスメント法が制定された。

2　(日本の地理—地形図・国土と自然など)

設問1　本を開いたところをイメージした地図記号。2002年より新たに用いられている。

設問2　明石は兵庫県南部に位置し瀬戸内海に面する都市。明石海峡大橋は本四連絡橋の神戸・鳴門ルートの一部を構成する。寺院の地図記号は卍，神社は⛩。

重要　設問3　日本の標準時となっている子午線。グリニッジ時(世界時)に比べて9時間早い。

3　(日本の歴史—古代～中世の政治・文化など)

設問1　子どもがなく弟を後継にしたがその後に子どもが誕生したことから将軍後継問題が発生，

有力大名の相続争いを契機に二大勢力が激突して応仁の乱につながっていった。

設問2　祖父である義満にならって京都東山に造った山荘内の建物。寺内にある東求堂は日本住宅の源流といわれる書院造の代表として知られている。

重要 設問3　応仁・文明の乱。京都を中心に11年間にわたって続けられた戦い。乱の結果，京都は焼け野原となり将軍の権威は失墜，下剋上の戦国時代へと突入していった。

設問4　10世紀前半，伊予国(愛媛)の国司の任期が終わっても帰京せず海賊の首領となり瀬戸内海で反乱を起こした人物。ウは平将門を討ち奥州藤原氏の祖となった東国の豪族。

設問5　土地争いからおじを殺害，その後国府を占拠するなど関東一円を支配下に置き新皇を称して朝廷と対立した。鎮圧はされたが朝廷の統制力は衰え武士の力の伸長を示した反乱。

設問6　保元・平治の乱を通じてライバルの源氏を打倒，武士として初めて政権を確立した。

設問7　元寇以後御家人の窮乏化は進み幕府の権威は失墜，畿内を中人に悪党と呼ばれる新興の勢力が増し幕府の支配を動揺させていった。

設問8　皇位をめぐる争いから幕府と対立，元弘の変では隠岐に流されたがその後島を脱出して倒幕に成功した天皇。アは承久の乱，イは院政，ウは壬申の乱の時の天皇。

設問9　天皇親政を目指した政治は武士と対立，奈良南部の吉野に逃れ南朝を建てた。

重要 設問10　B(10世紀前半)→C(12世紀後半)→D(14世紀前半)→A(15世紀後半)の順。

4　**(日本の歴史―近世～現代の政治・経済など)**

重要 設問1　尊王攘夷派の代表である水戸徳川家出身で安政の大獄では蟄居《ちっきょ》を命じられた。

設問2　生糸の品質や生産技術の向上を目指した政府がフランスの技師や設備を取り入れて建設，士族の娘を中心とする工女は全国から募集され各地に最新技術を広める役割を果たした。

設問3　政治をする権利は天皇にのみ与えられているというのが日本の考えであり，幕府も天皇から将軍の宣下《せんげ》を受けて初めて政治を行うことができるという理論構成をとっていた。

設問4　地券は土地所有者に発行され，税を納める義務も所有者が負っていた。地租改正後に全国で反対一揆が発生，自由民権運動との連帯を恐れた政府は地租を2.5%に引き下げた。

設問5　シベリア出兵で米価の高騰を予想した商人がコメの買い占めをしたため米価は4倍に高騰，富山から始まった米騒動は全国に波及し寺内正毅内閣は総辞職となった。

設問6　南部藩出身の教育家。1984年には五千円札の肖像にも採用された。

設問7　足尾鉱毒事件は明治後半。1901年には衆議院議員を辞職した田中正造が天皇に直訴した。

設問8　犬養毅首相が暗殺されたのは1932年の五・一五事件。

5　**(地理・政治―環境問題・国際社会と平和など)**

設問1　(ⅰ)　1945年10月，アメリカを中心とする連合国の組織として誕生。　(ⅱ)　敗戦国である日本の加盟は1956年。常任理事国の拒否権は頻繁に発動。　(ⅲ)　A　戦災孤児の救済を目的に設立されたユニセフ(国連児童基金)。アは国連難民高等弁務官事務所，ウは国連貿易開発会議，エはユネスコ。　B　国際労働機関。アは世界貿易機関，ウは世界保健機関，エは食糧農業機関。　(ⅳ)　王宮や国会など政府機関が集中するオランダの事実上の首都といわれるハーグ。

設問2　ODA。20世紀末には日本は世界1のODA大国とも呼ばれていた。

重要 設問3　A　先進国にのみ削減が求められ日本も6%が目標となった。　B　気温上昇を産業革命前から2℃未満にとどめることを目標とする新しい法的枠組み。

★ワンポイントアドバイス★

時代の並び替えは受験生にとってはなかなか苦戦する領域である。細かな年号を覚えるのではなく，時代の大きな流れをつかむようにしよう。

＜1／12 国語解答＞

一 問1 イ　問2 X ア　Z エ　問3 日本の場合　問4 物価も高い[物価が高い]
問5 a ウ　b イ　c エ　d ア　問6 ア　問7 イ
問8 ウ　問9 ウ　問10 エ

二 問1 ウ　問2 弱虫　問3 ア　問4 うさん　問5 ① 人懐っこい愛情
② 私の情けに応じなかった　問6 イ　問7 ア　問8 エ

三 問1 ① 説　② 裁　③ 是非　④ 開放　問2 ① もう　② そな
③ ほが　④ みやげ　問3 ① 顔　② 耳　③ 手　④ 額
問4 ① 名　② 因　③ 我　④ 暗

○推定配点○
一 各3点×14　二 問4 2点　他 各3点×8　三 各2点×16　計100点

＜1／12 国語解説＞

一 (論説文－論理展開・段落構成，細部の読み取り，接続語の問題，指示語の問題，空欄補充，慣用句)

問1 「所持金，資産」は「懐」で表現する。お金がたくさんある状況のことを「懐があたたかい」などとも表現する。

基本 問2 X 前部分は，アメリカでの年収の平均値，中央値を説明している。後部分は，前部分に関連した話題で，日本について申しそえている内容なので「ちなみに」を入れる。 Z 前部分は，一般的な米国企業の大卒新入社員の年収の相場が書かれていて，後部分は，日本でのそれと比較しているので「一方」だ。

重要 問3 入れる文の内容は，「諸外国より格差が広がっている」という内容である。「諸外国」と比較するのだから比較対象は「日本」である。諸外国では多くが夫婦でフルタイム働いているという比較から考えても，「日本の場合」で始まる段落で，女性がパート勤務をしている場合が多いことが述べられているので比較になる。

問4 「グーグルやアップル～」で始まる段落に年収1400万円でも「彼等の生活はそれほどラクではない」理由として「物価も高い」とある。粗末な売り家でも1億円という物価高だということを示している。なお，「このため隣接～」で始まる段落にある「物価が高い」も解答として入れることができる。

基本 問5 a 数値としてはサンフランシスコも近いが，選択肢にないのでウの首都ワシントンDCを入れることになる。 b 1000万に近い都市で選択肢にあるのはイの「シアトル」だ。 c 860万と見られるのはエの「ニューヨーク」である。 d 800万にやや不足するグラフだがアの「ロサンゼルス」が適当である。

基本 問6　日本の550万に対して1000万，500～600万に対して240万を比べているのだから，およそ「2倍」である。

問7　グローバル企業であれば，どの国でも年収はほぼ同じなので，中国企業は日本法人で採用する際，40万を提示したのである。日本では新入社員の初任給は20万程度なので，2倍の給与だと驚いたのだからイである。

問8　傍線③直後から始まる段落と続く「日本は物価の～」で始まる段落に着目する。この段落では外国との貿易が圧倒的に多い現代では，外国の価格の影響を受けざるを得ないことが説明されている。海外から輸入される製品は海外の価格がそのまま適応されるのだから相対的に日本での価格は高いということになるのだから，決して物価が安い日本は暮らしやすいということではないと言えるのだからウである。

問9　「海外と比較して～」で始まる段落の内容が「これ」が指し示す内容を説明している。つまり，賃金が安い国が貧しくなるということだ。

問10　賃金が上がらないので価格の値上げをすると商品が売れなくなってしまう。「苦肉の策として」は，企業の苦肉の策だ。高くして売れなくなるより，内容量を減らして価格は変えないという方法で企業は利益を確保しようとするのである。

二　（物語－心情・情景，細部の読み取り，ことばの意味，文学作品と作者）

問1　「まんじり」とは，ちょっとねむるさまという意味の言葉だ。一般的には線①のように下に否定形をつけて「少しも眠らない，一睡もしない」という形で使う。

問2　壮大な名前であるが，「ジョンが殺されてから～」で始まる段落にあるように，角兵衛獅子の子に吠えついても帰らないとヘクトーのほうが退却してしまう「弱虫」なのだ。

問3　直後にある「この分ならあるいは癒るかも」から考える。これはではダメだと思っていたがこの調子なら大丈夫かもということだからアの「命を落とすかも知れない」と考えていたということだ。

やや難 問4　どことなく怪しい・疑わしい・油断ができないということを「『うさん』臭い」と表現する。

重要 問5　ヘクトーはすっかり野良犬のような暮らしをする犬になってしまったが，「人懐っこい愛情」を失わずにいたのだ。だから，一ヶ月ばかり経った時も，①「人懐っこい愛情」を示してくれると思ったのである。しかし，②　いくら呼んでも「私の情けに応じなかった」のでがっかりしてしまったのである。

問6　ヘクトーが家に来た時のことを語っている冒頭部分からも，線⑤直後からも，貰い受けた当時，どんなに大切にしていたかがわかる。元気がないヘクトーを病院に連れて行きたくても見つけられないという返事を聞いて，当時のことを振り返りながら心配しているのである。

問7　問6で考えたように，心配していたヘクトーが池で死んでしまったことがあわれだと思ったのだ。さみしく，冷たい秋風が聞こえないような場所で安らかに眠ってほしいという思いの一句である。

問8　アの「城の崎にて（きのさきにて）」は，志賀直哉（しがなおや）の作品。　イの「人間失格」は，太宰治（だざいおさむ）の作品。　ウの「金色夜叉（こんじきやしゃ）」は，尾崎紅葉（おざきこうよう）の作品。　エの「坊っちゃん」が夏目漱石の作品である。

三　（四字熟語，慣用句，漢字の読み書き）

重要 問1　①　ものごとの道理や筋道をよくわかるように話す「と-く」は「解く」ではなく「説く」である。②「裁」は全12画の漢字。最後の点を忘れずに書く。　③「是」は小学校未習の漢字である。「非」を「悲」と混同しないように気をつける。　④「解放」ではない。

問2　①「設備」の「セツ」は音読み。訓読みは「もう-ける」だ。　②「準備」の「ビ」は音読み。

訓読みは「そな-える・そな-える」だ。 ③ 「明朗」の「ロウ」は音読み。訓読みは「ほが-らか」である。 ④ 「みやげ」は熟字訓である。

問3 ① 「顔が売れる」が有名になることの意味を持つ慣用句である。「顔」がつく慣用句は他に「顔が広い・顔に泥をぬる」などがある。 ② 「馬の耳に念仏」。馬の耳に風という言い方もある。また馬耳東風が似た意味の四字熟語だ。 ③ 「手を焼く」。手こずるが似たような意味の言葉だ。 ④ 「猫の額(ひたい)」。猫の額が狭いところからきた言葉だ。

問4 ① 「大義名分」。行動の正当性を明らかに示す理由づけの意味で用いられる言葉である。 ② 「因果応報」。よい行いをすればよい報いがあり，悪い行いをすれば悪い報いがあるということを表す四字熟語。その原因でその結果があるとも考えられるので「原因」の「因」だ。 ③ 「我田引水」。他人のことを考えず，自分に都合がいいように言ったり行動したりすることという意味。自分の田んぼに都合のよいように水を引くということからきた言葉なので「我」である。 ④ 「暗中模索(あんちゅうもさく)」。手がかりのないものを，いろいろさぐってみること。「暗い中で模索する」ということだから「暗」である。

★ワンポイントアドバイス★

漢字などで小学校未習の漢字の出題もありそうだ。物語文では，旧仮名づかいのままの本文や，古い時代の作品が登場することも多い。言葉を豊富にしておこう。

2021年度

★★★★★★★★★★★★★★★★★★★★★★★★★★

入　試　問　題

2021年度

狭山ヶ丘高等学校付属中学校入試問題

【算　数】（50分）　＜満点：100点＞

【注意】 ⑴　コンパス・分度器・電卓・定規類の使用は認めません。

⑵　問題にかいてある図は必ずしも正確ではありません。

１．次の □ に当てはまる数を求めなさい。

⑴　2021＋2223＋2425＋2627＋2829＝ □

⑵　$\left(1\frac{1}{2}\times 2\frac{1}{3}+3\frac{1}{4}\times 4\frac{1}{5}\right)\times\frac{6}{7}=$ □

⑶　(1.75×1.25－２)÷{(1.75－1.25)÷２}＝ □

⑷　$\left(2-\frac{\square}{5}\right)\times 1\frac{1}{4}=$ □　　（ただし，□ には同じ数が入ります。）

⑸　2.5Ｌの40％は □ dL

２．次の □ に当てはまる数を求めなさい。

⑴　ブルーベリーが146つぶ，木いちごが78つぶあります。これらを □ 人の子どもたちにそれぞれ同じ数ずつ分けると，ブルーベリーだけが３つぶ余ります。

⑵　家から学校まで毎分50ｍの速さで歩くと，毎分40ｍで歩いたときよりも10分早く着きました。家から学校までの道のりは □ ㎞です。

⑶　６年生全員のうち65％が男の子です。また，６年生の女の子のうちの80％が入間市に住んでいます。入間市に住んでいない女の子は，全体のうちの □ ％です。

⑷　下の図は，２つの正三角形を重ねた図です。
㋐の角の大きさは □ 度です。

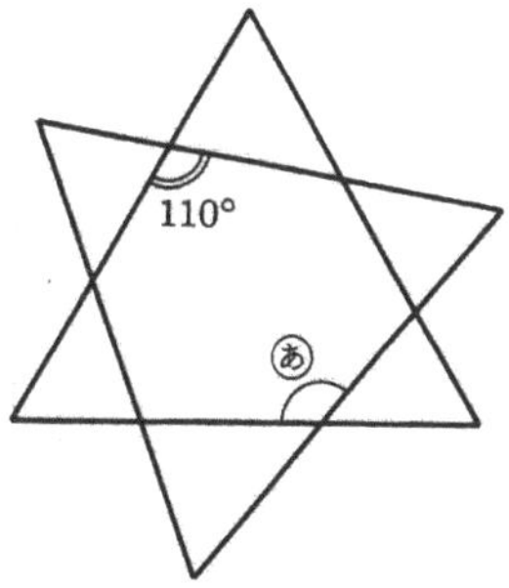

⑸　次のページの２つの四角形はどちらも正方形で，同じ番号は同じ長方形を表しています。
①の長方形のたての長さを１㎝とすると，②の長方形の面積は □ ㎠です。

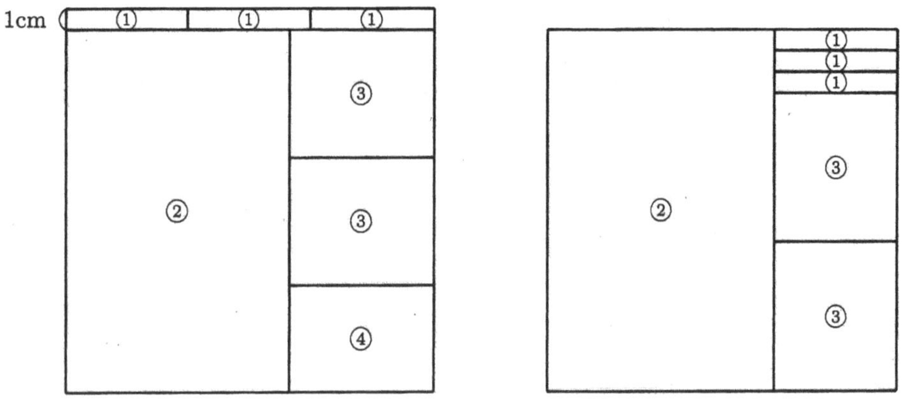

3． ある小学校の男の子60人，女の子48人の合計108人に算数と国語のそれぞれについて，得意か苦手かを下の①～④の質問でアンケートをとりました。円グラフはその結果を表しており，女の子の②と④の人数は同じでした。また，表１は得意な教科の のべ人数 をまとめている途中のものです。

男の子

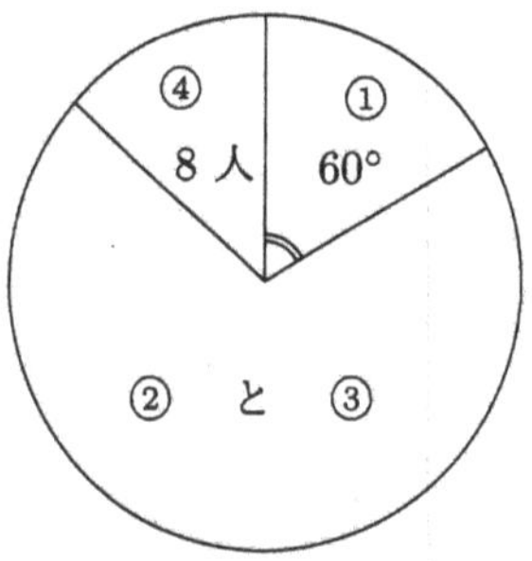

女の子

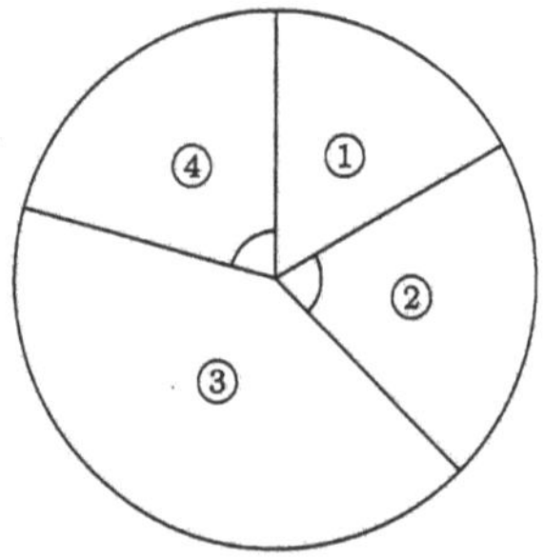

［ ①両方得意　②算数だけ得意　③国語だけ得意　④両方苦手 ］

得意教科 ＼ 児童	算数	国語	合計
男の子	A		
女の子	18	28	
合計			

表１

⑴ 男の子のうち，算数と国語の両方とも得意な人は何人ですか。

⑵ 両方苦手と答えた女の子は何人ですか。

⑶ 108人全員を考えたとき，国語が得意な人よりも算数が得意な人が多くなるのは，A が何人以上のときですか。

４．下の五角形ABCDEは，辺ABと辺AEの長さが等しく，辺BCと辺EDの長さが等しい図形です。

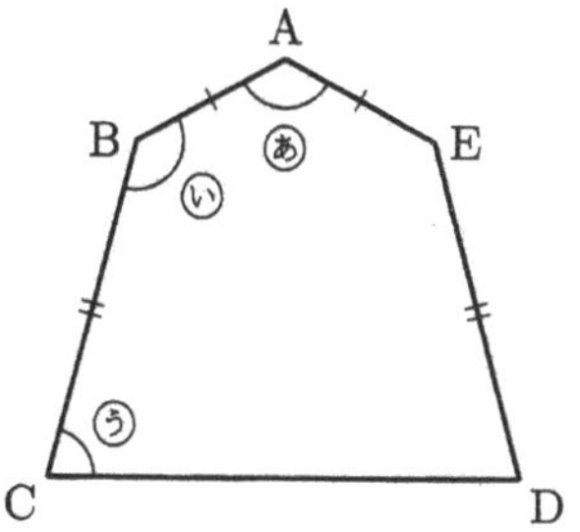

⑴　(あ)の角の大きさが108度，(う)の角の大きさが72度のとき，(い)の角の大きさは何度ですか。

⑵　(あ)の角の大きさが108度，(う)の角の大きさが72度の五角形をたくさん用意して，辺BCと辺EDがくっつくように五角形をつなげていくと，輪が作れました。
このとき，五角形は何枚必要ですか。
ただし「輪が作れた」とは，右のような形状になることです。

（五角形６枚）

⑶　18枚の五角形をつなげると輪が作れました。このとき，(い)の角の大きさは(う)の角の大きさの1.5倍でした。(あ)の角の大きさは何度ですか。

５．１段目に○と●をいくつか描き，２段目からは次のルールで○と●を描いていくことにします。

▷●は，その次にある●と合わせて次の段では○を１個描く。
ただし，一度使った●は使えず，合わせるペアがない●は次の段には何も描かない。
▷○１個につき，次の段では○○●を描く。
▷○や●は左から順に描いていく。

例えば，下の図は，１段目に●○●○●（○が２個，●が３個）を描いた場合です。

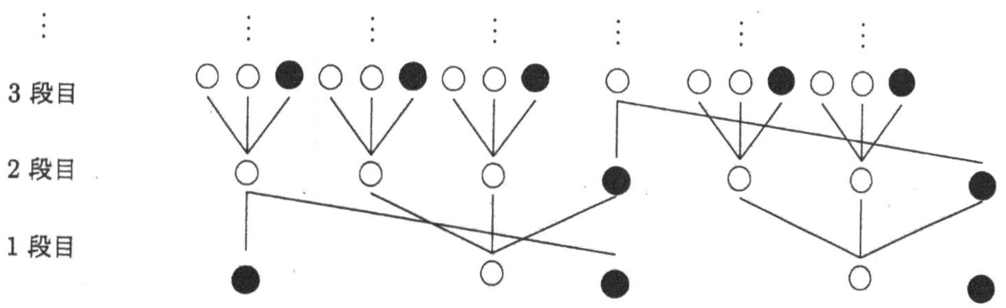

⑴　この図の場合，４段目には●が何個ありますか。（式・考え方も書くこと）

⑵　１段目が○１個だけのとき，３段目には○と●がそれぞれ何個ありますか。
また，６段目には○と●がそれぞれ何個ありますか。（式・考え方も書くこと）

⑶　１段目が○だけであり，３段目には●が６個ありました。
この３段目には○が何個ありますか。（式・考え方も書くこと）

【理　科】（30分）　＜満点：60点＞

1　光と音の性質について，次の文章を読んで，以下の問1～5に答えなさい。

光は，光源から出て（① 真っすぐに／広がりながら）進み，同じものの中では（② 直進する／折れ曲がって進む）。そして，(I)鏡などに当たるとはね返る。また，空気中から水中やガラス中に進むときには（③ 直進する／折れ曲がる）。

音は，ものがしん動することによって発生し，しん動が空気やものを伝わって聞こえる。しん動を伝えるものは(II)水のような液体や，金属のような固体など，気体以外でも伝わるが，（　④　）中では伝わらない。音はその高さ，大きさ，音色を音の（　⑤　）といい，(III)モノコードでは，げんの長さ，張る強さ，げんの太さで調節することができる。

光と音は，どちらも空気中をとても速く進む。例えば，光は秒速30万㎞で進む。一方，空気中を音が伝わる速さは，次のように表される。

(IV)音の速さ（秒速）　＝　331　(m)　＋　0.6（m）×気温（℃）

問1　文中の（①）～（⑤）について，（①）～（③）は当てはまる言葉を（　）内から選び，（④）（⑤）は当てはまる言葉を答えなさい。

問2　文中の下線部(I)について，右の図1のように，A地点にいる人から鏡にうつる人が見えました。鏡を使って見えるのはどの位置ですか。正しいものを，図の(ア)～(エ)の中から2つ選び，その記号で答えなさい。

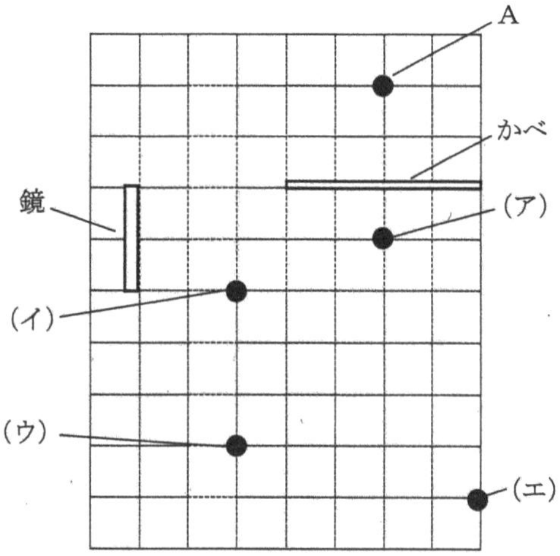

図1

問3　文中の下線部(II)について，物体中を音が伝わる時に，その速さが速い順に並べられているものはどれですか。正しいものを，次の(ア)～(カ)の中から1つ選び，その記号で答えなさい。

(ア)　固体→液体→気体
(イ)　固体→気体→液体
(ウ)　液体→固体→気体
(エ)　液体→気体→固体
(オ)　気体→液体→固体
(カ)　気体→固体→液体

問4　文中の下線部(III)について，より高い音を出すにはモノコードをどのように調節すればよいですか。正しいものを，次の表の(ア)～(ク)の中から1つ選び，その記号で答えなさい。

	長さ	強さ	太さ		長さ	強さ	太さ
（ア）	短く	弱く	細く	（オ）	長く	弱く	細く
（イ）	短く	弱く	太く	（カ）	長く	弱く	太く
（ウ）	短く	強く	細く	（キ）	長く	強く	細く
（エ）	短く	強く	太く	（ク）	長く	強く	太く

問5　文中の下線部(IV)を参考にして，次の⑴⑵に答えなさい。

⑴　15℃の時の音の伝わる速さは秒速何mですか。整数で答えなさい。

⑵　下の図２のように，気温15℃において，スピーカーと音を反射する板を660mはなれた位置に置き，スピーカーから音が出ると同時に板を秒速10mの速さで動かしました。この時，スピーカーの位置にいる人に反射した音が聞こえ始めるのは，音を出してから何秒後ですか。

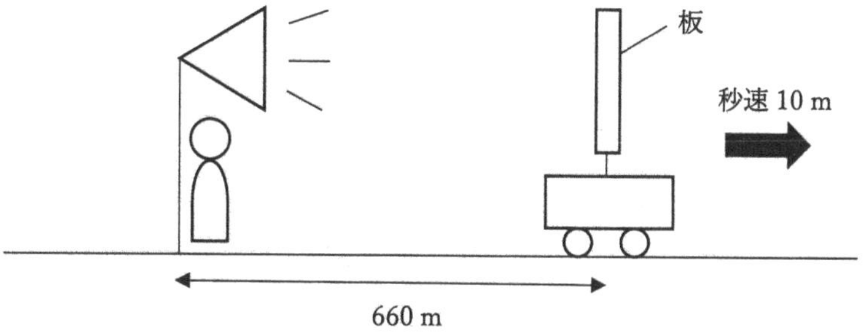

図２

2　次の文章を読んで，以下の問１～問６に答えなさい。

ある重さのアルミニウムのふん末を試験管に取り，うすい塩酸を加えて発生する気体を集める実験を行った。表１は，実験結果をまとめたものである。

表１

加えた塩酸の体積[cm^3]	5	10	15	20	25	30
発生した気体の体積[cm^3]	75	150	225	300	300	300

また，表２は，発生した気体について調べたものである。

表２

性質	結果
空気より重いか	軽い
水にとけるか	とけない
その他の性質	火を近づけると音を立てて燃える

問１　発生した気体の名前を**漢字**で答えなさい。

問２　発生した気体の集め方を答えなさい。

問３　アルミニウムの重さを半分にしたとき，発生する気体の体積は最大で何cm^3になりますか。

問４　アルミニウムの重さを２倍にしたとき，発生する気体の体積が最大になるのは，塩酸を何cm^3加えたときですか。

問５　この実験と同じ結果が得られる組み合わせはどれですか。正しいものを，次の㋐～㋓の中から１つ選び，その記号で答えなさい。

㋐　オキシドールと二酸化マンガン　　㋑　石灰石と塩酸

㋒　アルミニウムと水酸化ナトリウム水よう液　　㋓　塩酸と水酸化ナトリウム水よう液

問６　この実験よりも加える塩酸を減らして，発生する気体の体積を最大にするためにはどうすればよいですか。簡単に答えなさい。

3　次の文章を読んで，以下の問１～問５に答えなさい。

(I)葉が緑色をした植物は，光合成をしてでんぷんをつくり出します。光合成の材料となるのは，(II)空気中や水中の（　①　）と根から吸い上げる水であり，これらに太陽の光があたることで光合成が起こります。

発芽して子葉が２枚出る植物を（　②　）といいます。（②）のくきには，(III)根から吸い上げた水や水にとけた養分の通り道である（　③　）と，葉でつくられた養分の通り道である（　④　）があります。また，成長するために新しい細ぼうをつくり出す（　⑤　）があります。それ以外にもくきは植物のからだを支えたり，(IV)養分をたくわえたりするはたらきがあります。

問１　文中の空らん（①）～（⑤）に当てはまる言葉を答えなさい。

問２　下線部(I)について，この緑色のもととなるものは何ですか。

問３　下線部(II)について，空気中の（①）を取り入れる部分を何といいますか。

問４　下線部(III)について，次の実験を行いました。

［実験手順］

手順１　（②）の植物を根ごとていねいにほり，根についた土を水で洗う。

手順２　食紅（赤インク）をとかした水にさして，くきや葉の色の変わり方を見る。

手順３　くきや葉が赤く染まったら，くきや葉を切り，中のようすを観察する。

［実験結果］

くきや葉が赤く染まった部分があった。

この実験について，くき（図１）および葉（図２）の断面において，赤く染まる部分をぬりつぶしなさい。

図１

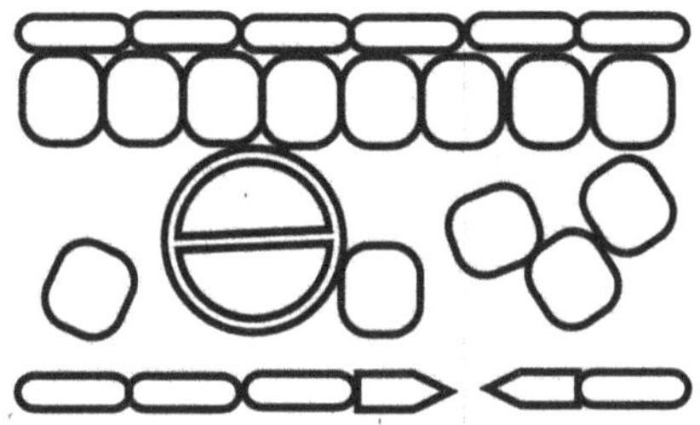

図２

問５　下線部（IV）について，くきに養分を**たくわえない**植物はどれですか。正しいものを，次の(ア)～(エ)の中から１つ選び，その記号で答えなさい。

(ア)　ジャガイモ　　(イ)　レンコン　　(ウ)　タマネギ　　(エ)　サトイモ

4　次の文章を読んで，あとの問１～問３に答えなさい。

日本の天気は上空に（　①　）風がふいているため，雨を降らせる雲もこれに合わせて動いていきます。そのため，天気は（　②　）から（　③　）へ変化することが多いです。

同じ性質をもつ空気のかたまりを気団といいます。日本付近には４つの気団があり，これらは季節ごとの気候にえいきょうを与えます。冬の時期の日本付近は（　④　）気団におおわれます。この気団は寒冷でかんそうしています。また，性質の違う空気のかたまりの境目を（　⑤　）面といい，(⑤) 面が地表と接したところを (⑤) といいます。６月ごろになると温暖でしめった（　⑥　）気団と寒冷でしめった（　⑦　）気団が細長い線を境にして日本付近でぶつかります。そこでできた (⑤) を（　⑧　）といいます。

下の図は令和２年６月上旬の日本付近の天気図です。

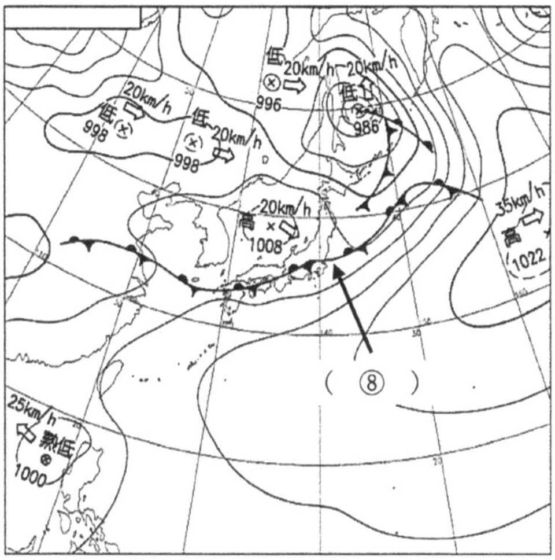

図１

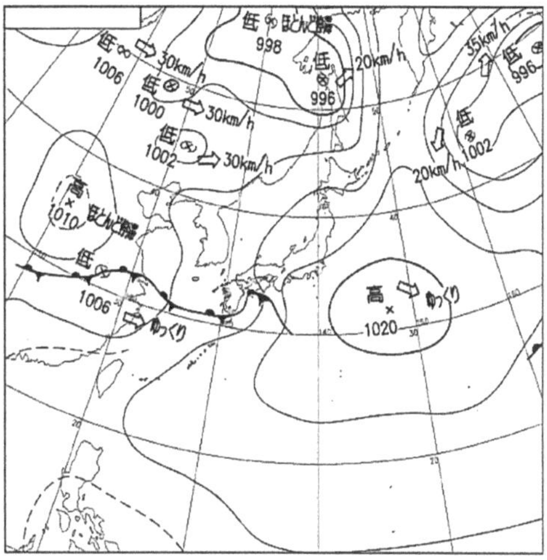

図２

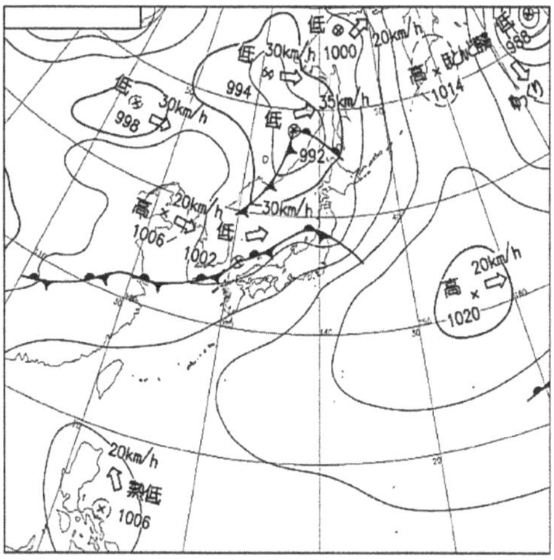

図３

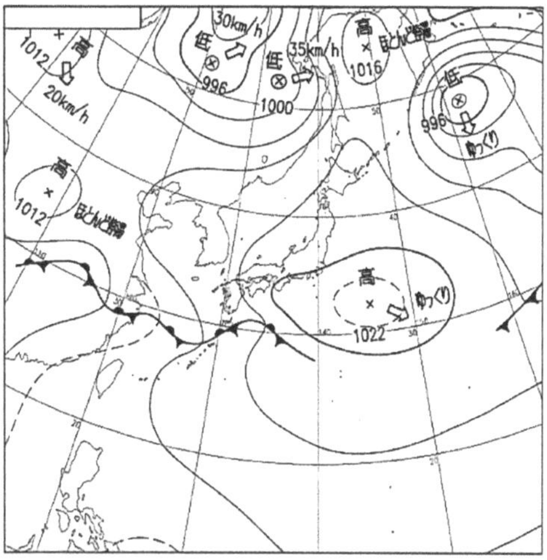

図４

（気象庁ホームページより）

問１　文中の空らん (①) ～ (⑧) に当てはまる言葉を答えなさい。

問２　下線部について，⑴⑵に答えなさい。

⑴　図１の (⑧) を特に何といいますか。

⑵　(⑤) が通過した後にもたらされる気候の特ちょうは何ですか。正しいものを，次のページの㋐～㋓の中から２つ選び，その記号で答えなさい。

(ア)　はげしい雨が短時間降り，気温が下がる。

(イ)　はげしい雨が短時間降り，気温が上がる。

(ウ)　天気は晴れ，気温が下がる。

(エ)　天気は晴れ，気温が上がる。

問３　前のページの図１～４を日時が早い順に並べかえなさい。

【社　会】（30分）　＜満点：60点＞

【１】 次の文章を読み，問に答えなさい。

ⓐ日本は鉱物資源の種類が多いことで有名であり，「鉱物の標本室」と言われている。しかし，その埋蔵量はどれも少ない。戦前から戦後復興を支えた［　①　］も，ⓑ北海道や北九州などで多く産出したが，次第にその量を減らし，さらにⓒ外国から安価な［　①　］が輸入されるようになると，国内生産は衰退した。また，ハイテク産業に欠かすことのできない［　②　］と呼ばれる鉱物資源は，日本国内で産出するものがほとんどなく，輸入に依存しているのが現状である。

問１　空欄①・②に該当する語句を答えなさい。但し，①は漢字２文字，②はカタカナ５文字で答えること。

問２　下線部ⓐに関して，日本で産出される鉱物資源として該当しないものを，次のア～エの中から１つ選び記号で答えなさい。

ア：金　　イ：銅　　ウ：ボーキサイト　　エ：石灰石

問３　下線部ⓑに関して，北海道に関する以下の説明文中の空欄［X］［Y］に入る文章として，最も適する組合せを，次のア～エの中から１つ選び記号で答えなさい。

北海道の東部には十勝平野が広がっており，［　X　］が行なわれている。また，北海道は日本有数の漁獲量を誇《ほこ》り，サケやホッケなどの水揚げが多い。以前は，ロシアやアラスカ方面に漁に出る北洋漁業が盛んであったが，最近では［　Y　］に重点が移っており，これらの水産物などを利用した食料品加工業も発達している。

ア：X「石狩川の水資源を利用した稲作」　　Y「マグロなどを求めた遠洋漁業」
イ：X「石狩川の水資源を利用した稲作」　　Y「ホタテなどを養殖する養殖漁業」
ウ：X「火山灰の土壌を活かした畑作」　　Y「マグロなどを求めた遠洋漁業」
エ：X「火山灰の土壌を活かした畑作」　　Y「ホタテなどを養殖する養殖漁業」

問４　下線部ⓒは，現在でも日本国内の［①］需要が高いことの現れである。需要が高い要因を，以下の表を参考に説明しなさい。

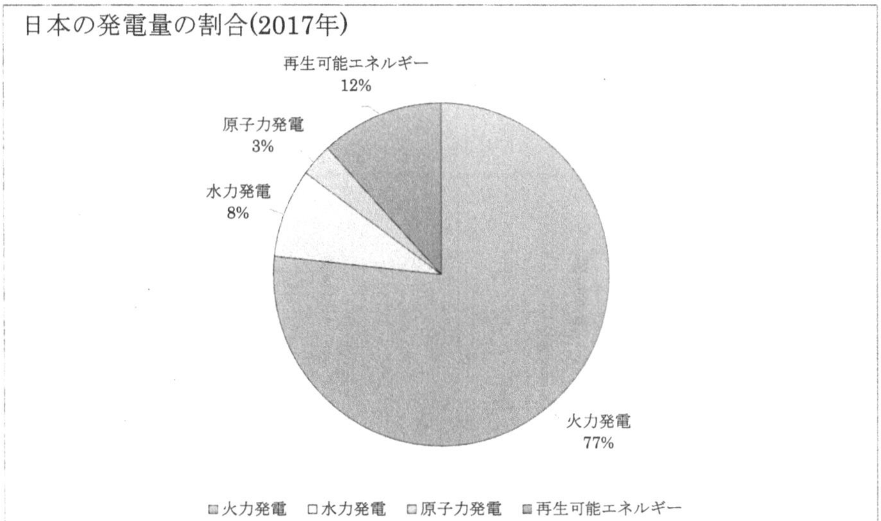

『地理データファイル　2020年度版』帝国書院　より作成

【２】 次の地図を参考に，問に答えなさい。

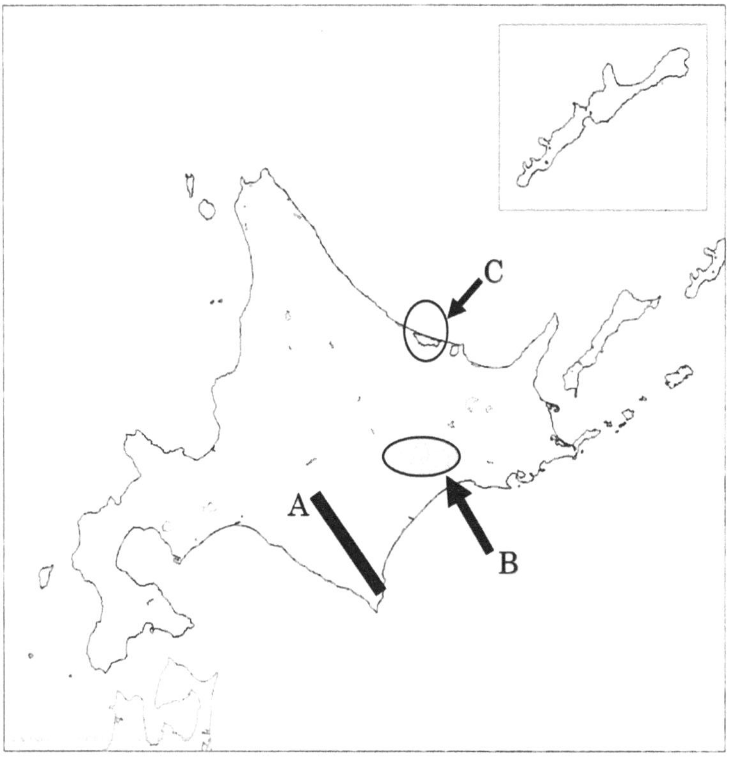

問１　この地図に示された都道府県の都道府県庁所在地の雨温図として該当するものを，次のア～エの中から１つ選び記号で答えなさい。

ア

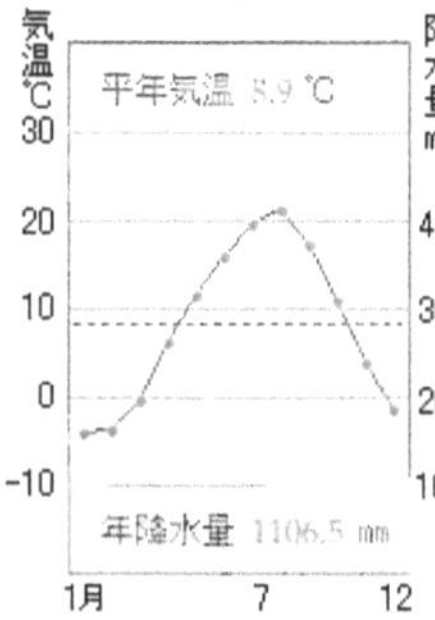

イ

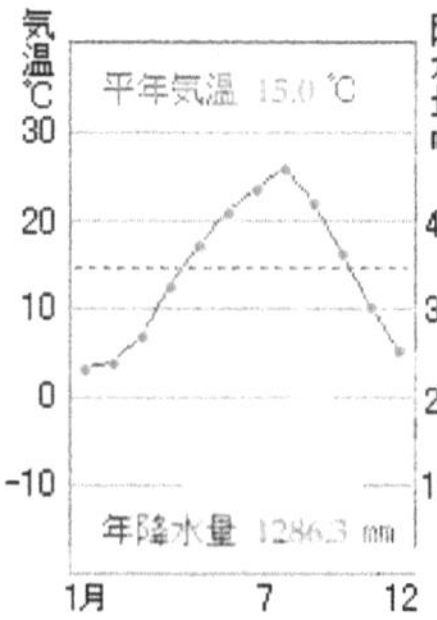

ウ

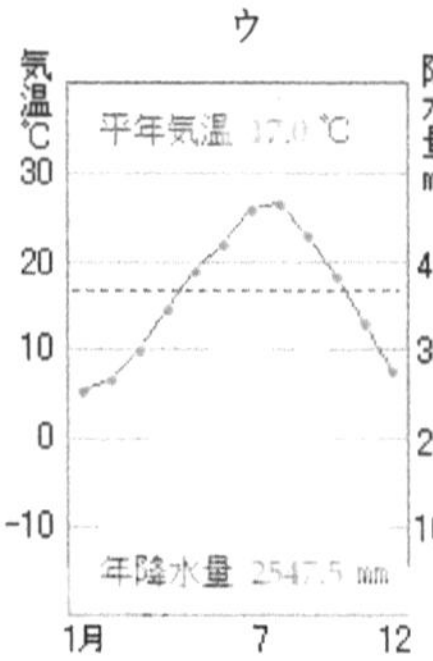

エ

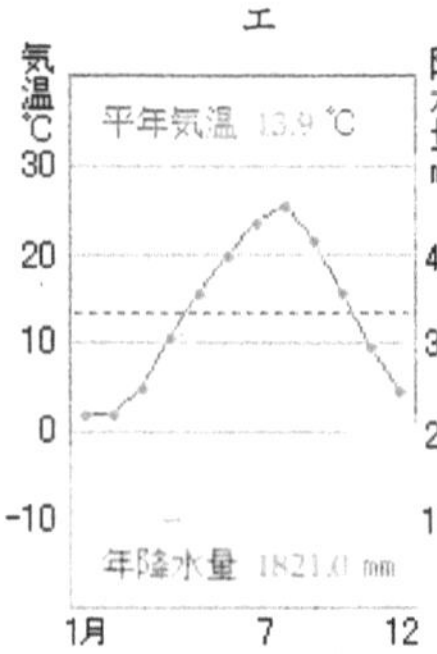

問２　前のページの地図中Ａに該当する山脈名を，次のア～エの中から１つ選び記号で答えなさい。

ア：飛騨山脈　　イ：日高山脈　　ウ：鈴鹿山脈　　エ：奥羽山脈

問３　地図中Ｂにはある国際条約に登録された湿原があることで有名である。その国際条約を次の中から選びなさい。

ラムサール条約　　ベルサイユ条約　　マーストリヒト条約　　ワシントン条約

問４　地図中Ｃの湖の名称を，次の中から選びなさい。

宍道湖　　サロマ湖　　諏訪湖　　琵琶湖

問５　この地図に示された都道府県に関する説明文として正しいものを，次のア～エの中から１つ選び記号で答えなさい。

ア：日本最長の河川を有し，米の生産量は国内有数である。

イ：明治時代には，八幡製鉄所が設立された。

ウ：本州とはいくつかの橋で結ばれており，本州への通勤に自家用車を利用する人が多い。

エ：農業が盛んであり，特にてんさいの生産は国内でほぼ100％を占めている。

【３】 次の文章を読み，問に答えなさい。

衣服は，文化の発達に伴《ともな》って大きく変化しながら現在に至っている。ⓐ縄文時代では，狩猟によって獲得したイノシシやヘラジカなどの毛皮を身にまとうだけであった。しかし，ⓑ弥生時代になると，稲作とともに機織りの技術も大陸から伝わり，あさ布などを用いた簡単な衣服である貫頭《かんとう》衣《い》を着用していた。以後，このⓒ貫頭衣を基本としつつ，中国の文化を導入する過程で，中国の衣服の影響を受けて，日本の服装は変化をしていった。そしてⓓ江戸時代までに現在の和服の形式が確立していくこととなった。ⓔ明治時代になると，文明開化の風潮の中で，西欧式の服装が導入された。

問１　下線部ⓐの時期に関する説明として，正しいものを次のア～エの中から１つ選びなさい。

ア：地球全体の気温が低く，海面が凍《こお》っていた。

イ：狩猟には鉄で作られた道具を使用した。

ウ：小さいながら集団で生活していたことが登呂遺跡の発見で証明された。

エ：独自の信仰が行なわれており，土偶を用いた儀式が行われた。

問２　下線部ⓑに関して，弥生時代に関する以下の文章の空欄①～⑥に該当する語句を，語群から選びなさい。

弥生時代は稲作を中心として集団が大規模化した時代であった。また，水の確保や豊かな土地を巡って人々の中で争いが激しくなった時代でもあった。吉野ヶ里遺跡に代表される（　①　）は，そのような争いに備えた防御施設を伴《ともな》った集落遺跡であった。稲作では，朝鮮半島から様々な技術や道具が伝来し，中でも稲刈りに使用された（　②　）などが有名である。集団が大規模化する中で，中国の王朝に使者を派遣する勢力が登場し，「　③　」東夷伝では，奴国の王が金印を賜《たまわ》ったことが記録されている。また，「　④　」倭人伝には，（　⑤　）国の女王が，「　⑥　」という称号を与えられたことが記録されている。

魏志　　石包丁　　隋書　　環濠集落　　後漢書　　弓矢　　邪馬台

親魏倭王　　漢委奴国王　　卑弥呼

問３　下線部ⓒに関して，飛鳥時代から平安時代の服装に関する次のページのア～ウの文章には，

１つだけ平安時代ではない説明文がある。その説明文を選び記号で答えなさい。

ア：官人の冠の色と形で地位を決める冠位十二階が定められた。

イ：貴族の女性たちは十二単と呼ばれる衣服を着用した。

ウ：藤原道長は束帯と呼ばれる服装を着用し，朝廷での役目を担当した。

問４　下線部ⓓに関して，以下の質問に答えなさい。

⑴　次のア～エの中から，江戸時代に関する説明文として誤っているものを１つ選び記号で答えなさい。

ア：徳川家光の次に将軍となった徳川綱吉は，生類憐みの令を発布した。

イ：「米将軍」と呼ばれた徳川吉宗は，目安箱を用いて庶民の意見を政治に取り入れた。

ウ：大坂では大塩平八郎が幕府に対して反乱を起こした。

エ：開国後，横浜が貿易の中心となった。

⑵　江戸時代の幕府と大名に関する以下の説明文に該当する人物を，ア～エの中から１つ選び記号で答えなさい。

1794年に唐津藩主の次男として生まれたこの人物は，兄が死亡したため，世継ぎとなり，1812年に父の隠居をきっかけに家督を相続した。幕府内での出世を望んだこの人物は，唐津藩が長崎警備の任務を帯びており，幕府での出世がしにくいことから，家臣の反対を押し切って，領地が削減される形で浜松藩への転封を願い出た。これをきっかけに幕府で出世を重ねたこの人物は，1826年に老中となり，1839年には老中首座となって，株仲間解散令などの改革を行なった。

ア：柳沢吉保　　イ：水野忠邦　　ウ：井伊直弼　　エ：松平定信

問５　下線部ⓔに関して，○×中学校の３年生たちが社会の授業で明治時代を題材に新聞を作成することとなった。その新聞の見出しとして次のア～エの中から，明治時代に関するものとして相応しくないものを１つ選び，記号で答えなさい。

ア：「国産生糸の中心地　富岡製糸場の実態」

イ：「秩父にて，貧しい農民が暴動！　自由党が関係か？」

ウ：「清朝使節団到着　下関にて講和会議開始」

エ：「同盟国イギリスを支援するため，第一次世界大戦に参戦」

【４】 次の文章を読み，問に答えなさい。

鎌倉に拠点を定めた（　①　）は，ⓐ平氏打倒を進めながら支配組織を整えた。（①）は，命令に違犯した弟を捕まえるため，朝廷の許可のもと，全国に（　②　）と（　③　）の設置を命じた。（②）は各国に１人，（③）は荘園と公領ごとにそれぞれ設置された。ⓑ1221年に（　④　）で勝利すると，上皇の荘園などを没収して，活躍した御家人に恩賞として与えた。これによってⓒ西国にも御家人たちが（③）として領地を得ることになった。この時期以後，ⓓ幕府政治は（　⑤　）となった北条氏によって主導されることとなった。

問１　文章中の空欄①～⑤に該当する語句を答えなさい。但し，漢字で書くべきところは漢字で書くこと。

問２　下線部ⓐに関して，平氏が現在の広島県に整備したものは何か。次のページのア～エの中から１つ選び記号で答えなさい。

ア：宗像大社　　　イ：伊勢神宮　　　ウ：厳島神社　　　エ：出雲大社

問３　空欄（②）に認められた役目のうち，誤っているものを次のア～エの中から１つ選び記号で答えなさい。

ア：謀叛人の逮捕　　イ：殺害人の逮捕　　ウ：大番役の催促《さいそく》　　エ：参勤交代の実施

問４　下線部ⓑに関して，空欄（　④　）を起こした上皇を，次のア～エの中から１つ選び記号で答えなさい。

ア：後白河上皇　　　イ：後鳥羽上皇　　　ウ：後亀山上皇　　　エ：後嵯峨上皇

問５　下線部ⓒに関して，鎌倉時代に西国はモンゴル勢力の襲撃を受けることとなった。この出来事を総称して何というか。漢字２文字で答えなさい。

問６　下線部ⓓに関して，以下の質問に答えなさい。

⑴　北条泰時によって定められた，それまでの武家社会の慣例などをまとめた法令を何というか。漢字で答えなさい。

⑵　北条氏出身で，空欄（①）の妻となった人物は誰か。漢字で答えなさい。

【５】　次の会話文を参考に，問に答えなさい。

先生：班ごとに憲法に定められた基本的人権にもとづく権利についてまとめてみましょう。

大友：みんな，どれにしようか？

鍋島：教科書には，ⓐ社会権・自由権・平等権・参政権・ⓑ請求権が説明されているね。

立花：先週，県知事選挙があったから，ⓒ選挙に関連して参政権について調べたらどうだろう？いろいろ情報が集められると思うんだけど，どうかな？

島津：でも，それだと，他の班と同じテーマになってしまうかもしれないよ？隣の大内君たちの班も参政権について話し合っているみたいだし……。

大友：それなら，県知事選挙に立候補して当選した△△□□知事が，選挙ポスターに掲げていた「忘れられる権利」について調べてみない？

島津：何それ？

立花：とりあえず，調べてみようか？パソコンで検索したら，ⓓ新しい人権の１つみたいだね。ⓔEUでは近年，問題となっていて，2012年に法律の改正案も提出されたみたいだね。

問１　下線部ⓐに関して，以下の質問に答えなさい。

⑴　次の文章は生存権に関する憲法第25条１項である。文章中の空欄［　］に適する語句を解答欄に答えなさい。

「すべて国民は，［　　　　　　］な最低限度の生活を営む権利を有する」

⑵　勤労の権利にもとづいて，労働基本権が定められている。これらの権利を保障するために労働三法と呼ばれる法律が整備されているが，労働三法は労働基準法と労働関係調整法とあとは何か。漢字で答えなさい。

問２　下線部ⓑに関して，裁判を受ける権利がその代表的なものである。また，裁判は下級の裁判所から上級の裁判所へと３回まで受けることができる。第一審の判決が不服の場合に，上位の裁判所に第二審の裁判を求めることを，漢字２文字で何というか答えなさい。

問３　下線部ⓒに関して，日本では明治時代から国政選挙を行なってきたが，男女普通選挙制が導入されたのは何年か。次のページのア～エの中から１つ選び記号で答えなさい。

ア：1940年　　イ：1945年　　ウ：1950年　　エ：1955年

問４　下線部ⓓに関して，新しい人権の１つである「知る権利」は，政府などが持っている情報を知る権利のことであるが，この権利を保障するため，日本で1999年に制定された法律は何か漢字で答えなさい。

問５　下線部ⓔに関して，2020年にEUを離脱した国をカタカナで答えなさい。

三　次の各問い（問1～4）に答えなさい。

問1　次の語の部首を平仮名で答えなさい。

①　冷　②　部　③　道　④　度

問2　空欄に入る漢字一字を入れ、慣用句を完成させなさい。

①　青菜に□（元気をなくしている様子）

②　□を吹き返す（立ち直る）

③　□の耳に念仏（いくら意見をしても全く効き目のないことのたとえ）

④　□が熟す（物事を始めるよい時期）

問3　次の傍線部の読みを平仮名で書きなさい。

①　意見を承る。

②　専ら勉強に打ち込む。

③　秘密を暴く。

④　絹を織る。

問4　次の傍線部を漢字に直しなさい。

①　ヒヒョウ家の意見に耳を傾ける。

②　布をハサミでタつ。

③　修学旅行のインソツをする。

④　目的地までの距離をソクテイする。

Ｂ 「刹那」
ア わずかに感じる揺れ
イ はっきりとした感触
ウ きわめて短い時間
エ 瞬間的に感じた殺意

Ｃ 「殊勝なこと」
ア 心がけが立派なこと
イ 優しくおとなしいこと
ウ 勝ち気で大胆なこと
エ 悟りの境地

問６ 傍線部④「何もかも軍師どのはお見通しなのだな」とありますが、趙雲が自分の「胸にくすぶる不快の正体」に気づくきっかけとなった言葉を諸葛亮の発言の中から十三字で抜き出しなさい。なお、句読点を含まないものとする。

問７ 空欄 Ｙ に入る言葉として最も適当なものを次の中から一つ選び、記号で答えなさい。
ア いいかげんにしてほしい
イ 船はいいものだな
ウ ありがとう、よく分かった
エ そろそろ、失礼する

問８ 傍線部⑤「故郷を懐かしんだりすること」について、
ⅰ、故郷を懐かしく思いやることを、「□郷の念にかられる」と言いますが、□にあたる語を漢字一字で答えなさい。
ⅱ、故郷を懐かしく思いやること、を外来語で表現した言葉として最も適当なものを次の中から一つ選び、記号で答えなさい。
ア テナント　イ アウトソーシング
ウ ノスタルジー　エ プレビュー

問９ 傍線部⑥「さびしげな笑み」とありますが、趙雲はなぜ「さびしげな笑み」を浮かべたのですか。最も適当なものを次の中から一つ選び、記号で答えなさい。
ア 自分には欠けている主君への忠誠心を、張飛が持っていることを感じたから。
イ 故郷を失った自分と違い、張飛は故郷を持っていると知ったから。
ウ 今回の遠征に前向きな張飛に比べ、自分が無気力なことが恥ずかしかったから。
エ 楽天的な張飛とは人生について意見交換ができないとわかって失望したから。

問10 本文の内容として最も適当なものを次の中から一つ選び、記号で答えなさい。
ア 趙雲は新参の諸葛亮が相談もなく蜀攻めを決めたことに腹が立っている。
イ 趙雲は張飛の何事にも無頓着な性格が嫌で、普段関わらないようにしている。
ウ 趙雲は五十になったことで、諸葛亮や張飛と違ってこの戦いで死を覚悟している。
エ 趙雲は蜀を攻め、根拠地とすると、二度と故郷に戻れないと感じている。

趙雲は張飛に背を向けると、「食事はもう少し、味わって食べろ」と言い残し、階段を下りた。

兵士たちはみな下の層で食事しているのだろう。人気《ひとけ》のない甲板を進み、趙雲はへりに立った。足元に兜を置くと、舷《げん》を叩《たた》いては割れていく暗い河水に向かって小便を始めた。

長江を下ってくる風を受け、船はかすかに揺れている。自分の放ったものの軌道が、風に吹かれ、ゆるい弧を描くのを見つめながら、趙雲はふたたび船酔いの感覚がじわじわと胸元のあたりに復活してくるのを感じた。

最後に腰を上下させ、峡谷の空を仰いだ。月の位置から故郷のある北東の方角を求め、視線を向けた。

趙雲の故郷は、常山郡真定《しんてい》である。

十七歳で家を出てからこれまで、故郷に戻ったのは一度きり、父親の葬儀のときだけだ。以来、村を訪れたことはない。

諸葛亮の口から故郷という言葉を聞いたとき、趙雲はようやく己の声に気がついた。船上の人間が、ときに周囲を圧しているはずの川音の存在を忘れてしまうように、あまりに長い間、耳の隣でささやかれていたがゆえ、逆に忘れてしまっていた声の存在を、諸葛亮の言葉が突如として浮かび上がらせてくれたのである。

（万城目学「趙雲西航」新潮社）

注　※1　子竜……趙雲の字《あざな》。「字《あざな》」とは実名以外につけた名。
※2　孫権……「呉」国の君主。
※3　関羽……劉備軍の大将。

問1　傍線部①「諸葛亮の言葉」とありますが、諸葛亮は趙雲に何を話そうとしていますか。最も適当なものを次の中から一つ選び、記号で答えなさい。

ア　今後の戦いでの趙雲のいっそうの奮起を促している。
イ　劉備軍のもろさと敵の強さをこっそりと伝えている。
ウ　軍律を無視した趙雲を厳しくとがめている。
エ　魏ではなく蜀を攻めることに理解を求めている。

問2　傍線部②「子竜どのは、攻めこむならば、北の魏と強く決めていた」と諸葛亮は言っていますが、趙雲はなぜ「北の魏」を攻めたかったと考えられますか。七字以内で答えなさい。

問3　傍線部③「趙雲は背中をひんやりするものが通っていくのを感じた」とありますが、趙雲のこの時の心情として最も適当なものを次の中から一つ選び、記号で答えなさい。

ア　諸葛亮の蜀攻略への覚悟に圧倒されている。
イ　諸葛亮の権高な振る舞いに腹が立っている。
ウ　諸葛亮の鋭い洞察力に畏怖の念を抱いている。
エ　諸葛亮の独りよがりな作戦に危うさを感じている。

問4　空欄 X に入る二字の言葉を漢字で書きなさい。

問5　二重傍線部A「接ぎ穂」・B「刹那」・C「殊勝なこと」の意味として適当なものを次の中からそれぞれ一つずつ選び、記号で答えなさい。

A　「接ぎ穂」
ア　話を続ける手がかり
イ　質問への回答
ウ　親しい者どうしのやりとり
エ　同調する言葉

洲に乗り上げ停まっている小舟を河へ押し出し振り返ると、敷物の上に立ち尽くす諸葛亮の姿が見えた。

「風邪をこじらせぬようにな、軍師どの」

と手を振り、趙雲は小舟に足を踏み入れた。慌てて乗りこんできた漕ぎ手に、楼船に戻るよう低い声で告げた。

＊

最上層では、張飛が先ほどまでと同じ場所に座り、茶を飲んでいた。ちょうど食事を終えたばかりの様子である。自分の敷物の前に膳が置かれているのを見て、趙雲は洲に降りて食事を済ませたことを伝えた。案の定、

「なら、俺がいただいていいか」

ときたので、趙雲は腰を下ろし、膳を張飛の前に押し出してやった。

この大食漢の大将は、常に自分の膳に二人分の食事を用意させる。すでにそれを平らげたにもかかわらず、何ら衰えない食欲で、張飛は趙雲の膳を片づけていった。

「そういえば、子竜――お前さん、最近五十になったそうだな」

「ああ、そうだ。だが、あまり言うな」

「むかし雲長《うんちょう》が、五十になったらいつ死んでも仕方ないと思うようになる、と言っていたが、お前さんもそうなのか？」

雲長というのは関羽注(※3)の字《あざな》である。趙雲は腕を組み、

「それはもう、この世に思い残すことがなくなる、ということか？」

と訊ね返した。

「さあ、わからんな。あの髯親父《ひげおやじ》は柄《がら》にもなく詩人ぶるのが好きだから、格好つけてそんなことを言っているだけかもしれん。俺は、ええと――あと四年で五十か。とてもじゃないが、そんなＣ殊勝なことを考えるようになるとは思えんな。まだまだ戦場で暴れ回りたい。うまい酒も飲みたい。百年生きても、きっと足りんわい」

と言って豪快に笑った。

「なあ、張飛よ」

「何だ？」

「お前は⑤故郷を懐かしんだりすることはあるか？」

張飛は「急にどうしたのだ？」とでも言いたげに訝《いぶか》しげな眼差しを向けると、

「故郷？　親父とじいさんがやってた涿《たく》の肉屋のことか？　どうして？　あんなところが懐かしいわけがないだろう」

といかにも腹立たしげに答えた。

「そうだなあ――俺の故郷は、言ってみれば家兄《このかみ》よ。二十五年前に涿を出てから、ずっと一緒にいるわが君こそが、そう、俺の故郷そのものだ」

張飛は早々に膳の上を片づけると、自分の言葉に酔ったかのように、

「つまり俺は今、一目散に故郷に向かっているってことだ」

と紅潮した頬で告げた。

趙雲は一瞬、⑥さひしげな笑みを目元に浮かべると、隅に置かれたままの兜《かぶと》を手に取り、腰を上げた。

「どうしたんだ？」

「もう寝る」

「どこか具合でも悪いのか？」

「いや、どこも悪くない」

なかなか私が進めていた蜀入りの準備に、人手が回ってきませんでしたからな。それに、出陣のときも、どこか気の晴れない表情をされていた」

と諸葛亮は洟《はな》をすすりながら、何事もないように語ったが、③趙雲は背中をひんやりするものが通っていくのを感じた。

「いやいや、それは貴殿の誤解だ」

と慌てて否定する趙雲に、

「蜀は不思議な土地です」

と諸葛亮は椀をひと口すすり、つぶやいた。

「ここに至るまでの、この世のものとは思えぬ峡谷の風景に、私もしばしば、この霞《かすみ》を抜けたら仙人の国にでも迷いこむのではないか、と疑ったくらいです。確かに蜀は、荊州より格段に鄙《ひな》びています。ましてや中《ちゅう》原《げん》とは比ぶべくもない。それでも、私は蜀に賭《か》けています。もう、荊州に戻るつもりはない」

諸葛亮は急に語気を強めたかと思うと、

「私はね、確かな自分の国が欲しいのですよ、子竜どの」

とまっすぐ趙雲の顔を見つめた。

「正確には、国というより、故郷なのかもしれません。私には故郷いうものがない。生まれ育った場所は、戦禍《せんか》にまみれ村ごと失われました。今ある荊州も、あくまで呉から借りている土地です。今後、孫権注(※2)公との関係次第ではどうなるかわからない。私は誰からも認められる、X 永劫《えいごう》平和に続く自分の国を、故郷と言える場所を持ちたいのです。だから、私は蜀にすべてを賭けている」

その切れ長な瞳《ひとみ》から向けられた強い眼差《まなざ》しを、趙雲は当惑した思いとともに受け止めた。すぐに言葉のA接《つ》ぎ穂《ほ》を見出《みいだ》せない趙雲に、

「子竜どのの国は、どちらでしたか?」

と諸葛亮は鼻声で訊ねた。

「常山《じょうざん》だ」

と短く答えたとき、椀を口元に持っていこうとした趙雲の手の動きが止まった。B刹那、大地の感触に包まれ、ようやく船酔いの気配が消え去ろうとしていた趙雲の心に、あのかすかな、ささくれを引いたような不快がまたも訪れたからである。

まるでそのことに気づいたかのように、諸葛亮は急に口を閉ざした。

二人の間に沈黙が流れ、粛々と峡谷にこだまする大河の響きが、急に音量を増したように感じられた。趙雲は背後の篝火《かがりび》に照らされた、己の無骨な手のひらを見つめた。峡谷を吹き抜ける風が、洲の上に引かれた二人の影を揺らしていく。出来上がった食事を船へと運ぶ兵士らの威勢のいいかけ声を聞きながら、趙雲はいまだ胸にくすぶる不快の正体に、静かにたどり着こうとしていた。いや、正確には向こう側から、漂い流れてきたと言うべきか。

「まったく――④何もかも軍師どのはお見通しなのだな」

というつぶやきを、ひどく割れた声で放った。

「え、何です?」

「　Y　」

諸葛亮が驚いた顔で、

「今日はここでお休みください。私が船に戻ります。子竜どのは、どうかこちらでごゆっくりと――」

と請《こ》うたときにはすでに、趙雲は立ち上がり、砂利の上を歩き始めていた。

エ　考える習慣のない生徒は考え方を知らないから。

問9　傍線部⑥「多くの人は、長く思考し続ける持久力を持っていません」とありますが、「持久力」を持つようになるにはどのようにしていったら良いと述べられていますか。それを説明した次の文の空欄［Ⅰ］、［Ⅱ］にそれぞれ適切な語句を三字で答えなさい。

まず短い時間で［　Ⅰ　］習慣をつけ、徐々にその時間を［　Ⅱ　］こと。

問10　空欄［Z］に入る語句として最も適当なものを次の中から一つ選び、記号で答えなさい。

ア　でも
イ　もし
ウ　つまり
エ　たとえば

問11　傍線部⑦「呼吸と思考が深く関係している」とはどういうことか。その説明として最も適当なものを次の中から一つ選び、記号で答えなさい。

ア　息を吐くときに思考が止まるが、吸うときに思考ができるようになるということ。
イ　息ができるときは思考ができるが、息が出来ないような空間では思考ができないということ。
ウ　息を吸うことによって人の思考は深まり、吐くことで伝えられるということ。
エ　息を吸うときには思考が止まり、吐くときに思考ができるということ。

二

「蜀《しょく》」の地の攻略を目指し前線にいる劉備《りゅうび》は援軍を呼ぶことを決断した。諸葛亮《しょかつりょう》、張飛《ちょうひ》、趙雲《ちょううん》は一万の兵をのせた船団を率いて本拠地である荊州《けいしゅう》を西へ向かい、劉備軍に合流すべく長江《ちょうこう》をさかのぼっている。軍師の諸葛亮は船酔い気味の趙雲を気遣って、洲《す》に趙雲を招き、食事をしながら今後の打ち合わせをしていた。以下はそれに続く場面である。

次の文章を読んで、後の問い（問１～10）に答えなさい。

「ところで――ここだけの話ですが、子竜どの注(※1)は蜀へ攻め入ることに、あまり賛成ではありますまい」

急に話を変えてきた①諸葛亮の言葉に、口に近づけようとした箸《はし》の動きを止め、趙雲は「なぜ？」と訝《いぶか》しげな視線を向けた。

「いえ、②子竜どのは、攻めこむならば、北の魏と強く決めていたのではないか、と思いまして」

「いや――そんなことはない。そもそも、どこに攻め入るかなど、私の意思うんぬんの話ではあるまい」

と趙雲は首を横に振ったが、諸葛亮は相手の言葉をまるで聞いていないかのように、

「無理ですよ。北は」

と低い声で告げた。

「今はどうやっても、魏には勝てません。蜀を得て、国力を備えてはじめて、魏とは対等に勝負ができます」

「どうして……軍師どのは、そんなことを急におっしゃるのだ？」

「子竜どのの兵の配備を見たらわかります。もちろん、呉とは同盟関係にありますから、残る魏に多くを割くのは当然かもしれませんが……、

私自身は呼吸の訓練をしているので、1分間に一度か二度息を吸うだけで話し続けられるのですが――見ていて苦しくなるので、お願いですから息を吸ってくださいと学生から言われるほどです――普通の人が考えた言葉を話しながら息を吐き続けるとなると、15秒が限界でしょう。

ですから、まずは「考えたことを15秒でコメントする」訓練に取り組んでみてください。

（齋藤孝『思考力中毒になる』幻冬舎新書）

問1 次の一文はある段落の末尾に挿入されるものである。挿入すべき段落の初めの五字を書き抜きなさい。

> 同じ内容を3倍速で発言すれば、みんなの時間節約につながるからです。

問2 傍線部①「意味のある内容を言葉にできる力」とはどのような力ですか。その説明として最も適当なものを次の中から一つ選び、記号で答えなさい。

ア　自分の考えで他者を圧倒することができる力。
イ　自分の考えを他者に説明することができる力。
ウ　自分の思いを他者に訴えることができる力。
エ　自分の思いに他者を共感させることができる力。

問3 空欄 X に入る語句として最も適当なものを次の中から一つ選び、記号で答えなさい。

ア　社会化　　イ　商業化　　ウ　文明化　　エ　国際化

問4 傍線部②「思考力の差が勝敗を左右する」のはなぜか。その理由の説明として最も適当なものを次の中から一つ選び、記号で答えなさい。

ア　判断ミスを引き起こすのは技術や体力の差であるから。
イ　思考力は、技術や体力には関係がないから。
ウ　技術や体力の差がない状態では判断による差が出るから。
エ　どのようなミスであっても判断によって挽回できるから。

問5 傍線部③「卓球の張本智和選手」がよどみなく話を続けることができる理由を説明した次の文の空欄に入る語句を本文からそれぞれ書き抜きなさい。 Ⅰ が六字、 Ⅱ が四字。

意味のある内容を　Ⅰ　が、卓球の練習や試合の　Ⅱ　で自然に養われているから。

問6 空欄 Y に体の一部を表す漢字を一字入れて「展開を先読みでき、ずばやい行動をとることができる」という意味になるようにしなさい。

問7 傍線部④「釘を刺す」の語句の意味として最も適当なものを次の中から一つ選び、記号で答えなさい。

ア　前もって念押しをすること。
イ　先に否定しておくこと。
ウ　事前に了解をとること。
エ　批判的な見解をほのめかすこと。

問8 傍線部⑤「このシンキングタイムのほとんどはムダです」とありますが、その理由の説明として最も適当なものを次の中から一つ選び、記号で答えなさい。

ア　制限時間十分では、時間が足りないから。
イ　考えるか考えないかはその生徒の真面目さによるから。
ウ　どの生徒も最初の数分で結果的に考えなくなるから。

と考えられます。

必要な言葉を速いスピードで話す人は、［Y］の回転も速いといえます。

脳内が高速回転している人は、思考スピードが話すスピードを上回ります。ですから、自分の考えを口に出すとき、必然的に早口になります。

私は会議などで司会をするとき、出席者が発言するのを聞きながら「それを3倍速でお願いできませんか」と言いたくなることがよくあります。

大学で授業をするときには「私の話すスピードが速すぎるというクレームは受けつけません」とあらかじめ④釘を刺すことにしています。最初は、学生たちは私の早口に戸惑うのですが、しばらくすれば、普通に授業についていけるようになります。しかも、思考訓練を積み重ねていくと、学生一人ひとりが話すスピードも断然アップします。

ボーッと考えている人が思考時間をいくら延ばしても、得られる効果は限定的です。考える時間を増やして思考中毒になるには、思考の速度を上げる必要があります。

まずはスピード訓練を積んだ上で、徐々に思考の時間を延ばしていく順番が理想です。私の経験からいうと、「思考のスピード＝話すスピード」は訓練しだいで上げられるのが明らかです。

短い時間で意味のあることをテキパキ話す練習は、効果的です。単位時間あたりの意味の含有率に自覚的になります。

思考の習慣がない人には、まずは考えて「15秒コメント」をするところから始めることをおすすめします。

よく学校の授業で、先生が「では、これから10分考えてみましょう」などと生徒にシンキングタイムを与えるケースがあります。しかし、⑤このシンキングタイムのほとんどはムダです。というのも、答えがわかる生徒は最初の1～2分で、おおよその答えを出してしまいます。そして、わからない生徒は最初の1～2分であきらめて、そのまま考えることをやめてしまいます。

どっちにしても、残りの8分くらいは、ただただ時間が過ぎるのを待っているのです。これは先生の時間設定が間違っています。

⑥多くの人は、長く思考し続ける持久力を持っていません。これは「考えること」を「走ること」にたとえてイメージするとわかりやすいと思います。普段から鍛えているマラソンランナーは、42・１９５キロをわずか2時間強のスピードで走破します。同じように、思考が身についている人は2時間程度考え続けるのが苦になりません。

［Z］、運動不足の人は、いきなり「42・１９５キロのフルマラソンを走れ」と言われてもムリです。最初は１００メートルくらいから軽いジョギングをして、少しずつ距離を延ばしスピードを上げていくのが現実的な方法です。

思考についても、いきなり長時間考え続けるのは困難です。まずは「15秒話せる分だけ考える」と設定することで、はじめて真剣に考えられるようになります。

私は教育方法の研究者として、生徒たちの思考時間を延ばすにはどうすればよいかを研究し続けてきました。その結果、⑦呼吸と思考が深く関係していることがわかってきました。

簡単にいうと、息を吸った瞬間に思考が途切れるので、思考を続けるには吐く息を主とした呼吸を持続させる必要があるということです。

【国　語】（五〇分）〈満点：一〇〇点〉

一　次の文章を読んで、後の問い（問1～11）に答えなさい。

人間の思考レベルは、まずその人の「話し方」に表れます。会社などで「考えていますが、答えを言葉にすることができません」と言っても通用しません。内容のある話ができない人は、思考できていないのと同じとみなされます。

自分の考えを言葉で表現できない人は、残念ながらこれからの世界では通用しにくいといえます。仕事では、英語ができる、中国語ができるという以前に①意味のある内容を言葉にできる力がますます求められます。

言葉で説明できる人は、何かを人に教えることも上手です。

「だいたい、こんな感じでガーッとやってください」「やっていくうちに慣れるから大丈夫です」といった曖昧《あいまい》な言葉でごまかさず、マニュアルのように順を追って段取りを伝えることができます。「マニュアル人間」というと思考できない人間を意味しますが、相当な思考力がなければ、マニュアルを作ることはできません。

これから［　X　］が進み、職場に国籍や出身地など多様な背景を持つ人が増えるようになったときには、この種の説明スキルが威力を発揮します。

しっかりと思考している人は、何を質問してもしっかりした答えを返すことができます。その点で、アスリートのインタビューの受け答えなどを見ていると、一流のアスリートの思考力の高さを実感することが多々あります。

例えば、サッカー界では、現在レアル・マドリード所属の久保建英《たけふさ》選手のインタビューなどがそうです。久保選手は、スペイン語、日本語どちらで話しても、質問に対して意味の通った受け答えをしています。

サッカーの試合を観戦していると、失点シーンの多くは、テクニック不足というより、判断ミスから生まれていることに気づきます。サッカーの試合において文句のつけようのない劇的なシュートが決まるケースは例外であり、ほとんどの得点は相手チームの守備の判断ミスによってもたらされています。

技術や体力が拮抗《きっこう》しているプロレベルになると②思考力の差が勝敗を左右するといっても過言ではありません。緊張や疲れなどにより、ほんの一瞬の隙《すき》が命取りとなるわけです。思考力の高さがプレーでの状況判断に影響することが容易に想像できます。

何かコメントを求められたときに、「えーと」「あのー」などを連発する人は、考えていない可能性が大です。

③卓球の張本智和《はりもとともかず》選手も、試合後のインタビューを聞いていると「えーと」「あのー」などのムダな言葉を発さず、よどみなく話を続けています。卓球という競技にも、思考力を感じさせる選手が多いように思います。これは、瞬時に思考・判断・表現しなければならない競技の性格と深く関係しているのでしょう。

卓球はしばしば「１００メートルをダッシュしながら、チェスをするようなスポーツ」と評されます。打球の方向や回転、スピードなどに応じて、二手先三手先まで読んだ上で、超高速でラリーを続けるからです。

卓球選手は、普段から練習や試合を通じて、こうした思考訓練を積み重ねているので、意味のある内容を端的に話す力も自然に養われている

MEMO

大切なことはメモしておこうネ！

2021年度

狭山ヶ丘高等学校付属中学校入試問題

【算　数】（50分）　＜満点：100点＞

【注意】 ⑴　コンパス・分度器・電卓・定規類の使用は認めません。

⑵　問題にかいてある図は必ずしも正確ではありません。

１． 次の □ に当てはまる数を求めなさい。

⑴　$(11\times 11+22\times 22+33\times 33+44\times 44)\div 121=$ □

⑵　$\left(37\frac{1}{3}-29\frac{5}{6}\right)\div 3\frac{3}{4}=$ □

⑶　□ × □ ＝２× □ × □ －４
（ただし，□ には同じ数が入ります。）

⑷　38÷33を小数第11位までの概数で表したとき，小数第11位の数字は □ です。

⑸　分速18m＝時速 □ km

２． 次の □ に当てはまる数を答えなさい。

⑴　ブルーベリーを，１人５つぶずつ配ると４つぶあまり，１人７つぶずつ配ると12つぶ足りなくなりました。ブルーベリーは □ つぶあります。

⑵　濃さが５％の食塩水Ａが300ｇ，16％の食塩水Ｂが50ｇ，濃さの分からない食塩水Ｃがたくさんあります。この食塩水ＣをＡとＢにそれぞれの重さが１：２となるように加えていくと，ＡとＢの重さが同じ □ ｇになったところで濃さも同じになりました。食塩水Ｃの濃さは □ ％です。

⑶　右の図は正三角形と長方形を重ねた図です。
㋐の角の大きさは □ 度です。

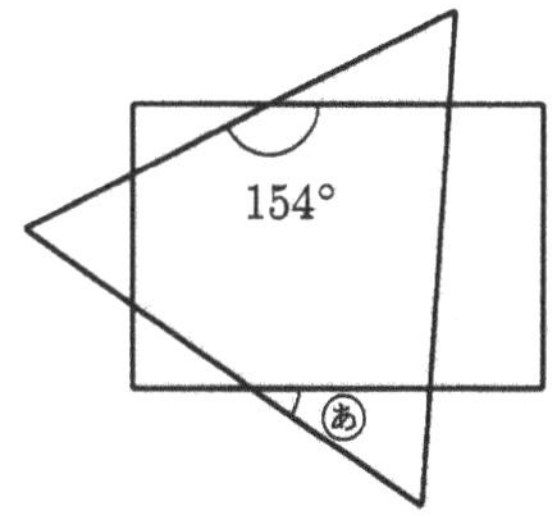

⑷　自由に選んだ数字の各位のとなり同士の数を足して，その数を下のカードに書く。これを最後の１枚になるまで繰り返して書くことを考えます。ただし，足した値が２けたの数になったら，一の位の数字だけを書くことにします。右の図は４けたの数「2554」から始めたときの例です。

各位の数字が８以外の４以上の数である６けたの数から始めたとき，次のページの図のようになりました。最初に選んだ６けたの数字は □ です。

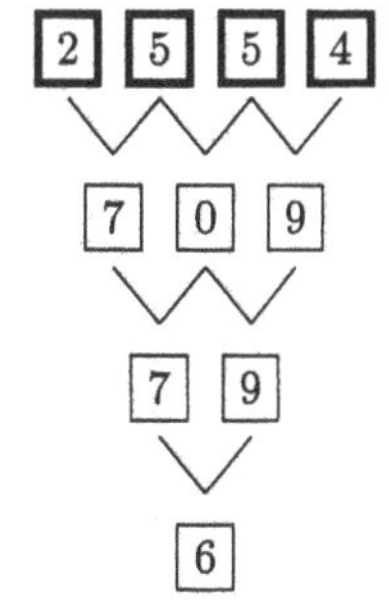

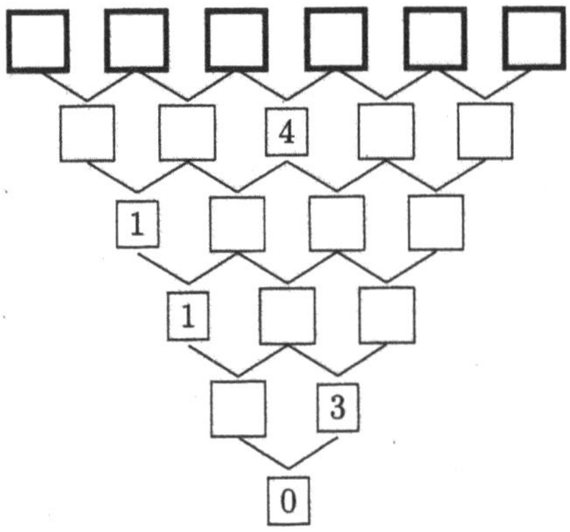

3．次の □ にあてはまる数を答えなさい。

⑴ □ を12で割ると商が11で余りが11となります。

⑵ ４で割ると商と余りが等しくなる数は全部で３個あり，それらは □ です。
ただし，商と余りが０である数は除きます。

⑶ ある数を７で割ると余りが３であり，その商を３で割ると商も余りも偶数になりました。
そのある数を42で割ったときの余りは □ です。
ただし，商と余りが０である数は除きます。

4．0，1，2だけを使って作れる整数を，小さい順に並べました。

0，1，2，10，11，12，20，21，22，100，101，……

⑴ ３けたの整数は何個ありますか。

⑵ 2021は左から数えて何番目にありますか。

5．底面が半径４㎝の円である缶を図１のように下の段が１本ずつ多くなるように重ねてリボンでまとめることを考えます。ただし，リボンのつなぎ目などは考えないことにします。例えば，３本の缶ならば図２のようになります。ただし，円周率は3.14とします。

図１

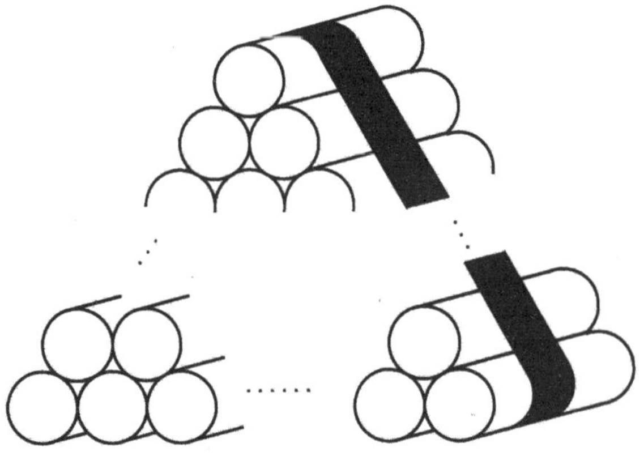

図２

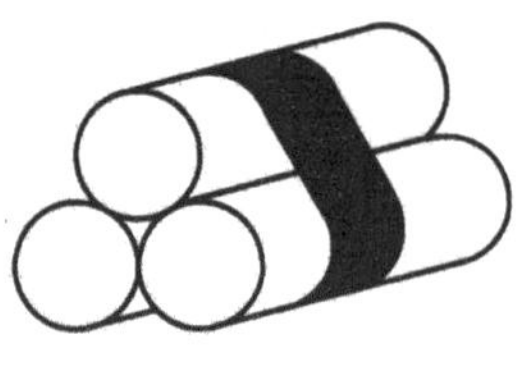

⑴　３本の缶をまとめるために必要なリボンの長さは何㎝ですか。（式・考え方も書くこと）

⑵　２ｍのリボンを使ってまとめられる缶は最大で何本ですか。

　また，そのときリボンは何㎝余りますか。（式・考え方も書くこと）

【理　科】（30分）　＜満点：60点＞

1　次の文章を読んで，以下の問1～問6に答えなさい。

回路に流れる電流や電圧の関係について調べるために，電流の流れにくさの異なるセメント抵抗A・Bを使って，下の図1のように回路をつないで実験を行った。その結果を図2に示す。ここで，セメント抵抗とは，流れる電流を調節するために用いられる電気器具であり，電気用図記号ではと表される。電源は，電圧を自由に調節できるものとする。以下の問4～問6では，電源の電圧を6Vにして実験したものとする。

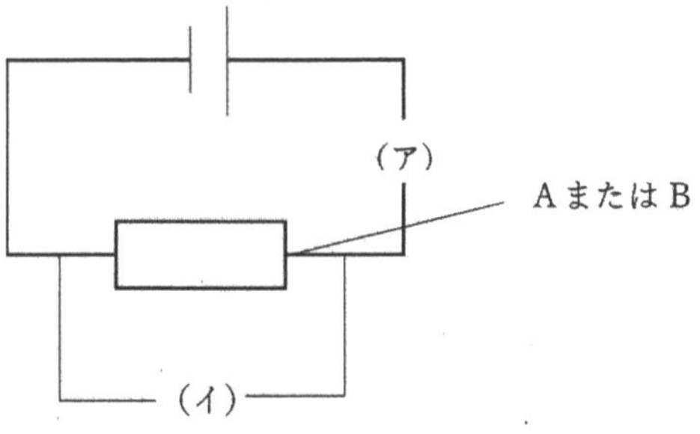

図1

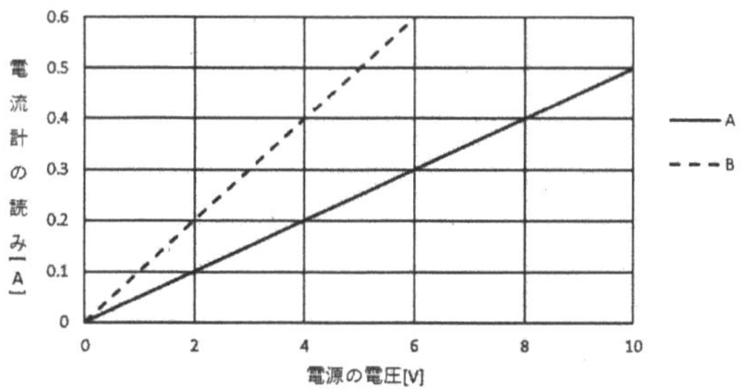

図2

問1　図1について，電流計を用いる位置として正しいのは(ア)(イ)のどちらですか。

問2　次の(1)(2)に答えなさい。

(1)　図2について，より電流が流れにくいのはセメント抵抗A・Bのどちらですか。

(2)　セメント抵抗Bに流す電流が12Vの時，電流計の値は何Aですか。

問3　図2から分かることは何ですか。正しいものを，次の(ア)～(ウ)の中から1つ選び，その記号で答えなさい。

(ア)　同じ電流の値で見ると，電流の流れにくさと電圧の値は比例している。

(イ)　同じ電圧の値で見ると，電流の流れにくさと電流の値は比例している。

(ウ)　同じセメント抵抗で見ると，電圧の値と電流の値は反比例している。

問4　右の図3のように，セメント抵抗Aの数を2個にして，直列につないだ時，セメント抵抗Aが1個の時と比べて電流の値はどうなりますか。正しいものを，次の(ア)～(ウ)の中から1つ選び，その記号で答えなさい。

(ア)　電流の値は2倍になる。　(イ)　電流の値は半分になる。

(ウ)　電流の値は変わらない。

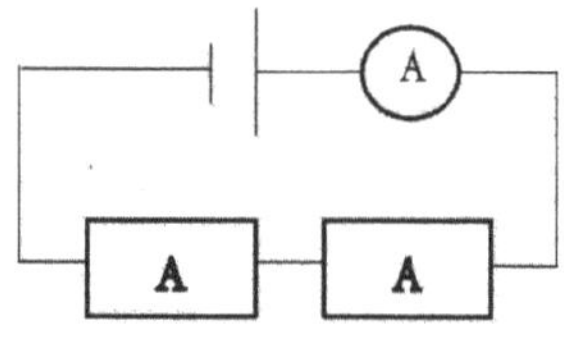

図3

問5　右の図4のように，セメント抵抗Aの数を2個にして，並列につないだ時，セメント抵抗Aが1個の時と比べて電流の値はどうなりますか。正しいものを，次の(ア)～(ウ)の中から1つ選び，その記号で答えなさい。

(ア)　電流の値は2倍になる。　(イ)　流の値は半分になる。

(ウ)　電流の値は変わらない。

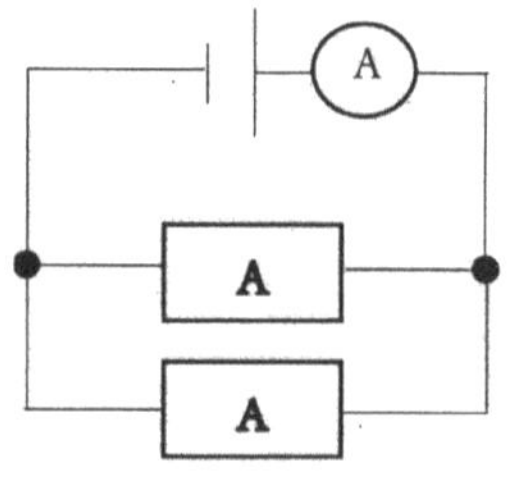

図4

問６　右の図５のように，セメント抵抗Ａ・Ｂを１つずつ使い，直列につないだ時，電流の値はどうなりますか。正しいものを，次の(ア)～(ウ)の中から１つ選び，その記号で答えなさい。

(ア)　電流の値は問４の時と同じになる。

(イ)　電流の値は問４の時より大きくなる。

(ウ)　電流の値は問４の時より小さくなる。

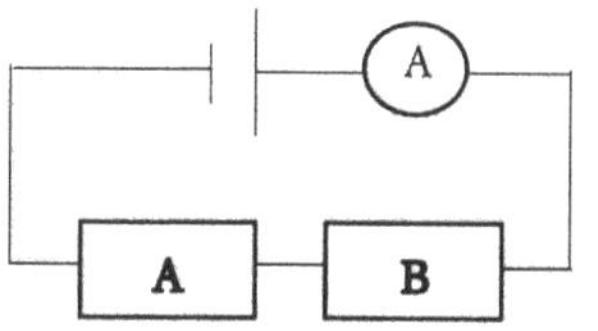

図５

２　次の文章を読んで，以下の問１～問５に答えなさい。

ものが燃えるときには，熱や光を生じる。例えば，(Ⅰ)気体の水素に火を近づけると，音を立てて燃える。また，金属である(Ⅱ)マグネシウムが燃えるときには，白い光を出してはげしく燃える。どちらの燃焼の場合でも(Ⅲ)酸素が深く関わっており，ものが燃えるときには，酸素を切らさないようにするとよく燃えるようになる。

一方，(Ⅳ)酸素をあたえないようにして，強く熱することをむし焼きといい，この方法では炭を作ることができる。炭は長い間生活の燃料として利用されてきた。

問１　下線部(Ⅰ)について，気体が燃えている例はどれですか。正しいものを，次の(ア)～(ウ)の中から１つ選び，その記号で答えなさい。

(ア)　電球に電流を流すと光が生じる。

(イ)　ガスバーナーから炎が出ている。

(ウ)　燃料電池から電気エネルギーを取り出している。

問２　下線部(Ⅱ)について，固体が**燃えていない**例はどれですか。正しいものを，次の(ア)～(ウ)の中から１つ選び，その記号で答えなさい。

(ア)　スチールウールの燃焼　　(イ)　ろうそくの火　　(ウ)　花火のほのお

問３　下線部(Ⅲ)について，次の(1)(2)に答えなさい。

(1)　酸素を発生させる組み合わせはどれですか。正しいものを，次の(ア)～(エ)の中から１つ選び，その記号で答えなさい。

(ア)　オキシドールと二酸化マンガン　　(イ)　石灰石と塩酸

(ウ)　アルミニウムと水酸化ナトリウム水よう液　　(エ)　塩酸と水酸化ナトリウム水よう液

(2)　発生した酸素を集める方法を答えなさい。

問４　下線部(Ⅳ)について，炭にふくまれる主な成分は何ですか。

問５　下線部(Ⅳ)について，木をむし焼きにした後に残った液体に水を加え，そこにＢＴＢよう液を加えると何色になりますか。

３　次の文章を読んで，以下の問１～問３に答えなさい。

アブラナの花は，外側から(Ⅰ)(　①　)，(　②　)，(　③　)，(　④　)の順でつくられています。(③)の先にはやくがあり，(④)の先を柱頭，もとのふくらんでいる部分を(　⑤　)といいます。

花粉が同じ花の(④)の柱頭につくことを(　⑥　)受粉といい，花粉が同じ種類の別の花の(④)の柱頭につくことを(Ⅱ)(　⑦　)受粉といいます。受粉が行われると，花粉から管が伸びて(⑤)にとどき，(⑤)の中にある(　⑧　)に到達します。そして，(⑤)がふくらみ，(⑧)の部分が種子になります。

問１　文中の空らん（①）～（⑧）に当てはまる言葉を答えなさい。

問２　下線部(Ⅰ)について，これらを花の４要素といいます。１つの花に花の４要素をもっている花を何といいますか。

問３　下線部(Ⅱ)について，アブラナは（⑦）受粉を行います。次の⑴～⑶に答えなさい。

⑴　アブラナの花粉は虫に運ばれます。このような花を何といいますか。

⑵　⑴の花の花粉にはある特ちょうがあります。それはどのような特ちょうですか。簡単に答えなさい。

⑶　（⑦）受粉を行うことは生物学上の利点があります。それは何ですか。簡単に答えなさい。

４　次の文章を読んで，以下の問１～問５に答えなさい。

私たちの生活に必要なものの多くは自然から手に入れたものです。例えば，木造の家を造るためには木をばっ採します。森林をばっ採し過ぎると，生物にも大きな影響《えいきょう》があります。また，石油や石炭は燃料として燃やされます。これらの燃焼によって発生する(Ⅰ)いおう酸化物やちっ素酸化物は雨にとけて降ることがあります。そのため，現在は(Ⅱ)太陽光や風力を利用したエネルギーが環境《かんきょう》にやさしいエネルギーとして注目されています。

また，家庭で出るゴミも自然環境に影響を与えます。プラスチックは非常に便利な素材であり，私たちの生活にあふれています。一方で，分解されにくいという特ちょうもあります。その中には(Ⅲ)人の目で見えないくらい細かいプラスチックもあります。日本では2000年に(Ⅳ)環境配りょに関する３Ｒという考えが示されました。

商品の生産から廃棄《はいき》まで環境の負荷を少なく，(Ⅴ)環境保全に役立つ商品につけられる環境ラベルマークがあります。このラベルマークを商品に用いることにより，消費者に環境への配りょを意識づけることができます。

問１　下線部(Ⅰ)について，この雨を何といいますか。

問２　下線部(Ⅱ)について，これらのエネルギーをまとめて何といいますか。

問３　下線部(Ⅲ)について，次の⑴⑵に答えなさい。

⑴　このプラスチックを何といいますか。

⑵　このプラスチックが海洋生物に与える影響を具体的に答えなさい。

問４　下線部(Ⅳ)について，３Ｒとは何ですか。すべて**カタカナ**で答えなさい。

問５　下線部(Ⅴ)について，このラベルマークを何といいますか。

【社　会】（30分）　＜満点：60点＞

【１】　次の文章を読み，問に答えなさい。

ⓐ日本最大の湖である（　①　）は，近畿地方の生活を支える水源地である。（①）南部から流れる瀬田川は，京都府で宇治川となり桂川・鴨川と合流し，大阪府に至り，淀川として大阪湾に注いでいる。古くからこれらの河川は，物資輸送の重要な経路として利用され，京阪神地区の発展を支えてきた。今でも，大阪湾は多くの船舶が往来している。また，近年は，大阪湾上に設置された関西国際空港も，人と物の往来の拠点となっている。また，ⓑ兵庫県の神戸港も多くの船舶が往来することで有名である。この地域には，三大工業地帯の１つであるⓒ（　②　）工業地帯がある。

問１　空欄①・②に該当する語句を漢字で答えなさい。

問２　下線部ⓐに関して，空欄（①）をもつ都道府県に関する次の質問に答えなさい。

⑴　空欄（①）をもつ都道府県と接している都道府県を，次のア～エの中から１つ選び記号で答えなさい。

ア：岐阜県

イ：石川県

ウ：和歌山県

エ：富山県

⑵　空欄（①）をもつ都道府県は，京都府や大阪府に通勤する人々が多く住む都市が多いことが特徴である。このような都市を何というか。次のア～エの中から１つ選び記号で答えなさい。

ア：メガロポリス　　　　イ：ベットタウン

ウ：シリコンアイランド　　エ：メガシティ

問３　下線部ⓑに関して，兵庫県には日本の標準時子午線が通る市がある。その市を次のア～エの中から１つ選び記号で答えなさい。

ア：姫路市　　イ：神戸市　　ウ：宝塚市　　エ：明石市

問４　下線部ⓒに関して，空欄（②）工業地帯の特徴として，最も適した説明文を次のア～エの中から１つ選び記号で答えなさい。

ア：内陸部に多くの工業団地が形成され，自動車などの組み立てが盛んである。

イ：古くは八幡製鉄所を中心に炭鉱と製鉄で栄えたが，今はその地位も低下している。

ウ：石油化学コンビナートが見られるが，四日市ぜんそくで有名な公害問題が過去に発生している。

エ：太平洋ベルトに位置し，鉄鋼や金属加工を中心とした重化学工業が盛んである。

【２】　次のページの地図を参考に，問に答えなさい。

問１　地図中Ａの都道府県の沖合を流れる暖流の名称を，次のア～エの中から１つ選び記号で答えなさい。

ア：日本海流　　イ：千島海流　　ウ：リマン海流　　エ：対馬海流

問２　地図中Ｂの都道府県が全国一位の生産量を誇る農産物として該当するものを，次のア～エの中から１つ選び記号で答えなさい。

ア：サトウキビ　　イ：てんさい　　ウ：い草　　エ：らっきょう

問３　地図中Ｃの都道府県庁所在地の雨温図に該当するものを，次のア～エの中から１つ選び記号で答えなさい。

ア

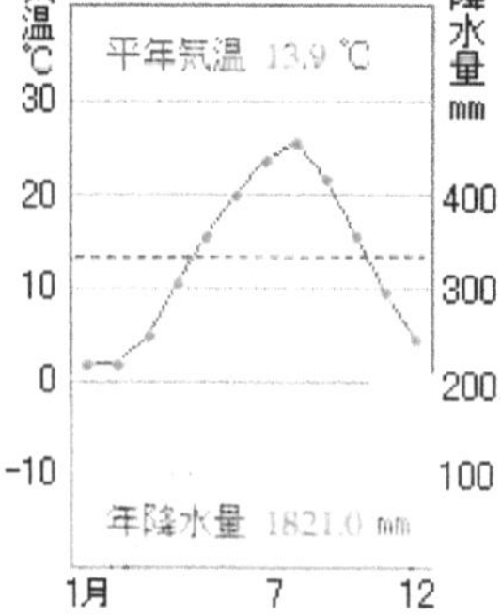

イ

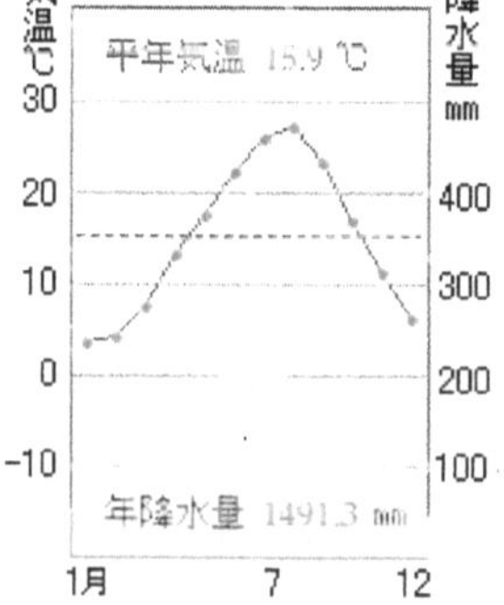

ウ

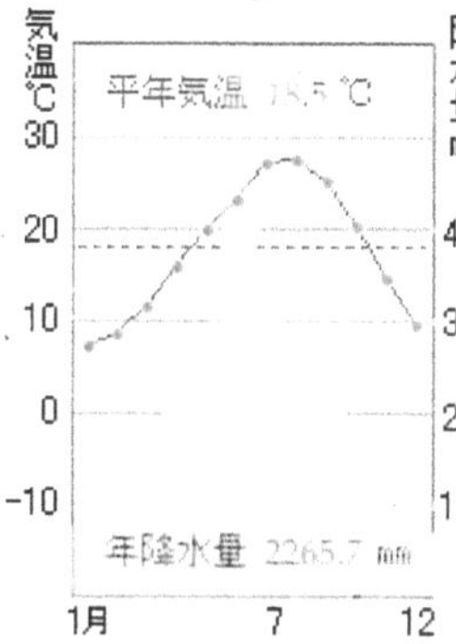

エ

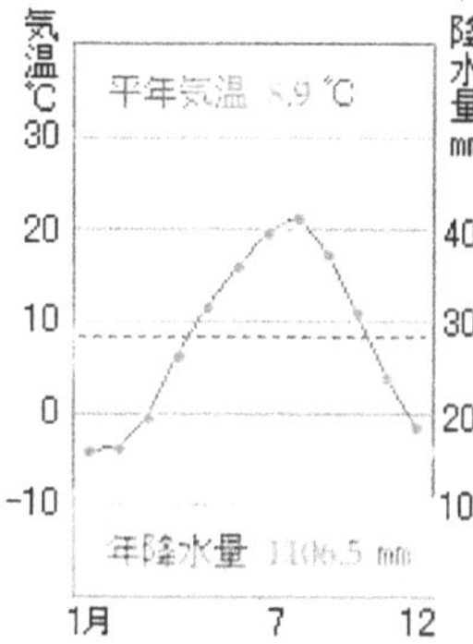

問4　前のページの地図中Cに関して，この都道府県に見られる火山灰によって形成された地形を何というか。次の中から選びなさい。

カルデラ　　カルスト　　シラス　　リアス

【3】 次の文章を読み，問に答えなさい。

日本には様々な伝統行事が存在する。その多くは，ⓐ平安時代にⓑ貴族文化の中で生まれたものが多い。例えば，3月の雛祭《ひなまつり》や5月の端午《たんご》の節句《せっく》が挙げられるが，これらも朝廷の儀式として確立したものである。これらの儀式は，「年中行事」と呼ばれるものであり，細かく儀式のあり方なども規定された。細かい規定に関しては，儀式に参加する貴族が，子孫のために儀式の内容などを日記にまとめ伝えていった。

また，（　①　）にⓒ源頼朝が幕府を開くと，武家由来の行事が伝統行事として確立するようになった。武芸の神を祀《まつ》った八幡宮などでは，「流鏑馬《やぶさめ》」と呼ばれる武芸の訓練が，神にささげる儀式として執り行われるようになった。武家社会でも端午《たんご》の節句《せっく》など，朝廷の「年中行事」は取り入れられたが，武家らしく，鎧兜《よろいかぶと》や弓矢を飾るようになった。

このように，貴族や武士といった支配者階級の伝統行事は，独自性を見せながら，融合して発展していった。一方で，庶民の間では，ⓓ農業などの実生活にもとづいた儀式・風習や，仏教信仰にもとづく儀式・風習が根付いていった。例えば，鎌倉時代に（　②　）が時宗を広める際に，踊念仏という方法を行なったことがきっかけとなって，現在の盆踊りに繋がったと言われている。

問1　空欄①・②に当てはまる語句を，次の中からそれぞれ1つ選びなさい。

①：鎌倉　　六波羅　　大宰府　　安土

②：法然　　栄西　　最澄　　一遍

問2　下線部ⓐに関して，「この世をば　わが世とぞ思ふ　望月の　かけたることも　なしと思へば」という和歌に関連する平安時代の人物を，次のア～エの中から1つ選び記号で答えなさい。

ア：白河上皇（法皇）　イ：藤原道長　ウ：平清盛　エ：菅原道真

問3　下線部ⓑに関して，次の質問に答えなさい。

⑴この時期に成立した次のア～ウの作品の作者を，それぞれ漢字で答えなさい。

ア：『土佐日記』　イ：『源氏物語』　ウ：『枕草子』

⑵平安時代の貴族の女性が着用していた，衣を何枚も重ねる服装を何というか漢字で答えなさい。

問４　下線部ⓒに関して，以下の質問に答えなさい。

⑴　この時代初期の1221年に発生した幕府と朝廷の戦いを何というか。次の中から選びなさい。

承久の乱　　磐井の乱　　保元の乱　　平治の乱

⑵　御成敗式目を制定した執権を漢字で答えなさい。

⑶　この時代末に，北九州を２度モンゴル勢力が襲撃する事件が起きた。この時の執権を漢字で答えなさい。

問５　下線部ⓓに関して，日本の各時代における農業の説明文ＸＹに関して，その内容の正誤の組合わせとして正しいものを，次のア～エの中から１つ選び記号で答えなさい。

Ｘ：弥生時代の遺跡である登呂遺跡からは，高床倉庫の跡が発見されている。

Ｙ：鎌倉時代には備中鍬《びっちゅうぐわ》や唐箕《とうみ》などの新しい農具が使用された。

ア：Ｘ－正　　Ｙ－正

イ：Ｘ－正　　Ｙ－誤

ウ：Ｘ－誤　　Ｙ－正

エ：Ｘ－誤　　Ｙ－誤

【４】　次の文章を読み，問に答えなさい。

南北朝を統一したⓐ室町幕府三代将軍ⓑ（　①　）は，15世紀になると中国の明との間に（　②　）貿易と呼ばれる貿易体制を構築した。（　②　）符とは，当時，東アジア沿岸で活動していた（　③　）と呼ばれる海賊集団への対応策として用いられた証明書のことである。この貿易によって日本には明で作成された大量の（　※　）がもたらされ，日本国内の貨幣として使用された。ⓒ室町時代では，市による取引も盛んとなり，ⓓ（　④　）と呼ばれる商人の同業者組合も結成された。

問１　空欄①～④に適する語句を，漢字で答えなさい。

問２　下線部ⓐに関して，室町幕府の役職の中で，将軍の補佐役を何というか。漢字２文字で答えなさい。

問３　下線部ⓑに関して，この人物に関係する説明文として正しいものを，次のア～エの中から１つ選び記号で答えなさい。

ア：生活に苦しむ武士を助けるため，永仁の徳政令を出した。

イ：鹿苑寺金閣を建立した。

ウ：日野富子と結婚した。

エ：日本に伝わったキリスト教を認めた。

問４　空欄（※）は「永楽通宝」を代表とする明の貨幣のことであるが，この貨幣の原料を，次のア～エの中から１つ選び記号で答えなさい。

ア：金　　イ：銀

ウ：銅　　エ：鉄

問５　下線部ⓒに関して，次の質問に答えなさい。

⑴室町時代に起った出来事として誤っているものを，次のア～エの中から１つ選び記号で答えなさい。

ア：応仁の乱　　　　　イ：正長の土一揆

ウ：加賀の一向一揆　　エ：大塩平八郎の乱

⑵室町時代に関する説明文として正しいものを，次のア～エの中から１つ選び記号で答えなさい。

ア：蝦夷地で，アイヌによるコシャマインの乱が発生した。

イ：天災などに備えて青木昆陽がサツマイモの栽培を広めた。

ウ：大名が領地と京都とを一年ごとに行き来する参勤交代の制度が定められた。

エ：幕府は将軍が代わるごとに武家諸法度を制定した。

問６　下線部ⓓに関して，空欄（④）などを無くし，自由に取引をすることで戦国大名は城下町を栄えさせよとした。この政策を行なったことで有名な尾張国出身の戦国大名を，次のア～エの中から１つ選び記号で答えなさい。

ア：今川義元

イ：武田信玄

ウ：毛利元就

エ：織田信長

【５】 次の会話文を読み，問に答えなさい。

柴田：来月の社会科見学はⓐ国会議事堂に行くらしいね？

丹羽：楽しみだね。しおりを見ると，見学の中心は本会議場みたいだね。

先生：２人とも社会科見学は楽しみですか？ですが，残念なお知らせがあります。実は，昨日のニュースを知っていますか？

丹羽：知りません。

柴田：夕飯の時，ニュース番組で「○△首相，ⓑ（　①　）を解散し，総選挙へ」とみました。これと私たちの社会科見学が関係しているのですか？

先生：実はそうなのです。ⓒ総選挙の実施後に召集される（　②　）が，ちょうど私たちの社会科見学の日と同じ日時となってしまい，見学することができなくなってしまいました。

丹羽：そうですか。残念です。楽しみしていたのですが……。

柴田：でも先生，何故，解散総選挙となったのですか？

先生：それは，（　①　）で［　X　］が可決されたため，これに対して，ⓓ内閣総理大臣は，解散総選挙を選択したということでしょう。

問１　空欄①・②に該当する語句を漢字で答えなさい。

問２　下線部ⓐに関して，国会に関する説明文として誤っているものを，次のア～エの中から１つ選び記号で答えなさい。

ア：国会は憲法によって「国権の最高機関であり，唯一の立法機関」と規定されている。

イ：弾劾裁判所を設置することができ，国民の請求のもと，地方自治体の首長を罷免することができる。

ウ：本会議の他に，専門分野に分かれた委員会があり，委員会で審議された案件が本会議で審議される。

エ：本会議は総議員数の３分の１以上の出席がなければ開くことが出来ない。

問３　下線部ⓑに関して，空欄（①）の任期（解散総選挙が行われなかった場合）は何年か。解答欄に算用数字で答えなさい。

問４　下線部ⓒは何故召集されるのか。その目的を説明しなさい。

問５　空欄 X に適する語句を答えなさい。

問６　下線部ⓓに関して，内閣に関する説明として誤っているものを，次のア～エの中から１つ選び記号で答えなさい。

ア：内閣を構成する国務大臣は全て国会議員でなければならない。

イ：内閣が定める命令のことを政令という。

ウ：内閣総理大臣が主催する閣議での議決は，全会一致で決定しなければならない。

エ：内閣府には，複数の国務大臣が置かれる場合がある。

イ　嘘を突き通すことが出来ないと観念した。
ウ　髪長彦がぼろを出す機会を窺っている。
エ　大臣をだます機会を探っている。

問9　傍線部⑦「それだけはなにぶん昔のことで、今でははっきりとわかっておりません」とありますが、この表現の解釈として最も適当なものを次の中から一つ選び、記号で答えなさい。

ア　事実をうやむやにしている。
イ　真実の追及から逃れている。
ウ　小説の物語性を高めている。
エ　現実味がないことをほのめかしている。

問10　本文の作者である芥川龍之介の作品として最も適当なものを次の中から一つ選び、記号で答えなさい。

ア　吾輩は猫である　　イ　人間失格
ウ　トロッコ　　エ　風の又三郎

三　次の各問い（問1～4）に答えなさい。

問1　次のカタカナを漢字に直しなさい。

①　手洗いのシュウカン
②　自信をソウシツする
③　カクチョウ高い家具
④　髪をタバねる

問2　次の傍線部の漢字の読みをひらがなで書きなさい。

①　利益を折半する
②　柔和な顔立ち
③　徐行運転をする
④　光を遮断する

問3　括弧内の意味になるように空欄に漢字一字を書き入れなさい。

①　□可抗力（天変地異などのように、人の力ではどうにもならないこと）
②　□面楚歌（反対する人に囲まれて孤立すること）
③　十人十□（考えや好みなどが、人によってそれぞれ異なること）
④　急□鋒（真っ先に立って進むこと）

問4　括弧内の意味になるように空欄に漢字一字を書き入れなさい。

①　□い目で見る（現状で判断せず、将来に期待して見ていくこと）
②　□かず飛ばず（特に世間の人びとに知られることがないこと）
③　横□を押す（無理と分かっていながら、自分の言い分を押し通そうとすること）
④　火□を散らす（試合や議論などの時にお互いに激しく争うこと）

がらのように、ここでは申し上げたのでございます。この通り白状いたしました上は、どうか命ばかりはお助けくださいまし」と、がたがたふるえながら申し上げました。

それから先のことは、別にお話しするまでもありますまい。髪長彦《かみながひこ》はたくさんごほうびをいただいた上に、飛鳥《あすか》の大臣様《おおおみさま》のお婿様《むこさま》になりましたし、二人の若い侍《さむらい》たちは、三匹《びき》の犬に追いまわされて、ほうほうお館《やかた》の外へ逃《に》げ出してしまいました。ただ、どちらのお姫様《ひめさま》が、髪長彦のお嫁《よめ》さんになりましたか、⑦それだけはなにぶん昔のことで、今でははっきりとわかっておりません。

（芥川龍之介『犬と猫』ちくま文庫）

問1　傍線部①「ご自分たちの金の櫛と銀の櫛とをぬきとって、それを髪長彦の長い長い髪へそっとさしてお置きになりました」とありますが、このことが結果的にどのようなことになりましたか。その説明として最も適当なものを次の中から一つ選び、記号で答えなさい。

ア　髪長彦に櫛を与えるとご利益があると噂になった。
イ　髪長彦の髪が美しいことが評判になった。
ウ　二人の姫君のあざとさを裏付けることになった。
エ　二人の侍の嘘をあばく証拠になった。

問2　傍線部②「髪長彦は、ふと自分の大てがらを、この二人の侍たちにも聞かせたいという心もちが起ってきた」とありますが、この時の髪長彦の気持ちを表現した語句として最も適当なものを次の中から一つ選び、記号で答えなさい。

ア　自尊心　　イ　警戒心　　ウ　猜疑心　　エ　向上心

問3　空欄 X に体の一部を表す漢字一字を入れ、「人を驚かす」という意味の慣用句を完成させなさい。

問4　傍線部③「うわべはさもうれしそうに」とありますが、二人の侍がこのような行動をとった理由を説明した次の文の空欄に入る語句を漢字二字で答えなさい。

二人の侍たちは髪長彦を［　　］させようと考えたから。

問5　空欄 Y に入る語句として最も適当なものを次の中から一つ選び、記号で答えなさい。

ア　おいおい　　イ　わいわい　　ウ　すいすい　　エ　めいめい

問6　傍線部④「どんなにあわて騒ぎましたろう」とありますが、その理由として最も適当なものを次の中から一つ選び、記号で答えなさい。

ア　髪長彦の身分が実は高いということを悟ったから。
イ　髪長彦の背後に強大な人物が付いたと思ったから。
ウ　髪長彦が恐ろしい風貌になっていたから。
エ　だましたはずの髪長彦が、神々しい姿で突如現れたから。

問7　傍線部⑤「顔色を変えて」とありますが、その理由を説明したものとして最も適当なものを次の中から一つ選び、記号で答えなさい。

ア　自分たちの手柄が横取りされると勘違いしたから。
イ　自分たちの命が助かると安心したから。
ウ　自分たちの能力が髪長彦に奪われると危惧したから。
エ　自分たちの語った嘘が露見するとあわてたから。

問8　傍線部⑥「大臣様の前にひれ伏して」とありますが、この時の侍たちの心情の説明として最も適当なものを次の中から一つ選び、記号で答えなさい。

ア　大臣の持つ権威に畏れをなしている。

くささやきました。そうしてその声が一つになって、

「これからすぐに私たちは、あの侍たちのあとを追って、笛《ふえ》をとり返して上げますから、少しもご心配なさいますな」と言うか言わないうちに、風はびゅうびゅうなりながら、さっき黒犬の飛んで行った方へ、狂《くる》って行ってしまいました。

が、少したつとその風は、またこの三つ叉《また》になった路《みち》の上へ、前のようにやさしくささやきながら、高い空からおろして来ました。

「あの二人の侍《さむらい》たちは、もうお二方のお姫様《ひめさま》といっしょに、飛鳥《あすか》の大臣様《おおおみさま》の前へ出て、いろいろごほうびをいただいています。さあ、さあ、早くこの笛《ふえ》を吹いて、三匹《びき》の犬をここへお呼びなさい。その間《あいだ》に私たちは、あなたがご出世の旅立を、恥《は》ずかしくないようにして上げましょう」

こう言う声がしたかと思うと、あの大事な笛をはじめ、金の鎧《よろい》だの、銀の兜《かぶと》だの、孔雀《くじゃく》の羽の矢《や》だの、香木《こうぼく》の弓だの、りっぱな大将の装いが、まるで雨か霰《あられ》のように、まぶしく日に輝《かがや》きながら、ばらばら眼の前へ降って来ました。

それからしばらくたって、香木《こうぼく》の弓に孔雀《くじゃく》の羽の矢を背負《しょ》った、神様のような髪長彦《かみながひこ》が、黒犬の背中にまたがりながら、白と斑《ぶち》と二匹の犬を小脇《こわき》にかかえて、飛鳥《あすか》の大臣様《おおおみさま》のお館《やかた》へ、空から舞《ま》い下って来た時には、あの二人の年若な侍たちが、④どんなにあわて騒《さわ》ぎましたろう。

いや、大臣様でさえ、あまりの不思議にお驚《おどろ》きになって、しばらくはまるで夢《ゆめ》のように、髪長彦のりりしい姿を、ぼんやりながめていらっしゃいました。

が、髪長彦はまず兜《かぶと》をぬいで、ていねいに大臣様におじぎをしながら、

「私はこの国の葛城山《かつらぎやま》のふもとに住んでいる、髪長彦と申すものでございますが、お二方のお姫様をお助け申したのは私で、そこにおりますお侍たちは、食蜃人《しょくしんじん》や土蜘蛛《つちぐも》を退治するのに、指一本でもお動かしになりはいたしません」と申し上げました。

これを聞いた侍《さむらい》たちは、なにしろ今までは髪長彦《かみながひこ》の話したことを、さも自分たちのてがらしく吹聴《ふいちょう》していたのですから、二人とも急に⑤顔色を変えて、相手のことばをさえぎりながら、

「これはまた思いもよらないうそをつくやつでございます。食蜃人《しょくしんじん》の首を斬《き》ったのも私たちなら、土蜘蛛《つちぐも》の計略を見やぶったのも、私たちに相《そう》違《い》ございません」と、まことしやかに申し上げました。

そこでまん中に立った大臣様《おおおみさま》は、どちらの言うことがほんとうとも、見きわめがおつきにならないので、侍たちと髪長彦をお見比べなさりながら、

「これはお前たちに聞いてみるよりほかはない。いったいお前たちを助けたのは、どっちの男だったと思う」と、お姫様《ひめさま》たちの方を向いて、おっしゃいました。

すると二人のお姫様は、一度にお父様の胸におすがりになりながら、

「私たちを助けましたのは、髪長彦でございます。その証拠《しょうこ》には、あの男のふさふさした長い髪に、私たちの櫛《くし》をさしておきましたから、どうかそれをご覧くださいまし」と、恥《は》ずかしそうにお言いになりました。

見るとなるほど、髪長彦の頭には、金の櫛と銀の櫛とが、美しくきらきら光っています。

もうこうなっては侍たちも、ほかにしかたはございませんから、とうとう⑥大臣様の前にひれ伏《ふ》して、

「実は私たちが悪だくみで、あの髪長彦の助けたお姫様を、私たちので

二　次の文章を読んで、後の問い（問1～10）に答えなさい。

それから髪長彦《かみながひこ》は、二人のお姫様と三匹《びき》の犬とをひきつれて、黒犬の背中にまたがりながら、笠置山《かさぎやま》の頂から、飛鳥《あすか》の大臣様《おおおみさま》のおいでになる都の方へまっすぐに、空を飛んでまいりました。その途中で二人のお姫様は、どうお思いになったのか、①ご自分たちの金の櫛《くし》と銀の櫛とをぬきとって、それを髪長彦の長い長い髪《かみ》へそっとさしてお置きになりました。が、こっちはもとよりそんなことには、気がつくはずがありません。ただ、いっしょうけんめいに黒犬を急がせながら、美しい大和《やまと》の国原《くにはら》を足の下に見下《みおろ》して、ずんずん空を飛んで行きました。

そのうち髪長彦は、あの始めに通りかかった、三つの叉《また》の路《みち》の空まで、犬を進めて来ましたが、見るとそこにはさっきの二人の侍《さむらい》が、どこかの帰りと見えて、また馬を並べながら、都の方へ急いでいます。これを見ると、②髪長彦《かみながひこ》は、ふと自分の大てがらを、この二人の侍たちにも聞かせたいという心もちが起ってきたものですから、

「おりろ。おりろ。あの三つ叉《また》になっている路《みち》の上へおりて行け」と、こう黒犬に言いつけました。

こっちは二人の侍です。せっかく方々さがしまわったのに、お姫様《ひめさま》たちの御ゆくえがどうしても知れないので、しおしお馬を進めていると、いきなりそのお姫様たちが、女のような木こりといっしょに、たくましい黒犬にまたがって、空から舞《ま》い下《さが》って来たのですから、その驚《おどろ》きと言ったらありません。

髪長彦は犬の背中をおりると、ていねいにまたおじぎをして、

「殿様《とのさま》、私はあなた方にお別れ申してから、すぐに生駒山《いこまやま》と笠置山《かさぎやま》とへ飛んで行って、この通りお二方のお姫様をお助け申してまいりました」

と言いました。

しかし二人の侍は、こんな卑《いや》しい木こりなどに、まんまと X をあかされたのですから、うらやましいのと、ねたましいのとで、腹がたってしかたがありません。そこで③うわべはさもうれしそうに、いろいろ髪長彦のてがらをほめ立てながら、とうとう三匹《びき》の犬の由来や、腰《こし》にさした笛《ふえ》の不思議などをすっかり聞き出してしまいました。そうして髪長彦の油断をしているうちに、まず大事な笛をそっと腰からぬいてしまうと、二人はいきなり黒犬の背中へとび乗って、二人のお姫様と二匹の犬とを、しっかりと両脇《りょうわき》にかかえながら、

「飛べ。飛べ。飛鳥《あすか》の大臣様《おおおみさま》のいらっしゃる、都の方へ飛んで行け」と、声をそろえてわめきました。

髪長彦《かみながひこ》は驚《おどろ》いて、すぐに二人へとびかかりましたが、もうその時には大風が吹き起って、侍《さむらい》たちを乗せた黒犬は、きりきりと尾をまいたまま、はるかな青空の上の方へ舞《ま》い上がって行ってしまいました。

あとにはただ、侍たちの乗りすてた二匹《ひき》の馬が残っているばかりですから、髪長彦は三つ叉《また》になった往来のまん中につっぷして、しばらくはただ悲しそうに Y 泣いておりました。

すると生駒山《いこまやま》の峯《みね》の方から、さっと風が吹いて来たと思いますと、その風の中に声がして、

「髪長彦さん。髪長彦さん。私は生駒山の駒姫《こまひめ》です」と、やさしいささやきが聞こえました。

それと同時にまた笠置山《かさぎやま》の方からも、さっと風が渡るや否や、やはりその風の中にも声があって、

「髪長彦さん。髪長彦さん。私は笠置山の笠姫《かさひめ》です」と、これもやさし

ア

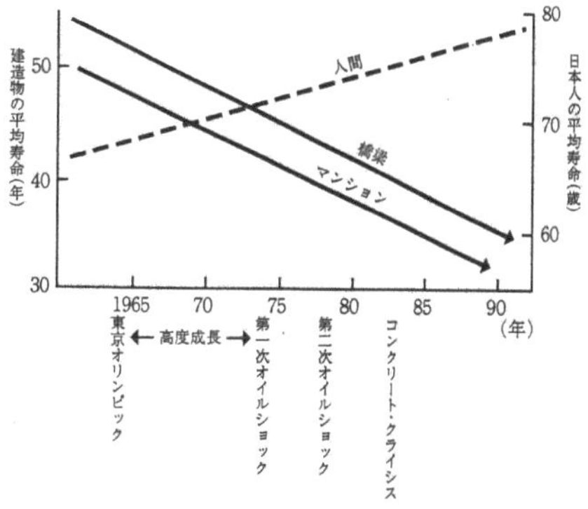

イ

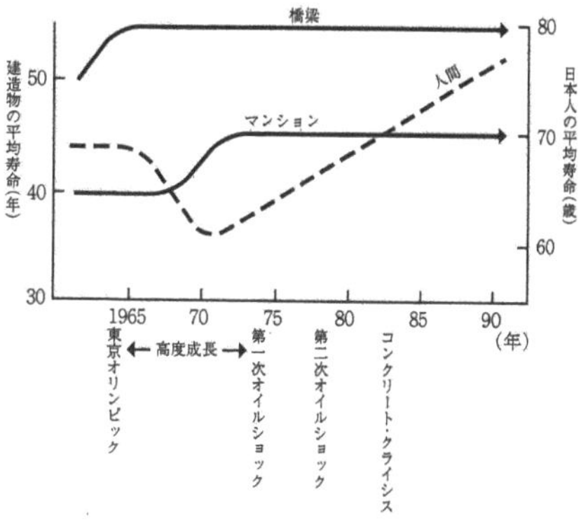

ウ

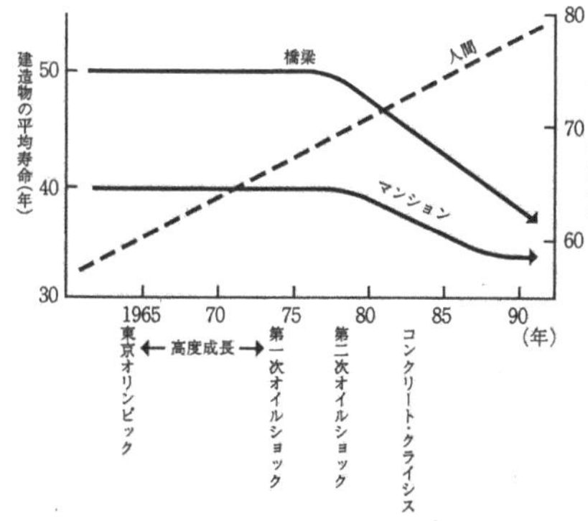

エ

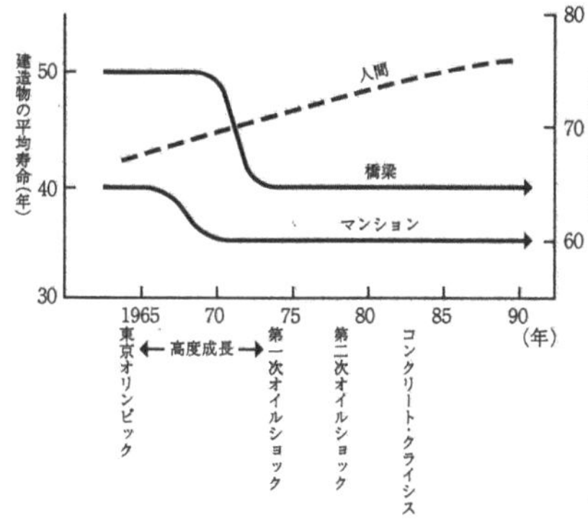

問6　傍線部⑤「物理的耐用年数」の意味として、最も適当なものを次から一つ選び、記号で答えなさい。

ア　使用に耐えうる年数
イ　過去に居住していた年数
ウ　使用許可がなされる年数
エ　科学者が使用を許可した年数

問7　傍線部⑥「一般的」の意味として、最も適当なものを次から一つ選び、記号で答えなさい。

ア　科学的ではないが、たぶんそうであろうさま。
イ　広く認められ、行き渡っているさま。
ウ　一般人がみても、常識的に正しいさま。
エ　一部の専門家によって、述べられているさま。

問8　コンクリートについて説明した以下の文の空欄に本文中から適当な語を補いなさい。なお語の字数は指示に従うこと。

コンクリートの品質が悪くなるのは、［W］（5字）が表面から内側に入り込むせいだ。
コンクリートの炭酸化がコンクリートの表面から三〇㎜に及ぶと内部の［X］（2字）が腐食するため、その構造物はつぶれる可能性がある。
コンクリートの［Y］（6字）が同じでも、構造物がいつ作られたかで使用できなくなる時期が異なる。およそ［Z］（8字）以降に作られたコンクリート構造物は弱い。

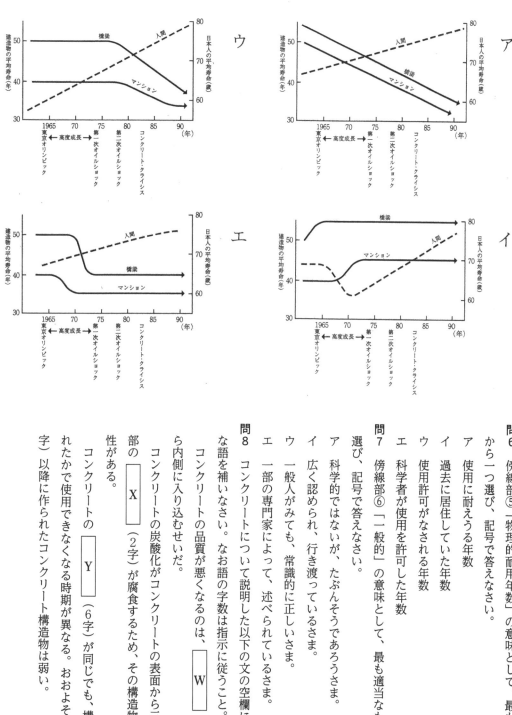

～一五年のピーク時に［G］橋に達することをしめしている。

図5は、図3にしめしたマンションが老朽化する時期を推定したものである。二〇〇〇年に入ると老朽化するマンションが急速に増大し、二〇〇六～一〇年に五〇万戸に達することをしめしている。

図4と図5は、どのような仮定にもとづいて描いたのだろうか？

④図6を見ていただきたい。コンクリート構造物の⑤物理的耐用年数が、建設された時期によって異なることを概念的にしめしたものである。図から明らかなことは、東京オリンピックが開催された一九六四年頃を境にして、それ以降に建設された橋梁、建築物のいずれも寿命が短くなっていることである。この状況は、ほとんど回復せず、現在にいたっている。

これらの予測は、私の二〇年にわたる構造物調査の経験と、多くの建設関係者から得られた情報にもとづいた⑥一般的な傾向である。したがって、個々の構造物の寿命についてはかならずしも適用できない。目的は、大量のコンクリート構造物が物理的耐用年数に達する時期を予測し、それまでに一刻も早く長命化をはかるための維持管理体制をととのえることにある。

（小林一輔『コンクリートが危ない』岩波書店）

問1 傍線部①「逐次的」の意味として、最も適当なものを次から一つ選び、記号で答えなさい。

ア 幅広く全体に効果が及ぶさま。
イ 順を追って次々に物事がなされるさま。
ウ 間をおかずにすぐするさま。
エ 深くつらぬくさま。

問2 傍線部②「図1」とありますが、44頁下段の「図1」について、以下の問いに答えなさい。

i 空欄［A］、空欄［B］に入る語の組み合わせとして最も適当なものを次から一つ選び、記号で答えなさい。

ア A 小学校四年の児童 B 七五歳の老人
イ A 七五歳の老人 B 小学校四年の児童
ウ A 山陽新幹線 B 東名高速道路
エ A 東名高速道路 B 山陽新幹線

ii 空欄［C］に入る語を五字で本文中から抜き出しなさい。

問3 空欄［D］・［E］・［F］・［G］に入る語を以下の中からそれぞれ選び、記号で答えなさい。なお同じ記号を二度使用してはならない。

ア 一〇
イ 八〇
ウ 五〇〇
エ 二七〇〇
オ 六〇〇〇
カ 一万
キ 一万八〇〇〇
ク 五万
ケ 六万三〇〇〇

問4 傍線部③「供給」の対義語を漢字で書きなさい。

問5 傍線部④「図6」とありますが、「図6」として最も適当なものを次から一つ選び、記号（ア～エ）で答えなさい。なお「図6」は「橋梁とマンションの建設年代と寿命との関係」を表しています。

これをわかりやすく説明すると、つぎのようになる。東名高速道路のほうは二〇代前半の青年で、体も年齢におうじた状態にあると考えられる。一方、山陽新幹線のほうを小学校四年の児童であるとすると、図1の結果は、小学校四年の児童の体はじつに七五歳の老人と同程度の老化をしめしているのである。このことは、山陽新幹線の高架橋が、東名高速道路のコンクリートにくらべて、なんと六倍の速度で老化が進行したことを意味する。

同じ設計基準強度のコンクリートでありながら、なぜこのような経年劣化の差が生じたのか？　東名高速道路は一九六五〜六九年にわたって建設されたが、山陽新幹線は一九七〇〜七五年にわたって建設されている。

私は、コンクリート構造物が壊れはじめる時期を二〇〇五〜一〇年と予測した。その根拠をしめすことにする。

まず、図2を見ていただきたい。国道に架設《かせつ》されているコンクリート道路橋（支間一五m以上）の数の推移をしめしている。わが国の国道の橋梁《きょうりょう》は、昭和三〇年代から急速に増大した。一九五五（昭和三〇）年にはわずか［　D　］に過ぎなかった国道の橋梁は、一九九〇年には［　E　］に達した。四〇年間に二三倍に増大したことになる。一方、図3はマンションの③供給戸数の推移をしめしている。一九六七年以前にはわずか四万戸に過ぎなかった分譲マンションは、大都市近郊を中心として急速に普及し、一九九六年末には約三一六万戸に達している。三〇年間に［　F　］倍に増えたことになる。

図2にもとづいて、これらの橋梁が終焉《しゅうえん》を迎える時期をしめしたものが図4である。寿命が尽きる橋梁が二〇〇〇年に入ると急増し、二〇一一

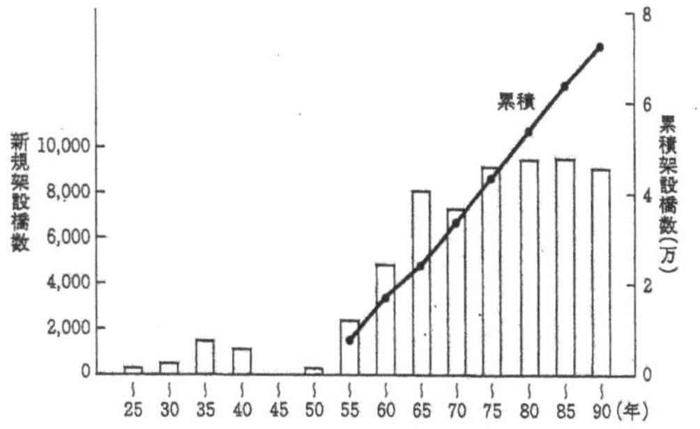

図2　コンクリート道路橋の架設数の推移
（国道、スパン15m以上、日経コンストラクション、1996による）

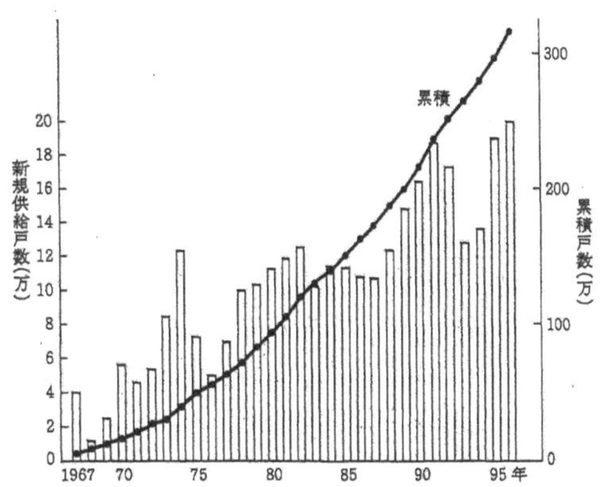

図3　マンションの戸数の推移（建設省住宅着工統計による推計）

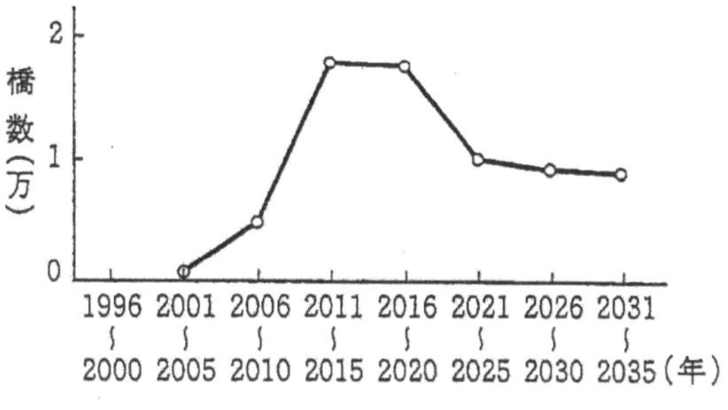

図4　予定寿命に達する橋梁数の推移

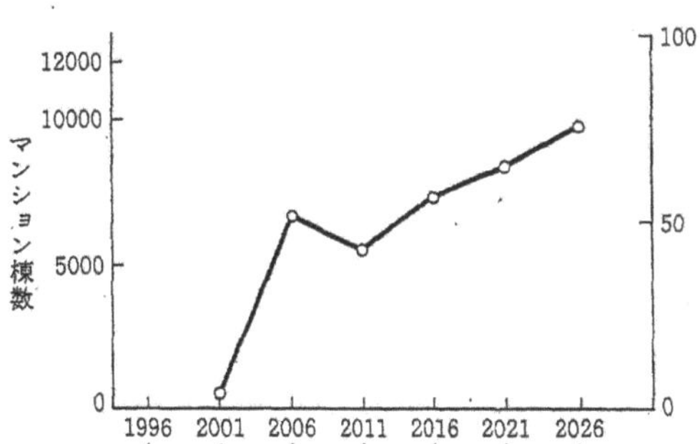

図5　予定寿命に達するマンション棟数の推移
（1棟の平均戸数を77.5戸とした）

【国　語】（五〇分）〈満点：一〇〇点〉

一　次の文章を読んで、後の問い（問1～8）に答えなさい。

人間の老化に相当するコンクリートの経年劣化は、どのようにして進行するのであろうか。

大気中に含まれているわずか三五〇ppmという微量の二酸化炭素が、コンクリート構造物の経年劣化《けいねんれっか》を引きおこすのである。人間の老化現象が加齢による身体機能の低下という全身的な劣化現象であるのに対して、コンクリートの経年劣化は表面から内部に進行する①逐次《ちくじ》的な劣化現象である。したがって、コンクリートの経年劣化は二酸化炭素の侵入によるコンクリートの劣化速度によって支配される。劣化速度は、ある期間に進行した炭酸化深さによって表わされる。劣化した領域を表面からの深さによってしめした値である。

二酸化炭素によるコンクリートの劣化速度が年数に比例すると仮定しよう。設計どおりの品質のコンクリートの炭酸化深さは、五〇年経過後で約一〇㎜である。一方、一〇年経過後に炭酸化深さが一〇㎜に達するような低品質のコンクリートもある。このようなコンクリートは、三〇年経過すると炭酸化深さが三〇㎜になる。この三〇㎜という値は重要である。通常の鉄筋コンクリート部材ではコンクリート表面から約三〇㎜内部に鉄筋が配置されるからである。

コンクリート中の鉄筋は、炭酸化がその表面付近にまでおよぶと、腐食しはじめる。コンクリート構造物において、鉄筋の腐食は部材の崩壊を意味する。鉄筋の腐食生成物の体積が鉄自体の約二・五倍を占めるため、その膨張圧によって内部からコンクリートにひび割れを発生させるからである。

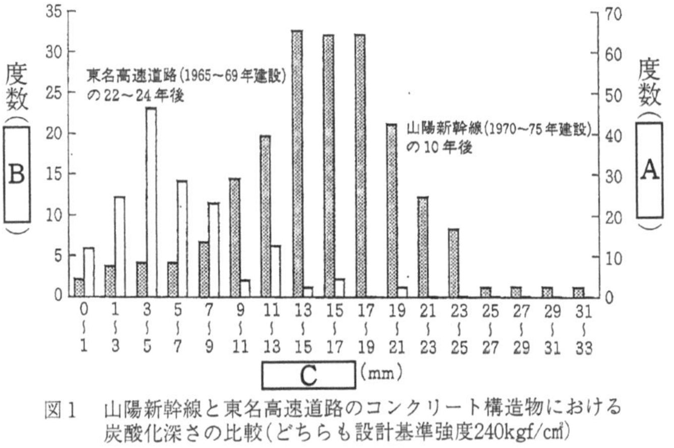

図１　山陽新幹線と東名高速道路のコンクリート構造物における炭酸化深さの比較（どちらも設計基準強度240kgf/㎠）

ここで衝撃的な結果を紹介しよう。②図１は、山陽新幹線高架橋のコンクリートの炭酸化深さを建設後一〇年の時点で調査した結果と、東名高速道路のコンクリート構造物の炭酸化深さを建設後二二～二四年の時点で調査した結果を、比較してしめしたものである。コンクリートの設計基準強度は、いずれの場合も二四〇kgf／㎠である。山陽新幹線の場合の平均的な炭酸化深さは一五㎜、それに対して東名高速道路の場合には約五㎜である。

2021年度

解　答　と　解　説

《2021年度の配点は解答欄に掲載してあります。》

<1／10 算数解答>

1　(1)　12125　(2)　14.7　(3)　$\frac{3}{4}$　(4)　2　(5)　10dL

2　(1)　13人　(2)　2km　(3)　7%　(4)　130度　(5)　187cm^2

3　(1)　10人　(2)　10人　(3)　37人以上

4　(1)　144度　(2)　10枚　(3)　140度

5　(1)　●が11個　(2)　3段目：○が4個，●が2個　6段目：○が44個，●が20個

(3)　○が13個

○推定配点○

各5点×20　計100点

<1／10 算数解説>

1　(四則計算，単位の換算)

(1)　$(2021+2829)+(2223+2627)+2425=4850\times2+2425=12125$

(2)　$\left(\frac{3}{2}\times\frac{7}{3}+\frac{13}{4}\times\frac{21}{5}\right)\times\frac{6}{7}=\frac{7}{2}\times\frac{6}{7}+\frac{13}{4}\times\frac{21}{5}\times\frac{6}{7}=3+11.7=14.7$

(3)　$\left(\frac{7}{4}\times\frac{5}{4}-2\right)\div\frac{1}{4}=\frac{35}{4}-8=\frac{3}{4}$

(4)　$2\times\frac{5}{4}-\square\times\frac{1}{4}=\square$　$\square\times\frac{5}{4}=2\times\frac{5}{4}$　したがって，$\square=2$

基本　(5)　$2.5\times10\times0.4=10$(dL)

2　(数の性質，速さの公式と比，割合と比，単位の換算，平面図形，消去算)

基本　(1)　146－3＝143と78の最大公約数が13であり，子供は13人

重要　(2)　50mと40mの最小公倍数200mを進むとき，時間差は200÷40－200÷50＝1(分)

したがって，実際の道のりは200×10＝2000(m)すなわち2km

【別解】等しい距離を進む場合の時間の比は4：5であり，毎分50mで進む場合の実際の時間は10÷(5－4)×4＝40(分)であることを利用する。

基本　(3)　(100－65)×(1－0.8)＝7(%)

重要　(4)　図1より，角㋐は180－(110－60)＝130(度)

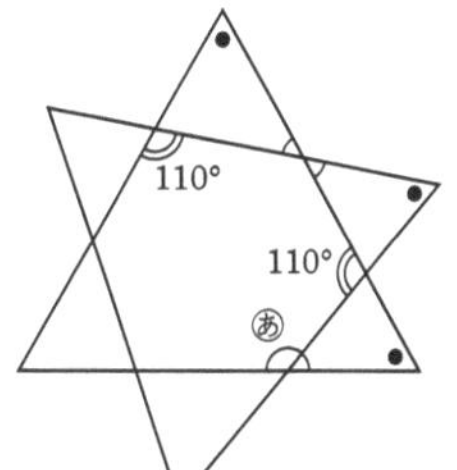

図1

やや難　(5)　図2より，ア×3＝イ×2＋3＋1＝イ×2＋4

ア×2－1＝イ＋4，ア×2＝イ＋5

したがって，ア×4＝イ×2＋10＝ア×3＋6

より，②の縦は6×3－1＝17(cm)，横は6×2－1＝11(cm)，面積は17×11＝187(cm^2)

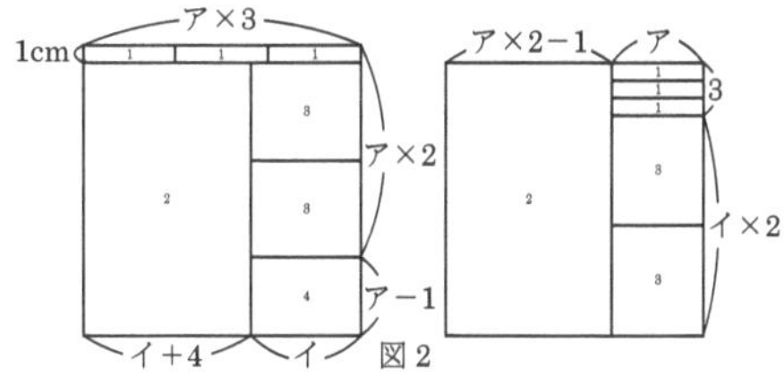

図2

3 (統計・表とグラフ，割合と比，集合，消去算)

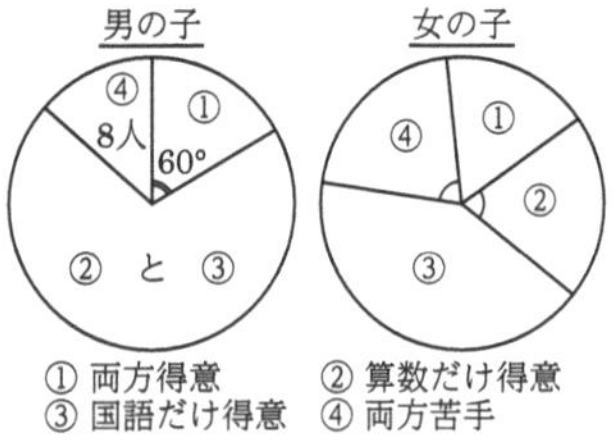

基本 (1) グラフより，60÷360×60＝10(人)

重要 (2) 右図より，①＋②が18人，①＋③が28人であり，①＋②＋③＋②が18人＋③＋②であり，これが48人に等しい。したがって，③＋②は48－18＝30(人)，①＋②＋①＋③が18＋28＝46(人)であり，①は(46－30)÷2＝8(人)，②＝④は18－8＝10(人)ずつ

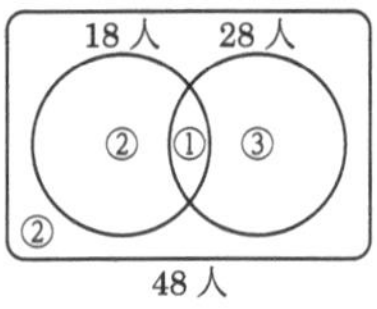

得意教科 / 児童	算数	国語	合計
男の子	Ⓐ=37	25	62
女の子	18	28	46
合計	55	53	108

(3) 右図において，(1)より，ア＋イは60－(10＋8)＝42(人)女の子では国語が得意な人が算数が得意な人より，28－18＝10(人)多い　したがって，Ⓐは(42＋10)÷2＋1＋10＝37(人)以上

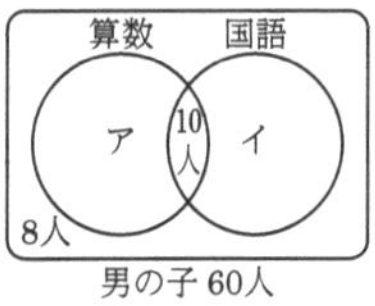

重要 4 (平面図形)

(1) 角㋑…図1より，90－108÷2＋180－72＝144(度)

(2) 180－72×2＝36(度)…1つの外角

したがって，360÷36＝10(枚)で正十角形を作る。

(3) (2)より，正十八角形の1つの外角は360÷18＝20(度)

角㋒は(180－20)÷2＝80(度)，角㋑は80×1.5＝120(度)である。したがって，図2より，角㋐は[90－{120－(180－80)}]×2＝140(度)

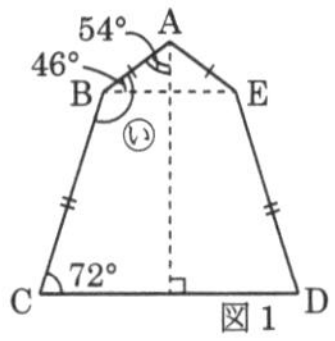

図1

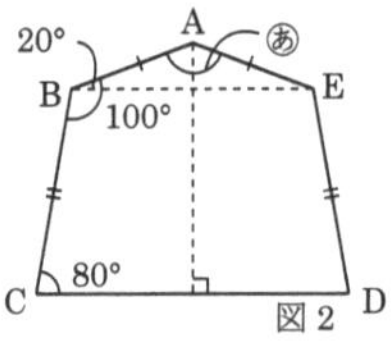

図2

5 (平面図形，規則性)

基本 (1) 3段目には○が11個あり，4段目には●が11個ある。

やや難 (2) 1段目…○が1個

2段目…○が2個，●が1個

3段目…○が4個，●が2個

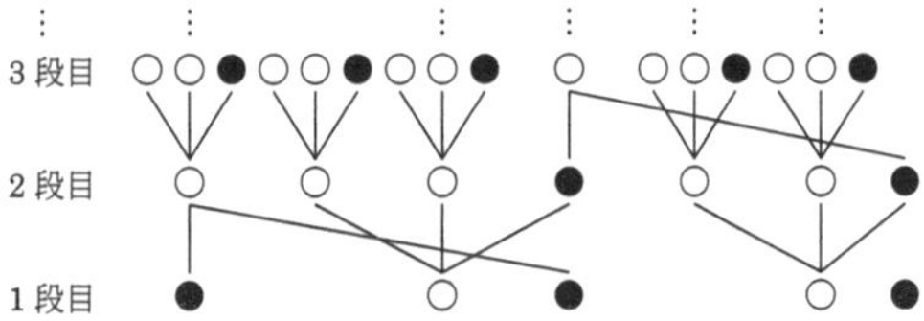

4段目…○が4×2＋1＝9(個)，●が4個

5段目…○が9×2＋2＝20(個)，●が9個

6段目…○が20×2＋4＝44(個)，●が20個

(3) 下図より，○が13個

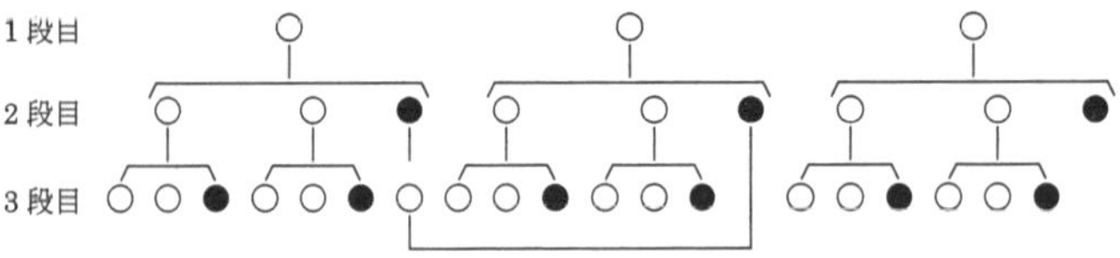

★ワンポイントアドバイス★

2(5)「平面図形と消去算」が簡単そうで簡単ではなく，3「統計・表とグラフ」は「ヴェン図」を利用しないと明解にならない。4「角度と正多角形」は外角も利用し，5(2)「6段目の個数」は，正確に計算しないとミスしやすい。

<1／10 理科解答>

1 問1 ① 広がりながら　② 直進する　③ 折れ曲がる　④ 真空
⑤ 三要素　問2 イ，エ　問3 ア　問4 ウ　問5 (1) 340　(2) 4秒後

2 問1 水素　問2 水上置換(法)　問3 150　問4 40　問5 ウ
問6 (例) 塩酸をこいものに替える。

3 問1 ① 二酸化炭素　② そう子葉植物　③ 道管　④ 師管　⑤ 形成層
問2 葉緑体　問3 気孔　問4

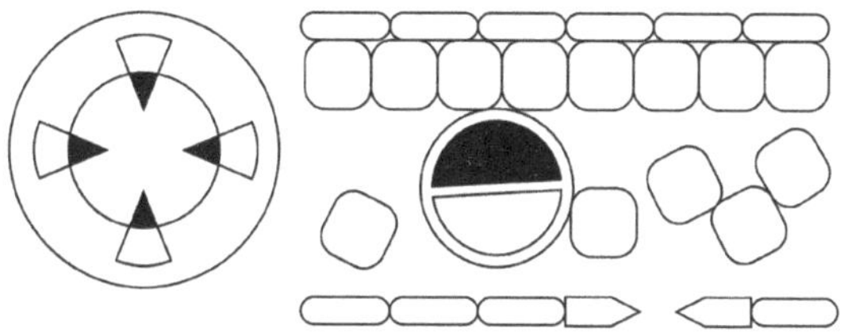

問5 ウ

4 問1 ① へん西　② 西
③ 東　④ シベリア
⑤ 前線　⑥ 小笠原
⑦ オホーツク海　⑧ 停滞
問2 (1) 梅雨前線　(2) ア，ウ
問3 4→2→3→1

○配点○
1 問3～問5 各2点×4　他 各1点×7
2 問1～問3 各2点×3　他 各3点×3
3 問1 各1点×5　他 各2点×5
4 問1，問2(2) 各1点×10　問2(1) 2点　問3 3点　計60点

<1／10 理科解説>

1 (光と音の性質―音の速さ・鏡)

重要 問1 光は広がりながら直進する。異なる物体に進むときは折れ曲がる。これを屈折という。音は物体の振動によって伝わる。真空中では振動するものがないので，音は伝わらない。音の高さ・大きさ・音色を合わせて音の三要素という。

基本 問2 鏡を境界にしてA点を鏡と反対の位置に置き，その点と各点を結ぶ直線が鏡を通るときその地点ではAの像が見える。

基本 問3 物質が密につまっているものほど音の振動を伝えやすく，音の伝わる速さが速くなる。速さの速い順番に並べると，固体>液体>気体の順になる。

基本 問4 弦の長さが短く，張る強さが強く，弦の太さが細いほど高い音になる。

問5 (1) 気温が15℃なので，音の速さは331＋0.6×15＝340(m/秒)になる。 (2) 板が静止していたとすると，板に向かって進む音の速さは340－10＝330(m/秒)で進むとみなせる。この速度で660m進むには660÷330＝2(秒)かかる。その地点からはね返された音が観測者に伝わるのにも2秒かかるので，合計で4秒後に反射された音が伝わる。

2 (気体の発生・性質―水素の発生)

基本 問1 アルミニウムは塩酸と反応して水素を発生する。

基本 問2 水素は水に溶けないので水上置換法で捕集する。

重要 問3 表1では最大で300cm^3の水素が発生する。アルミニウムの重さを半分にすると150cm^3の水素が発生する。

重要 問4 表1では，アルミニウムをすべて溶かすのに20cm^3の塩酸が必要である。アルミニウムの量を

2倍にすると，これをすべて溶かすのに必要な塩酸の量は$20\times2=40(\mathrm{cm}^3)$になる。

基本 問5 (ア)で発生するのは酸素，(イ)では二酸化炭素，(ウ)では水素，(エ)では気体の発生がない。

問6 塩酸の濃度を濃くすると，必要な塩酸の量を少なくできる。

3 (植物―植物の特徴)

基本 問1 光合成は二酸化炭素と水に太陽のエネルギーを用いて，有機物と酸素を作り出す反応である。双葉が発芽する植物を双子葉植物，子葉が1枚だけのものを単子葉植物という。根から吸い上げた水分は道管の中を通って体中に運ばれる。葉で作られた養分は師管を伝わって運ばれる。形成層では細胞分裂が盛んで新しい細胞がつくられる。

基本 問2 葉の緑色は葉緑体の色である。葉緑体で光合成が行われる。

基本 問3 空気中の酸素や二酸化炭素を取り入れる部分を気孔という。葉の裏側に多くある。

問4 双子葉植物では，維管束が環状に並び内側に道管がある。着色した水は道管を流れるので，内側の部分が着色する。葉の部分では維管束の下側が道管の部分である。

問5 タマネギの養分は葉に蓄えられている。

4 (気象―天気図)

重要 問1 日本付近では西から東に向かって偏西風という風が吹く。そのため，雲は西から東に移動する。天気も西から変化する。冬の時期，日本列島は冷たくて乾燥したシベリア気団に覆われる。性質の異なる空気のかたまりの境目を前線面という。前線面の地表と接する部分が前線である。6月ごろには，暖かく湿った小笠原気団(太平洋気団ともいう)と冷たくて湿ったオホーツク海気団がぶつかり合い，停滞前線ができる。これが梅雨の原因になる。

基本 問2 (1) 初夏にできる停滞前線を梅雨前線という。 (2) 寒冷前線が通過するとき，激しい雨が狭い範囲で降り通過後は気温が下がる。温暖前線が通過するときは広い範囲で穏やかな雨が降り通過後は気温が上がる。問題文では前線の通過としか示されていないが，天気の変化が激しいので寒冷前線の通過と考えると，(ア)と(ウ)が特徴となる。

問3 シベリア付近の低気圧の動きと，太平洋の高気圧が東へ少し移動するのに伴って前線が少し北上していることから図4→図2と思われる。さらに高気圧が東へ移動した図3，その後大陸の高気圧で前線が押し下げられた図1へと変化する。

★ワンポイントアドバイス★

基本問題が大半である。基礎知識をしっかりと理解し，ミスの無いように解答することが大切である。

<1／10 社会解答>

【1】 問1 ① 石炭 ② レアメタル 問2 ウ 問3 エ 問4 (例) 火力電力の燃料として利用されているため。

【2】 問1 ア 問2 イ 問3 ラムサール条約 問4 サロマ湖 問5 エ

【3】 問1 エ 問2 ① 環濠集落 ② 石包丁 ③ 後漢書 ④ 魏志 ⑤ 邪馬台 ⑥ 親魏倭王 問3 ア 問4 (1) ア (2) イ 問5 エ

【4】 問1 ① 源頼朝 ② 守護 ③ 地頭 ④ 承久の乱 ⑤ 執権 問2 ウ

問3　エ　　問4　イ　　問5　元寇　　問6　(1)　御成敗式目　　(2)　北条政子

【5】　問1　(1)　健康で文化的　　(2)　労働組合法　　問2　控訴　　問3　イ

問4　情報公開法　　問5　イギリス

○推定配点○

【1】　問1　各3点×2　　問4　6点　　他　各1点×2

【2】　各1点×5　　【3】　各1点×11

【4】　問1・問5・問6　各2点×8　　他　各1点×3

【5】　問3　1点　　他　各2点×5　　　計60点

＜1／10 社会解説＞

【1】　(日本の地理―国土と自然・資源など)

問1　①　戦後も「黒いダイヤ」と呼ばれたが高度経済成長期に始まったエネルギー革命でその地位は低下していった。　②　マンガン・クロムなどの希少金属。一部の元素は「レアアース」と呼ばれ携帯電話や電気自動車などの製造に欠かせない金属となっている。

問2　アルミニウムの原料でオーストラリア・中国・ギニアが主要な産出国。アルミニウムは「電気の缶詰」といわれる産業であり，日本のような電気料金の高い国での製造は困難である。最近は国内ではリサイクルが中心でそれ以外は輸入に依存している。

重要　問3　X　豆類やジャガイモ，小麦などを中心に大規模な畑作が行われている平野。　Y　200カイリの経済水域の導入で遠洋漁業は衰退，現在は沖合漁業が中心となっている。また，漁獲量が減少する中，一定の水準を維持している養殖の割合は上昇し今では2割以上にまで成長している。

問4　火力発電の原料としては価格の安い石炭が3分の2を占めている。しかし，CO_2排出量が多いため世界的に脱石炭火力の動きが加速している。

【2】　(日本の地理―北海道の自然・産業など)

基本　問1　日本で年間の平均気温が1桁となる都道府県庁所在地は北海道(札幌)だけ。

問2　北海道中央南部に南北に連なる2000m前後の山脈。氷河による浸食作用で形成されたカールと呼ばれる半球形のくぼ地がみられることでも知られている。

問3　特別天然記念物のタンチョウで知られる釧路湿原。水鳥の生息地として重要な湿地を保護するためイランのラムサールで締結された条約。現在国内で50か所以上が登録されている。

問4　砂州でオホーツク海と隔てられた日本第3位の湖。ホタテやカキの養殖も盛んである。

問5　日本の農業生産の約7分の1を占める。テンサイは別名サトウダイコンとも呼ばれる。

【3】　(日本の歴史―古代～近代の政治・社会・文化など)

問1　縄文時代は温暖で関東内陸部まで海が浸入，人々は自然の恵みに依存しあらゆるものの中に霊魂が宿るという信仰(アニミズム)が行われていた。鉄や登呂遺跡は弥生時代。

問2　①　周囲を堀で囲んだ集落。　②　稲穂を刈る半月形の石器。　③　1～2世紀の日本の記述が見える史料。　④　三国志の魏書の中にある一伝。　⑤　30余りの小国を従えていた国。その所在地は九州説・畿内説が対立している。　⑥　卑弥呼が魏の皇帝から与えられた称号。

重要　問3　聖徳太子が定めた人材登用制度。律令制度の位階制のもととなったといわれる。

問4　(1)　徳川綱吉は家光の四男で兄・4代家綱の養子となって5代将軍に就任。　(2)　天保の改革を断行したが上知令の失敗などで失脚。柳沢吉保は綱吉の側用人。

問5　第1次世界大戦は1914年(大正3年)のサラエボ事件を契機に発生。

【4】（日本の歴史―近世～現代の政治・社会など）

重要 問1　①　平治の乱で敗れた源義朝の嫡男で乱後に伊豆に配流された。　②　義経追補を名目に設置された役職。　③　13世紀になると次第に荘園を侵略，領主化していった。　④　朝廷勢力の回復を目指した上皇は北条義時追討の院宣を発した。　⑤　北条義時が政所と侍所の別当(長官)を兼ねて以降北条氏が世襲した鎌倉幕府の最高権力者。

問2　海中の鳥居で知られる航海の守護神。平清盛が篤く信仰，以来平家の氏神的な存在となった神社。1996年には世界遺産にも登録された。

問3　大犯《たいぼん》三箇条(ア・イ・ウ)以外に様々な権限も付加され次第に強大化，やがて室町時代の守護大名へと成長していった。参勤交代は武家諸法度の中で制度化されたもの。

問4　幕府の大軍に敗れ隠岐に配流，その地で没した上皇。

問5　2度にわたり(文永・弘安の役)北九州に上陸，「てつほう」という火器や集団戦法で日本軍を苦しめたものの暴風で敗退。御家人の窮乏を招き幕府の滅亡を早める原因となった。

問6　(1)　1232年，北条泰時が定めた初の武家法。頼朝以来の先例や武家社会の道理・慣習を基準としたもので，朝廷や荘園領主の支配下では旧来の法が適用された。　(2)　初代執権・北条時政の娘。頼朝の死後は尼将軍として実質的に幕府を支配したといわれる。

【5】（政治―憲法・基本的人権など）

重要 問1　(1)　具体的に何が健康で文化的であるかは明示されておらずその解釈をめぐっては意見の対立もみられる。　(2)　労働者と使用者が対等の立場に立つことを明記，労働者の団結権や団体交渉権，不当労働行為などを規定している。

問2　公正な裁判を行うための三審制。第2審にも不満があればさらに上級の裁判所に上告できる。

問3　1945年12月，戦後の民主化の中で選挙法が改正。翌年4月に行われた衆議院議員選挙では女性が初めて選挙権を行使，39名の女性議員も誕生した。

問4　プライバシーに関する個人情報や国の安全に支障となるようなものの開示はされない。

問5　分担金への不満や移民の流入などに反発，2016年の国民投票で僅差により離脱派が勝利した。その後3年半の交渉で正式に離脱が決定，イギリスは27年間の加盟に幕を下ろした。

★ワンポイントアドバイス★

社会の学習内容は分野をまたがったものが増えている。一つの問題を考える上では様々な視点から見る習慣をつけよう。

<1／10国語解答>

一　問1　私は会議な　問2　イ　問3　エ　問4　ウ　問5　Ⅰ　端的に話す力　Ⅱ　思考訓練　問6　頭　問7　ア　問8　ウ　問9　Ⅰ　考える　Ⅱ　延ばす[のばす]　問10　ア　問11　エ

二　問1　エ　問2　故郷が北にある[故郷が近い・故郷の方角だ]　問3　ウ　問4　未来　問5　A　ア　B　ウ　C　ア　問6　私には故郷というものがない[故郷と言える場所を持ちたい]　問7　エ　問8　ⅰ　望[懐・思]　ⅱ　ウ　問9　イ　問10　エ

三 問1 ① にすい ② おおざと ③ しんにょう[しんにゅう] ④ まだれ
問2 ① 塩 ② 息 ③ 馬 ④ 機 問3 ① うけたまわ ② もっぱ
③ あば ④ お 問4 ① 批評 ② 断 ③ 引率 ④ 測定

○推定配点○

一 問5・問9 各4点×4 問6・問7・問10 各2点×3 他 各3点×6
二 問2・問6 各7点×2 問5 各2点×3 他 各3点×8
三 各1点×16 計100点

＜1／10国語解説＞

一 (論説文－論理展開・段落構成，細部の読み取り，接続語の問題，空欄補充，慣用句，ことばの意味)

重要 問1 入れる文の中にある「3倍速で発言すれば」に着目する。本文に，「『それを3倍速でお願いできませんか』と言いたくなる」とある。入れる文は3倍速にしたい理由が述べられているので，お願いする理由になるので「私は会議などで……」で始まる段落の最終文になる。

問2 アの「圧倒」とエの「共感」は不適切なので，イとウにしぼることができる。冒頭の段落にあるように，「考えている」，「思考できていない」と「考え」が重要な点になる。傍線①の「意味のある内容」とは，「自らの『考え』」ということになるのでイである。

基本 問3 直後にある「職場の国籍や出身地など多様な背景を持つ人が増える」に着目する。さまざまな国や言語，文化を持つ人が共に生活するということなので「国際化」である。

問4 傍線②の直前には「技術や体力が拮抗している」とある。「拮抗」とは，力に優劣の差がないことである。このように，同レベルの人同士という前提だったら，「勝敗を左右する」，つまり，どちらかが勝つための要素として「思考力」，この場合では「判断」によって差が出るということになるのでウを選択する。

重要 問5 Ⅱのほうがわかりやすいかも知れない。久保建英選手に次いで，二例目として張本智和選手を挙げている。一流のアスリートのインタビューで思考力の高さを実感するという例だ。卓球の張本選手の例を出し，「卓球はしばしば……」で始まる段落でまとめに入っている構成である。「卓球選手は……」で始まる段落に，「『思考訓練』を積み重ねているので」とある。掲出文のⅡには「～で」につながるようになるのだから，原因が入ると考え，Ⅱには「思考訓練」を入れる。
Ⅰ この思考訓練のおかげで「端的に話す力」が自然に養われているのである。

基本 問6 脳内が高速回転している人のことを，一般的に頭がいいと言う。頭の良い人のことを「『頭』の回転が速い」という。

問7 「釘を刺す」とは，後で言い逃れや間違いなどが起きないように，あらかじめ念を押すことを意味する言葉であるからア。

問8 傍線⑤直後に「というのも，～」と続いている。まとめると，答えがわかる人は最初の1～2分でおおよその答えを出しているし，分からない人は最初の1～2分で考えることをあきらめるという説明になる。つまり，どちらの人にとっても結論が出ているので，10分間という時間は必要ないということなのでウということになる。

やや難 問9 Ⅰ Zで始まる段落と続く，「思考についても……」で始まる段落から考える。Ⅱのほうが入れやすいかもしれない。マラソンの例で説明しているZで始まる段落に，「少しずつ距離を『延ばし』て～現実的な方法」とある。そして「思考についても同じ」という展開だから，Ⅰには「思考」に類する三字ということで「考える」を入れ，Ⅱには「延ばす」を入れる。

基本 問10　前部分ではマラソンでも思考でも，習慣がついている人は長時間でも苦にならないことを説明している。後部分は，「不足の人はムリ」としているのだから「でも」だ。

問11　「簡単にいうと，……」で始まる段落に着目する。息を吸った瞬間に思考はとまるから，思考を続けるには吐く息を主とした呼吸を持続するとよいという説明である。この説明をしているのはエである。

二　**（物語－要旨・大意，心情・情景，細部の読み取り，空欄補充，ことばの意味，記述力）**

問1　「ところで――～あまり賛成ではありますまい。」で始まる諸葛亮の発言で始まる二人の会話から，趙雲が本心は魏に攻め込みたいと思っていることを知っていて，なぜ，その希望がかなえられないのかを語っているのでエである。

やや難 問2　諸葛亮が「故郷」の話を持ち出したときの趙雲の対応，特に「何もかもお見通し」と，その後，趙雲自身が，張飛に「故郷」の話題を持ち出していること，時に「諸葛亮の口から故郷という言葉……」で始まる段落に着目する。趙雲の故郷は諸葛亮に答えている通り「常山」だ。小便をしたあと，月の位置から故郷の方角を求め，視線を向けたというのは，故郷を思う気持ちである。「北の魏」は「故郷に近い」のだ。

問3　自分の考えていることを，言い当てるだけでなく，兵の配備や，自分の表情まで観察している洞察力に尊敬をともなう恐れを抱いているのだ。このような感情を「畏怖」というのでウ。

基本 問4　これからずっとという意味の言葉は，「『未来』永劫」という。

問5　A　「接ぎ穂」とは，植物を接ぎ木するときに使う枝という意味と，「いったんとぎれた話を続けようとするときのきっかけ」という意味があるのでアだ。　B　「刹那」とは，きわめて短い時間，瞬間，最も短い時間の単位を表す仏教の時間の考え方から来た言葉である。極めて短い時間というウを選択する。　C　「殊勝」とは，格別・とりわけ優れているさまという意味の言葉であるので，この場合は「心がけが立派だ」ということになるからアである。

やや難 問6　問2で考えたように，二人のキーワードは「故郷」である。「常山だ」と自分の故郷を答えたとき，「～不快がまたも訪れた」とある。「故郷」という言葉に反応したということだ。諸葛亮の言った言葉の中に「故郷」とあるのは，「私には故郷というものがない」の13字である。

問7　直後の諸葛亮が「驚いた顔」をしていること，さらに，「今日はここでお休みください。私が船に戻ります～」という言葉に着目する。このように心づもりしていたのだから，二人が別れる時は，諸葛亮が「失礼します」と去っていくことを想定していたということだ。「驚く」のは趙雲が「そろそろ，失礼する」と立ち去るあいさつをしたからである。

問8　i　故郷を懐かしく思いやることを「『望』郷の念にかられる」という。「『懐』郷の念」や「『思』郷の念」という語もある。　ii　必ずしも「故郷」に対するものとは限らないが，「ノスタルジー」には懐かしく思う気持ちという意味がある。

やや難 問9　張飛は，故郷について，きっぱりと「あんなところが懐かしいわけはない」・「一緒にいるわが君こそが故郷そのもの」と言い切っている。実際の土地ではないが，「故郷」ということに何のわだかまりもない発言をしているのを聞き，自分の立場とは異なることを知り「さびしげ」な表情になったということでイを選択する。

問10　諸葛亮が指摘するように，自分は自分の故郷に近い魏を攻めたい気持ちを押し込めているが，望郷の念は今自分の心にはっきりと表れていることは最終段落から読み取れる。今，目的地は蜀である。五十になる自分はもう二度と故郷には戻れないだろうという思いがあるのだ。

三　**（部首，ことわざ・慣用句，漢字の読み書き）**

基本 問1　①　「にすい」である。　②　「おおざと」。「郷」も「おおざと」である。「こざとへん」と混同しないように。　③　「しんにょう」である。「しんにゅう」表記でも正答だ。　④　「度」の部首も，「まだれ」だ。

問2　①　「青菜に『塩』」を振りかけるとしおれるように，人が元気がなくしょげるようすをいう。　②　「『息』を吹き返す」だ。同じような意味の言葉に「よみがえる」・「再生する」などがある。　③　「『馬』の耳に念仏」である。同じような意味の言葉に「豚に真珠(しんじゅ)」・「猫に小判」などがある。　④　「『機』が熟す」。「機」の表記を間違えないようにしよう。

問3　①　「承知」の「ショウ」は訓読み「うけたまわ-る」。　②　「専門」の「セン」は訓読み「もっぱ-ら」である。　③　「暴力」の「ボウ」は訓読み「あば-く」。　④　「組織」の音読み「シキ」は「ショク」という読みもある。訓読みは「お-る」。

問4　①　「批」は全7画の漢字。5画目ははねる。7画目はまげてはねる。同じ形ではない。②　「断」は全11画の漢字。6画目はとめる。「米」ではない。　③　「率」は全11画の漢字。6～9画目の向きに注意する。　④　「測」は全12画の漢字。同音の「側」と混同しないように気をつける。

★ワンポイントアドバイス★

知識問題での失点をできるかぎりなくすように，学習を積んでおこう。

2021年度

解　答　と　解　説

《2021年度の配点は解答欄に掲載してあります。》

＜2／6 算数解答＞

1　(1)　30　(2)　2　(3)　2　(4)　2　(5)　時速1.08km

2　(1)　44つぶ　(2)　500g　2.8%　(3)　34度　(4)　697754

3　(1)　143　(2)　5，10，15　(3)　17

4　(1)　18個　(2)　62番目

5　(1)　49.12cm　(2)　36本，6.88cm余る

○推定配点○

各5点×20　　計100点

＜2／6 算数解説＞

1　**(四則計算，規則性，概数，単位の換算)**

(1)　121×(1＋4＋9＋16)÷121＝30

(2)　$7\frac{1}{2}\times\frac{4}{15}=2$

(3)　□×□の2倍から□×□を引くと4　したがって，□×□＝4，□＝2

基本　(4)　38÷33＝1.1515～と続き，小数第12位は5であり，小数第11位は2になる。

基本　(5)　18×60÷1000＝1.08(km)

2　**(割合と比，過不足算，平面図形，論理)**

基本　(1)　人数…(4＋12)÷(7－5)＝8(人)　したがって，ブルーベリーは5×8＋4＝44(つぶ)

重要　(2)　食塩水Aに加えた食塩水Cの重さは300－50＝250(g)，食塩水Bに加えた食塩水Cの重さは250×2＝500(g)であり，食塩水A,Bの重さは300＋250＝50＋500＝550(g)になる。また，300g：50g：250g：500g＝6：1：5：10であり，食塩水Cの濃さを□％にすると，6×5＋5×□＝30＋5×□が1×16＋10×□＝16＋10×□に等しく，□は(30－16)÷(10－5)＝2.8(％)

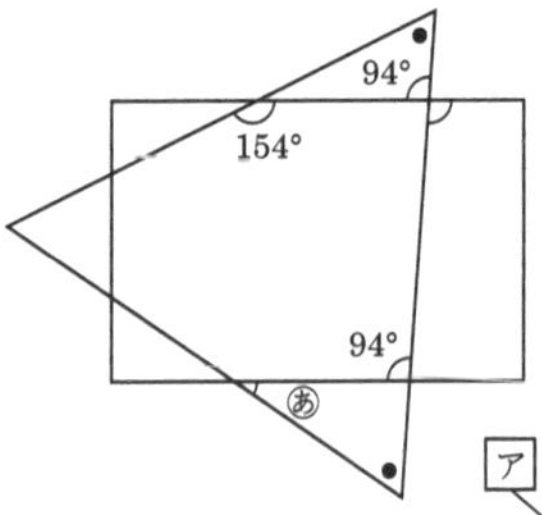

重要　(3)　右図より，角あは154－60－60＝34(度)

重要　(4)　右表において，アを4にするとオが3になり，アを5にするとイが0になり，アを6にすると697754で適合する。

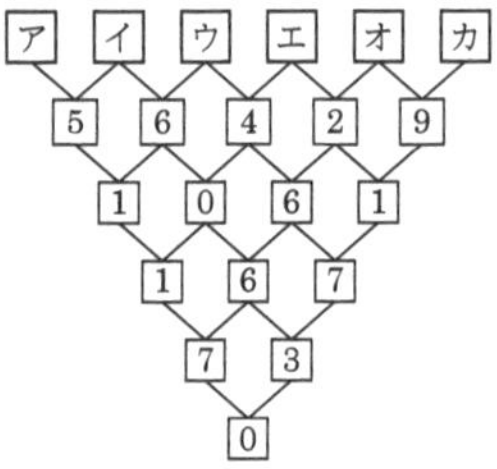

3　**(数の性質，割合と比)**

基本　(1)　□＝12×11＋11＝13×11＝143

(2)　余りが1…4×1＋1＝5×1＝5　　余りが2…4×2＋2＝5×2＝10
余りが3…4×3＋3＝5×3＝15

重要　(3)　ある数が7×○＋3であり，○＝3×2＋2＝4×2＝8
したがって，(7×8＋3)÷42＝59÷42＝1…17より，余りは17

4 (数列・規則性)

重要 (1) 3進法であり，22は3×2＋2＋1＝9(番目)，222は9×2＋3×2＋2＋1＝27(番目)
したがって，3ケタの数は27−9＝18(個)…200が18である。

(2) 2021は27×2＋3×2＋1＋1＝31×2＝62(番目)…1番目が0

5 (平面図形，規則性，単位の換算)

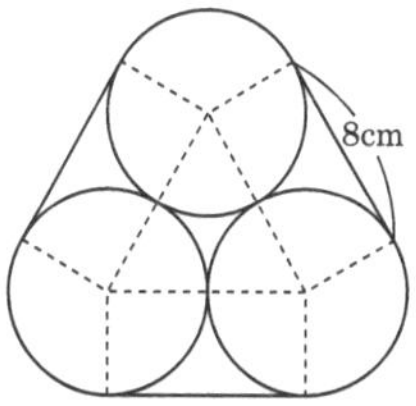

重要 (1) 右図より，8×3＋8×3.14＝8×6.14＝49.12(cm)

やや難 (2) リボンの長さは，以下のように変化する。

1本…8×0×3＋8×3.14(cm)

1＋2＝3(本)…8×1×3＋8×3.14(cm)

1＋2＋3＋4＝10(本)…8×2×3＋8×3.14(cm)

したがって，1＋2＋3＋4＋5＋6＋7＋8＝36(本)で8×7×3＋8×3.14＝8×24.14＝193.12(cm)になり，200−193.12＝6.88(cm)余る。

★ワンポイントアドバイス★

特に難しい問題はないが，4「3進法」の問題では，数列が「0」から始まっているのかいないのかで，何番目かが違ってくる。2(2)「濃さ」，(4)「6ケタの数字」でしっかりと得点しよう。まず，1の5問で全問正解すること。

<1／15 理科解答>

1 問1 ア　問2 (1) A　(2) 1.2　問3 ア　問4 イ　問5 ア　問6 イ

2 問1 イ　問2 イ　問3 (1) ア　(2) 水上置換法　問4 炭素　問5 黄色

3 問1 ① がく　② 花びら[花弁]　③ おしべ　④ めしべ　⑤ 子房
⑥ 自家受粉　⑦ 他家受粉　⑧ 胚珠　問2 完全花　問3 (1) 虫ばい花
(2) (例) ねばり気がある。突起物が多い。　(3) (例) 遺伝的多様性を持つ。不利な遺伝子が発現しない。

4 問1 酸性雨　問2 (例) クリーンエネルギー [再生可能エネルギー]
問3 (1) マイクロプラスチック　(2) (例) 内臓の疾患，生殖異常，発育異常
問4 リデュース，リユース，リサイクル　問5 エコマーク

○推定配点○

1 問6 3点　他 各2点×6

2 問1～問3 各2点×3　他 各3点×3

3 問3(2) 2点　問3(3) 3点　他 各1点×10

4 問1 1点　他 各2点×7　計60点

<1／15 理科解説>

1 （回路と電流―回路と電流の大きさ）

基本 問1　電流計は抵抗と直列につないで使用する。

重要 問2　(1)　同じ電圧で流れる電流の値が小さいものほど電流が流れにくい。図よりAの方が流れにくい。　(2)　電圧と電流が比例しており，セメント抵抗Bでは6Vの時に0.6Aなので12Vでは1.2Aになる。

問3　図2より，Aの抵抗は20Ω，Bは10Ωである。また，電流の大きさが同じとき，電圧はAがBの2倍になる。よって電流の流れにくさ(抵抗)と電圧が比例する。同じ電圧の値で見ると，電流の流れにくさと電流の値は反比例する。また，同じ抵抗で見ると，電圧と電流は比例する。

基本 問4　同じ大きさの抵抗を直列につなぐと，回路を流れる電流の大きさは半分になる。

基本 問5　同じ大きさの抵抗を並列につなぐと，回路を流れる電流の大きさは2倍になる。

基本 問6　Aの抵抗の大きさは20Ω，Bは10Ωである。AとBを直列につないでいるので，Aを2個直列につないだ時より抵抗の値は小さく，流れる電流は問4より大きくなる。

2 （燃焼―ものの燃え方）

問1　(ア)では電気のエネルギーが光のエネルギーにかえられており，燃焼しているのではない。(ウ)では化学反応のエネルギーが電気のエネルギーにかえられており，燃焼ではない。

重要 問2　ろうそくの火は，ろうが溶けて気体になったものが燃える。

基本 問3　(1)　オキシドールと二酸化マンガンから酸素が発生する。このときに酸化マンガンは触媒としてはたらく。(イ)では二酸化炭素，(ウ)では水素が発生する。(エ)では気体の発生はない。
(2)　酸素は水に溶けないので，水上置換法で集める。

問4　炭の主成分は炭素である。炭の黒い色は炭素の色である。

問5　木を蒸し焼きすると，木酢液，木タール，木ガスが出る。木酢液は酸性の液体で，木ガスは一酸化炭素や水素を含む気体である。これらのうち水に溶けるものは木酢液であり，その水溶液は酸性を示すのでBTB溶液が黄色になる。

3 （植物―花のつくり）

基本 問1　アブラナの花は外から，がく，花びら(花弁)，おしべ，めしべである。めしべの根元のふくらんでいる部分を子房という。花粉が同じ花のめしべの柱頭につくことを自家受粉といい，別の花のめしべの柱頭につくことを他家受粉という。めしべの柱頭についた花粉は花粉管を伸ばして子房の中の胚珠に達し，卵細胞と結合する。

基本 問2　1つの花に花の4要素をもつ花を完全花という。

問3　(1)　虫が受粉を助ける花を虫媒花という。　(2)　花粉は虫の体にくっついて運ばれるので，くっつきやすいように粘り気があったり，突起物が多かったりする特徴がある。　(3)　異なる花同士で受粉すると，子にできる遺伝子の組み合わせが親とは異なったものになるので多様性をもち，生存に有利になる。

4 （環境と時事―環境汚染）

基本 問1　硫黄酸化物や窒素酸化物が雨に溶けて比較的強い酸性の雨が降る。これを酸性雨という。

基本 問2　二酸化炭素を放出しないのでクリーンエネルギーと呼んだり，何度も利用できるので再生可能エネルギーと呼んだりする。

問3　(1)　マイクロプラスチックという。これによる海洋の汚染が深刻な問題になっている。それがきっかけで2020年レジ袋の有料化が行われるようになった。　(2)　マイクロプラスチックを食べた海洋生物が内臓の疾患を起こしたり，プラスチックに含まれる化学物質の影響で生殖異常や発育異常が引き起こされている。

重要 問4 3つのRとは，リデュース(減らす)，リユース(繰り返し使う)，リサイクル(再資源化する)を意味する。

基本 問5 このマークをエコマークという。

★ワンポイントアドバイス★

基本問題が大半である。科学用語などをしっかりと覚えたり，基礎知識をしっかりと理解することが大切である。身近な科学的話題が取り上げられることもある。

<1／15 社会解答>

【1】 問1 ① 琵琶湖 ② 阪神 問2 (1) ア (2) イ 問3 エ 問4 エ

【2】 問1 エ 問2 ウ 問3 ウ 問4 シラス

【3】 問1 ① 鎌倉 ② 一遍 問2 イ 問3 (1) ア 紀貫之 イ 紫式部 ウ 清少納言 (2) 十二単[女房装束] 問4 (1) 承久の乱 (2) 北条泰時 (3) 北条時宗 問5 イ

【4】 問1 ① 足利義満 ② 勘合 ③ 倭寇 ④ 座 問2 管領 問3 イ 問4 ウ 問5 (1) エ (2) ア 問6 エ

【5】 問1 ① 衆議院 ② 特別国会[特別会] 問2 イ 問3 4年 問4 (例) 内閣総理大臣の指名を行うため 問5 内閣不信任決議(案) 問6 ア

○推定配点○

【1】 問1 各2点×2 他 各1点×4 【2】 各1点×4

【3】 問1・問2・問4(1)・問5 各1点×5 他 各2点×6

【4】 問1・問2 各2点×5 他 各1点×5

【5】 問2・問6 各1点×2 問4 6点 他 各2点×4 計60点

<1／15 社会解説>

【1】 (日本の地理—近畿地方の自然・産業など)

問1 ① 高度経済成長期には水質の汚染も進み1979年には琵琶湖富栄養化防止条例が制定された。1993年にはラムサール条約の登録湿地にもなっている。 ② 戦前は日本最大の工業地帯として発展，現在でも中京工業地帯に次ぐ生産額を誇っている。

問2 (1) 滋賀と接するのは福井，岐阜，三重，京都の1府3県。 (2) 都市化の進行に伴い大都市周辺に住宅や工場が増加，近畿地方では滋賀が唯一人口の増加している県である。

重要 問3 標準時には15の倍数を使用，日本では兵庫県明石市付近を通る東経135度が用いられる。

問4 古くから繊維工業が盛んであったが戦後は臨海部に大規模な重化学工業が発達，内陸部には中小の町工場や下請け工場なども多い。アは関東内陸，イは北九州，ウは中京。

【2】 (日本の地理—九州地方の自然・産業など)

重要 問1 五島列島沖合で黒潮から分かれて日本海を北上する暖流。

問2　イグサは90％以上を熊本(八代平野)が生産。アは沖縄，イは北海道，エは鳥取が1位。

問3　鹿児島は温暖で降水量も多い。アは新潟，イは京都，エは札幌の雨温図。

問4　「白い砂」が語源といわれ，鹿児島湾北部を中心に南九州に広く分布。水持ちが悪く広く畑作が行われているが，台風や集中豪雨などでは崩壊など災害も多発している。

【3】 (日本の歴史―古代～中世の政治・文化など)

問1　①　南方を海に，残る三方を山に囲まれた城塞都市。鎌倉への出入りは7か所ある「切通し」を通らなければならない。　②　念仏を唱えるだけですべての人が救われると説き，念仏を記した札を配りながら全国を行脚《あんぎゃ》。法然は浄土宗，栄西は臨済宗，最澄は天台宗。

重要　問2　天皇の母方の祖父として30年間にわたり権勢をふるった人物。この歌は道長の3人の娘が一条・三条・後一条天皇の后になったときに詠んだといわれるもの。

問3　(1)　ア　女性に仮託して書かれた最初のかな書きの日記。　イ　光源氏を主人公に貴族の華やかな生活を描いた長編小説。　ウ　中宮定子に仕えた宮廷生活を回想した随筆集。

(2)　女官の正装。上着と肌着の間に寒暖を調整するための袿《うちぎ》を重ねたもの。

問4　(1)　後鳥羽上皇が鎌倉幕府打倒のために起こした反乱。磐井の乱は6世紀前半，磐井が新羅と結んで起こした反乱。　(2)　承久の乱に幕府軍の総大将として対応した3代執権。　(3)　元寇に対応する中，北条嫡流(得宗)の専制体制を強化した8代執権。

問5　X　登呂遺跡からは水田跡や住居跡・高床倉庫などが発掘されている。　Y　備中鍬や唐箕は江戸時代の農具。鎌倉時代は二毛作や牛馬耕が普及，水車なども発明された。

【4】 (日本の歴史―中世～近世の政治・経済など)

重要　問1　①　有力守護を抑え幕府権力を確立，武家と朝廷双方の頂点に君臨した将軍。　②　明が貿易を統制するために用いた割符。　③　朝鮮半島や中国沿岸を襲った武装集団。高麗滅亡の一因にもなったといわれる。　④　中世の商工業者の組合。公家や有力な寺社の保護を受ける代わりに税を納め販売の独占などが認められた。近世の株仲間と同様な組織。

問2　足利氏の一族である細川・斯波《しば》・畠山の3家が交代して就任したため三管領と呼ばれた。

問3　金閣は義満が京都北山に建てた別荘を死後寺院(鹿苑寺)にした一部。

問4　日明貿易で輸入された永楽通宝などの銭貨。10世紀半ば以降，国内では貨幣の鋳造が行われておらず中国から輸入されたものが基準貨幣として流通していた。

問5　(1)　1837年，天保の飢饉に際し幕府の無策を批判して元大坂町奉行所の与力であった大塩平八郎が挙兵。　(2)　15世紀半ば，和人の進出に対する初めての大規模な反乱。

問6　信長は安土城下などに市場の税の免除(楽市)や座の廃止(楽座)を行うことで新たに商工業者を城下に招き，経済の発展と領国内の支配力を強める政策をとった。

【5】 (政治―政治のしくみと働きなど)

問1　①　小選挙区289名，比例区176名の465名で構成されている院。解散は内閣の助言と承認による天皇の国事行為として行うこともできる。　②　総選挙の日から30日以内に招集される。

問2　弾劾裁判は罷免の訴追を受けた裁判官を裁判する裁判所で，国会に設けられ衆参各7名の国会議員で構成される。過去数名の裁判官が罷免されている。

基本　問3　戦後任期満了は1回しかなく，平均すると衆議院の任期は2年9か月程度である。

問4　総選挙後初めて国会が召集されると内閣は総辞職しなければならず(憲法70条)，内閣が総辞職するとすべての案件に先立って首相の指名が行われる(憲法67条)。

問5　衆議院のみに認められた権限で，この意思表示がなされると内閣は10日以内に衆議院を解散するか総辞職するかの決定をしなければならない。

問6　首相には国務大臣の任免権があるがその過半数は国会議員であることが求められる(憲法68

条)。また，内閣総理大臣や国務大臣は文民であることも要求される(憲法66条)。

★ワンポイントアドバイス★

地理分野を学習する際には常に地図帳を傍らにおいて臨もう。理解していると思っていても地図を眺めることによって新たな発見も見えてくるものである。

＜1／12 国語解答＞

一　問1　イ　問2　i　ウ　ii　炭酸化深さ　問3　D　エ　E　ケ　F　イ
G　キ　問4　需要　問5　エ　問6　ア　問7　イ　問8　W　二酸化炭素
X　鉄筋　Y　設計基準強度　Z　東京オリンピック

二　問1　エ　問2　ア　問3　鼻　問4　油断　問5　ア　問6　エ　問7　エ
問8　イ　問9　ウ　問10　ウ

三　問1　①　習慣　②　喪失　③　格調　④　束　問2　①　せっぱん
②　にゅうわ　③　じょこう　④　しゃだん　問3　①　不　②　四　③　色
④　先　問4　①　長　②　鳴　③　車　④　花

○推定配点○

一　問1・問4・問7　各3点×3　他　各4点×12

二　問3・問5・問10　各2点×3　他　各3点×7

三　各1点×16　計100点

＜1／12 国語解説＞

一　**(説明文－細部の読み取り，空欄補充，ことばの意味，反対語)**

問1 「逐次」とは，順を追って次々に物事がなされるさまを言い表す言葉である。難しい言葉であるが，直前の「表面から内部に進行する」から考えると，表面から内部に順々にと考えてイを選択できる。

問2　i 「これをわかりやすく……」で始まる段落に着目する。東名高速のほうは20代前半の青年で体も年齢におうじた状態に対して，山陽新幹線は小学校4年生の児童ということを前提にすると75歳の老人の身体の状態と説明している。縦軸の目盛りで見ると，Aの度数が大きい，つまり，劣化が激しいということになるので山陽新幹線である。したがって，ウを選択する。

ii 「ここで衝撃的な……」で始まる段落で，この図1を「炭酸化深さ」の図と紹介している。

重要　問3　D　図2の1955年は，2000～4000の目盛りに位置しているので，エの2700だ。　E　1990年は，1955年の23倍と述べている。このことから，62100という数字を出すこともできる。選択肢ではケの63000だ。　F　約316万戸は4万戸の何倍になるかということなので割り算すると，79となる。選択肢ではイの「80」ということになる。　G　図4の2011～2015を示す値は，2万にやや欠けるものなので，選択肢ではキの「1万8000」が妥当な数値である。

基本　問4 「供給」の対義語は「需要」。

問5　東京オリンピックを境にして，それ以降に建設された橋梁，建築物のいずれも寿命が短くなっているという記述から，アとエにしぼることができる。その上で，「この状況は，ほとんど回復せず，現在にいたっている。」と考え合わせると，下がりっぱなしのアではなく，横ばい状態が続いていることを示しているエが適当であることがわかる。

問6　図4の見出しにある「予定寿命」が着目点だ。冒頭の段落から三段落目までで，計算上考えられるコンクリートの劣化の経緯が説明されている。「物理的」というのは，物理学的に考えられる，あるいは，数量に置きかえて考えるという意味だ。つまり，計算上の劣化を考えた上で「使用に耐えうる年数」ということになる。

問7　「一般的」というのは，特別ではなく，広く全体に通じるということなので，「広く認められ行き渡っているさま」とあるイを選ぶ。

重要　問8　W　直後にある，「表面から内側に入り込む」に着目し，何が入り込むのかと考える。「大気中に含まれる……」で始まる段落にある「二酸化炭素」が入り込むのだ。　X　腐食してしまう内部にあるものと考えると，「コンクリートの中の……」で始まる段落にある「鉄筋」を入れることができる。　Y・Z　YとZを含む段落の内容自体は，本文の「図4と図5は，……」で始まる段落以降で述べているものである。したがって，Zのほうが入れやすいかもしれない。「東京オリンピック」を境にして寿命が短くなっているとある。Yは，「同じでも」と，まず，前提が同じでなければ比較できないということだ。山陽新幹線と東名高速での比較においても同様に，前提をそろえる記述がある。「ここで衝撃的……」で始まる段落だ。「建設基準強度」をそろえている。

二　(物語－心情・情景，細部の読み取り，空欄補充，慣用句，文学作品と作者)

問1　「結果的に」であるから，線①前後の時間ではどのような結果になるのかはわからない。「すると二人のお姫様は……」で始まる段落に，「私たちの櫛をさしておきました」と証言している。それを聞いて，二人の侍が嘘をついたと大臣様が判断したのだからエである。

問2　「大てがら」だと思うから人に話したくなってしまったということだ。一般的には「じまん」と言えるだろう。自分はすごいことをしたという気持ちなので選択肢の中では「自尊心」と言える。

基本　問3　侍の立場で考えれば，卑しい木こりなどに先を越され驚いたので，うらやましい，ねたましい気持ちになったのだ。「敵を出しぬいて驚かせること」という意味の言葉は「『鼻』をあかす」である。

問4　「うわべはうれしそうに」なのだから，本心ではないということだ。つまり，「すごいですね」とほめて，髪長彦を「油断」させ，すっかり聞き出し，不思議な笛や黒犬をうばったのである。

問5　大声で激しく泣くさまを表現する場合「おいおい泣く」という。

問6　髪長彦をだまして黒犬をうばい，自分たちが乗って帰ってきたのだから，侍にしてみれば髪長彦がやって来るとは夢にも思っていなかった。しかも，「こう言う声が……」で始まる段落にあるように，まぶしく日に輝くような大将の装いだったため，その驚きは大きかったのだからエである。

やや難　問7　「顔色を変える」とは，興奮したり立腹したりして顔つきを変えるという意味だが，嬉しかったり，幸せだったりする方向で変わる場合には使わない。イ以外どの選択肢も考えられるが，髪長彦の「～指一本でもお動かしになりはいたしません」という言葉を聞いて「顔色を変えた」のだから，「嘘がバレる」というあせりであると考えエを選ぶ。

問8　二人の姫の金の櫛と銀の櫛という証拠が出てきてしまったのだから，「もうこれ以上嘘はつけない」という状況が，線⑥冒頭の「もうこうなったら」だ。観念したのだからイだ。

重要　問9　ア・イ・エ　そもそも「物語」であるので，「事実」や「真実」，「現実味」というような要素は不要である。「さぁ，どうなりましたでしょうか」というような「物語性」を高めている表現である。

基本 問10 ア「吾輩は猫である」は夏目漱石。イ「人間失格」は太宰治(だざいおさむ)。エの「風の又三郎」は宮沢賢治の作品だ。ウのトロッコが芥川龍之介の作品である。

三 (四字熟語，ことわざ，漢字の読み書き)

やや難 問1 ①「習」は全11画の漢字。2・3画目，5・6画目の向きに注意する。 ②「喪」は，全12画の漢字。下は「衣」ではない。 ③「調」は全15画の漢字。10～15画目は「古」ではないので気をつける。 ④「束」は全7画の漢字。5画目ははねない。

やや難 問2 ①「折」は「骨折」の読みのように「せっ」である。「半」は，この場合「ぱん」と表記する。②「柔道」の「ジュウ」は「ニュウ」という音読みもある。 ③「徐」は小学校未習の漢字。「徐行」とは，ゆっくり走るという意味の熟語である。 ④「遮」の訓読みは「さえぎ-る」。音読みは「シャ」である。

問3 ① 意味にある「どうにもできない」から考えると「『不』可」という判断ができる。
② 周りを囲まれる。四方を囲まれるということで「『四』面楚歌」ということになる。
③ 十人いれば十色あるということで「十人十『色』(じゅうにんといろ)」である。 ④「真っ先」に立つのだから「急『先』鋒(きゅうせんぽう)」ということになる。

問4 ①「将来に」だから「『長』い目で」ということだ。 ②『史記』が出典とされる言葉である。「飛ばず」ということから鳥であるので「鳴かず」表記する。「泣かず」ではない。 ③「車を横に押す」という，無理なことからきたとされている言葉である。 ④ 激しく争うことを「火『花』を散らす」という。

★ワンポイントアドバイス★

漢字の読み書きでは，小学校未習の漢字も出題される可能性がある。他教科の学習や，新聞などに目を通すなど，日常的に漢字に対する感覚を養っておこう。

MEMO

大切なことはメモしておこうネ！

2020年度
★★★★★★★★★★★★★★★★★★★★★★★

入　試　問　題

2020年度

狭山ヶ丘高等学校付属中学校入試問題

【算　数】（50分）　＜満点：100点＞

【注意】 ⑴コンパス・分度器・電卓・定規類の使用は認めません。
⑵問題にかいてある図は必ずしも正確ではありません。

１．次の □ に当てはまる数を求めなさい。

⑴　$(1357+2468)\times 9=$ □

⑵　$\frac{1}{2\times 5}+\frac{1}{5\times 8}+\frac{1}{8\times 11}=$ □

⑶　$0.1\times 0.2+0.2\times 0.3+0.3\times 0.4+0.4\times 0.5+0.5\times 0.6=$ □

⑷　$\left\{1\frac{1}{2}\times(2020-20\times 20)-\square\right\}\div 10=41$

⑸　$1.75\text{m}^2=$ □ cm^2

２．次の □ に当てはまる数を求めなさい。

⑴　税抜き □ 円の商品があります。消費税が８％から10％に値上げされるので，商品を20円引きにしたところ，税込み価格が等しくなりました。

⑵　Ａ君はあめを50個持っています。じゃんけんをして，勝つと３個もらい，負けると２個返す勝負をします。
20回じゃんけんをして □ 回じゃんけんに勝ったので，Ａ君は55個のあめを持っています。

⑶　99で割った商と余りが等しくなる４桁の数は □ 個あります。

⑷　10cmの紙テープを，のりしろ0.8cmで50枚つなげます。このとき，できたテープの周の長さは □ cmです。

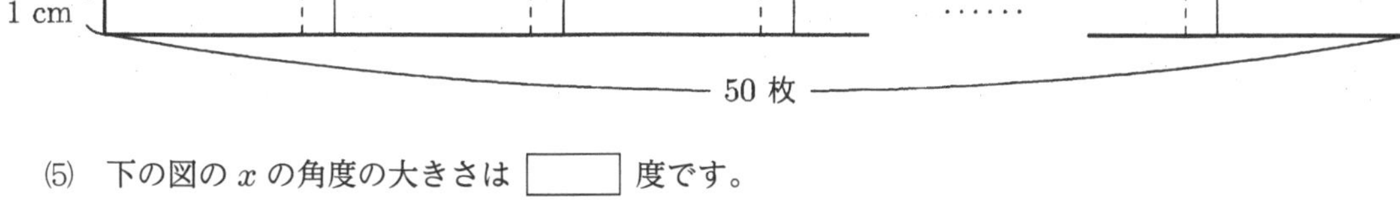

⑸　下の図の x の角度の大きさは □ 度です。

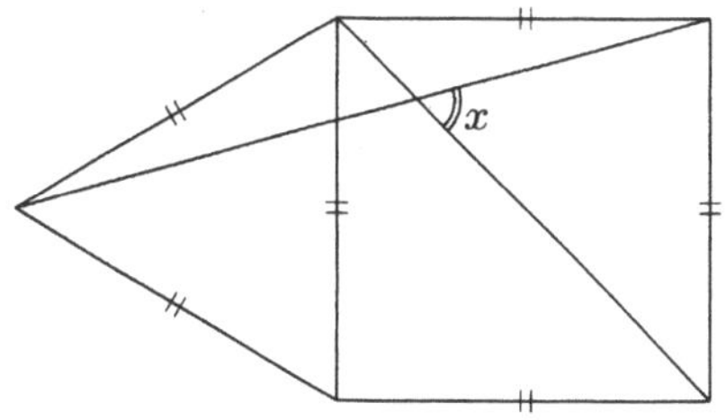

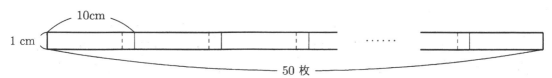

3．0より大きく，1より小さい分数について，記号⊕は

$$\frac{b}{a} \oplus \frac{d}{c} = \frac{b+d}{a+c}$$

と計算すると約束します。ただし，分数はすべて，これ以上約分できない形とします。

例えば，$\frac{1}{10} \oplus \frac{1}{20} = \frac{1+1}{10+20} = \frac{2}{30} = \frac{1}{15}$ です。

⑴ $\frac{1}{2} \oplus \frac{1}{3} = \boxed{A}$，$\frac{5}{11} \oplus \frac{3}{5} = \boxed{B}$ です。

⑵ $\frac{3}{8} \oplus \boxed{C} = \frac{1}{3}$ となる分母が1桁の分数$\boxed{C}$をすべて答えなさい。

⑶ $\frac{3}{5} \oplus \frac{\triangle}{16} = \frac{\bigcirc}{7}$ となる△と○の組は何個ありますか。

4．下の図は，ある小学校の6年生全員に，4教科（国語，算数，社会，理科）を好きな順に1位～4位の順位をつけてもらい，その結果を国語と算数についてどの順位が何票あったかを1つの円グラフとしてまとめたものです。

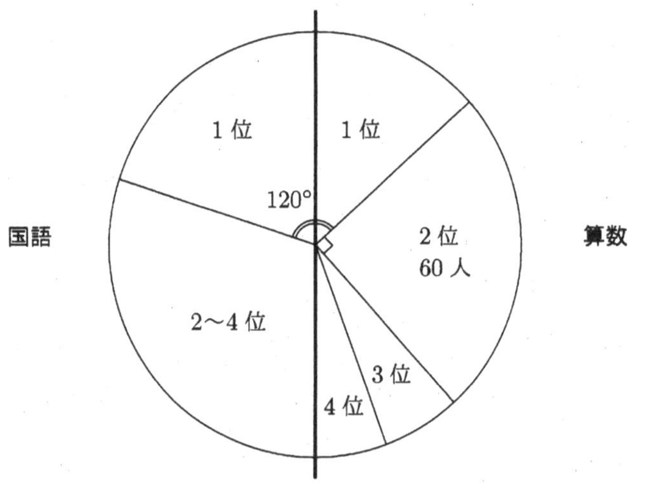

このとき，国語と算数の1位を表す部分の中心角の大きさの比は，3：2 でした。

⑴ この小学校の6年生は全員で何人ですか。

⑵ 国語を1位としたのは何人いますか。

⑶ 1位に選ばれたのが多い順に，国語，算数，理科，社会となりました。
少なくとも1人は社会を1位にしていて，同じ票数の教科はありませんでした。
このとき，理科を1位としたのは，何人以上何人以下ですか。

5．次のページの図のように直角二等辺三角形と正方形が並んでおり，三角形が毎秒2㎝の速さで右に進んでいきます。

⑴ 三角形が動き始めてから，正方形と重なる部分が無くなるまでには，何秒かかりますか。（式・考え方も書くこと）

⑵　７秒後に重なっている部分の面積は何cm^2ですか。（式・考え方も書くこと）

⑶　重なっている部分の面積は最大で何cm^2ですか。（式・考え方も書くこと）

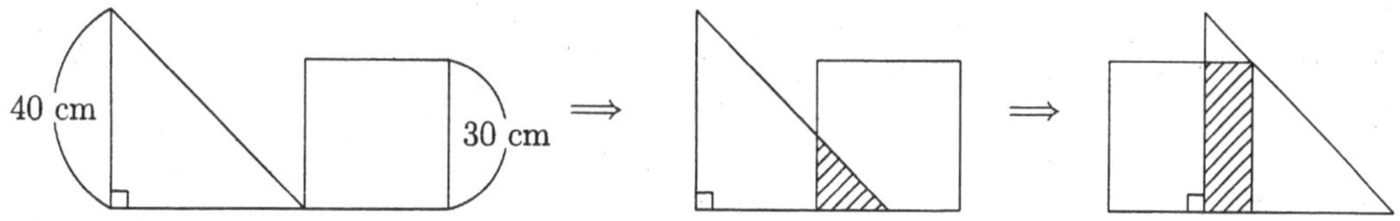

【理　科】（30分）　＜満点：60点＞

1　磁石《じしゃく》の性質を調べるために，次の実験を行いました。これについて，以下の問１～問６に答えなさい。

実験１　強い磁力を持った磁石のＮ極を鉄くぎに近づけると，図１のように磁石に鉄くぎが２本引きつけられた。

実験２　実験１の上の鉄くぎのとがった先を，方位磁針《じしん》に横から近づけた。

実験３　実験１の上の鉄くぎを，白い紙の上に寝かせ，上から砂鉄を均一にふりかけた。（その結果は図２）

実験４　実験３の鉄くぎの周りに方位磁針を置いてＮ極の指す向きを調べた。

実験５　鉄くぎの芯《しん》を厚紙でおおい，その厚紙にエナメル線を巻きつけ図３のように乾《かん》電池をつないだ。

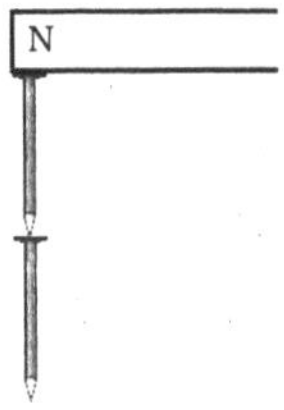

図１

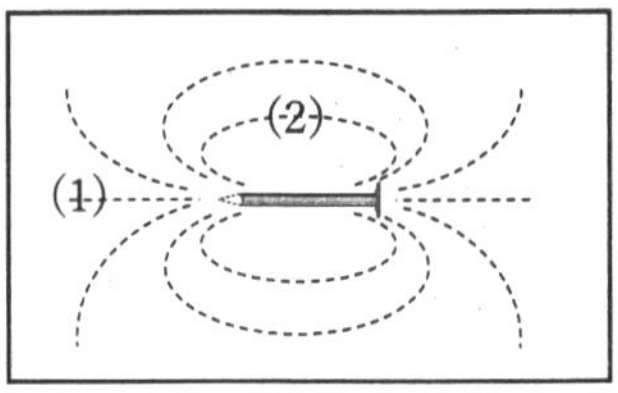

図２

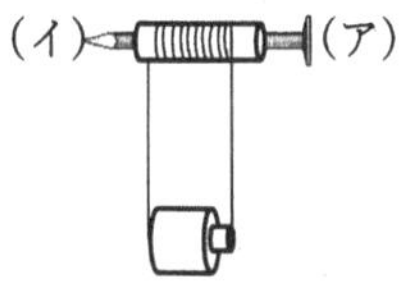

図３

問１　実験１で，この磁石から上の鉄くぎをはずすと下の鉄くぎはどうなりますか。正しいものを，次の（ア）～（ウ）の中から１つ選び，その記号で答えなさい。

(ア)上の鉄くぎからはなれて落ちる。　(イ)上の鉄くぎとついたまま落ちない。

(ウ)上の鉄くぎと重なる。

問２　実験２で，方位磁針のＮ極の向きはどちらですか。解答用紙中の図にある方位磁針のＮ極をぬりつぶして答えなさい。

問３　実験３で，この時の砂鉄の様子から分かることは何ですか。正しいものを，次の（ア）～（エ）の中から１つ選び，その記号で答えなさい。

(ア)砂鉄はＮ極に引きつけられる。　(イ)砂鉄はＳ極に引きつけられる。

(ウ)鉄くぎの磁力は中心のほうが強い。　(エ)鉄くぎの磁力は両はじのほうが強い。

問４　実験４で，図２の⑴と⑵の位置に方位磁針を置いたとき，針の向きはどうなりますか。正しいものを，次の（ア）～（エ）の中からそれぞれ１つずつ選び，その記号で答えなさい。

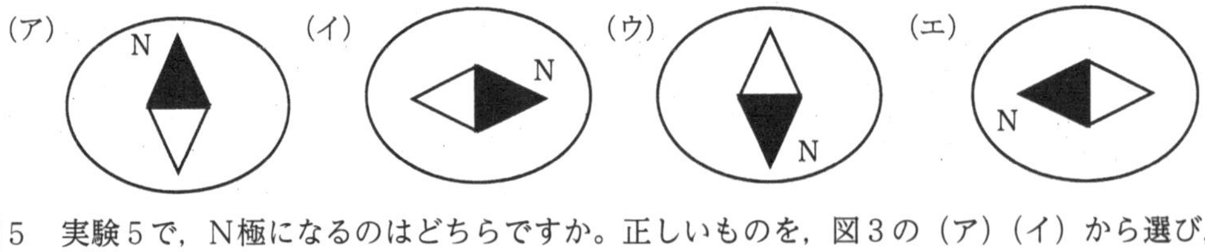

問５　実験５で，Ｎ極になるのはどちらですか。正しいものを，図３の（ア）（イ）から選び，その記号で答えなさい。

問６　実験５のように，電気を利用して鉄くぎを磁石にしたものを電磁石といいます。電磁石を利用しているものはどれですか。正しいものを，次の（ア）～（エ）の中からすべて選び，その記号で答えなさい。

(ア)リニア新幹線　(イ)扇風機《せんぷうき》　(ウ)蛍光灯《けいこうとう》　(エ)コタツ

2　次の文章を読んで，以下の問1～問5に答えなさい。

ものの重さを比べるには，重さだけでなく，その体積も考える必要がある。ある体積当たりの重さのことを密度という。したがって，密度は次のように表すことができる。

$$密度[\,g/cm^3\,]=\frac{ものの重さ[\,g\,]}{ものの体積[\,cm^3\,]}$$

ものの種類が同じであれば，重さや体積がちがっていても，密度は等しくなる。つまり，密度はものの種類によって決まった値をもつ。また，密度の大小関係によってもののうきしずみは決まる。海洋上でタンカーなどからもれてしまった重油が海にただよっているのが見られるのはこれが原因である。表1に，様々なものの密度を示した。

表1

ものの種類	密度[g/cm^3]	ものの種類	密度[g/cm^3]
銅	8.9	木	0.49
鉄	7.8	水	1.0
アルミニウム	2.7	氷	0.92
ゴム	0.91	アルコール	0.79

問1　同じ重さで見たときに，もっとも体積が小さいのはどれですか。表の中から選んで答えなさい。

問2　表の中で水にうくものは何種類ありますか。

問3　水から氷ができるとき，体積はどうなりますか。正しいものを，次の（ア）～（ウ）の中から1つ選び，その記号で答えなさい。

(ア)大きくなる　(イ)小さくなる　(ウ)変わらない

問4　次の(1)(2)に答えなさい。ただし，水に砂糖や食塩をとかしても体積は変わらないものとします。

(1)　水100gに砂糖25gをとかした水よう液の密度は何g/cm^{3}ですか。

(2)　密度1.1g/cm^{3}の食塩水100cm^{3}にとけている食塩は何gですか。

問5　水2kgに，砂糖を2.6kgとかした水よう液を作りました。ここに，体積30cm^3，質量39gの物体を水よう液中で静かにはなしたとき，物体はどうなりますか。水よう液中での物体の位置を解答用紙中の図に○印でかきなさい。

3　次の文章を読んで，以下の問1～問3に答えなさい。

川の水をすくい，(I)光学顕微鏡《けんびきょう》を使って観察すると，さまざまな特ちょうをもつ小さな生物がいることがわかった。このような小さな生物をプランクトンという。プランクトンには(II)動物プランクトンと植物プランクトンがあり，それぞれ生活の様子が異なる。

光学顕微鏡はプランクトンよりもさらに小さい生物も観察することができる。かつて世界的に流行した伝染病「ペスト」の原因となった(III)ペスト菌《きん》はその例である。

問1　下線部(I)について，次のページの図の顕微鏡の（ア）～（ウ）の部分の名前を答えなさい。

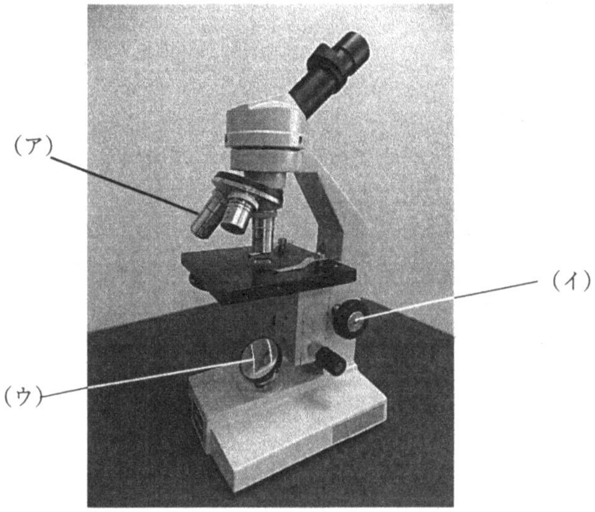

図

問2　下線部(Ⅱ)について，次の(1) (2)に答えなさい。

(1)　次の（ア）～（オ）のプランクトンを動物プランクトンと植物プランクトンに分けて，その記号で答えなさい。

(ア)ミカヅキモ　　　(イ)ゾウリムシ

(ウ)ケイソウ　　　(エ)アメーバ

(オ)ミジンコ

(2)　ミドリムシは動物プランクトンと植物プランクトンの特ちょうをもちます。それは何ですか。それぞれ1つずつ答えなさい。

問3　下線部(Ⅲ)について，ペスト菌の発見には日本人が大きく関わっており，その功績がたたえられ新紙幣《しへい》のモデルとなります。それはだれですか。正しいものを，次の（ア）～（エ）の中から1つ選び，その記号で答えなさい。

(ア)渋沢 栄一　　(イ)志賀 潔　　(ウ)野口 英世　　(エ)北里 柴三郎

4　次の文章を読んで，以下の問1～問5に答えなさい。

環境汚染《かんきょうおせん》は世界中で大きな問題となっている。その中でも地球の平均気温が年々増加しており，これは（　①　）と呼ばれている。その主な原因は石炭や石油，天然ガスなどの（　②　）燃料の大量消費や，(Ⅰ)熱帯雨林の大規模なばっ採により(Ⅱ)大気中の二酸化炭素が増加することにある。(Ⅲ)二酸化炭素は地球表面から放射される熱を吸収し，その一部が地球表面に向かって放射されるため，地球表面の温度を上げる。(Ⅳ)世界では海面上しょうによりしずみゆく島々があり，これも（①）が主な原因と考えられている。

問1　文中の空らん（①）（②）に当てはまる言葉を答えなさい。

問2　下線部(Ⅰ)について，これにより二酸化炭素が増加するのはなぜですか。簡単に答えなさい。

問3　下線部(Ⅱ)について，次のページの図は与那国《よなぐに》島の大気中の二酸化炭素濃度《のうど》（こさ）の変化をまとめたものです。夏の時期はどちらですか。グラフ中の（ア）（イ）から選び，その記号で答えなさい。

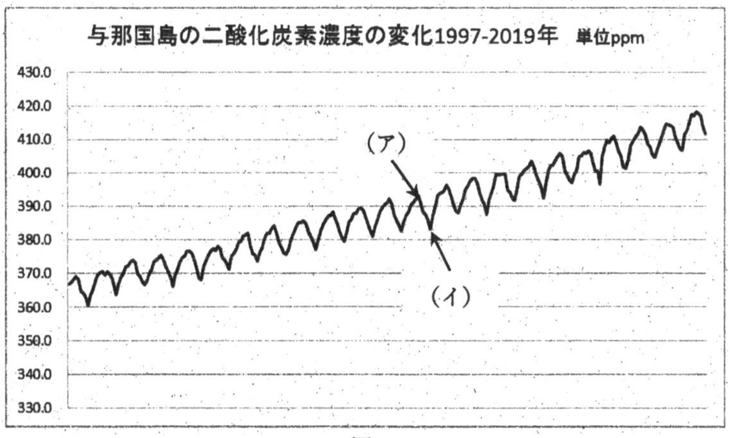

図

問４　下線部(Ⅲ)について，以下の(1) (2)に答えなさい。

(1)　この現象を何といいますか。

(2)　(1)の原因となる気体は二酸化炭素以外にもあります。それはどれですか。正しいものを，次の（ア）～（オ）の中からすべて選び，その記号で答えなさい。

（ア）メタン　（イ）ちっ素　（ウ）酸素　（エ）ヘリウム　（オ）フロンガス

問５　下線部(Ⅳ)について，海面上しょうの主な原因は何と考えられていますか。

【社　会】（30分）　＜満点：60点＞

【1】 次の地図を参考に問に答えなさい。

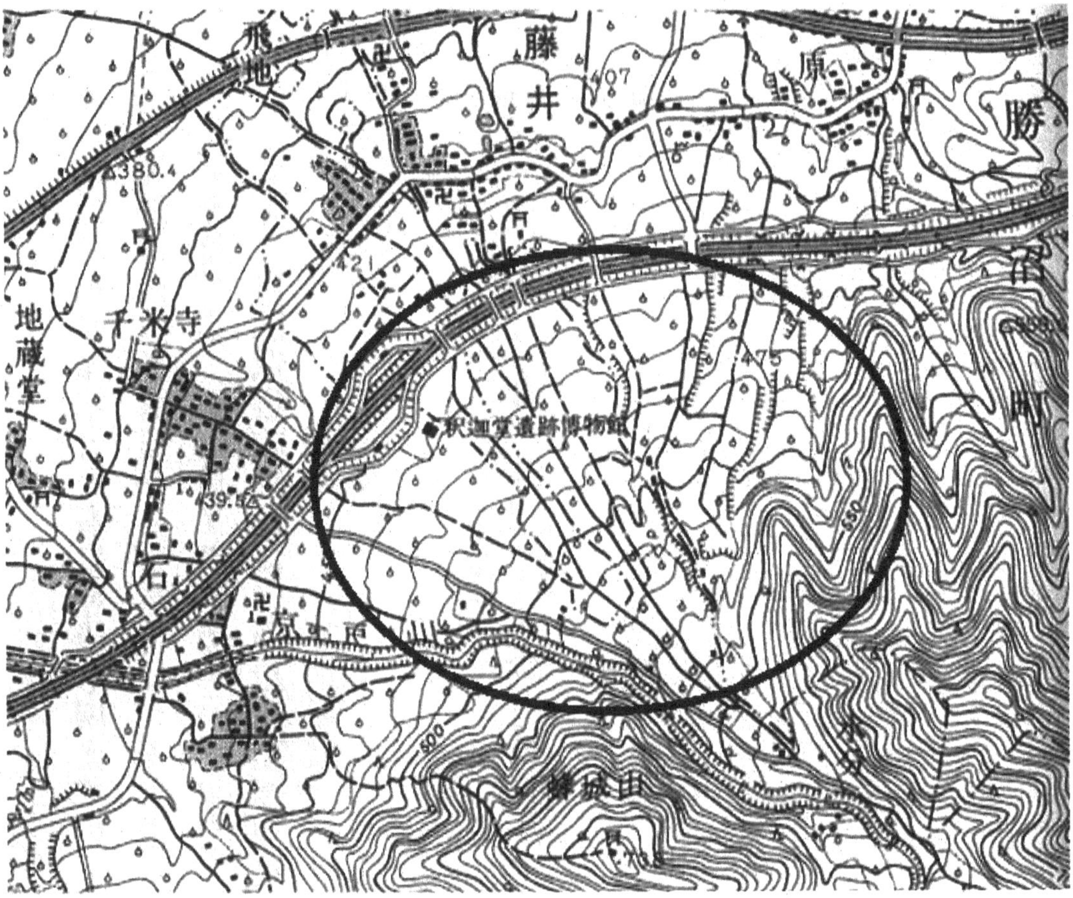

国土地理院HPより作成

問1　地図中○で囲まれた地形を何というか漢字で答えなさい。

問2　地図中○で囲まれた地域における産業の説明として，もっとも適切なものを次のア～エの中から1つ選び記号で答えなさい。

ア：火山灰によってできた地形で，水はけがよくサツマイモや茶などの栽培に適している。

イ：上流から運ばれた細かい土砂からできているので，水田に適している。

ウ：盆地に多く見られる地形で，大きめの土砂でできているので，ブドウやモモなどの栽培に適している。

エ：主に西日本に多く見られる地形で，温暖な気候を利用したミカンなどの栽培に適している。

問3　次の文章は，この地図に示された地域を含む都道府県に関する説明文である。この説明文で説明されている都道府県名を漢字で答えなさい。

この都道府県は，歴史的に洪水被害が多発していた地域であり，16世紀にはこの地域を支配していた戦国大名が治水を行ったことは有名である。なおその際に整備された堤防はその戦国大名の名から「信玄堤」と言われている。また南東部にはリニアモーターカーの試験場があることでも有名である。

【2】 次の文章A・Bを読み，問に答えなさい。

A　日本ではⓐ第一次産業で働く人の割合が減少していることに関連して，農業では高齢化も大きな問題となっている。そのような状況のなかで，ⓑ技術革新を進めながら，生産力を向上させようと各地で研究・開発が進められている。新たな栽培方法も登場し，コンピューター管理による生産体制なども見られるようになったが，設備投資に多くの費用がかかるなどの新たな問題も生じている。

問１　下線部ⓐに関して，これによって食料自給率の低下も大きな問題となっており，日本は多くの食料を輸入に頼っているのが現状である。そのようななかで現在進められているTPP（環太平洋戦略的経済連携協定）では，日本農家がさらに経済的に打撃を受けてしまうのではないかといった問題も指摘されている。それはどのような問題であるのか。以下の語句を用いて説明しなさい。

関税撤廃

問２　下線部ⓑに関して，高知県などで行われている温暖な気候とビニルハウスを利用した生長を早める栽培方法を何というか漢字で答えなさい。

B　稲作では，政府が進めてきた（　①　）政策によって，耕作面積が大幅に減少してはいるものの，その自給率は100％に近い。また，近年では大都市近郊を中心に近郊農業が行われており，多くの資本と労働力を，限られた農地に投資する（　②　）農業によって野菜などが生産され，ⓒ地産地消を掲げて新たな流通網が整備されつつある。

問３　空欄①・②に当てはまる語句を漢字で答えなさい。

問４　下線部ⓒに関して，生鮮食料品などの冷凍保存によって鮮度を保つ流通方法を何というかカタカナで答えなさい。

【3】 次の短文A～Dを読み，問に答えなさい。

A：ⓐそれまでの身分制度を廃止し，四民平等の下で新たな戸籍を作成するなどの改革が行われたが，士族には秩禄が支給され，それが新政府にとって大きな負担であった。この秩禄を廃止するとともに，ⓑ身分の象徴であった帯刀の禁止が実行されると，士族の不満は高まった。

B：日英同盟に基づいて中国の山東省ドイツ租借地に出兵した日本は，その後も中国進出を強め，袁世凱政府に遼東半島租借期限の99年間延長などを要求した（　①　）をつきつけるとともに，ⓒ満州における権益をアメリカと相互承認した石井・ランシング協定を締結するなど，中国大陸への勢力拡大を進めた。

C：ⓓ都を中心に疫病《えきびょう》が流行し，藤原四子などが相次いで病死すると，仏教の力によって国を安定させ治めようとする鎮護国家思想が高まりを見せた。この思想に基づいて国分寺や東大寺盧舎那仏《るしゃなぶつ》の造営を命じたのが（　②　）天皇である。また，大仏造立の費用を集めるため（　③　）を責任者に任命し，人々に呼びかけを行った。

D：厳しいⓔキリスト教弾圧が行われるなか，領主の重税に耐えかねたキリスト教信者の農民たちが，（　④　）を総大将として反乱を起こした。この反乱は近隣の農民らを巻き込み，その発生した地名から（　⑤　）というが，諸大名の兵が動員され，幕府からもⓕ老中の松平信綱が派遣され鎮圧された。

問１　空欄①～⑤に適する語句を，語群から選びなさい。

二十一カ条の要求　　ヴェルサイユ条約　　行基　　天草四郎

聖武　　桓武　　鑑真　　コシャマイン　　島原の乱　　応仁の乱

問２　下線部ⓐに関して，旧大名や公家などは新しい身分制度では何と呼ばれたか漢字２文字で答えなさい。

問３　下線部ⓑに関して，士族は武力で新政府に抵抗を示すようになるが，次のア～エの中から，この時代の士族の反乱として誤っているものを，１つ選び記号で答えなさい。

ア：西南戦争　　イ：佐賀の乱　　ウ：萩の乱　　エ：蛮社の獄

問４　下線部ⓒに関して，満州国建国に関連する事件として正しいものを，次のア～エの中から１つ選び記号で答えなさい。

ア：柳条湖事件　　イ：盧溝橋事件　　ウ：天安門事件　　エ：西安事件

問５　下線部ⓓに関して，この都として正しいものを，次のア～エの中から１つ選び記号で答えなさい。

ア：平城京　　イ：長岡京　　ウ：平安京　　エ：藤原京

問６　文章Ｃの時代には口分田の不足を解消しようとする政策が行われた時代であった。その中の１つである「三世一身の法」とはどのような規定であったか説明しなさい。

問７　下線部ⓔに関して，右図を用いた取締り方法を何というか答えなさい。

問８　下線部ⓕに関する説明文ＸＹに関して，その内容の正誤の組合せとして正しいものを，次のア～エの中から１つ選び記号で答えなさい。

Ｘ：老中は大目付・江戸町奉行・勘定奉行を統括し，幕府政治全般を担当する。

Ｙ：老中は譜代大名と外様大名から複数名任命される。

ア：Ｘ－正　Ｙ－正　　イ：Ｘ－正　Ｙ－誤

ウ：Ｘ－誤　Ｙ－正　　エ：Ｘ－誤　Ｙ－誤

問９　短文Ａ～Ｄを年代順に並べかえなさい。

【４】　次の会話文を読み，問に答えなさい。

Ａ男：今度の社会の課題は何人かでグループを作って共同でやってもいいんだよね。Ｂ男，Ｃ子一緒にやろうよ。

Ｂ男：一緒にやるって言っても，Ａ男は何を調べようとしてるの？

Ａ男：地元の出身で歴史の教科書に出てくる人物を調べるのがテーマだから，やっぱり（　Ｘ　）だよ。

Ｃ子：てっきりＡ男はⓐ戦国時代が好きだから，戦国武将の上杉謙信を調べるかと思ったわ。でも，どうして（　Ｘ　）なの？

Ａ男：俺が一番好きな戦国武将がⓑ豊臣秀吉なんだけど，秀吉に例えられて「今太閤」と呼ばれ，

ⓒ総理大臣になった（　X　）にとても興味を持ったんだ。

B男：まだ授業で習っていない現代史で出てくる人物だけど，予習も兼ねて調べてみるといいかもね。やってみようかな？

問1　この会話文に出てくるA男たちが住んでいる都道府県にあてはまるものを，次のア～エの中から1つ選び記号で答えなさい。

ア：長野県　　イ：群馬県　　ウ：山梨県　　エ：新潟県

問2　空欄Xに該当する人物を漢字で答えなさい。

問3　下線部ⓐに関して，以下の質問に答えなさい。

⑴　戦国時代に茶の湯を大成した人物を，次のア～エの中から1つ選び記号で答えなさい。

ア：雪舟　　イ：千利休　　ウ：葛飾北斎　　エ：狩野永徳

⑵　戦国時代に関する説明文XYに関して，その内容の正誤の組合せとして正しいものを，次のア～エの中から1つ選び記号で答えなさい。

X：織田信長は，安土城を築き，楽市令を城下町に出した。

Y：今川義元は自分の領地を支配するために「武家諸法度」を制定した。

ア：X－正　Y－正　　イ：X－正　Y－誤

ウ：X－誤　Y－正　　エ：X－誤　Y－誤

問4　下線部ⓑに関して，次の質問に答えなさい。

⑴　次の史料が示す秀吉が行った政策を何というか漢字で答えなさい。

> 一、没収された武器は無駄になるのではなく，今度，大仏建立にあたって，釘《くぎ》やかすがいとして用いようと思う。そうすれば，現世はいうまでもなく，来世までも百姓のためとなるであろう。

⑵　秀吉の天下統一の過程で，最後に滅ぼされた大名を，次のア～エの中から1つ選び記号で答えなさい。

ア：北条氏　　イ：長宗我部氏　　ウ：島津氏　　エ：柴田氏

問5　下線部ⓒに関して，次の説明文A～Dに該当する人物を，それぞれ語群から選び記号で答えなさい。

A：明治時代以降，初めて平民出身者として総理大臣に就任した。

B：総理大臣としてサンフランシスコ平和条約に調印した。

C：満25歳以上の男子に選挙権を与える普通選挙導入を総理大臣として行った。

D：総理大臣としてアメリカと交渉し沖縄返還を実現させた。

ア：伊藤博文　　イ：吉田茂　　ウ：加藤高明　　エ：黒田清隆　　オ：原敬　　カ：佐藤栄作

【5】 次の会話文を読み，問に答えなさい。

先生：A君は将来何になりたいと考えていますか？

A君：国会議員になりたいです！

先生：素晴らしい夢だね。でもどうやったら国会議員になれるか知っていますか？

A君：ⓐ選挙に出て当選すればいいんですよね！

先生：簡単に言えばそうだね。せっかくなので，選挙について説明するのでよく聞いておいてね。

選挙とは，投票を通じて国民の代表者を選出することです。いまは，（　X　）歳以上であれば，実際に選挙に参加し，投票ができます。一方で，被選挙権を持つ人，つまり選挙に立候補する人は，当選するために選挙運動を行い，支持を集めていきます。ちなみに衆議院議員に関しては，（　Y　）歳以上の人に被選挙権が与えられます。もちろん，A君はまだ12歳ですから立候補はできませんね。

A君：支持を集めるために，選挙ポスターを掲示したり，政見放送などを行ったりして自分のことをたくさんアピールするんですよね。

先生：そうですね。立候補者は様々な手段を利用してⓑ選挙運動を行い，支持を集めていきます。実際に立候補した友人に話を聞いてみたら，限られた日数の中でできるだけ多くの有権者に自分のことを知ってもらえるように，毎日色々な場所を回るからかなり体力を使うそうですよ。

A君：なるほど…結構大変そうですね。

先生：ちなみに，当選した後のことは考えていますか？

A君：はい，ⓒ衆議院議員として経験を積んで，最終的には内閣総理大臣になりたいです！

先生：それならば，今から国会やⓓ内閣の仕組みなどその他色々なことを勉強して，知識を身に付けないといけませんね！

A君：はい，頑張ります！ありがとうございました！

問１　空欄（X）・（Y）に当てはまる語句の組み合わせとして正しいものを，次のア～エの中から１つ選び記号で答えなさい。

ア：X－20　Y－25　　イ：X－20　Y－30

ウ：X－18　Y－25　　エ：X－18　Y－30

問２　下線部ⓐに関して，次の質問に答えなさい。

⑴　選挙制度に関して，次のア～エの中から正しいものを１つ選び記号で答えなさい。

ア：比例代表制は小選挙区制に比べて死票が多く出ることが特徴である。

イ：選挙の当日の開票作業の負担を軽減するために，期日前投票制度が存在する。

ウ：選挙区ごとの有権者数と議員定数の比率が異なることを一票の格差という。

エ：参議院選挙の場合，選挙区と比例区の重複立候補が可能となっている。

⑵　衆議院解散総選挙と同時に必ず行われるものとして正しいものを，次のア～エの中から１つ選び記号で答えなさい。

ア：地方公共団体の首長を審議する住民投票　　イ：最高裁判所裁判官の国民審査

ウ：衆参両院の議長の指名選挙　　エ：内閣総理大臣の指名選挙

問３　下線部ⓑに関して，選挙活動上の規則を定めている法律を「○○○○法」という。空欄に当てはまる語句を漢字４文字で答えなさい。

問４　下線部ⓒに関して，衆議院は参議院よりも強い権限が与えられており，これを衆議院の優越という。次のア～エの中から衆議院の優越が認められるものとして誤っているものを１つ選び記号で答えなさい。

ア：予算の議決権　　イ：内閣の不信任決議権　　ウ：条約の承認権　　エ：憲法改正の発議権

問５　下線部ⓓに関して，内閣に設置される省庁のなかで，国民年金や医療福祉などを担当する省庁を次のア～エの中から１つ選び記号で答えなさい。

ア：文部科学省　　イ：農林水産省　　ウ：厚生労働省　　エ：環境省

【６】 次の新聞記事を参考に，問に答えなさい。

現役引退を表明した記者会見で、明るい表情で話すイチローさん＝東京都文京区で22日午前0時15分、宮武祐希撮影

80分間 笑顔の会見

イチロー現役引退 ⓐ

日米通算プロ28年目の米大リーグ・マリナーズのイチロー外野手(45)が21日、晴れやかに現役生活に終止符を打った。東京ドームでのアスレチックス戦後に東京都内で開いた引退記者会見は、報道陣200人以上が集まり、日付をまたいで1時間20分もの間、続いた。時に笑い、時に目を潤ませながら、野球人生を回想した。【岸本悠、角田直哉】

試合後にスタンドでⓓウエーブも起きて見送られ、ユニホーム姿のまま会見場に現れたイチローさんは興奮冷めず、冗舌だった。メジャーに挑戦した2001年を振り返り「新しい世界に挑戦するのは大変な勇気。成功と思うからやりたい、できないと思うから行かないという判断基準では後悔を生む。やりたいなら挑戦すればいい」と実感をこめた。積み重ねた偉業については「自分の限界をちょっ[illegible]す。その積み重ねでしか自分を超えられない」。一つ一つの質問に丁寧に独特の言い回しで答えた。

最も愛したのは、長く在籍したマリナーズの本拠地シアトルのファンだ。

「最初は厳しかった。（1年目の）01年のキャンプは『日本に帰れ』ってしょっちゅう言われた。なかなか（受け）入れてもらえないが、認めてもらった後は、すごく近くなるという印象で、がっちり関係ができあがる。シアトルのファンとはそれができたような印象」と

ⓑ王さん「来るべき日、来た」

イチローさんが現役引退を表明したことを受け、ソフトバンクの王貞治球団会長は22日、福岡県筑後市のファーム施設で「来るべき日が来ちゃったのかな。もっと先だろうと思っていただけに残念。これからもずっと語り継がれていくでしょうね」と惜しんだ。

今後も野球界への貢献を期待し、「子どもたちと野球をやるのには興味を持っているみたいだね。彼の持っている考え方や技術を分かりやすく伝えてほしい」と願った。

カズ「美学」敬意 ⓒ

20年来の親交があるサッカー元日本代表FWの三浦知良選手(52)＝J2横浜FC＝は22日、横浜市内での練習後に取材に応じ、「まだまだ続けてくれると思ったので複雑な気持ち。本人の気持ちを尊重していきたい。これからの人生は長いので楽しみにしている」とねぎらった。

互いに「道」を切り開きながら現役として走り続け、刺激を受けて高め合ってきた。三浦選手は「これだけの記録を残して喜びも大きなものがあったと思うが、苦しい思い出もすごくあったと思う」と心中を思いやった。

21日の試合はテレビで見ていたといい、「個人的には大リーグでなくても、どんなカテゴリーでも続けてほしかったが、これも一つの美学」とイチローさんの決断に敬意を表した。【大島祥平】

『毎日新聞』2019年３月22日　夕刊より

問１　新聞中ⓐに関して，日米間の歴史に関する次のア～エの中から誤っているものを１つ選び記号で答えなさい。

ア：日米修好通商条約の締結により，日本はアメリカの治外法権を認めた。

イ：サンフランシスコ平和条約の締結とともに，日米安全保障条約を締結した。

ウ：アメリカがイギリスやソ連と共に行ったヤルタ会談のなかで，ソ連の対日参戦などが取り決められた。

エ：日露戦争の終結のため，ウィルソン大統領が仲介しポーツマスで講和条約が締結された。

問２　新聞中ⓑに関して，今年開催される東京オリンピックにおいてサッカー日本代表の活躍が期待されている。東京でのオリンピック開催は２度目であり，最初の東京オリンピックは1964年に開催され，当時の日本は高度経済成長期を迎えていた。このことに関する次の質問に答えなさい。

⑴　電化製品が急速に普及し，三種の神器と呼ばれる製品の購入が増加した。次のア～エの中から，三種の神器に含まれないものを１つ選び記号で答えなさい。

ア：白黒テレビ　　イ：電気洗濯機　　ウ：デジタルカメラ　　エ：冷蔵庫

⑵　1973年に第４次中東戦争を契機として起こり，高度経済成長が終わる要因となった出来事を答えなさい。

⑶　国民の所得増加を目指す所得倍増計画を表明した当時の首相を，次のア～エの中から１つ選び記号で答えなさい。

ア：池田勇人　　イ：中曽根康弘　　ウ：橋本龍太郎　　エ：福田赳夫

問３　新聞中ⓒに関して，横浜市は政令指定都市である。次のア～エの中から政令指定都市でないものを１つ選び記号で答えなさい。

ア：水戸市　　イ：福岡市　　ウ：名古屋市　　エ：札幌市

問４　新聞中ⓓに関して，シアトルは，初代アメリカ大統領の名前がついた州の主要都市である。その大統領の名前を，次のア～エの中から１つ選び記号で答えなさい。

ア：クリントン　　イ：ワシントン　　ウ：ケネディ　　エ：トランプ

から一つ選び、記号で答えなさい。

ア　マコトが自分勝手な言動ばかりするため、マコトを苦々しく思っている。

イ　マコトが正しく、一方自分は卑怯な面があったと分かり、恥ずかしく思っている。

ウ　マコトの言うことは分かるが、自分の言葉を否定され、悔しく思っている。

エ　クラス委員の自分の言葉を無視する以上、もう勝手にすればいいと思っている。

問12　傍線部⑫「番長は一番にならなくても番長なんだから」とありますが、マコトは番長をどういった存在と考えていますか。最も適当なものを次の中から一つ選び、記号で答えなさい。

ア　弱いものを助け、強いものをやっつける存在。

イ　普段は目立たないが、ここぞというとき役に立つ存在。

ウ　つまらない競争はせずとも、真の実力で認めさせる存在。

エ　競争はせず、困っている人を助けてあげられる存在。

問13　以下の一文は本文の空欄 A B C D のどこに入れるのが適当ですか。A・B・C・Dのうちから一つを選びなさい。

まあ、これはいつものことだから、気にしていられない。

三　次の各問い（問1～4）に答えなさい。

問1　次のカタカナを漢字に直しなさい。

① シュノウ会談　② 人生のフシメ

③ ショウガイ物を取り除く　④ リチギな性格

問2　次の傍線部の漢字の読みをひらがなで書きなさい。

① 知己を頼って上京する　② 神社の境内

③ 就職を斡旋する　④ 句読点

問3　次の□に入る漢字を後から選び、記号で答えなさい。なお何度同じ記号を使用してもよい。

① □整理の書類　② □政府デモ

③ 妥当□が高い　④ 学歴□問

ア 不　イ 的　ウ 無　エ 性　オ 非　カ 反

キ 未　ク 化　ケ 然

問4　次の意味になるように空欄に漢字一字を書き入れなさい。

① □科玉条（守るべききまり。現代では、自分の主張や立場を守るための、絶対のよりどころの意）

② 孤□奮闘（援助するものもない中で、一人で懸命に努力すること）

③ 事実無□（少しも事実に基づいていないこと）

④ □束三文（数が多いのに値段がきわめて安いこと）

⑧「おせっかい」
ア　自分の利益になるように行動すること。
イ　好意をもって人のために尽くすこと。
ウ　かえって迷惑になるような世話を焼くこと。
エ　見下した態度で人に接すること。

問3　傍線部③「マコトのほうから『ペアになろうよ』と誘ったんだろうか」とありますが、マコトが高野さんを自分から誘ったと考えられる根拠となる箇所を、マコトの発言の中から十五字以上二十字以内で抜き出しなさい。

問4　傍線部④「おツボネさま」とありますが、一般的にどういった意味で用いられますか。最も適当なものを次の中から一つ選び、記号で答えなさい。
ア　職場を陰で取り仕切る、意地悪な勤続年数の長い女性。
イ　職場の責任者でありながら、実際は何もしない者。
ウ　職場で最も魅力的で、皆が憧れている女性。
エ　職場で仕事は最もできるが嫌われている者。

問5　空欄 [1] に入る言葉として最も適当なものを次の中から一つ選び、記号で答えなさい。
ア　マコト、大丈夫か?　　　イ　ツヨシ、ケガはない?
ウ　じゃまするなよ……おい　　エ　なにしてんのよお……まったく

問6　傍線部⑥「ツヨシの言いたいこと」とありますが、ツヨシはマコトにどういったことについて聞こうとしたのですか。「マコトが」で書き始め「〜ことについて」に続くように、十五字以上二十字以内で答えなさい。

問7　空欄 [W] [X] [Y] [Z] には以下の1〜5の言葉（1「そのとおりだね」、2「でも……」、3「なに?」、4「だったら、一つ質問していい?」、5「そんなことしなくていいよ」）のうち4つが使用され、組み合わさって入る。組み合わせとして最も適当なものを次の中から一つ選び、記号で答えなさい。

	W	→	X	→	Y	→	Z
ア	1	→	2	→	3	→	5
イ	5	→	4	→	3	→	2
ウ	3	→	4	→	5	→	1
エ	5	→	2	→	4	→	3

問8　傍線部⑦「『うん……』とうなずくのがやっとだった」とありますが、高野さんがいじめられても仕方がないとツヨシが思った理由を述べた一文を本文中から見つけ、その最初の五字を答えなさい。

問9　傍線部⑨「学級会で話し合う前にやることあるんじゃないの?」とありますが、「やること」とはどういったことと考えられますか。「ツヨシが」で書き始め、十字以上十五字以内で答えなさい。

問10　傍線部⑩「番長のやり方」とありますが、ここではどういったやり方ですか。最も適当なものを次の中から一つ選び、記号で答えなさい。
ア　友達として高野さんを励まし、頑張らせること。
イ　高野さんの親友としていじめっ子と戦うこと。
ウ　高野さんの悲しみを理解し、同情すること。
エ　クラスのリーダーとして、皆にいじめをやめるように言うこと。

問11　傍線部⑪「ぼくはうつむいた顔を最後まで上げられなかった」とありますが、この時のツヨシの心情として、最も適当なものを次の中

競争をしようか」と言った。

十五メートルのコースを往復する。折り返しのところで腕立てをするほうと足を持つほうが交代する。十五メートルって、ふつうに歩けばなんてことのない距離だけど、腕立てで進むのはかなりキツい。みんなも「うげーっ」という顔になった。

特に高野さんは、早くも半べそをかいて、「わたし、見学する」とマコトに言った。「さっきケガしたところも痛いし……」 D

友だちだったら――そうだよね、と言うはずだ、と思っていた。高野さんがかわいそうだから無理してやらせるわけない。

ところが、マコトはきっぱりと言った。

「すりむいただけでしょ？　やろうよ」

「でも……」

「せっかく練習してだいぶ歩けるようになったんだから、行けるところまででもいいから、がんばってやろうよ」

「でも……わたし、遅いから、川村さんに迷惑かけちゃうし……」

そうなんだ、高野さんは三年生のときからなにをやってもテンポがのろくて、みんなで競争をするときにはいつも高野さんのところで逆転されて、クラスやチームに迷惑をかけて、だからいつのまにかみんなは高野さんを「余り」にするようになっていて……。

「違うよ」

マコトは言った。さっきより、もっときっぱりとした口調だった。

「そんなのは迷惑なんて言わないんだよ」

「でも……わたしと組んだら、絶対にびりっけつになっちゃうし……」

マコトは、高野さんの肩をぽんと叩《たた》いて「だいじょうぶ」と笑った。

「順位なんてどうでもいいから、やってみようよ」

それに――と、マコトはつづけた。

「⑫番長は一番にならなくても番長なんだから」

ヒュッ、と短くくちぶえを吹いて、チョンマゲを揺らして、笑った。

（重松清『くちぶえ番長』新潮文庫）

問1　傍線部①「ジャンボ本人よりもぼくのほうがホッとしたのは、なぜだろう……」とありますが、ツヨシが「ホッとした」理由として最も適当なものを次の中から一つ選び、記号で答えなさい。

ア　クラス委員として一人でも仲間はずれが出てはいけないと思ったから。

イ　ジャンボが最適な相手とペアになったことがうれしかったから。

ウ　ジャンボとペアになることを拒絶したことに罪悪感があったから。

エ　仲良しのタッチをジャンボに取られずに済んだことに安心したから。

問2　傍線部②「足手まとい」、⑤「拍子抜け」、⑧「おせっかい」の意味としてそれぞれ適当なものを次の中から一つずつ選び、記号で答えなさい。

②　「足手まとい」

ア　頭はいいが、運動が苦手なこと。

イ　手がかかり、人をわずらわせること。

ウ　足と手の動きがぎこちないこと。

エ　周囲から孤立して、うち解けないこと。

⑤　「拍子抜け」

ア　張り合いが抜けること。　　イ　興味がないこと。

ウ　馬鹿にすること。　　エ　具合が悪く恥ずかしいこと。

ホッとして、ぼくは「どうする？」と訊いた。

「どうするって、なにが？」

「だから、もし川村さんがいじめられてるって思ってたら、今度の学級会で議題にしてもいいし、中山先生に直接言ってもいいし……ほら、オレ、クラス委員だから……」

マコトはまた笑った。今度はちょっと、あきれた顔になった。

「　W　」

「　X　」

「　Y　」

「　Z　」

「いままで、どうして高野さんのことを学級会の議題にしなかったわけ？　高野さんがいつも『余り』になって、みんなから話しかけてもらえないんだっていうこと、どうして先生に教えてあげなかったの？」

胸が、どきっ、とした。

「高野さんだったら、いじめられてもしょうがないと思ってたわけ？」

胸はさらにどきどきしてきて、息が詰《つ》まった。違う、違うよ、そんなことない、と言いたいのに、声がどうしても出てこない。

マコトは「そうでしょ？」と言った。笑顔だった。怒っていると思ったのにそうじゃなかったから、ぼくはよけい息が詰まってしまって、

「⑦うん……」とうなずくのがやっとだった。

「悪いけど、そういうひとの⑧おせっかいって、わたし、いらないから」

「でも……じゃあ、高野さんのことも一緒《いっしょ》に、みんなで話し合って……」

それがいちばんだ、それしかない、と思って言った。

でも、マコトは——今度は初めて、怒った顔になった。

「⑨学級会で話し合う前にやることあるんじゃないの？」

「……え？」

「わたしのことはどうでもいいけど、高野さんにツヨシが話しかければ、それでいいんじゃないの？　そういうこと全然やらずに、なんで話し合いで決めるの？」

「だから……そういうのって、クラスみんなで……」

「ツヨシはどうなの？　みんなで決めないとなにもできないの？　話し合いをする前に、まずツヨシが自分でやればいいじゃない。なんでやらないの？　ツヨシは高野さんのこと、同じ四年一組の友だちだと思ってないの？」

「そんなことないけど……でも、オレ、男子だし……」

もじもじしながら言うと、マコトは、ふーん、とうなずいた。なんだか、この子だめだ、と見捨てたような様子だった。

「ツヨシって、意外とつまんないことを言う子なんだね。男子でも女子でも同じ四年一組だと思うし、クラスが違ってても、学校が違ってても、誰かをひとりぼっちにしちゃいけないっていうのは常識だと思うけど」

ぼくはうつむいたきり、顔を上げられなくなってしまった。

「わたしは番長だから、⑩番長のやり方でやるから、よけいなことしないで」

ぼくはうつむいたまま、だった。

保健室のドアが開いて、肘に赤チンを塗った高野さんが出てきた。

マコトは「行こっ」と高野さんと手をつないで歩きだした。⑪ぼくはうつむいた顔を最後まで上げられなかった。

ぼくたちが校庭に戻ると、中山先生は「じゃあ、最後に腕立て歩きで

けて」

　さっそく練習が始まった。

　ぼくもタッチも体育はわりと得意なので、何度か交代しているうちにコツを覚えた。ジャンボも元気を取り戻して、シュウヘイに足を持ってもらって「どけどけどけーっ」と腕立て歩きをしている。スピードは遅いけど、体がデカいぶん迫力《はくりょく》満点だ。

　そして、女子は――。

「もう！　ちゃんと足を持ってないからできないじゃない！」「もっと早く歩いてよ、足を持ってるのキツいんだから！」

　おツボネさまの怒った声がしょっちゅう聞こえる。ペアを組んだおツボネ軍団の花井さんは、泣きだしそうな顔で「ごめん、ごめん、玲夏ちゃん、ごめん」と謝りどおしだった。

　［B］花井さんだっておツボネさまの力を借りていばってるんだから、たまにはこういうことがあってもしかたない……よね。

　問題はマコトと高野さんのペアだ。高野さんはほんとうに運動が苦手で、腕を一歩前に進めるだけで、体がぐしゃっとつぶれてしまう。でも、足を持っているマコトはちっとも怒らない。「がんばれ、がんばれ」と声をかけて、「腕から先に進むっていうより、頭を先に前に出してから腕をちょっとずつ前に出した方がいいんだよ」とていねいにコツを教えている。

　そんなマコトの姿を、タッチの足を持ちながら見ていたら、タッチのやつ、どんどんマコトのほうに近づいていった。

「そっちじゃないよ、曲がってる曲がってる」

　あわてて言ったけど、タッチは「だって前が見えないんだもん」と答え、「あっ、ヤバい、つまずくつまずく、つまずく！」とどんどんスピードを上げて、どんどんマコトと高野さんに近づいていって――ぶつかった。

「［　1　］」

　マコトは肘《ひじ》をすりむいた高野さんを抱《かか》え起こしながら、ぼくたちをにらみつけた。

　タッチとぼくは無傷《むきず》だったけど、なんとなく責任を感じて、保健室まで付き合うことにした。高野さんが保健室の先生に赤チンを塗《ぬ》ってもらっている間、廊下《ろうか》に出て待っていたら、タッチが急に「オレ、ちょっとしょんべん」とトイレに行ってしまったので、ぼくとマコト二人きりになった。［C］

　こういうときにしか言えない――教室ではなかなか女子には声をかけづらいし。

「あのさ……」

「なに？」

　いきなり『マコト嫌い同盟』の話というのもヘンなので、「高野さんと友だち？」と訊《き》いた。よく考えたらそっちのほうがずっとヘンだった。

　でも、マコトはあっさりと「友だちだよ」と答えた。「それがどうかしたの？」

「いや、あの……だから、じゃあ、他の子は？」

「みんな友だちだよ。同級生なんだから」

「でも……ほら、みんな……」

　うーんと、えーと、あのー、と口ごもっていたら、マコトはフフッと笑った。

「わかるよ、⑥<u>ツヨシの言いたいこと</u>」

エ　同じ調査をしても、どの機関が実施したかによって異なった結果になってしまう。

問９　次の面接調査の質問文のうち、質問として最も問題がある箇所を十五字程度で抜き出しなさい。

夏に行われる陸上世界大会での暑さ対策についてうかがいます。大会組織委員会は、気温の低い早朝を有効に使うため、日本全体で夏の間だけ時計を2時間進める「サマータイム」の導入を実施します。あなたはこの案に賛成ですか。反対ですか。

二　小学四年生のツヨシ（ぼく）のクラスに転校してきた川村マコトは女の子ながら「番長になる」と宣言する。クラスの女子が反発する中、体育の時間に「腕立て歩き」をすることとなった。以下はそれに続く場面である。次の文章を読んで、後の問い（問１～13）に答えなさい。

「はい、じゃあペアをつくりましょう。いつもなら出席番号順で組んでもらうんだけど、腕立て歩きは二人の体格が似てるほうがやりやすいし、チームワークが必要だから、組みたいひとと組んでください」

先生の言葉に、またみんなは騒がしくなった。体の重いジャンボと組んだら大変なので、ぼくとタッチはすばやく「やろうぜ！」とペアになった。ジャンボは一瞬《いっしゅん》しょんぼりした顔になって、ぼくたちを見た。ごめん、ジャンボ。でも、体格の似た相手と組みなさいって、先生も言ってたんだし。

結局ジャンボは、男子で二番目に体の大きなシュウヘイをつかまえて、なんとかペア成立――①ジャンボ本人よりもぼくのほうがホッとしたのは、なぜだろう……。

女子のほうもにぎやかにキャアキャア言いながら、ペアがどんどんできあがった。

[A]

女子の人数は、男子と同じ十八人。マコトが転校してくるまでは十七人で、二人でペアを組むときは必ず一人余ってしまう計算だった。そんなとき、いつも「余り」になるのは高野さん――おツボネ軍団は「だって、運動神経ゼロの高野さんがいると②足手まといだもん」なんてことを、平気で、高野さんにも聞こえるように言うヤツらなんだ。

でも、今年からはもうだいじょうぶ。女子は十八人。偶数。２で割り切れる。高野さんが「余り」になってしまうことはない。

ふと見ると、高野さんはマコトと手をつないでいた。高野さんは恥《は》ずかしそうに顔を真《ま》っ赤《か》にしながら、うれしそうに笑っていた。③マコトのほうから「ペアになろうよ」と誘《さそ》ったんだろうか。でも、まだ女子は全員ペアを組み終えていない。マコトは「どうせ自分はのけ者になっているから」と思って高野さんをペアの相手に選んだんだろうか。それとも、そんなこと関係なく、最初から高野さんと組むつもりだったんだろうか。

どっちにしても、マコトがあっさり高野さんとペアになったので、④おツボネさまたちは⑤拍子抜《ひょうしぬ》けした様子で、「いいんじゃない？『余り』同士で仲良くしてれば」「そうそう、玲夏ちゃんの言うとおり」「さすが玲夏ちゃん」とぼそぼそ言っていた。

「ペアが決まったら腕立て歩きの練習をしてみようか。足を持つ子は腕立てをする子のペースに合わせて歩いてあげてね。腕立てをする子も、おしりをあんまり大きく動かしちゃうと足を持つ子が大変だから気をつ

NHKの調査より委託調査の方が高くなりました。

このように、質問だけでなく、調査主体、調査機関などの本当に微妙な違いが、結果に大きな影響を及ぼす可能性があります。だから、違う調査の結果を単純に比べることは、世論調査では厳禁なのです。

また、面接調査では質問する調査員の教育も重要です。質問する側が「こんな答えがほしい」と思っているときは、どうしてもそれを誘うような態度をとってしまいます。答える側もそれに乗せられて、バイアスのかかった回答が収集されてしまうこともあるわけです。

こうしたバイアスをできるだけ取り除いて調査の正確性を保とうと、日夜努めているのですが、皆さんも、こんなバイアスがあることを知っていれば、調査結果の裏側を読み解くことが可能になるでしょう。

（岩本裕『世論調査とは何だろうか』岩波新書）

注　※1　RDD法……一般固定電話に機械がランダムに電話し、調査する方法

問1　傍線部A・Bの意味として適切な「点」という漢字を含む漢字二字をそれぞれ答えなさい。

問2　傍線部①「脚光を浴びている」の意味として最も適当なものを、次の中から一つ選び、記号で答えなさい。

ア　問題視されている　　イ　注目されている

ウ　広く親しまれている　　エ　心を和ませている

問3　空欄 Z に入る語句として最も適当なものを、次の中から一つ選び、記号で答えなさい。

ア　質問を数多くしなければなりません。

イ　集計に時間をかけなければなりません。

ウ　対象者を増やさなければなりません。

エ　期間を長くとらなければなりません。

問4　傍線部②「費用や結果が出るまでの期間の面ではほかを圧倒しています」とありますが、このことを説明した以下の一文の空欄 X ・ Y に、適切な言葉をそれぞれ二字で答えなさい。

電話法は調査にかかる費用が X 、結果が出るまでの期間が Y 。

問5　傍線部③「バイアスがある」とありますが、この結果生じるものを示す五字の語句を本文中から抜き出しなさい。

問6　傍線部④「突然訪ねてきた赤の他人に『生活に満足していない』と答えるのは、なかなか難しい」とありますが、このため、回答者はどうしてしまう傾向にありますか。その答えとなる箇所を本文中から四十五字以内で抜き出し、最初と最後の五字を抜き出しなさい。

問7　空欄 ① ～ ④ に入る最も適当な語句をそれぞれ答えなさい。なお、選択肢は何度使っても良い。

ア　配付回収法と郵送法　　イ　面接法

問8　本文の内容として最も適当なものを、次の中から一つ選び、記号で答えなさい。

ア　各自のプライベートな情報であるため、宗教や思想についてはむやみに聞いてはいけない。

イ　面接法は、調査の対象になった人が会場に集まって質問に答える方法である。

ウ　配付回収法は、一人一人に確実に届けることができるため、誰が答えたのかがはっきりわかる。

調査の際、同じ質問を配付回収法や郵送法で行うと、回答がどうなるのかを比較したのです。

その結果を見ていきましょう。

回答の偏りを見る際、よく指摘されるのが「社会的望ましさ」に関するバイアスです。調査員という他人に尋ねられたとき、本音を答えるよりも、「こう答えた方が他の人には格好がつくだろう」という答えを選びがちだということです。

実際、「日本人の意識」調査で聞いている「生活全体についての満足感」では、「満足している」という答えが面接法で27・6%だったのに対し、自分で記入する調査方法では、配付回収法で18・4%、郵送法で19・8%と低くなりました。一方、「どちらかといえば不満だ」と答えた人は面接法の10・7%に比べ、配付回収法と郵送法ではいずれも15・7%と高い結果になったのです。④突然訪ねてきた赤の他人に「生活に満足していない」と答えるのは、なかなか難しいものです。それが結果に表れているのでしょう。

また、自分がどんな宗教を信じているかについても答えにくいものです。「神」を信じるという答えは、［①］で［②］より10ポイント以上、「仏」という答えも6~8ポイント高いほか、「あの世、来世」「お守りやおふだなどの力」など、多くの項目で高い傾向がありました。逆に、「何も信じていない」は面接法で高くなっています。

第1節で書いた中間的選択肢も調査方法によって回答が分かれました。

「日本人の意識」調査では、夫婦別姓について、「当然、妻が名字を改めて、夫のほうの名字を名のるべきだ」「現状では、妻が名字を改めて、夫のほうの名字を名のったほうがよい」「夫婦は同じ名字を名のるべきだが、どちらが名字を改めてもよい」「わざわざ一方に合わせる必要はなく、夫と妻は別々の名字のままでよい」の4つの選択肢から選んでもらっています。

この結果を見ると、「当然、夫の姓」や「別姓でよい」という両極端の回答については［③］が高いのに対し、「現状では夫の姓」や「どちらが改めてもよい」といった中間的な選択肢は自分で記入する方法に高い傾向があります。それは、安易な考えで中間的選択肢を選んでいるのではなく、自分の好きな時間にじっくりと記入する場合、突き詰めて考えると「どちらかといえば」という答えがしっくりくるケースも多いのではないかという指摘がありますが、理由はわかっていません。

知識についての質問も回答が変わります。憲法で保障された権利はどれかを選ぶ質問では、［④］で正解が多くなりました。調査対象となる人に一定期間、調査票を預けているので、誰かに聞いたり調べたりすることができるわけです。正解が多いのも当然と言えるでしょう。だから、知識を聞く質問は面接法か電話法で行うべきとされています。

さらに、朝日新聞や読売新聞などの調査主体によって結果が変わるだけでなく、同じ調査主体でも実施する機関が違うと回答が変わることもわかりました。「日本人の意識」の実験調査では、NHKが行った調査と外部に委託して行った場合の結果も比較しています。もちろん、同じ面接法の結果です。有効回答の割合自体、NHKの57・5%に対し、委託した調査機関は日程を長くしたにもかかわらず、54・1%と低くなりました。回答についても、「信仰・信心」で「何も信じていない」、政党支持に関する質問で「特に支持している政党はない」と答えた人は、

【国　語】〈五〇分〉　〈満点：一〇〇点〉

一　次の文章を読んで、後の問い（問1～9）に答えなさい。

ここまで、さまざまな世論調査の方法を紹介してきました。主な方法をまとめると、面接法、配付回収法、郵送法、電話法の４つです。

まず、面接法は調査員が対象となった人の自宅に伺《うかが》って質問を読み上げ、答えてもらう方法です。回答は調査員が記録します。この方法だと、調査員が対象者に会うので、本人が答えたと確認できます。また、調査の趣旨などを直接説明することで相手がきちんと理解して正確な答えを返してくれることが期待できます。また、じっくりと調査できるので、４０問、５０問と数多く質問して深い分析を行うことが可能になります。

面接法は１９７０年代までは回収率も８０％前後と非常に高かったことから、戦後ずっと世論調査のいわば「王道」とされてきました。Aデメリットは調査員を大勢雇うので、一人一人で調査結果に違いが出ないよう教育しなければならず、費用が高くなることでした。

配付回収法は留置法とも言われます。「りゅうちほう」ではありません。「とめおきほう」と読みます。調査員が対象者の自宅に質問を記した調査票を配って、一定期間留め置いた後、答えを記してもらった調査票を回収する方法です。ちなみに漢字は、ビラなどを広く行き渡るように配るという意味の「配布」ではなく、一人一人に確実に届けるという意味の「配付」です。

この方法だと、調査の対象者が確実に自分で答えてくれたかどうかはわかりませんが、好きな時間に答えてもらえるというBメリットもあります。このため、近年は面接法より回収率が高く、よく使われるようになっています。

郵送法は、その名の通り、郵送で調査票を送り、返信してもらう方法です。調査員を雇わないので、費用が安くすむことが最大のメリットです。昔から使われてきた方法ですが、最近は、回答する人が見知らぬ調査員と会うのを嫌う傾向が強く、郵送だと心理的な負担が軽いこともあるのか、以前より回収率が上昇したという報告が相次いでいます。再び①脚光を浴びている調査方法と言えます。

ただ、できるだけ多く返信してもらって回収率を上げようとすると、［　Z　］その間に、調査に関係する大きな事件や事故が起きたり政治的な動きがあったりすると、返信した時期によって回答が大きく違ってしまうというリスクがあります。

電話法は、これまで説明してきた注（※1）ＲＤＤ法がメインとなってから、新聞やテレビの世論調査を中心に増えてきました。あまり長く質問すると電話を切られてしまうため、１０問前後しか質問できないのがデメリットですが、②費用や結果が出るまでの期間の面ではほかを圧倒しています。

では、調査方法の違いによるバイアスはあるのでしょうか？　実は、大きな③バイアスがあることがわかっていて、同じ質問を使っても調査方法が違うと直接比較してはいけないというのが世論調査のルールとなっています。

ＮＨＫ放送文化研究所では、この違いに関する実験調査を２００８年に行いました。男女のあり方から宗教観、憲法に関する知識まで幅広く質問し、１９７３年から５年ごとに面接法で行っている「日本人の意識」

MEMO

大切なことはメモしておこうネ！

2020年度

狭山ヶ丘高等学校付属中学校入試問題

【算　数】（50分）　＜満点：100点＞

【注意】 ⑴コンパス・分度器・電卓・定規類の使用は認めません。
⑵問題にかいてある図は必ずしも正確ではありません。

１．次の □ に当てはまる数を求めなさい。

⑴　$1-\frac{1}{2}+\frac{1}{3}-\frac{1}{4}+\frac{1}{5}=\square$

⑵　$3.14\times12-2\times3.14-1\frac{2}{5}=\square$

⑶　$\left(4\frac{1}{5}-2\frac{1}{3}\right)\div\frac{7}{3}+1.2=\square$

⑷　$\left\{\frac{1}{4}\times(\square+12)+(\square-3)\right\}\times\frac{\square}{10}=2$

ただし，□ には同じ数が入ります。

⑸　１時間23分45秒＝ □ 分

２．次の □ に当てはまる数・語句を答えなさい。

⑴　令和２年２月６日は木曜日です。令和２年４月１日は □ 曜日です。ただし，令和２年はうるう年です。

⑵　$\frac{1}{1000}$，$\frac{2}{1000}$，……，$\frac{1000}{1000}$ の中で，約分ができないのは □ 個です。

⑶　A君はチョコを □ 個持っています。
B君がそこから半分より10個多く取り，さらにC君が残りの$\frac{1}{3}$を取ると，A君の手元にはチョコが12個残ります。

⑷　300mのトンネルを通過するのに20秒かかり，500mのトンネルを通過するのに28秒かかる電車の長さは □ mです。

⑸　右の図形は，半円と，直角二等辺三角形を重ねたものです。斜線部分の面積は □ cm^2です。

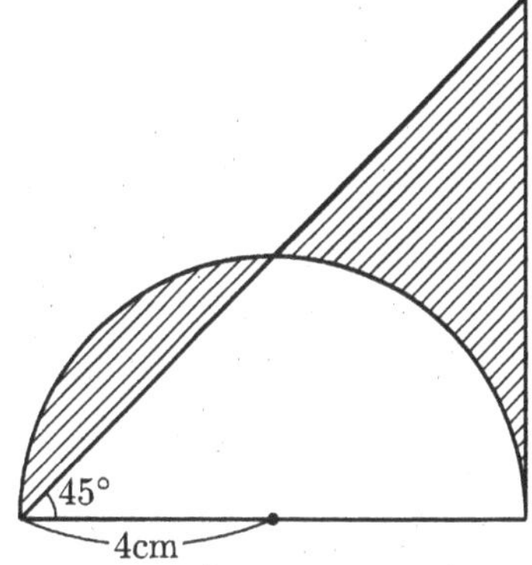

３．画面には，下の図のように矢印の道が映っており，点がスタート地点から１秒ごとに矢印に沿って進みます。

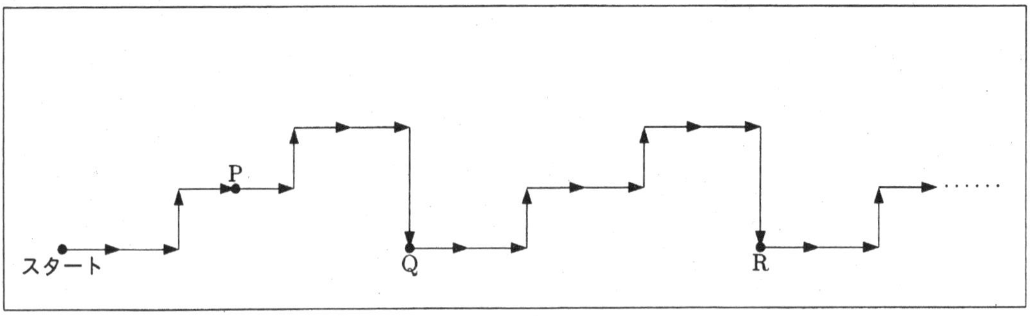

例えば，４秒後には点はＰの位置にあり，これはスタート地点から右に３，上に１だけ動いた位置なので，これを「（３，１）の位置」と呼び，同じように９秒後の位置Ｑを「（６，０）の位置」と呼ぶことにします。

⑴　点が「（12，０）の位置」（Ｒの位置）にたどり着くのは何秒後ですか。

⑵　２分後には点はどの位置にいますか。

４．右の図のように，正六角形の頂点Ａの上に点があります。この点は，さいころを投げて出た目の数だけ時計回りに頂点の上を進んでいきます。

⑴　さいころを２回投げて，頂点Ａにいるような目の出方は何通りありますか。

⑵　さいころを３回投げて，頂点Ａにいるような目の出方は何通りありますか。

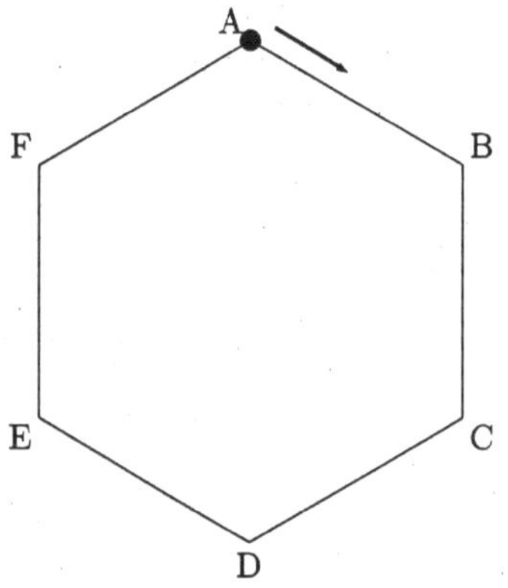

５．下の図のように，平行四辺形ABCDの上に，ひし形EFGHがぴったり重なっています。つまり，頂点Ｅ，Ｆ，Ｇ，Ｈはそれぞれ平行四辺形の辺AB，BC，CD，DAの上にあります。

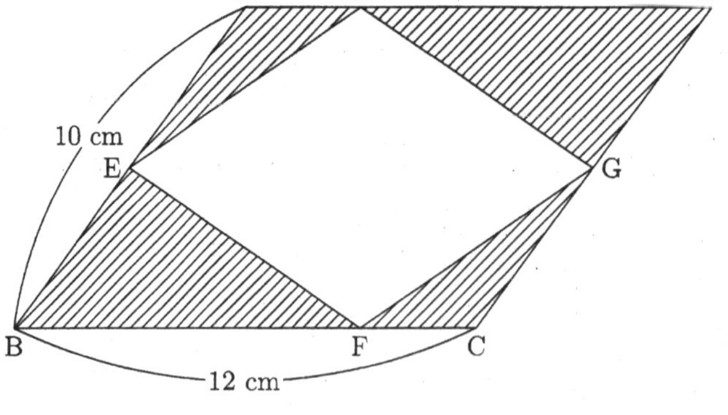

⑴　AEの長さは何㎝ですか。(式・考え方も書くこと)

⑵　斜線部分の面積は48㎠でした。辺BCを底辺としたときの平行四辺形の高さは何㎝ですか。
(式・考え方も書くこと)

⑶　BF：FC を求めなさい。ただし，簡単な整数の比にすること。(式・考え方も書くこと)

【理　科】（30分）　＜満点：60点＞

1　次の文章を読んで，以下の問１～問４に答えなさい。

ふりこの運動について考えてみよう。ふりこが１往復するまでの時間は，ふりこの長さによってちがっており，（　①　）や（　②　）によって変化することはない。例えば，長さと（①）が同じで（②）がちがうふりこで比べると，（②）の大きなふりこの方が速さが（　③　）運動をする。長さのちがうふりこを使って，ふりこの運動について実験を行った。

実験１：長さ30cmのひもの先に60ｇの鉄球をつけて，ふれ始めの角度を30度にして１分間に往復する回数を調べた。

実験２：長さ15cmのひもの先に60ｇの鉄球をつけて，ふれ始めの角度を30度にして１分間に往復する回数を調べた。

実験３：実験１のふりこの鉄球がちょうど真下に来るところに木の箱を置き，鉄球が当たって木の箱が移動するきょりを調べた。

実験４：実験２のふりこの鉄球がちょうど真下に来るところに木の箱を置き，鉄球が当たって木の箱が移動するきょりを調べた。

実験の結果は下の表１のようにまとめられた。

表１

ひもの長さ	１分間に往復する回数	木の箱の移動きょり
30cm	40回	（ア）cm
15cm	56回	（イ）cm

問１　文中の空らん（①）～（③）にあてはまる言葉を，以下の語群から選んで答えなさい。ただし，語群には使われないものが１つふくまれています。

語群：ふれはば　　重さ　　速い　　おそい

問２　実験１・実験２について，ふりこが１往復するのにかかる時間はそれぞれ何秒ですか。小数第２位を四捨五入し，小数第１位までで答えなさい。

問３　実験３・実験４について，木の箱の移動きょりが長いのはどちらですか。正しいものを，表１中の（ア）（イ）から選び，その記号で答えなさい。

問４　１往復するのに２秒間かかるふりこと，３秒間かかるふりこを同時にはなした時，１分間にそれぞれのふりこが同時に始めの位置に来るタイミングは何回ありますか。ただし，回数は手をはなした後から数えるものとします。

2　次の文章を読んで，以下の問１～問６に答えなさい。

水よう液Ａ～水よう液Ｆについて，これらはうすい塩酸，うすい水酸化ナトリウム水よう液，うすいアンモニア水，食塩水，砂糖水，うすいホウ酸水よう液のどれかであることが分かっている。これらの水よう液は，以下の操作で見分けることができた。

操作１：水よう液Ａ～水よう液Ｆに，（　①　）と（　②　）を用いると，水よう液は３グループに分けることができた。

操作２：３グループに分けたもののうち，（①）に対して変化があったもののグループのにおいをかぐと，鼻をさすようなにおいのするものがあった。

操作３：(②) に対して変化があったもののグループの水よう液を熱すると（　③　）。

操作４：操作２でも操作３でも使われなかった水よう液のグループは，（　④　）ことによって，その中身を知ることができた。

問１　ＢＴＢよう液が黄色になる水よう液はいくつありますか。

問２　水よう液Ａ～水よう液Ｆの中には，この中の２つを使って作ることができるものがあります。そのできるものは何ですか。文中から選んで答えなさい。

問３　操作１で，空らん（①）（②）に当てはまる実験道具は何ですか。正しいものを，次の（ア）～（エ）の中からそれぞれ１つずつ選び，その記号で答えなさい。

(ア)ガスバーナー　　(イ)赤色リトマス紙　　(ウ)顕微鏡《けんびきょう》　　(エ)青色リトマス紙

問４　操作３で，空らん（③）に当てはまる結果は何ですか。正しいものを，次の（ア）～（ウ）の中から１つ選び，その記号で答えなさい。

(ア)すべての水よう液からとけていた気体が発生した

(イ)１つの水よう液から，白い固体が生じた

(ウ)すべての水よう液で特に変化は見られなかった

問５　操作４で調べたグループの水よう液は何性ですか。

問６　操作４で，空らん（④）に当てはまる実験操作は何ですか。正しいものを，次の（ア）～（エ）の中から選び，その記号で答えなさい。

(ア)水よう液をあたためる　　(イ)水よう液をよくふる

(ウ)水よう液に息をふきこむ　　(エ)水よう液のにおいをかぐ

3　次の文章を読んで，問１～問４に答えなさい。

(I)呼吸で取りこんだ酸素や，食物の消化によって取りこんだ栄養分は，(II)血液循環《じゅんかん》によって全身に運ばれる。血液を流すには(III)心臓が重要なはたらきをしており，(IV)血液は心臓の力によって血管へ押し出され，肺や全身に送られる。

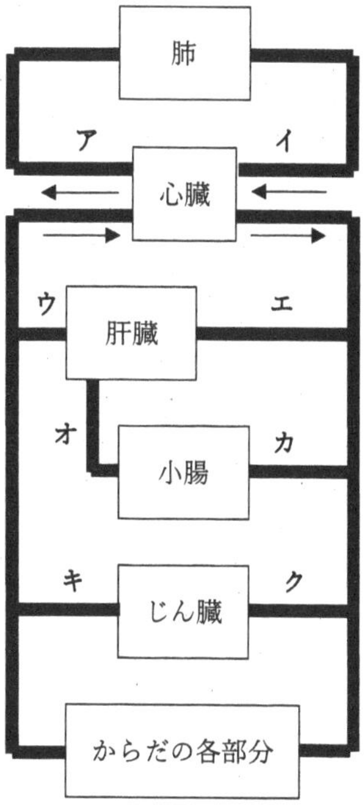

図

問１　下線部(I)について，酸素は肺の何という部分で取りこまれますか。

問２　下線部(II)について，酸素を最も多くふくんでいる血管と，食事の後に栄養分を最も多くふくんでいる血管はどれですか。正しいものを，右の図のア～クの中からそれぞれ１つずつ選び，その記号で答えなさい。

問３　下線部(III)について，ヒトの心臓には４つの部屋があります。心臓から血液が出ていく部屋の名前を２つ答えなさい。

問４　下線部(IV)について，ヒトの心臓から出た血液がからだの各部分へ送られるためには細い血管を通る必要があります。その血管を何といいますか。

4 次の文章を読んで，以下の問１～問３に答えなさい。

(I)日本には多くの火山があり，世界有数の火山国である。火山地域の地下には，岩石がどろどろにとけた（　①　）がある。(①) が地表へ出てきたものを（　②　）といい，火山がふん火したときにふき出てくる。(II)(②) は地上で冷えて固まると岩石となる。また，ふん火のときには (②) 以外にも固形のものが出てきて，粒《つぶ》が小さいものは（　③　）とよばれている。

問１　文中の空らん (①) ～ (③) に当てはまる言葉を答えなさい。

問２　下線部(I)について，次の(1) (2)に答えなさい。

(1)　次の（ア）～（ウ）の火山があるのはどこですか。都道府県の名前をそれぞれ１つずつ答えなさい。

（ア）浅間山　　（イ）雲仙岳《うんぜんだけ》（普賢岳《ふげんだけ》）　　（ウ）草津白根山

(2)　富士山は活火山，休火山，死火山のうちどれですか。

問３　下線部(II)について，次の(1)～(3)に答えなさい。

(1)　このような岩石を何といいますか。

(2)　この岩石にふくまれるものの名前を１つ答えなさい。

(3)　この岩石の中の粒は大きく成長できない部分があります。この部分を何といいますか。

【社　会】（30分）　＜満点：60点＞

【1】 次の地図を参考に，問に答えなさい。

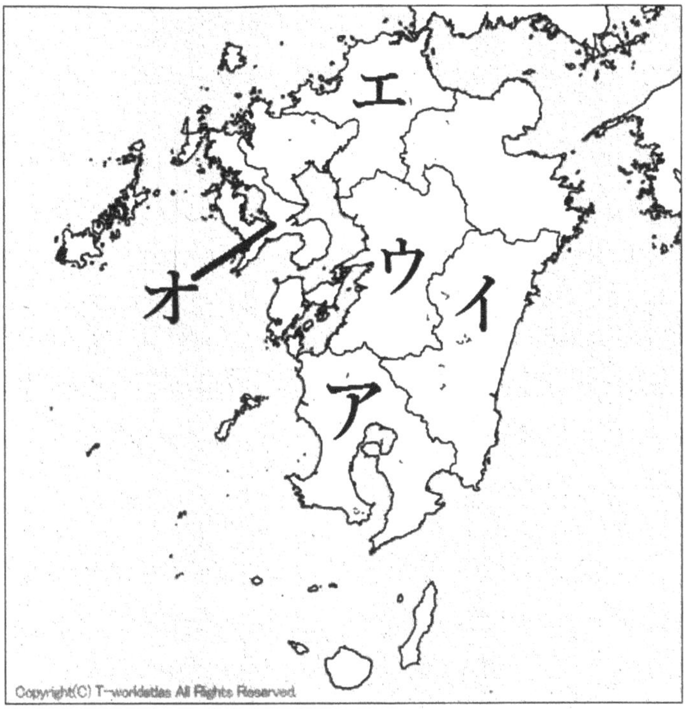

問1　地図中アの雨温図として最も適しているものを，右のカ～ケから1つ選び記号で答えなさい。

カ

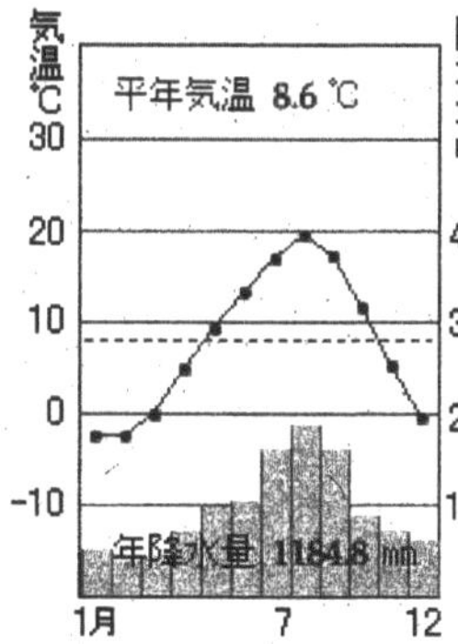

キ

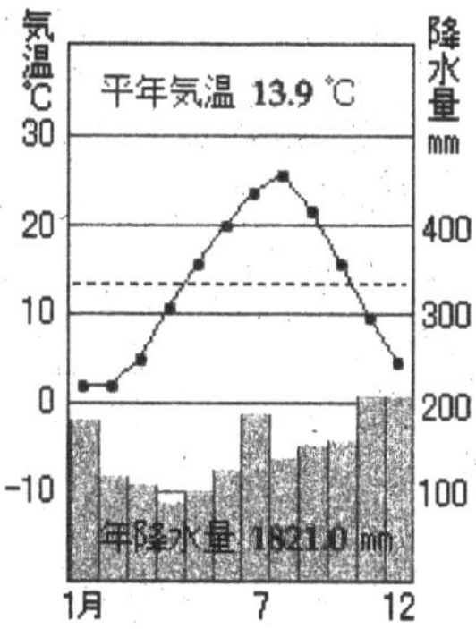

ク

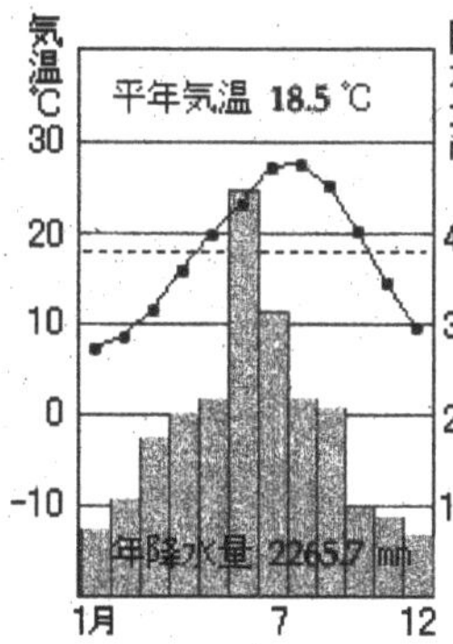

ケ

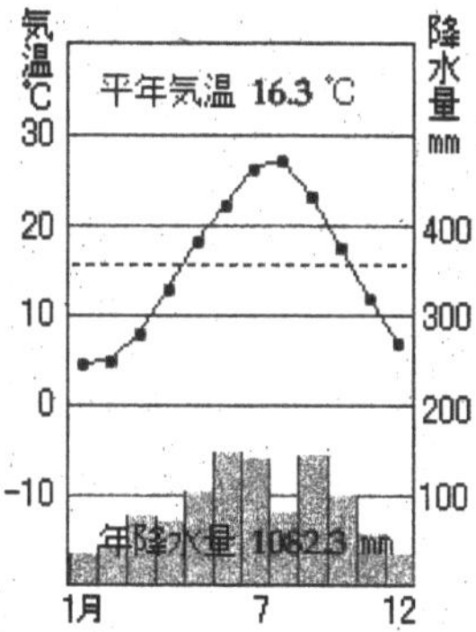

問２　前のページの地図中ア～エの中で，い草の生産量が国内生産の約98％を占めている都道府県を選び記号で答えなさい。

問３　次の説明文は地図中ア～エのいずれか１つの都道府県に関して述べたものである。該当する記号を答えなさい。

この都道府県の沖合には暖流である日本海流が流れており，一年を通じて温暖な気候である。その温暖な気候を利用してマンゴーなどのフルーツ栽培が盛んであり，贈答用の高価なフルーツも生産されている。また，海岸平野ではキュウリの栽培が盛んで，その生産量は日本有数である。

【２】　次の文章を読み，問に答えなさい。

ⓐ日本は原料を輸入し，加工・生産した製品を輸出している。しかし，他国製品の輸入よりも日本製品の輸出が一方的に多いため，（　①　）と呼ばれる問題が貿易相手国との間で発生した。これへの対応として生産工場を外国に移すようになり，日本国内では「　②　」と呼ばれる雇用の減少などが問題となっている。1990年代まではアメリカ合衆国との貿易取引が輸出・輸入ともに最も多かったが，2007年に（　③　）との貿易取引が輸入・輸出ともにアメリカ合衆国を抜き，最大貿易相手国となっている。

問１　空欄①～③に当てはまる語句を答えなさい。

問２　下線部ⓐに関して，日本の貿易港の中で，成田国際空港や関西国際空港ではある製品の輸出入が多いことが特徴である。その製品として当てはまるものを，次のア～エの中から１つ選び記号で答えなさい。

ア：自動車　　イ：鉄鋼　　ウ：集積回路（ＩＣ）　　エ：化学繊維製品

問３　次のア～エの中から，輸入品とその主要輸入相手国の組み合わせとして誤っているものを１つ選び記号で答えなさい。

ア：鉄鉱石－オーストラリア　　イ：原油－サウジアラビア
ウ：医薬品－中国　　エ：石炭－カナダ

【３】　次の短文Ａ～Ｄを読み，問に答えなさい。

Ａ：列強諸国から技術を導入し近代化が図られるなかで，日本の主要輸出品であった（　①　）の品質向上・生産拡大を目標に，フランスの技術を導入したのが富岡製糸場であった。全国各地の士族の家出身の女性たちが女工として働きながら技術を習得し，その技術を故郷に持ち帰り（　①　）生産の向上に尽力した。

Ｂ：米将軍と呼ばれた（　②　）が改革を行っていた時期，飢きんなどの天災に備え，ヨーロッパの知識を導入する目的で，漢訳洋書輸入緩和が行われた。この漢訳洋書研究にたずさわった人物に（　③　）がいる。（　③　）はサツマイモの栽培を関東中心に普及させるなどの功績をあげたことでも有名である。

Ｃ：渡来人と呼ばれる大陸から日本に渡ってきた人々によって様々な文化が伝来した。ⓐのぼりがまを使用した新たな土器の生産技術や，学問知識などが多く伝来した。また，ⓑ朝鮮半島を経由して伝来した（　④　）に関しては豪族の中で受容を巡って対立が生じた。

Ｄ：キリスト教伝来とともに行われるようになったⓒ南蛮人との貿易によって，商人の船に同乗した多くの宣教師たちが日本を訪れた。鹿児島に上陸しキリスト教を伝えた（　⑤　）会の宣教師フランシスコ＝ザビエルが有名であるが，ⓓ（　⑥　）が天下統一の過程でキリスト教を禁止すると，宣教師の自由な活動は制限された。

問１　空欄①～⑥に当てはまる語句を，語群から選びなさい。

織田信長　　徳川吉宗　　生糸　　フランシスコ　　仏教　　木綿　　平賀源内
松平定信　　豊臣秀吉　　イエズス　　儒教　　プロテスタント　　青木昆陽

問２　文章Ａの時代に関する出来事として誤っているものを，次のア～エの中から１つ選び記号で答えなさい。

ア：国会の開設　　イ：日清戦争の開戦　　ウ：廃藩置県の実施　　エ：国家総動員法を制定

問３　空欄（②）が行った政策のうち，庶民の意見を聞くために設置されたものは何か。漢字で答えなさい。

問４　下線部ⓐに関して，この製法で生産された土器を何というか答えなさい。

問５　下線部ⓑに関して，以下の質問に答えなさい。

⑴　（④）の受容に反対した豪族名を漢字で答えなさい。

⑵　（④）が広がると多くの寺院が造立されたが，厩戸王が造営した寺院を次のア～エの中から１つ選び記号で答えなさい。

ア：法隆寺　　イ：薬師寺　　ウ：東大寺　　エ：興福寺

問６　下線部ⓒに関して，南蛮人の中には倭寇と呼ばれる海賊集団に参加する者もいた。その海賊集団に参加した南蛮人によって鉄砲も日本に伝来したが，その伝来地はどこか漢字で答えなさい。

問７　下線部ⓓに関して，以下の質問に答えなさい。

⑴　空欄（⑥）の人物が明智光秀をやぶった戦いを，次のア～エの中から１つ選び記号で答えなさい。

ア：姉川の戦い　　イ：長篠の戦い　　ウ：賤ヶ岳の戦い　　エ：山崎の戦い

⑵　空欄（⑥）の人物は天下統一の過程である役職に就任し，それがもとで太閤と呼ばれた。その役職とは何か。次のア～エの中から１つ選び記号で答えなさい。

ア：関白　　イ：征夷大将軍　　ウ：管領　　エ：執権

問８　短文Ａ～Ｄを年代順に並べ替えなさい。

【４】 次の文章を読み，問に答えなさい。

2021年の大河ドラマの主人公は，埼玉県出身である（　①　）である。彼は，ⓐ尊王攘夷派志士として行動を起こそうとするが，知人の紹介でのちにⓑ江戸幕府15代将軍となる（　②　）の家臣となり，（　②　）の将軍就任後は，幕臣としてパリで行われた万国博覧会（ⓒ1867年開催）に派遣される使節団の一員としてフランスに渡った経歴をもっている。ⓓ明治維新後，ⓔ大隈重信の説得を受けて大蔵省に入省して官僚として働き始める。大蔵省を退官後，第一国立銀行などの創設に関わるなど，日本の近代化を支える活躍をした。

問１　空欄①・②に当てはまる語句を，次のア～エの中からそれぞれ選び，記号で答えなさい。

①　ア：塙保己一　　イ：高橋是清　　ウ：渋沢栄一　　エ：田中正造

②　ア：徳川家茂　　イ：徳川慶喜　　ウ：徳川家斉　　エ：徳川吉宗

問２　下線部ⓐの一人で，長州藩で奇兵隊を創設した人物を，次の中から選びなさい。

岩倉具視　　西郷隆盛　　高杉晋作　　勝海舟

問３　下線部ⓑに関して，次のア～エの中から江戸時代の出来事として関係ないものを１つ選び記号で答えなさい。
ア：滝沢馬琴の『南総里見八犬伝』が人気を集めた。
イ：商人たちによって株仲間が結成された。
ウ：寺子屋で庶民は読み書きなどを習った。
エ：幕末には一遍が踊念仏を行って時宗を広めた。
問４　下線部ⓒの年に行われた，幕府が朝廷に政権を返上することを何というか漢字で答えなさい。
問５　下線部ⓓに関して，以下の質問に答えなさい。
⑴　明治維新に際して，明治天皇が神に誓う形で出された政治方針を何というか答えなさい。
⑵　鳥羽・伏見の戦い以降の，旧幕府軍と明治政府との戦いを総称して何というか漢字で答えなさい。
⑶　地租改正に関する説明として誤っているものを，次のア～エの中から１つ選び記号で答えなさい。
ア：課税基準を土地の価格（＝地価）に定めた。
イ：税率は地価の３％と定められたが，反対一揆によって2.5％に引き下げられた。
ウ：納税は収穫物で納めることとされた。
エ：納税者は地券に明記された所有者とされた。
問６　下線部ⓔに関して，次の質問に答えなさい。
⑴　大隈重信が結成した政党名を漢字で答えなさい。
⑵　大隈重信が内閣総理大臣であった時の出来事として，正しいものを次のア～エの中から１つ選び記号で答えなさい。
ア：下関条約が締結された。
イ：西南戦争が発生した。
ウ：第一次世界大戦に参戦した。
エ：関東大震災に対応した。

【５】　次の文章を読み，問に答えなさい。

2019年10月１日から，ⓐ消費税が（　Ｘ　）％から（　Ｙ　）％に引き上げられた。その背景として，2012年にⓑ国会において社会保障と税の一体改革に関する法律が可決され，社会保障費の財源確保を目的とする増税が検討されたことが挙げられる。そもそも，ⓒ税金とは，安定した社会をつくるために国民が負担するものであり，国家財政は税金を財源の一つとして利用し，国やⓓ地方公共団体がそれぞれ国民の生活に必要なサービスを提供している。今日では，待機児童の増加や少子高齢化社会の進行などの社会問題があるなかで，その改善のために必要なⓔ社会保障制度の整備と適切な税金の使い道が求められている。

問１　空欄（Ｘ）・（Ｙ）に当てはまる数字を答えなさい。ただし，算用数字で答えること。
問２　下線部ⓐに関して，日本で初めて消費税を導入した内閣総理大臣を，次のア～エの中から１つ選び記号で答えなさい。
ア：村山富市　　イ：橋本龍太郎　　ウ：竹下登　　エ：中曽根康弘
問３　下線部ⓑに関して，次のア～エの中から正しいものを１つ選び記号で答えなさい。
ア：衆議院の解散後30日以内に臨時国会が開かれ，内閣総理大臣の指名が行われる。
イ：参議院議員の任期は８年とされており，４年に１度，半数が改選される。

ウ：国会は弾劾裁判所を設置することができ，裁判官を罷免するかどうか審議できる。
エ：法案の議決に関して，衆議院と参議院で異なった場合，衆議院で出席議員の半数以上の多数で再可決される。

問4　下線部ⓒに関して，所得税について，納税者の収入に応じて税率を定める仕組みを「○○○○課税制度」というが，空欄に適切な語句をひらがな4字で答えなさい。

問5　下線部ⓓに関して，次の質問に答えなさい。

⑴　地方公共団体が行う地方自治に関する文章X・Yの正誤の組み合わせとして正しいものを次のア～エの中から1つ選び，記号で答えなさい。

X：選挙管理委員会に請求する首長や議員の解職請求には有権者の3分の1以上の署名が必要である。
Y：地方行政が適切に行われているかを市民が監視するオンブズマン制度は川崎市が初めて導入した。

ア：X－正　Y－正
イ：X－正　Y－誤
ウ：X－誤　Y－正
エ：X－誤　Y－誤

⑵　国が地方公共団体に資金の使い道を指定して交付する補助金を何というか漢字5文字で答えなさい。

問6　下線部ⓔに関して，日本国憲法では，国民の健康で文化的な最低限度の生活を営む権利が保障されている。この権利を何というか，漢字で答えなさい。

【6】　次のページの新聞記事を参考に，問に答えなさい。

問1　新聞中の写真で紹介されている大山古墳（大仙陵古墳）の形状は何か。次のア～エの中から1つ選び記号で答えなさい。

ア：前方後円墳
イ：方墳
ウ：群集墳
エ：前方後方墳

問2　新聞中ⓐに関して，次の質問に答えなさい。

⑴　大阪に関する歴史の説明として誤っているものを，次のア～エの中から1つ選び記号で答えなさい。

ア：明治時代に国会開設を巡る会議が，大久保利通主導で開催された。
イ：江戸時代後半に，大塩平八郎が幕府に反乱を起こした。
ウ：江戸時代には全国の産物や年貢が集まったことから，「天下の台所」と呼ばれた。
エ：鎌倉時代にはモンゴル軍の襲来に備えて，石塁が築かれた。

⑵　大阪府と隣接していない都道府県を，次のア～エの中から1つ選び記号で答えなさい。

ア：奈良県　イ：三重県　ウ：和歌山県　エ：兵庫県

問3　新聞中ⓑに関して，日本国内にある世界遺産として誤っているものを，次のページのア～エの中から1つ選び記号で答えなさい。

ア：富士山　　イ：姫路城　　ウ：釧路湿原　　エ：石見銀山

問4　新聞中ⓒに関して，アゼルバイジャンはロシアなどが参加する独立国家共同体に属している。この独立国家共同体の略語として正しいものを，次のア～エの中から1つ選び記号で答えなさい。

ア：CIS　　イ：WTO　　ウ：WHO　　エ：NATO

ⓐ「百舌鳥・古市ⓑ」登録決定

大阪の古墳群　世界遺産23件目

世界文化遺産に登録が決まった百舌鳥古墳群。手前は大山古墳（仁徳天皇陵）。右奥は百舌鳥陵山古墳（履中天皇陵）＝堺市で、本社ヘリから山崎一輝撮影

ⓒアゼルバイジャンで開催中の国連教育科学文化機関（ユネスコ）の世界遺産委員会は6日、日本が推薦していた「百舌鳥《もず》・古市《ふるいち》古墳群」（大阪府）を世界文化遺産に登録することを決めた。日本の世界文化遺産の登録は7年連続で19件目。世界自然遺産も含めた世界遺産は23件目となる。（31面に関連記事）

古墳群は、ⓓ古墳時代の最盛期（4世紀後半～5世紀後半）に、当時の政治や文化の中心地の一つだった大阪府南部地域に築かれたもので、墳形も規模も多様なのが特徴だ。

構成資産は、墳墓としては世界最大級の全長486㍍の大山《だいせん》古墳（仁徳天皇陵）など百舌鳥地域（堺市）の23基▽全長425㍍の誉田《こんだ》御廟《ごびょう》山《やま》古墳（応神天皇陵）など古市地域（羽曳野市、藤井寺市）の26基の計49基。

古墳群は大陸と結ぶ航路の発着地だった大阪湾に接する平野上に築造されており、内外に王権の強大さを誇示する狙いもあったとみられる。49基のうち29基は歴代の天皇や皇后らの墓として宮内庁が管理する「陵墓」で、一般人の立ち入りが禁じられ、学術的な調査も制限されている。政府の推薦書で、大山古墳は「仁徳天皇陵古墳」、誉田御廟山古墳は「応神天皇陵古墳」などとなっているが、被葬者が学術的に確定していないとして、考古学や歴史学の専門家からは、地名に基づく名称で呼ぶべきだという指摘もある。

来年は、「奄美大島、徳之島、沖縄島北部および西表島」（鹿児島県、沖縄県）の登録の可否が審査される予定。【水戸健一】

『毎日新聞』2019年7月7日　朝刊より

問５　前のページの新聞中ⓓに関して，以下の質問に答えなさい。

⑴　次のア～エの中から，古墳時代に関係のない説明を１つ選び記号で答えなさい。

ア：漢字などの文化が渡来人によって伝来した。

イ：同じ墓に家族などを埋葬する追葬と呼ばれる形式が見られるようになった。

ウ：この時期にヤマト政権が発展し，雄略天皇は中国に使者を派遣している。

エ：集落が大きくなる中で，日本独自の文化である国風文化が成立した。

⑵　古墳から出土する右の写真が示す遺物は何と呼ばれるものか答えなさい。

問7　傍線部⑥「だめな子の仲間うちでも、そのようにあつかわれた」とありますが、この扱いは文中でどのように表現されていますか。空欄を埋める形で本文から四字で抜き出し答えなさい。

（○○○○）としての扱い

問8　嗣郎が船づくりをすることにこだわった理由として、最も適当なものを、次の中から一つ選び、記号で答えなさい。

ア　〈できる子〉と一緒に船をつくり、子供だけでも船づくりができると大人たちに証明したかったから。

イ　〈できる子〉から道具の扱いが上手な者としてみとめられ、地位を高めたかったから。

ウ　自分は〈だめな子〉だが、〈できる子〉と一緒に船づくりをして、達成感を味わいたかったから。

エ　〈だめな子〉だった父ちゃんに、自分は〈できる子〉であるとほめてもらいたかったから。

問9　本文の説明として誤っているものを、次の中から一つ選び、記号で答えなさい。

ア　嗣郎は勇や誠史や雅彰や邦俊に対してずうずうしくかまえることで、彼らと対等につきあうことができた。

イ　嗣郎は船づくりの終わりが、勇や誠史や雅彰や邦俊との対等な関係の終わりを意味すると察している。

ウ　嗣郎は勇や誠史や雅彰や邦俊の顔色を必死にうかがうことで、四人以外からも一目置かれる存在になった。

エ　嗣郎は勇や誠史や雅彰や邦俊がなぜ急に船づくりに乗り気でなくなったのかを理解することができない。

三

次の各問い（問１～４）に答えなさい。

問1　次のカタカナを漢字に直しなさい。

①　水分がジョウハツする
②　イシツブツを管理する
③　劇のイショウを作る
④　名前をトウロクする

問2　次の傍線部の漢字の読みをひらがなで書きなさい。

①　この説は一般に流布している
②　恐ろしい形相をしている
③　現金を出納する
④　生徒を引率する

問3　次の□に入る漢字を後から選び、記号で答えなさい。なお何度同じ記号を使用してもよい。

①　□気力な若者
②　□常識
③　人間□を疑う
④　火事で騒□とする

ア　不　イ　的　ウ　無　エ　性　オ　非　カ　反
キ　未　ク　化　ケ　然

問4　次の意味になるように空欄に漢字一字を書き入れなさい。

①　巧言令□（口先だけのことを言って他人を喜ばせ、へつらうこと）
②　舌先□寸（心がこもらず、口先だけであること）
③　正□正銘（まったく偽りのないこと）
④　日常□飯（日々のありふれたこと）

嗣郎は、この一か月のあいだにつくりあげた自分のポジションが、あの船と同様、ずぶずぶと海中にしずみかけているのを感じた。

「じゃあ、いこうか。」

〈できる子〉たちが、そういって歩きだした。嗣郎はだまって防波堤のそばに立ちつくす。

「じゃあね。」

〈できる子〉のひとりが嗣郎をふりかえる。

ちくしょう！　嗣郎は心のなかでさけびながら、精いっぱいの笑顔をつくり、手をふってこたえる。

（那須正幹『ぼくらは海へ』文春文庫）

問1　傍線部①「雅彰」はこの文章中でどのような人物として描かれていますか。最も適当なものを、次の中から一つ選び、記号で答えなさい。

ア　冷静に物事を分析し、適切に対処する人物。
イ　自分の意見を表立って言うことが苦手な人物。
ウ　自分より立場が下の人間を内心馬鹿にする人物。
エ　いつでも自分の利益のみを重視する人物。

問2　空欄 A ～ C に入る語句として最も適当なものを、次の中からそれぞれ一つずつ選び、記号で答えなさい。

ア　ちょっとひょうしぬけしたらしい
イ　得意げにしゃべっている
ウ　やっと、雅彰が船への興味をなくしたらしいことに気づいた
エ　そっぽを向いた

問3　傍線部②「あのあぶなっかしい船ともつきあわなくてすむ」とはどういうことか。最も適当なものを、次の中から一つ選び、記号で答えなさい。

ア　船づくりの素人である子供だけで、けがや沈没する危険のある船の製作をすることをやめることができるということ。
イ　大人に秘密で船をつくるという、見つかったら怒られる危険がある作業をやめることができるということ。
ウ　泳ぎの下手な子供だけで船をつくるという、無謀な計画から解放されることができるということ。
エ　皆が内心やめたいと思っていた、子供だけで船をつくるという挑戦をやめることができるということ。

問4　傍線部③「雅彰をふりかえった」とありますが、このときの嗣郎の心情を説明したものとしてふさわしくないものを、次の中から一つ選び、記号で答えなさい。

ア　雅彰だけは船づくりをあきらめないよね、ということを念押ししたかった。
イ　雅彰に、船づくりを投げ出そうとする誠史と勇を説得してほしかった。
ウ　雅彰が船づくりの計画を立て直してくれるのではないかと期待していた。
エ　雅彰は嗣郎のもう一度船をつくりたいという言葉を後押ししてくれると信じていた。

問5　傍線部④「〈できる子〉のなかでも最高のグループ」と同じ意味の語を十四字で抜き出しなさい。

問6　傍線部⑤「面とむかって『かえれ』というやつはいなかった」とありますが、その理由を二十字以内で説明しなさい。

高のグループと、つきあってもらえるようになったのだ。

　あれは三月だったか四月だったか、家のちかくで自転車にのった大道邦俊に出あった。邦俊とはクラスもいっしょだったから、あえば口ぐらいはきく。

「どこにいくの？」

　嗣郎の質問に、邦俊は、

「うめ立て地。」

と、みじかくこたえた。嗣郎はそれまで町はずれのうめ立て地にいったことがなかったし、邦俊がなぜそんなところにいくのか、多少興味があった。だから、ほんのあいさつがわりに、

「いっしょにいっていい？」

と、たのんでみた。邦俊は、意外とあっさりうなずいた。嗣郎も、まさかそこが育英塾にかよう子どもたちのひそかなたまり場とは、思ってもみなかった。だから、すぐにかえろうとした。しょせん自分とは人種のちがう連中といっしょにあそんだって、ろくなことはない。

　案の定、連中は嗣郎のことをうさんくさい目で見た。だがふしぎに、⑤面とむかって「かえれ」というやつはいなかった。

　やっぱり〈できる子〉は、ちがうな。嗣郎はいったんは感心したけれど、じきに連中の本心がわかった。

　連中はいわないのではなくて、いえないのだ。〈できる子〉という人種は、みずから手をよごしてよわい者をいじめたり、いやなやつをしめだしたりするのがにがてらしい。まして、あいてが人種のちがう〈だめな子〉とわかれば、おうようにふるまうか、でなかったら、まるで無視してしまう。それしかできないのだ。

　嗣郎は、ずうずうしくかまえることにした。他人の顔色をうかがって行動することにはなれていたから、けっしてぼろをださないようにして、いつのまにかうめ立て地の小屋にくることを黙認させることに成功した。

　しかし、いくら〈できる子〉とつきあっても、うめ立て地を一歩出れば、嗣郎はやはり〈だめな子〉でしかなかった。学校でも家でも、そして⑥だめな子の仲間うちでも、そのようにあつかわれた。

　だけど、うめ立て地にかようようになってから、嗣郎はそんな連中を、ひそかにばかにできるようになった。

「なにいってやがる。こっちは育英塾にかよってるエリートとつきあってるんだぞ。」

　そう、心のなかで毒づいてやることができた。

　船づくりは、うめ立て地の小屋での嗣郎を、いま一歩、連中のなかへくいこませる絶好のチャンスだった。

　いままで必死で四人の顔色をうかがい、おべっかをつかって、なんとか仲間にいれてもらっていたのが、船をつくるうちに、いつのまにか嗣郎を連中と対等にしてしまったのだ。

　こんなにあっさりと自分が、〈できる子〉と対等につきあえるなんて、嗣郎は思ってもいなかった。のこぎりのつかい方がうまいとか、かなづちのあつかい方をこころえているとか、たったそれだけのことで、育英塾にかよっているほどのエリートが、嗣郎のことをみとめてくれるとは思いもよらなかった。

　嗣郎は、うれしかった。だからこそ、父ちゃんの大工道具まで持ちだして、一心に船をつくったのだ。

みすぼらしくなっていた。船体は、こわれた右の舷側をわずかに海面にだして、あとは水中にしずんでしまっている。船の浮力というより、材料の浮力で、ようやく水面に顔をだしているといった状態だった。

「これじゃあ、なおしようがないなあ。」

船づくりにいちばんハッスルしていた勇も、ちんぼつ船同様の船体を見たとたん、あっさりさじを投げてしまった。

「あああ、一か月苦労して、ばかみちゃった。」

「おれたちだけで大きな船つくろうってのが、やっぱりむりでしたねえ。」

誠史と勇の会話をききながら、嗣郎がたすけをもとめるように③雅彰をふりかえった。雅彰は、そっと目をそらして邦俊を見た。邦俊は、いつものとおり、にやにやわらいながら誠史と勇の会話をきいていた。

嗣郎には、わけがわからなかった。つい一週間まえまで、あれだけむちゅうになってつくっていた船ではないか。それをたった一週間やそこらで、こうもあっさり投げだしてしまうのか。

もちろん、ジャンボ・シーホース号の構造には、嗣郎もさいしょから疑問を持っていた。べつに父ちゃんにならったわけではないけれど、大きな材木をつかう場合には、それなりのやり方がある。まして船のような乗り物なら、よほどじょうぶにつくらないと役に立たないだろう、ということは予想がつく。ただ木と木をくぎでとめて、形をととのえればできあがるものではないと、うすうすは感じていた。

でも、失敗すれば、それを教訓にして、新しくつくりなおせばいい。勇たちもたぶんそうするだろう。嗣郎はそうかんがえていた。

ところが勇たちときたら、自分たちのつくりかけた船を目のまえにしながら、あっさりと船づくりを投げだすという。

嗣郎は、よほど、その理由を問いつめてやろうかと思った。だが、嗣郎にはそれをする勇気はなかった。そんなことをすれば、たちまちここにあそびにくるなといわれそうな気がした。嗣郎には、それがなによりこわかった。

嗣郎にとって、勇や誠史や雅彰や邦俊は、なにか人種のちがう雲の上の人間たちのような気がする。そんな子どもたちと、こうしていっしょにすごさせてもらうだけでも、感謝しなくてはならないのだ。

子どもたちには〈できる子〉と〈だめな子〉の二種類があると、嗣郎は確信していた。

嗣郎は小学校に入学以来、いや、そのずっとまえ、ひょっとしたら生まれたときから、〈だめな子〉だった。〈だめな子〉は、どんなに努力しても〈できる子〉にはなれないし、大きくなれば、〈だめなおとな〉になるにちがいない。父ちゃんも母ちゃんも、やっぱり小さいとき〈だめな子〉だったから、大きくなっても〈だめなおとな〉にしかなれなかったのだ。

だめな子にも、いろんなランクがあって、たとえばけんかのつよいやつとか、人をわらわせるのがうまいやつは、けっこうたのしくやっていける。だけど、なんの特技も、根性も持ちあわせていないやつは、だめな子の仲間うちからもこづきまわされ、ばかにされる。そんな最低の子にできることといえば、せいぜい自分よりいくらかましな連中におべっかをつかって、子分にしてもらうほかなかった。

嗣郎は、いままでそうやって、なんとか生きてきた。

そんな嗣郎が、まったくひょんなことから、〈④できる子〉の中でも最

「大川とうめ立て地の境に水門があるの知ってる？　あそこにひっかかってたんだ。やっぱりロープのむすびめがほどけたのかねえ。ボートもいっしょにくっついてたよ。」

嗣郎は、[A]。

「そう、でも、見つかってよかったねえ。」

嗣郎は、雅彰がそれほどうれしそうな顔をしないので[B]。いくぶん声の調子をおとした。

「ほんとに世話をやかせるよ。きょうの放課後、いってみない。まだ水門のところにつないであるから。修理するんなら、小屋のそばまでひっぱってきといたほうがいいと思うんだけど……」

「ぼく、きょう用事があるから。……ごめんね。」

嗣郎は、[C]。それでも、

「あしたはくるんだろ。みんなでわるいところなおせば、のれるようになるよ。」

そういって、自分の教室のほうにもどっていった。雅彰は嗣郎のうしろすがたを、ちょっとのあいだながめてから、一組の教室にはいった。

じつのところ、あの船が行方不明になったとき、雅彰は心のなかでひと安心したものだった。これで、②あのあぶなっかしい船ともつきあわなくてすむ。そう思った。

日曜日の午後、船ばたからころげおちたときのきずは、もうほとんどなおっていたけれど、あのときのショックは、いまでもおぼえていた。あんなこわい思いをするのは、もうこりごりだった。

雅彰は水泳がにがてだった。背の立たないところで泳げる自信がない。だから、みんなが船をつくろうといいだしたときは、内心、ああ、いやだなあと思った。だけど、だからといって、みんながいっしょうけんめいつくっているなかで、邦俊みたいに、知らん顔していられるほどの勇気はなかった。

まして、仲のよい誠史がさそえば、雅彰としてはことわれなかった。

やれやれ。また船づくりか――。雅彰は、うんざりしてしまった。それでも船が見つかったことをだまっているのは、なんとなく嗣郎にわるいような気がして、雅彰は誠史に報告した。

「ふうん、水門のところにひっかかっていたの。」

誠史の反応は、それだけだった。

「シロちゃん、船なおすんだって、はりきってたよ。」

これにも、誠史は、ただふうんといってうなずいただけだった。雅彰はちょっと意外だった。

船が行方不明になったとき、あれだけ残念がっていただけに、もっとよろこぶかと思っていたのだ。

「あしたから、作業開始だろ。」

「さあ、ぼくは、どうするかわかんない。」

誠史のそっけないことばに、雅彰は内心ほっとした。誠史が船づくりの仲間からはずれるのなら、雅彰だっていっしょにやめることができそうだった。

土曜日の午後、うめ立て地には、いつもの顔がそろった。

小屋のまえの岸ぺきに、行方不明になっていたジャンボ・シーホース号と、ボートがつながれている。嗣郎がひとりで水門のところからひっぱってきたらしい。

一週間、海水につかりっぱなしになっていた船は、びっくりするほど

エ　不必要な細かい点まで話し合おうとすること。

④「水掛け論」

ア　互いに自分の主張にこだわって、いつまでも解決しない議論のこと。

イ　教養のない者が的はずれの意見を言って常識外の結論にいたる議論のこと。

ウ　専門知識が必要な問題について、素人が延々とする議論のこと。

エ　互いが感情をぶつけあい、口喧嘩のようになってしまう議論のこと。

問6　傍線部③「論理性のみを最上の価値とするのでは、コミュニケーション力養成のトレーニングとしては限界がある」とはどういうことですか。最も適当なものを次の中から一つ選び、記号で答えなさい。

ア　人間には感情があるので論理的思考だけでコミュニケーションすることには耐えられないということ。

イ　人間は様々な理屈を述べるものなので、ディベートを通して互いに理解を深めることはできないということ。

ウ　全世界で通じる正しい倫理観を追求し続けるだけでは、情報をきちんと伝える力は身に付かないということ。

エ　相手をやりこめるために筋道立てて考える力を訓練するだけでは、コミュニケーション力育成には不十分だということ。

問7　傍線部⑤「木を見て森を見ず」とありますが、「木」と「森」が指し示す言葉をそれぞれ五字以内で答えなさい。

問8　図2の空欄 Y ・ Z に適切な語を本文中から補いなさい。

問9　本文の内容として適当なものを次のア～カの中から二つ選び、記号で答えなさい。

ア　自分の気持ちは抑え、いつでも相手が喜ぶことをすることがコミュニケーションのコツといえる。

イ　コミュニケーションにおいては情報の伝達が最も大事だが、相手の表情にも注意を払うべきだ。

ウ　何かを生み出すには互いに相手の訴えを深く理解しあい、新しい意味を模索する必要がある。

エ　ディベートの授業はどんな立場でも相手の弱点を指摘するテクニックを学ぶため、有益だ。

オ　実際の仕事では相手に妥協せず自分の意見を強く押しだすことで成果につながっていく。

カ　議論においては自分の価値判断を基に相手の感情面も考慮しながら前向きな対話をすべきだ。

二　次の文章は、少年たちが埋め立て地にある廃材で船づくりをしようとする作品の一節である。次の文章を読んで後の問い（問1～9）に答えなさい。

よく日、教室にはいろうとした①雅彰《まさあき》は、だれかに名をよばれて立ちどまった。ふりかえると、多田嗣郎《しろう》がかばんをかかえて立っていた。

「あったよ。ぼく、見つけたんだ。」

「なにを?」

「きまっているじゃないか、船、ふね。」

「へえ、どこで?」

い。

ぺらぺらと論理をまくし立てることが、コミュニケーション力なのではない。相手の感情を含めて理解し、次の一歩をお互いに探し合う。そうした前向きで肯定的な構えが、身につけられるべき基本の構えである。

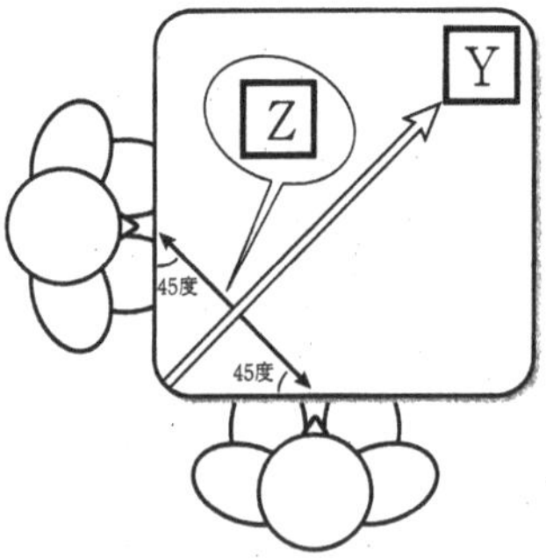

図2　斜め45度のポジショニング

向き合って唾を飛ばし合い戦い合うイメージではなく、斜め四五度で向き合い、相手を半分見つつも、もう半分の意識では共に未来を見ている。前方を共に見ながら、対話を積み重ねる。その斜め四五度のポジショニングが、コミュニケーションの基本型である（図2参照）。

◆

（齋藤孝『コミュニケーション力』岩波新書）

問1　空欄 T ・ U に入る語を本文中から見つけ、答えなさい。

問2　47ページの図1（A・B・C・Dゾーンを省いてある）を参考に、空欄 V ・ W ・ X に入る語の組み合わせとして最も適当なものを次の中から一つ選び、記号で答えなさい。

ア　V＝右上　W＝左上　X＝右下
イ　V＝左上　W＝右下　X＝右上
ウ　V＝左上　W＝左下　X＝右下
エ　V＝左下　W＝左上　X＝右下

問3　傍線部①「Cゾーンは、感情をやりとりするコミュニケーションのゾーンである。これは、恋人同士や家族のような関係において重要なゾーンである」とありますが、その理由として最も適当なものを次の中から一つ選び、記号で答えなさい。

ア　恋人同士や家族の関係においては会話は意味がなく、長い時間をともに過ごすことが大事だから。
イ　恋人同士や家族の関係においては話す内容より、話すことによる感情の交流が大事だから。
ウ　親しい者同士ではどちらが正しいかを決定する議論より、お互いを理解しあうことが大事だから。
エ　親しい者同士では中身のない表面的な会話より、自分の意見を伝えることが大事だから。

問4　◆から◆までの小段落にタイトルをつけた場合、タイトルとして最も適当なものを次の中から一つ選び、記号で答えなさい。

ア　ディベート乱用の危険性
イ　欧米のまねをする日本のディベート教育
ウ　悪意のあるディベートはやめよう
エ　弁護士にとってのディベート

問5　傍線部②「揚げ足取り」、傍線部④「水掛け論」の意味として、それぞれ適当なものを次の中から一つずつ選び、記号で答えなさい。

②　「揚げ足取り」

ア　相手の質問を無視し、一方的に相手を非難し続けること。
イ　議論の中身と関係なく、相手の性格を批判すること。
ウ　人の言い間違いや言葉じりをとらえて非難すること。

まく利用したり、論理をうまくすり替えて議論を有利に運んだりすることは、仕事の場面ではさして意味がない。相手をやりこめたり、騙してするような仕事のやり方では、あとでトラブルが起きる。

本当に求められている能力は、相手の言いたいことを的確につかむ能力である。要約力と言ってもいい。出来得れば、相手がすべて言葉で表現し切れていない事柄までも、想像力や推測力でつかみ取り、「おっしゃりたいのは……ということではないでしょうか」と提案する力が欲しい。自分の言いたいことをしっかりと受け止めてくれたと感じることで、議論は一つ基礎が踏み固められ、次へ進む。相手の穴をつつき合う議論とは、方向性がまるで逆の姿勢である。

お互いに相手の言いたいことをしっかりとつかみ合い、よりよいアイディアを出していく。これがクリエイティブな対話というものだ。相手を言い負かすだけの議論は、一見華々しいようでも生産的ではない。

お互いの利益をひたすらぶつけ合い、つり合いを測って妥協点を見いだす、というやり方が有効なケースもたしかにある。それは先ほど述べた裁判や、利益がぶつかり合う状況である。しかし、まず基礎としてつけるべきコミュニケーション力は、そのような殺伐たる、戦い続ける討論の力ではない。お互いに意味をしっかりつかみ合い、同じチーム、パートナーとして、トラブルに向き合う。言葉を交わし合い、行き詰まりを共有しながら、新しい意味が生まれるのを待つ。それも、ただ待つのではない。言葉の端々をきっかけにして、脳の中のすべての情報をフル稼働させ、新しい意味を模索するのである。

相手の言いたいことを捉える努力をせずに、あら探しをする。そんな悪癖だけを身につけることになる危険性を、ディベートの授業に感じることが私は多い。アメリカ合衆国では、利益をぶつけ合いバランスをとることが歴史的に重要な意味を持った。しかし、日本でそれをそのまま踏襲する必要はない。コミュニケーションの基本は、あくまでもお互いの言いたいことをしっかりとつかみ合うことにある。そうした要約力や再生力を身につけることこそが、まず肝要である。

ディベート形式による討論のトレーニングのもう一つの悪影響は、立場を変えてもいかようにでも議論できるということである。賛成と反対それぞれの立場を変えてみても議論できる能力が、ディベート能力だ。もちろんこれは上手く使えば、双方の立場を理解する能力につながる。しかし、自分が何を大事としているのかという価値判断とは別に論理構成をし主張する、という習慣を身につけることは決して好ましいことではない。何を大事だと思うか、何を正しいと思うか、という価値判断がまず先にあって論理が構成される。それがまともな思考である。弁護士ならば、依頼者を勝たせるために論理構成をする。しかし弁護士はあくまでも代理人である。議論において、自分自身を代理人の立場におく練習をするよりも、当事者として自らの価値判断をもとにした議論をまずすべきである。

通常の議論においては、論理的に話しているように見えても、何かの価値を押し通そうとしているというのが実情である。その点、ディベートは議論を応酬させることで、総合的な価値判断の材料を豊かにするという面もたしかにある。しかし、一般的には立場を固定して主張し合うために、価値判断部分は動かすことなく、論点をやりとりすることに終始するのがふつうである。論理の細部に足下をすくわれて価値判断をないがしろにする、つまり「⑤木を見て森を見ず」という事態が起きやす

れているゾーンである。しっかりと意味を共感し合う必要のある場面がここに当たる。仕事の場面では、しっかりした意味のやりとりが、何よりも大事だ。意味を取り違えれば、どんな仕事でもトラブルが起きる。顧客が要求している事柄をつかまえることに失敗すれば、当然トラブルになる。たとえばコンビニで商品を買うときは単純なので、むしろにこやかな笑顔がプラスポイントにもなる。しかし、家を建てるときや、仕事上の契約や営業など厳しい場面では、少しの「意味」の取り違えが深刻なもめ事につながることが頻繁にある。そのような事態をあらかじめ防ぎ、あるいは修復するためにコミュニケーション力が必要となる。どこがずれているのか、ということに敏感になることが、コミュニケーション力向上の第一歩である。

　自分は、相手が伝えようとしている「意味」をしっかりと受け取っているのか。こうした問いを常に自分に投げかけていると、失敗が少ない。この失敗を防ぐためには、自分で相手の言っている意味を再生して確認するのが最上の方法である。「おっしゃられているのは、……ということですね」と確認してみる。そうすることで、意味のズレをはっきりとさせることができる。意味がずれることが問題なのではない。ずれていることに気づく感覚が大事なのである。意味のズレを微妙に修正していくプロセスを共に踏むことで信頼関係は強まっていく。

　座標軸の［X］の①Cゾーンは、感情をやりとりするコミュニケーションのゾーンである。これは、恋人同士や家族のような関係において重要なゾーンである。恋人同士では、何気ないことでも笑いあえる。端《はた》から見ていれば、何の意味もないと思えるような会話でも、当人たちにとっては最高のコミュニケーションになっているということがある。喫茶店で隣り合わせたカップルがどうでもいい話題で盛り上がっているのを聞いていると、ばかばかしい気持ちになる。それは会話に大した意味がなく、感情だけがやりとりされているからだ。恋人同士という関係においては、意味を常に生産していくような関係が求められているのではなく、感情を確認しあい強固にしていくことが重要なのである。

（中略）

◆

　学校教育のなかで、ディベート形式の討論が近年流行《はや》っている。立場を二つに分けて、お互いの主張を言い合う。相手の弱点をつき、追い込む。論理性は大切にするが、相手の気持ちをくみ取ることは基本的にはしない。②揚げ足取りもよく見られる。国会の質問と答弁でも、相手の質問の意図をわざと取り違えたり、曖昧にぼかして答弁するケースが多く見られる。これは意図的に焦点をぼかしているケースだ。

　ディベートで論理力を養う、という趣旨は理解できないわけではない。しかし、③論理性のみを最上の価値とするのでは、コミュニケーション力養成のトレーニングとしては限界がある。論理には抜け道が多くある。論理力の低い者同士では、単なる④水掛け論になりやすい。論理的な能力を駆使して、論点をごまかし、相手を言い負かすことは、習熟してみればさほど難しいことではない。裁判のように勝ち負けが重要な場合には、こうした能力が重要視される。相手の論理のミスを突き、相手が本当に言いたいこととは別の弱点を攻め立てる。そして議論を有利に運ぶ。こうした技術は、たしかに社会のある場面で求められることはある。しかし、私が思うには、ふつうの社会人の場合、仕事の大半はこのようなディベート能力で行うものではない。相手の言い間違いをう

【国　語】（五〇分）〈満点：一〇〇点〉

一　次の文章を読んで、後の問い（問1～9）に答えなさい。

コミュニケーションとは何か。それは、端的に言って、意味や感情をやりとりする行為である。一方通行で情報が流れるだけでは、コミュニケーションとは呼ばない。テレビのニュースを見ている行為をコミュニケーションとは言わないだろう。やりとりする相互性があるからこそコミュニケーションといえる。

やりとりするのは、主に意味と感情だ。情報伝達＝コミュニケーション、というわけではない。情報を伝達するだけではなく、感情を伝え合い分かち合うこともまたコミュニケーションの重要な役割である。何かトラブルが起きたときに、「コミュニケーションを事前に十分とるべきであった」という言葉がよく使われる。一つには、細やかな状況説明をし、前提となる事柄について共通認識をたくさんつくっておくべきであったという意味である。もう一つは、情報のやりとりだけではなく、感情的にも共感できる部分を増やし、少々の行き違いがあってもそれを修復できるだけの信頼関係をコミュニケーションによって築いておくべきであった、ということである。

意味と感情――この二つの要素をつかまえておけば、コミュニケーションの中心を外すことはない。情報という言葉は、感情の次元をあまり含んでいない言葉だ。情報伝達としてのみコミュニケーションを捉えると、肝心の感情理解がおろそかになる。人と人との関係を心地よく濃密にしていくことが、コミュニケーションの大きなねらいの一つだ。したがって感情をお互いに理解することを抜きにすると、トラブルのもとになる。

仕事上のやりとりで、一見、情報だけを交換しているように見えるときがある。そういった状況でも、感情面に気を配ってコミュニケーションしている人とそうでない人とでは、仕事の効率や出来・不出来に違いが出る。人間は感情で動くものだ。情報交換をしているときでも、同時に感情面での信頼関係を培《つちか》うことのできる人は、仕事がスムーズにいき、ミスもカバーしやすい。トラブルが修復不可能にまでなるときには、必ずと言っていいほど感情の行き違いがある。コミュニケーション力とは、［T］を的確につかみ、［U］を理解し合う力のことである。

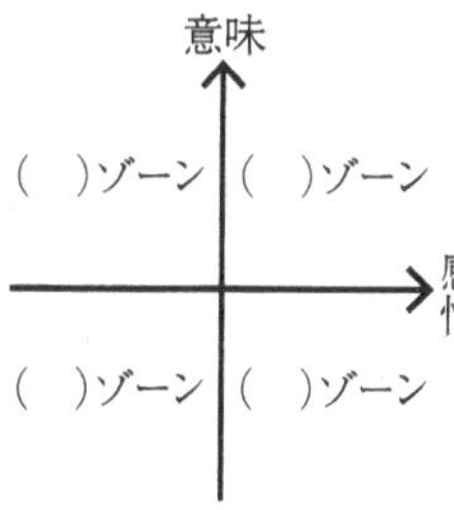

図1　コミュニケーションの座標軸

コミュニケーンヨンとは何かを理解しやすくするために、シンプルに座標軸で考えてみよう(図1参照)。X軸として「感情」Y軸として「意味」をとる。意味と感情の両方をやりとりできているAゾーンはコミュニケーション良好ゾーンである。それとは対照的な［V］にあるDゾーンは、意味も感情もやりとりできていないコミュニケーション不全ゾーンである。たとえば、戦争状態というのは、このDゾーンに踏み込んでいるときだ。お互いの意思を聞き合い、相互に調整するということを放棄した状態である。感情的にも、憎しみだけで向き合っていて、やりとりはない。コミュニケーションへの意志を完全に失った状態が、絶交状態、戦争状態である。

［W］のBゾーンは、感情はやりとりされていないが、情報は交換さ

MEMO

大切なことはメモしておこうネ！

2020年度

解　答　と　解　説

《2020年度の配点は解答欄に掲載してあります。》

＜1／12 算数解答＞

1.　(1)　34425　　(2)　$\frac{3}{22}$　　(3)　0.7　　(4)　2020　　(5)　17500cm^2

2.　(1)　1100円　　(2)　9回　　(3)　89個　　(4)　923.6cm　　(5)　60度

3.　(1)　$\boxed{A}=\frac{2}{5}$，$\boxed{B}=\frac{1}{2}$　　(2)　$\frac{1}{4}$，$\frac{2}{7}$　　(3)　3個

4.　(1)　120人　　(2)　48人　　(3)　21人以上31人以下

5.　(1)　35秒　　(2)　98cm^2　　(3)　700cm^2

○推定配点○

各5点×20(3.(2)，4.(3)各完答)　　計100点

＜1／12 算数解説＞

1.（四則計算，単位の換算）

(1)　38250－3825＝34425

(2)　$\left(\frac{1}{2}-\frac{1}{5}+\cdots-\frac{1}{11}\right)\div 3=\frac{3}{22}$

(3)　0.4×(0.2＋0.3＋0.5)＋0.3＝0.7

(4)　□＝1620÷2×3－410＝2020

重要　(5)　1.75×100×100＝17500(cm^2)

2.（割合と比，相当算，鶴亀算，数の性質，平面図形，図形や点の移動）

やや難　(1)　□円の1.08倍と□－20(円)の1.1倍が等しい。したがって，20×1.1＝22(円)が税抜き価格の0.1－0.08＝0.02(倍)に相当するので，税抜き価格は22÷0.02＝1100(円)

重要　(2)　20回すべて負けると50－2×20＝10(個)になる。したがって，勝った回数は(55－10)÷(3＋2)＝9(回)

重要　(3)　1000÷99＝10…10，9999÷99＝101より，商と余りが等しくなる個数は98－10＋1＝89(個)

重要　(4)　横の長さは10＋(10－0.8)×49＝460.8(cm)　　したがって，周は(460.8＋1)×2＝923.6(cm)

基本　(5)　右図において，xは(180－150)÷2＋45＝60(度)

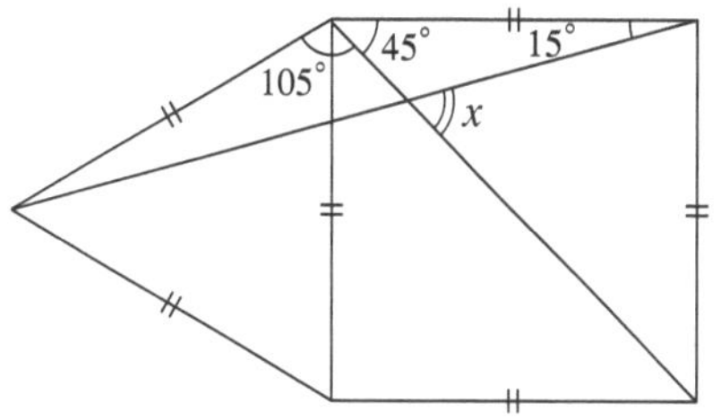

3.（演算記号，数の性質）

基本　(1)　$\boxed{A}=\frac{2}{5}$　　$\boxed{B}=\frac{8}{16}=\frac{1}{2}$

重要　(2)　$\frac{1}{3}=\frac{4}{12}$のとき，$\frac{1}{4}$　　$\frac{1}{3}=\frac{5}{15}$のとき，$\frac{2}{7}$

(3)　分母は5＋16＝21であり，$\frac{12}{21}=\frac{4}{7}$のとき，△＝4－3＝1　　$\frac{18}{21}=\frac{6}{7}$のとき，△＝6－3＝3

したがって，あてはまる組は3個ある。

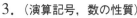

重要 4. (グラフ，割合と比，2量の関係，平面図形)

(1)　グラフより，算数全体の中心角180度の半分が60人に相当するので6年生の人数は60×2＝120(人)

(2)　グラフより，国語1位の中心角は120÷(3＋2)×3＝72(度)であり，(1)より，120÷180×72＝48(人)

(3)　(2)より，国語1位が48人，算数1位が48÷3×2＝32(人)であり，理科1位は32－1＝31(人)以下である。また，社会1位よりも人数が多いので，(1)より，{120－(48＋32)}÷2＋1＝21(人)以上である。

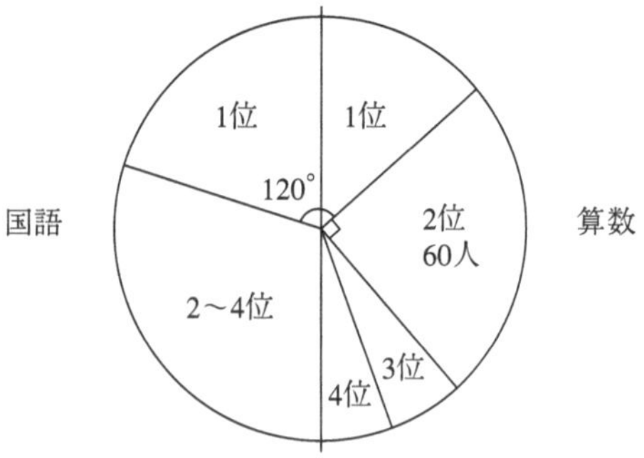

5. (平面図形，図形や点の移動，速さの三公式と比)

基本 (1)　(30＋40)÷2＝35(秒)

重要 (2)　図1において，2×7＝14(cm)であり，重なった部分の面積は14×14÷2＝98(cm^2)

(3)　図2より，30×30－20×20÷2＝700(cm^2)

図1

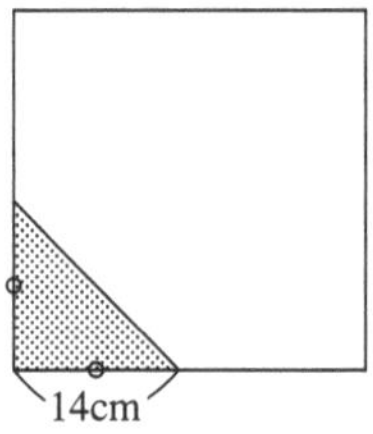

図2

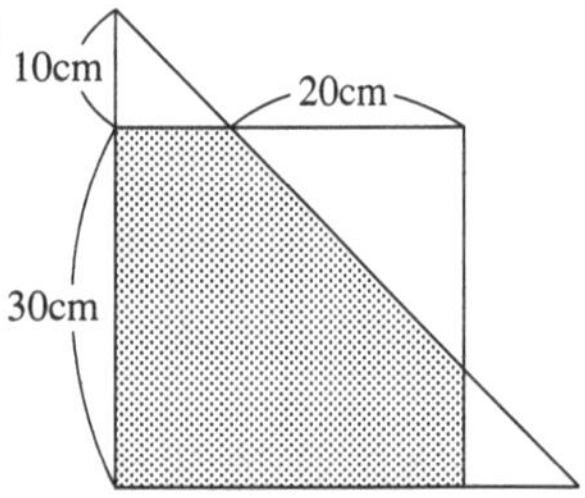

★ワンポイントアドバイス★

1. (5)「$1m^2$＝100cm×100cm」であり，2. (1)「税込み価格」はまちがいやすく，(4)「周の長さ」を横の全長であると早合点しないようにすること。4.「円グラフ」は，問題設定が珍しく問題文とグラフをよく確認しよう。

＜1／15 理科解答＞

1　問1　イ　問2　右上図　問3　エ　問4　(1)　エ　(2)　イ　問5　イ　問6　ア，イ

2　問1　銅　問2　4　問3　ア　問4　(1)　1.25　(2)　10　問5　右下図

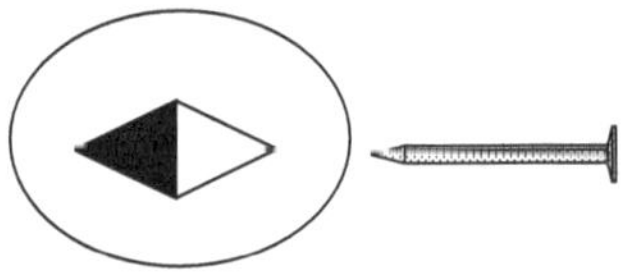

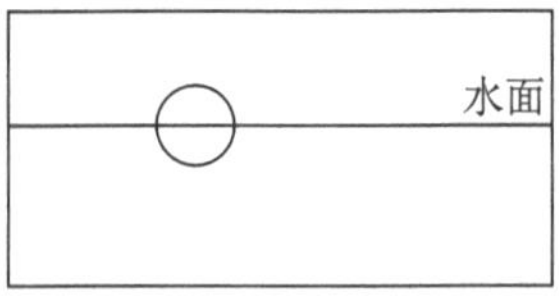

3　問1　ア　対物レンズ　イ　調節ねじ　ウ　反射鏡

問2　(1)　(動物)　イ，エ，オ　(植物)　ア，ウ

(2)　(動物)　動くことができる。植物プランクトンをえさとしている。　(植物)　体が緑色をしている。光合成をすることができる。　問3　エ

4　問1　①　地球温暖化　②　化石　問2　光合成による二酸化炭素吸収量が減少するため。　問3　イ　問4　(1)　温室効果　(2)　ア，オ　問5　南極などの氷が解けること。

○配点○

1　問5　3点　　他　各2点×6　　2　問4・問5　各3点×3　　他　各2点×3

3　問1・問2　各2点×7(問2(1)各完答)　　問3　1点

4　問2　3点　　他　各2点×6(問4(2)完答)　　　計60点

＜1／15 理科解説＞

1　(電磁石－電磁石の性質)

基本　問1　強力な磁石にくっついた後の鉄は，自身も磁石の性質を帯びる。そのため，磁石から上の鉄くぎを外しても，鉄が磁石となって下の鉄くぎをくっつける。

問2　鉄くぎのとがった先がN極になるので，方位磁石のS極側が引き寄せられる。

問3　鉄くぎの両側に磁力線が多く集まるので，両はじの方が磁力が強い。

重要　問4　鉄くぎのとがった先がN極になるので，(1)では方位磁石のS極側が引き寄せられ(エ)のようになる。磁力線はとがった先から出て，鉄くぎの頭の方に向かう。(2)では左側から磁力線がやってくるので，(イ)のようになる。

重要　問5　電流に対して右ねじの進む方向に磁力線が出る。磁力線が出ていく図3の(イ)がN極になる。

問6　リニア新幹線は電磁石で磁力を発生させ，推進力を得ている。扇風機のモーターは，電流が流れて磁力を生じさせて回転力を得ている。

2　(密度－密度の比較)

重要　問1　体積は重さを密度で割れば求まる。同じ重さの物体どうしでは，密度が大きいものほど体積は小さくなる。銅が最も密度が大きいので，同じ重さでの体積が最も小さくなる。

重要　問2　水の密度が1.0g/cm^3なので，これより密度の小さいものは水に浮く。ゴム，木，氷，アルコールの4つが水に浮く。

重要　問3　水の密度が1.0g/cm^3で氷の密度が0.92g/cm^3なので，水から氷ができると重さが同じなので，体積は大きくなる。

問4　(1)　水溶液の重さは125g，体積は100×1.0＝100(cm^3)なので，密度は125÷100＝1.25(g/cm^3)である。　(2)　食塩水の重さは1.1×100＝110(g)であり，水の重さが100gなので食塩の重さは10gである。

問5　砂糖を溶かしても水溶液の体積が変わらないとして，この砂糖水の密度は，4600gで体積が2000cm^3より，4600÷2000＝2.3(g/cm^3)　物体の密度は39÷30＝1.3(g/cm^3)なので，物体は砂糖水に浮く。このとき砂糖水に沈んでいる部分の体積を□cm^3とすると，浮力と物体の重さがつり合うのは，2.3×□＝39　□≒17cm^3より，物体はおよそ半分沈んだ状態である。

3　(生物総合－顕微鏡・プランクトン)

問1　(ア)が対物レンズ，(イ)が調整ねじ，(ウ)が反射鏡である。

基本　問2　(1)　光合成をして自ら栄養を作り出すものが植物性プランクトン，外部から栄養を取り入れるものを動物性プランクトンという。動物性プランクトンは，ゾウリムシ，アメーバ，ミジンコ。植物性プランクトンは，ミカズキモ，ケイソウである。　(2)　ミドリムシは移動でき，植物性プランクトンをエサとするが，葉緑素を持ち光合成もできる。

問3　北里柴三郎はペスト菌を発見した。日本の細菌学の父と呼ばれている。

4　(環境と時事－地球温暖化)

基本　問1　地球の平均気温が上昇している。これを地球温暖化という。石炭や石油などの化石燃料を燃やすことで発生する二酸化炭素が，地球温暖化の主な原因となっている。

基本 問2 熱帯雨林では，光合成が活発に行われ二酸化炭素を大量に消費するが，森林を伐採することで，二酸化炭素吸収量が減少する。

問3 夏の時期は植物が活発に光合成を行うので，二酸化炭素濃度が下がる。

基本 問4 (1) 地球表面から放射される赤外線を二酸化炭素は吸収するため，温室効果が生じる。

(2) メタンやフロンガスも温室効果ガスである。

基本 問5 南極や北極，氷河の氷が解けて海水面が上昇する。

★ワンポイントアドバイス★

基本問題が大半である。科学用語などをしっかりと覚えたり，基礎知識をしっかりと理解することが大切である。

＜1／15 社会解答＞

【1】 問1 扇状地　問2 ウ　問3 山梨県

【2】 問1 (例) 外国から輸入される農作物に対する関税撤廃が行われると，安価な外国産農産物によって，日本農家の収入が減ってしまう問題が懸念されている　問2 促成栽培
問3 ① 減反　② 集約　問4 コールド＝チェーン

【3】 問1 ① 二十一カ条の要求　② 聖武　③ 行基　④ 天草四郎
⑤ 島原の乱　問2 華族　問3 エ　問4 ア　問5 ア　問6 (例) 灌漑設備を新たにつくり農地を開墾した者は開墾者を含む三代，もともとある灌漑設備を利用して開墾を行ったものは，開墾者本人に限り土地の所有を認めた。　問7 絵踏み
問8 イ　問9 C→D→A→B

【4】 問1 エ　問2 田中角栄　問3 (1) イ　(2) イ　問4 (1) 刀狩(り)
(2) ア　問5 A オ　B イ　C ウ　D カ

【5】 問1 ウ　問2 (1) ウ　(2) イ　問3 公職選挙　問4 エ　問5 ウ

【6】 問1 エ　問2 (1) ウ　(2) 石油危機　(3) ア　問3 ア　問4 イ

○推定配点○

【1】 問1・問3 各2点×2　問2 1点　【2】 問1 5点　他 各2点×4

【3】 問1・問3～問5・問8・問9 各1点×10　問2・問7 各2点×2　問6 5点

【4】 問1・問3・問4(2) 各1点×4　他 各2点×3(問5完答)

【5】 問1・問2・問4・問5 各1点×5　問3 2点　【6】 各1点×6　計60点

＜1／15 社会解説＞

【1】 (日本の地理ー地形図・国土と自然・産業など)

重要 問1 河川が山間部から開けたところに出るとき，土砂を扇状に堆積してできる地形。

問2 扇状地は砂礫《されき》が堆積されるため中央部では水が得にくく果実栽培などに利用されている。

問3 2027年に開通予定のリニア新幹線は山梨県を横断し品川と名古屋を結ぶ。

【2】 (日本の地理ー農業・貿易・流通など)

問1 2018年，アメリカを除く11か国で署名し12月に発効された協定。関税の撤廃で農家には打撃

となるが，消費者や輸出業者にとっては有利に働くことも多い。

重要 問2　キュウリやナス，ピーマンといった夏野菜を冬から春にかけて出荷する農業。

問3　①　戦後食生活の洋風化でコメの消費が低迷，過剰米対策として1970年からスタートし2018年に終了。　②　大都市周辺で行われる野菜や花きなどを中心にした生産性の高い農業。

問4　低温流通体系の意味。技術の進化により低温，冷蔵，冷凍など品目に合わせたきめ細かい対応が進んでいる。最近では生鮮食品だけでなく医薬品，電子部品などにも導入されている。

【3】（日本の歴史ー古代～近代の政治・社会・文化など）

問1　①　欧米諸国の関心がヨーロッパに向いたすき間をぬって提出。　②　疫病や飢饉などが相次いで発生，国家の安定を仏教にすがった。　③　朝廷により弾圧されていたが民衆を動員するために社会活動で人気のあった行基が利用された。　④　関ケ原で敗れた小西行長の家臣の息子といわれる。　⑤　3万8000人もの農民が島原の原城跡に立てこもって挙兵。

問2　戸籍によると華族は2800人余りの特権階級で平民が93％以上を占めた。

問3　蛮社とは高野長英や渡辺崋山ら蘭学者が作ったグループ（尚歯会）。1839年，幕府のモリソン号に対する対応を批判して投獄された事件。

重要 問4　奉天郊外の柳条湖付近での鉄道爆破事件。中国軍の仕業として満州全土を占領，翌年清朝最後の皇帝を擁して満州国の建国を宣言し国際社会から大きな批判を浴びた。

問5　710年，元明天皇により藤原京から遷都，784年に長岡京に移るまでおかれた都。

問6　租を確保しその後公地化する目論見だったが，収公期限が近付くと墾田の荒廃が顕著となりやがて墾田永年私財法が施行され公地公民が崩壊するきっかけとなった。

問7　キリストやマリア像を刻んだ木版や銅版を踏ませてキリシタンの摘発を行った。

問8　大老は臨時職であり常設の最高機関であった老中には譜代大名から複数が任命された。

重要 問9　C（奈良）→D（江戸）→A（明治）→B（大正）の順。

【4】（日本の歴史ー近世～現代の政治・文化など）

問1　上杉謙信は甲斐の武田信玄と川中島で死闘を演じた越後の英雄。

やや難 問2　学歴がない中，首相にまで上り詰めた人物。日中国交回復を成し遂げ日本列島改造論でブームを巻き起こしたが石油ショックや自身の金銭疑惑で退陣を余儀なくされた。

問3　（1）　堺の豪商。織田信長や豊臣秀吉に仕えたが秀吉の怒りに触れて切腹。　（2）　武家諸法度は江戸時代に発布された大名統制策。今川氏が制定した分国法は今川仮名目録。

問4　（1）　京都方広寺の大仏殿造営を口実に発布。兵農分離が進み身分制度の確立が促進された。（2）　最後まで抵抗したが大軍で小田原城を包囲され降伏。東北の大名も従い全国統一が完成した。

問5　A　米騒動で退陣した寺内正毅《まさたけ》内閣の後を受け本格的な政党内閣を作った首相。　B　日米安全保障体制を軸に戦後日本の基礎を作った首相。　C　第2次護憲運動を指導し護憲3派内閣の首相に就任。　D　沖縄返還や非核3原則が評価されノーベル平和賞を受賞。

【5】（政治ー政治のしくみなど）

基本 問1　X　2015年に18歳に引き下げ。　Y　参議院と都道府県知事以外はすべて25歳。

問2　（1）　都市部への急激な人口集中から発生。法の下の平等に反し憲法違反の判決も出ている。死票は小選挙区，期日前投票は有権者のため，重複立候補は衆議院。　（2）　任命後初の総選挙の際に審査され投票者の多数が罷免《ひめん》を可とすると罷免となる。

問3　国会・地方議会議員，首長の選挙に関する法律。公明な選挙を通じて民主政治を守る目的。

問4　各議院の総議員の3分の2以上の賛成で国会が発議し国民投票で過半数の賛成を要する。

問5　2001年に厚生省と労働省が統合されて誕生。社会保障や労働行政を所管するマンモス省庁。

【6】（総合ー日米関係・戦後の経済・国際社会など）

問1　日露戦争の仲裁はセオドア・ルーズベルト大統領。ウィルソンは国際連盟の提唱者。

重要　問2　(1)　デジカメは2000年代のデジタル三種の神器。　(2)　アラブ諸国は石油を武器とし価格は一挙に4倍に高騰，世界経済は大混乱となった。　(3)　安保闘争で退陣した岸信介内閣の後を受けて組閣，国民の目を政治から経済に向け高度経済成長を実現。

問3　都道府県並みの権限を持ち人口70万人程度を目安に現在20都市が指定されている。

問4　裕福な農園主。独立戦争では司令官として活躍し国民的英雄となった。

★ワンポイントアドバイス★

時事問題を題材にした問題は全般に増える傾向にある。日頃からニュースなどに触れることで世の中の出来事に関心を持って生活していこう。

＜1／10 国語解答＞

一　問1　A　欠点　B　利点　問2　イ　問3　エ　問4　X　安く　Y　短い
問5　回答の偏り　問6　本音を答え～を選びがち　問7　①　ア　②　イ　③　イ
④　ア　問8　エ　問9　気温の低い早朝を有効に使うため

二　問1　ウ　問2　②　イ　⑤　ア　⑧　ウ　問3　誰かをひとりぼっちにしちゃいけない　問4　ア　問5　エ　問6　クラスの女子からいじめられている[クラスの女子から仲間はずれにされている]　問7　エ　問8　そうなんだ　問9　高野さんに話しかけること　問10　ア　問11　イ　問12　エ　問13　B

三　問1　①　首脳　②　節目　③　障害　④　律儀[律義]　問2　①　ちき
②　けいだい　③　あっせん　④　くとうてん　問3　①　キ　②　カ　③　エ
④　ア　問4　①　金　②　軍　③　根　④　二

○推定配点○

一　問1・問2　各2点×3　問9　5点　他　各3点×10

二　問1・問2・問4・問5　各2点×6　問3　5点　問6・問9　各4点×2　他　各3点×6

三　各1点×16　計100点

＜1／10 国語解説＞

一　（説明文ー要旨・大意，細部の読み取り，空欄補充，ことばの意味）

問1　Bの「メリット」のほうがわかりやすいかもしれない。「メリット」とは，ある物事を行なって生じる利益，得るもの，という意味である。「点」という言葉を使うなら「利点」である。Bの「デメリット」は「メリット」と対になる語なので「欠点」ということになる。

基本　問2　「脚光を浴びる」は，光が当たる，スポットライトが当たると同じような意味である。つまり，「注目される」ということだ。

問3　Zの部分は，郵送法を説明する部分である。郵送したものが返送されてくるまでに時間がかかるから，Z以降にあるように，大事件などがあったら，調査票を書いたときと事件後では回答が変化してしまうリスクがあるということだ。Zには，郵送法のデメリットであるイが入る。

問4　――線②の「費用や結果がでるまでの期間～圧倒している」は，ほかの調査法より，優れているということだ。したがって，Xの「費用」は「安く」で，Yの「期間」は「短い」ということになる。

問5　この場合の「バイアス」がどのような意味なのかは，――線③に続く内容である，「同じ質問～ルールとなっている」から考える。この説明は，続く「NHK放送文化研究所……」で始まる段落にある。「この違い」に関して調査をしたというのだから，「バイアス」は「この違い」ということになるので「違い」を表現している5字の言葉を探すと「回答の偏り」がある。

問6　――線④は，「実際，『日本人の意識』……」で始まる段落中にある。これは「回答の偏りがある」具体的な例を説明した段落だ。この具体例は，「回答の偏りを見る際……」で始まる段落の内容を具体例を示していると考える。したがって，この「回答の偏り……」で始まる段落に，解答者が違った回答をする理由があるはずだ。「本音を～選びがち」だからである。

重要 問7　①・②をふくむ段落の冒頭は「また」で始まっているので，前段落での説明と同じように，「答えにくい質問」の続きだ。答えにくい質問は，突然訪ねてきた赤の他人には話しにくいとしていることを考えると，答えやすい「配布回収法と郵送法」のほうが高くなるということで①がアということになり，比較対象の②がイになる。　③　③の直後に「高いのに対し」という比較があることに着目する。比較対象である「中間的な選択肢」では，じっくり考えて考えるから「記入」つまり，アの方法のほうが高いと推測している。これは対比なのだから③にはイが入ることになる。　④　直後にある「一定期間，調査票を預けている」が着目点である。これは回答用紙が手元にあるということだからアである。

基本 問8　これまでの設問でも考えたように，どのような方法，機関が実施したかによって結果が異なることを述べているのでエである。

やや難 問9「また，面接調査では……」で始まる段落が着目点になる。面接法では「こんな答えがほしい」という答えに誘導してしまう聞き方になることに注意すべきだと述べている。「暑さ対策」の調査では，「気温の低い早朝を有効に使うため」という言葉を入れることによって，「賛成」の答を引き出すようになっている点が「問題」なのである。

二　**（物語ー論理展開・段落構成，心情・情景，細部の読み取り，空欄補充，ことばの意味，記述力）**

問1　体の重いジャンボと組みたくなかったので，すぐにタッチと組んでしまったので，「ごめん，ジャンボ。」という気持ちになっているのである。ジャンボの相手が決まったので，ホッとしたのは，「罪悪感があった」からである。

基本 問2　②「足手まとい」とは，動きをさまたげるもの，という意味だが主に，やっかい者を指す言葉として使われる。手がかかり，人をわずらわせるやっかいな人である。　⑤「拍子ぬけ」は，張り合いが抜けてしまうことだ。　⑧「おせっかい」は，余計な世話を焼くこと，つまり「かえって人の迷惑になる世話を焼く」ということだ。

問3　腕立て歩きのペアが決まった場面の疑問だが，この疑問は，高野さんがケガをして保健室に行き，マコトと二人で話すまでは解決しない。なぜ高野さんとペアになったのかを話している間にマコトの気持ちが表明されている。「『ツヨシって，意外と……』」のマコトの発言に，「誰かをひとりぼっちにしちゃいけない」とある，同じクラスならみんな友だちであるし，仲間はずれを認めてしまっているようなことはおかしいというマコトの心情だ。

問4「一般的に」という条件である。「局」は古来，重要な身分の女性を指す敬称であるが，最近では，職場ではばをきかせて取り仕切る，年配の女性職員をからかう気持ちをこめてそう呼ぶことが「一般的」であるのでアだ。

基本 問5　タッチは前が見えないかっこうでどんどんスピードを上げて前進してしまい，マコトと高野さんペアにぶつかってしまったのだ。直後に，高野さんを気づかいながらマコトがにらみつけているとあるので，1にはマコトの言葉が入るのでエだ。

問6　マコトはクラスの女子はみんな友だちとあっさり言うが，実際は『マコト嫌い同盟』があるのだ。ツヨシはそれを知っているが，知っているかどうかわからないマコト自身に口に出すことはさすがにできないので口ごもってしまったのだ。しかし，――線⑥のように答えたということは「(マコトが)クラスの女子からいじめられている・仲間はずれになっている」ことを認識しているということだ。

問7　WとZがわかりやすい。まず，Wは，ツヨシの「学級会で話題にするかどうか」という問いについての答が入る流れが自然だ。したがって，「そんなことしなくていい」という断りの返事が入ることになる。この段階で，イかエにしぼれる。次にZの直後が，マコトの質問なので，YかZには，4のマコトの発言が入るはずだ。つまり，「質問していいか」ときき，それに対して「なに？」と答えることで実際の質問に入るのが会話として当然だ。エに決定できるが，Xで確認すると，学級会で言わなくていいとはいうもののツヨシは「でも……」と応じるのは不自然ではないのでエに確定できる。

やや難　問8 「女子の人数は……」で始まる段落にもおツボネ軍団の発言として「運動神経ゼロの高野さん～」という言葉があるので，ここから選びたくなるが，「一文で」という条件に合わない。その後高野さんの行動は，おツボネ軍団の言う通り運動神経がにぶいことを感じさせる行動しかない。しかし，腕立て歩き競走をするという先生の提案に，いじいじと「～迷惑をかけるし～」という発言で高野さんの行動が出てくる。これに対してツヨシが「そうなんだ～『余り』にするように～……」と思う場面がある。この考え方は，積極的にではないが，いじめられる高野さんにも悪いところがあると認めているようなものである。

重要　問9　――線⑨直後にやるべきことを言っている。「ツヨシが　野さんに話しかければそれでいい」というものだ。

問10　空想や感覚で答えてはいけない。――線⑩直後からのマコトの行動に着目する。本当はやりたくないからケガを理由に見学を申し出た高野さんだ。「友だちだったら」それを認めるのが普通だとツヨシは思っていたが，マコトは励まして，やってみようと誘っている。これが「番長のやり方」である。

問11　自分は自分なりの方法を言ってみたが，マコトからの返事と，自分に対する質問は，反論できないほど正しく，打ちのめされているのだ。そして，なにもできないでいた自分が恥ずかしくなっているのである。

問12 「番長」という言葉に引きずられ，軽はずみにアを選ばないように気をつけよう。絶対ビリになると言う高野さんに「順番なんてどうでもいい」とマコトは返事をしている。高野さんと寄りそっている点と合わせて考えるとエを選択することになる。

問13　入れる文に「これ」とあることに着目する。「これ」は「いつものこと」なのだ。したがって，直前には「気にしてはいられないいつものこと」が述べられているはずだ。おツボネ軍団の花井さんが玲夏に気を使い謝ってばかりの関係がいつものことなのだ。

三　(四字熟語，同類語・反対語，漢字の読み書き)

問1　①「脳」は全11画の漢字。5～7画目の点の向きに注意する。　②「節」は全13画の漢字。音読みは「季節」の「セツ」。12画目ははねる。　③「障」は全14画の漢字。8画目は5画目より長めに書く。　④「律儀」とは，大変実直で義理がたいことという意味の言葉だ。「義」表記でもよい。

問2　①「ちき」と読む，自分自身のことをよくわかってくれている人，親友のことである。

② 「けいだい」だ。この読みの設問はよく出題される。 ③ 「斡旋」とは，間に入って，両者の間がうまくいくようにとりもつことという意味の言葉だ。 ④ 句点は「。」，読点は「、」のこと，両方を合わせて「くとうてん」という。

問3 ① まだ整理していない書類ということで「未整理」。 ② 政府に反対する人びとのデモということで「反政府」。 ③ 妥当な「こと」という意味にするために「性」をつける。 ④ 学歴は問わないということで「不問」である。

問4 ① 「金科玉条」で，示されている意味になる。「きんかぎょくじょう」と読む。 ② 「孤軍奮闘」である。「こぐんふんとう」と読む。 ③ 「じじつむこん」と読む。 ④ 「にそくさんもん」と読む四字熟語だ。

★ワンポイントアドバイス★

設問数も多いので，スピード力を意識しよう。知識問題での失点を限りなくゼロに近づけよう。

2020年度

解　答　と　解　説

《2020年度の配点は解答欄に掲載してあります。》

＜2／6 算数解答＞

1. (1) $\frac{47}{60}$　(2) 30　(3) 2　(4) 4　(5) 83.75$\left[83\frac{3}{4}\right]$分

2. (1) 水曜日　(2) 400個　(3) 56個　(4) 200m　(5) 16cm^2

3. (1) 18秒後　(2) (80，1)　4. (1) 6通り　(2) 36通り

5. (1) 5cm　(2) 8cm　(3) 3：1

○推定配点○

4. 各5点×2　他　各6点×15　計100点

＜2／6 算数解説＞

1. (四則計算，単位の換算)

(1) $\frac{1}{4}+\frac{8}{15}=\frac{47}{60}$

(2) $3.14\times(12-2)-1.4=30$

(3) $\frac{28}{15}\times\frac{3}{7}+1.2=2$

(4) $\left(\frac{\square}{4}+3+\square-3\right)\times\square=20$　$5\times\square\times\square=80$　$\square=4$

(5) 83分45秒$=83\frac{3}{4}$分

重要 2. (規則性，数の性質，割合と比，相当算，速さの三公式と比，通過算)

(1) 2月6日から4月1までの日数は$29-5+31+1=56$(日)であり，56は7で割り切れるので4月1日は木曜日の1日前の水曜日である。

【別解】 $29-6+31+1=55$(日)　$55\div7=7\cdots6$より，6日後の水曜日

(2) $1000=5\times5\times5\times2\times2\times2$より，1000までの5または2の倍数は$1000\div5+1000\div2-1000\div10=600$(個)　したがって，約分ができない分数は$1000-600=400$(個)

(3) 右図より，$(12\div2\times3+10)\times2=56$(個)

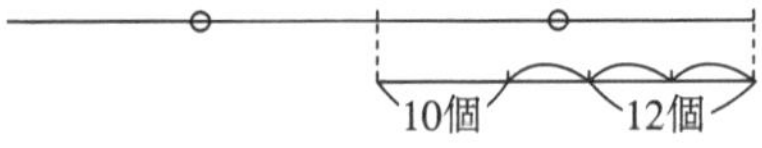

(4) 電車の秒速…$(500-300)\div(28-20)=25$(m)

電車の長さ…$25\times20-300=200$(m)

(5) 右図より，$8\times8\div2-4\times4=16$($\text{cm}^2$)

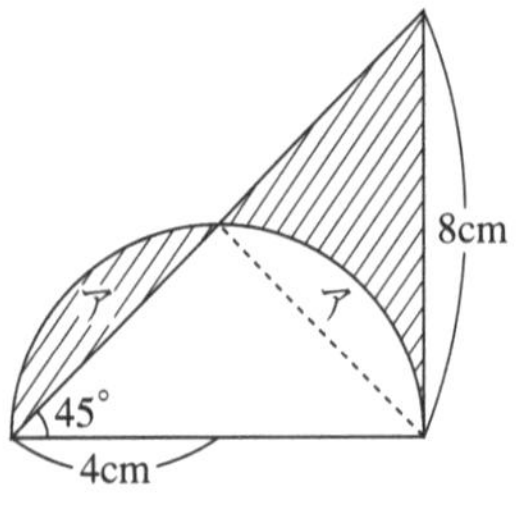

重要 3．（平面図形，図形や点の移動，速さの三公式と比，規則性，単位の換算）

（1） 下図において，Rの位置に着くのは（8＋1）×2＝18（秒後）

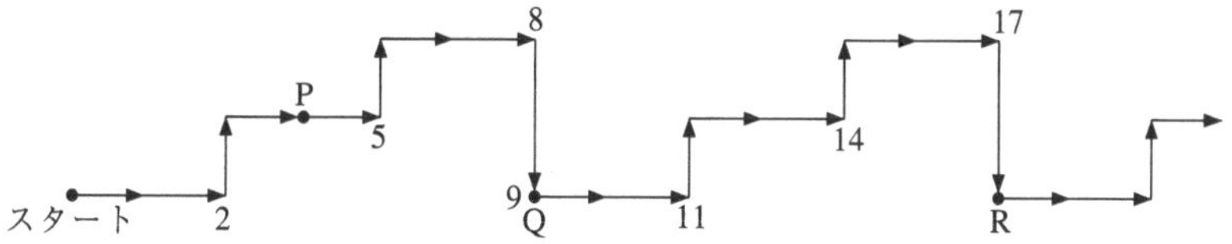

（2） 2分後の点の位置は60×2÷（8＋1）＝13…3より，右へ2×3×13＋2＝80，上へ1のところにあり，（80，1）

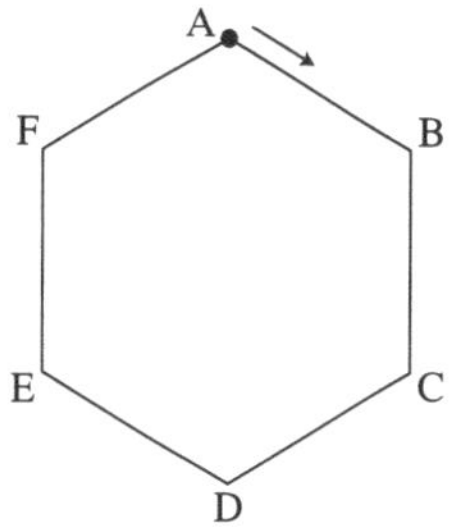

4．（場合の数，平面図形，図形や点の移動）

重要 （1） 以下の6通りがある。

6＝1＋5，2＋4，3＋3，4＋2，5＋1　　12＝6＋6

やや難 （2） 以下の36通りがある。

6＝1＋1＋4…3通り　6＝1＋2＋3…6通り　6＝2＋2＋2…1通り　12＝1＋5＋6…6通り
12＝2＋4＋6…6通り　12＝2＋5＋5…3通り　12＝3＋3＋6…3通り　12＝3＋4＋5…6通り
12＝4＋4＋4…1通り　18＝6＋6＋6…1通り

5．（平面図形，割合と比）

基本 （1） 図1において，HM＝MFであり，AE＝EBであるから，AEは5cm

重要 （2） 図2において，三角形ABCの面積が48cm^2であり，平行四辺形の高さは48×2÷12＝8（cm）

図1

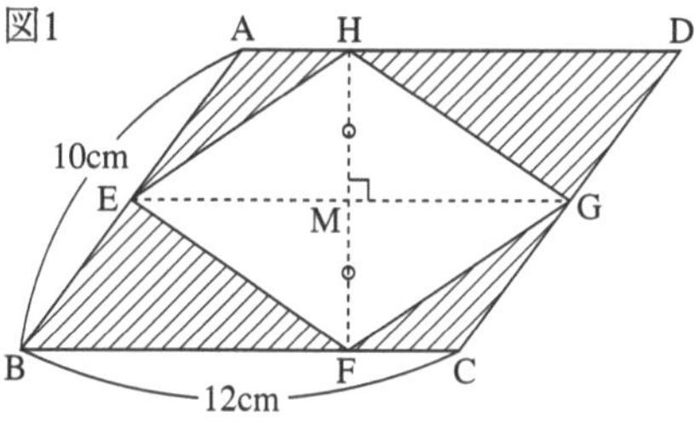

図2

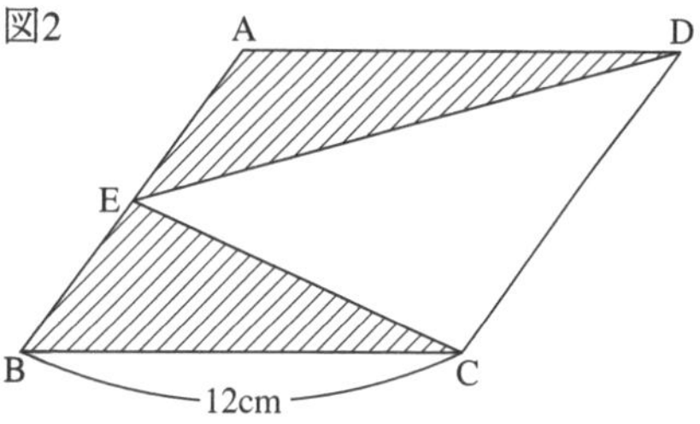

やや難 （3） 右図において，（2）より，直角三角形BKEの3辺の比は3：4：5であり，BF：FCは（3＋6）：{12－（3＋6）}＝3：1

図3

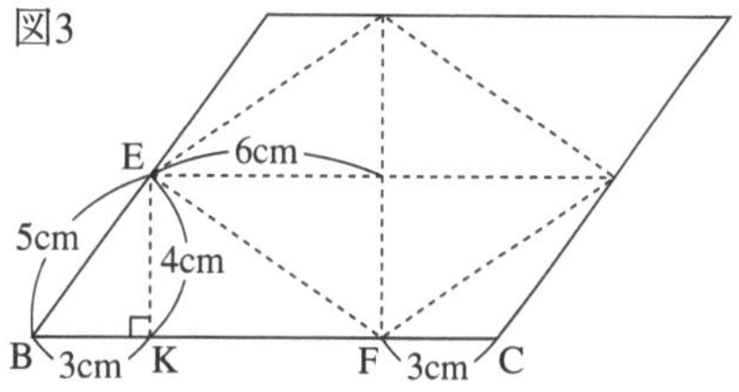

★ワンポイントアドバイス★

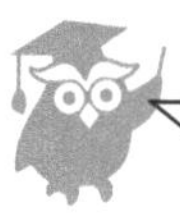

3.「画面上の点の移動」における注意点は，上から下へ下がるときの速さが2倍になることであり，4.（2）「3回の目の出方」はまちがいやすく，5.（3）「平行四辺形の長さの比」は簡単ではない。まず，1.の5問で全問正解しよう。

＜2／6 理科解答＞

1 問1 ① 重さ ② ふれはば ③ 速い 問2 (実験1) 1.5秒
(実験2) 1.1秒 問3 ア 問4 10回

2 問1 2つ 問2 食塩水 問3 ① イ ② エ 問4 イ 問5 中性
問6 ア

3 問1 肺胞 問2 (酸素) イ (栄養分) オ 問3 右心室，左心室
問4 毛細血管

4 問1 ① マグマ ② 溶岩 ③ 火山灰 問2 (1) (ア) 群馬県[長野県]
(イ) 長崎県 (ウ) 群馬県 (2) 活火山 問3 (1) 火山岩
(2) 石基[はんしょう] (3) はん状組織

○配点○

1 問4 3点 他 各2点×6 2 問2 3点 他 各2点×6
3 問1・問2 各2点×3 他 各3点×3
4 問2(1) 各2点×3 (2) 3点 他 各1点×6 計60点

＜2／6 理科解説＞

1 (物体の運動－ふりこ)

重要 問1 ふりこが1往復する時間はふりこの長さによって決まり，おもりの重さや振れ幅には関係しない。長さが同じであれば1往復する時間が同じなので，振れ幅が大きいほど速く運動する。

問2 1分間で40回往復するので，1往復にかかる時間は60÷40＝1.5(秒) 実験2では，56回往復するので，60÷56＝1.07≒1.1(秒)である。

問3 ふりこの最下点から振れ初めの地点までの高さを比べると，角度が同じなので長さが長い方が高さも高い。高い位置にある物質ほど位置エネルギーが大きいので，木の箱が遠くまで移動する。

問4 2つのふりこの1往復にかかる時間の最小公倍数は6であり，6秒ごとに同時に初めの位置に来る。1分間では60÷6＝10(回)同じ位置に来る。

2 (水溶液の性質・物質との反応－水溶液の分別)

基本 問1 酸はBTB溶液を黄色にする。水溶液A～Fのうち酸性のものは，うすい塩酸とホウ酸水溶液の2つである。

重要 問2 塩酸と水酸化ナトリウム水溶液を混ぜると，食塩水ができる。

問3 ①は鼻をさすような臭いのものがあったので，アンモニア水と思われる。アンモニア水はアルカリ性で，赤色リトマス紙を青くする。②は青色リトマス紙で，赤くなると酸性の水溶液とわかる。

問4 うすい塩酸とホウ酸水溶液を熱すると，塩酸は何も残らないがホウ酸は白い固体が残る。

問5 食塩水と砂糖水はともに中性である。

問6 食塩水と砂糖水を熱すると，食塩水は白い固体が残り砂糖水は砂糖が焦げた黒い固体が生じる。

3 (人体－血液の循環)

基本 問1 酸素は肺の中の小さなふくろ状の肺胞から取り込まれる。

基本 問2 酸素を最も多く含む血管は，肺から心臓に戻る肺静脈(イ)である。栄養分を最も多く含む血管は，小腸から肝臓に向かう肝門脈(オ)である。

基本 問3 心臓から肺に血液を押し出すのが右心室で，心臓から全身に血液を送り出すのが左心室である。

問4 体の各部に血液を送る細い血管を毛細血管という。

4 (岩石ー火山)

問1 火山地帯の地下には岩石がどろどろに溶けたマグマがあり，これが地表に出てきたものが溶岩である。噴火の際には細かな灰も出てくる。これは火山灰である。

問2 (1) 浅間山は群馬県と長野県の境にある山である。雲仙普賢岳は長崎県，草津白根山は群馬県にある山である。 (2) 富士山は活火山で，噴火したときの被害が大きいことが予想され，ハザードマップが作られている。

問3 (1) マグマが急に冷えてできた岩石を火山岩という。 (2) 火山岩は大きな結晶の部分とその間の細かな部分からできる。大きな結晶を斑晶といい，細かな部分を石基という。ただ，質問のとらえ方によっては，火山岩に属する岩石をたずねていると考えると，リュウモン岩，アンザン岩，ゲンブ岩のうち1つを答えてもいいかと思われる。 (3) 斑晶《はんしょう》と石基からなる組織を斑状組織という。このうち，大きく成長できない部分が石基である。

★ワンポイントアドバイス★

基本問題が大半である。基礎知識をしっかりと理解し，ミスのないように解答することが大切である。

＜2／6 社会解答＞

【1】 問1 ク 問2 ウ 問3 イ

【2】 問1 ① 貿易摩擦 ② 産業の空洞化 ③ 中国［中華人民共和国］ 問2 ウ
問3 ウ

【3】 問1 ① 生糸 ② 徳川吉宗 ③ 青木昆陽 ④ 仏教 ⑤ イエズス
⑥ 豊臣秀吉 問2 エ 問3 目安箱 問4 須恵器 問5 (1) 物部氏
(2) ア 問6 種子島 問7 (1) エ (2) ア 問8 C→D→B→A

【4】 問1 ① ウ ② イ 問2 高杉晋作 問3 エ 問4 大政奉還
問5 (1) 五箇条の(御)誓文 (2) 戊辰戦争 (3) ウ 問6 (1) 立憲改進党
(2) ウ

【5】 問1 X 8 Y 10 問2 ウ 問3 ウ 問4 るいしん 問5 (1) ア
(2) 国庫支出金 問6 生存権

【6】 問1 ア 問2 (1) エ (2) イ 問3 ウ 問4 ア 問5 (1) エ
(2) はにわ［ハニワ／埴輪］

○推定配点○

【1】 各1点×3 【2】 問1 各2点×3 問2・問3 各1点×2

【3】 問5(1)・問6 各2点×2 他 各1点×13

【4】 問1～問3・問5(3)・問6(2) 各1点×6 他 各2点×4

【5】 問1～問3・問5(1) 各1点×5 他 各2点×3 【6】 各1点×7 計60点

＜2／6 社会解説＞

【1】（日本の地理ー国土と自然・農業など）

重要 問1　暖かく降水量の多い気候。カは北海道，キは雪の多い日本海側，ケは瀬戸内の気候。

問2　熊本の八代平野を中心に栽培。近年は中国からの輸入製品が急増している。

問3　キュウリの生産は宮崎・群馬・埼玉の順。宮崎平野では温暖な気候を利用してキュウリやナス，ピーマンなどを促成栽培で出荷，宮崎の完熟マンゴーはブランド化している。

【2】（日本の地理ー貿易・経済など）

重要 問1　①　貿易収支の不均衡《ふきんこう》を原因とする国家間の対立。　②　円高の進行や人件費の高騰から企業の海外進出が加速し国内の雇用が減少する現象。　③　改革開放経済の導入で世界の工場となった中国はアメリカと肩を並べる経済大国に成長。

問2　小型軽量で金額の高いものが中心。成田では金・IC・医薬品・コンピューターなどが多い。

問3　医薬品はドイツ・アメリカ・アイルランド・スイスなどヨーロッパ諸国が多い。

【3】（日本の歴史ー古代～近代の政治・経済・文化など）

問1　①　開国当初は輸出の8割を占め戦前の日本発展の主役となった品目。　②　新田開発や米相場対策など米価の安定に努めた将軍。　③　飢饉に備えてサツマイモの栽培を奨励，甘藷《かんしょ》先生と呼ばれた。　④　6世紀中ごろ百済の聖明王から仏像や経典が贈られた。　⑤　カトリック教会内部での宗教改革。軍隊的な規律でアジアを中心に布教。　⑥　九州平定後博多でバテレン追放令を発布。宣教師の国外退去を命じたが貿易は認めたためあまり効果はなかった。

問2　富岡製糸場の開設は1872年。廃藩置県(1871年)は幕藩体制を根本的に解体した改革。

問3　行政や役人の不正などへの庶民の直訴を受け付け吉宗自身が開封したといわれる。

やや難 問4　1000度以上の高温で焼かれた硬質の土器で，鎌倉時代ごろまで製作・利用された。

問5　(1)　大伴氏と並び大和政権の軍事力を担った豪族。大王位継承や仏教をめぐって対立し蘇我氏に滅ぼされた。　(2)　最古の木造建築として世界遺産にも登録されている。

問6　ポルトガル人を乗せた中国船が漂着，領主が2丁の鉄砲を購入し家臣に研究させた。

問7　(1)　毛利と和睦《わぼく》した秀吉は光秀を破り信長の後継者の地位を確立した。　(2)　本来は摂政や太政大臣の尊称だったが，関白を辞した者の呼称としても使われた。

重要 問8　C(古墳～飛鳥)→D(安土桃山)→B(江戸)→A(明治)の順。

【4】（日本の歴史ー近世～近代の政治・経済など）

問1　①　500以上の会社の設立に関わるなど日本の資本主義の発展に貢献した人物。　②　水戸徳川家出身の最後の将軍。鳥羽伏見の戦いで敗れ江戸を無血開城した。

問2　吉田松陰門下で第2次長州征討において幕府軍を撃退，大政奉還直前に20代の若さで病死。

問3　鎌倉時代，全国を念仏踊りで遍歴し民衆の教化に努めた時宗の開祖。

重要 問4　雄藩連合で現状打破を狙ったが薩長による武力討伐の方針にさえぎられた。

問5　(1)　江戸城総攻撃の前日に出された新政府の基本方針。開国和親を明確にし諸外国の支持を狙ったもの。　(2)　鳥羽・伏見の戦いが干支《えと》で戊辰の年であったことからの命名。翌1869年5月の函館戦争まで継続。　(3)　3％の金納とされたため正確な予算が可能となった。

問6　(1)　イギリス流の漸進的な議会政治を目指し，豪農や商工業者，知識層などの支持を得た。　(2)　大隈重信の第2次内閣は1914年4月～16年10月。大戦の勃発は1914年7月。

【5】（政治ー憲法・政治のしくみ・地方自治など）

問1　2014年の8％への引き上げから2度にわたって延長，負担軽減として軽減税率やポイント還元など様々な対策を講じてようやく実施。

やや難 問2　念願だった消費税の導入に成功したが，リクルート疑惑など政治不信を招き退陣。

問3　罷免請求を受けた裁判官を審査する弾劾裁判所は衆参各7名の国会議員から構成される。

問4　収入が多いほど税率が上がり所得の再分配機能を持つ。現在は5％～45％の7段階で課税。

問5　(1)　住民投票で過半数の同意があれば解職される。1990年，川崎市では市民オンブズマンの設置を条例で決定。　(2)　自治体が行う社会保障や義務教育などの費用の一部を国が負担。

問6　憲法25条に規定。他の人権とは異なり実質的な平等を実現させるため国に積極的な関与を求める権利。生存権のほか教育，労働基本権などが規定されている。

【6】（総合ー国土と自然・古代の文化・国際社会など）

重要　問1　後円部に埋葬，前方部で祭祀《さいし》が行われた。巨大古墳のほとんどは前方後円墳が占める。

問2　(1)　石塁とは文永の役の後，博多湾沿岸に20kmにわたって築かれた高さ3m近い防御施設。　(2)　三重と大阪との間には奈良や京都，和歌山が存在する。

問3　泥炭性の湿原でタンチョウの生息地として知られラムサール条約の登録地となっている。

問4　旧ソ連の共和国による緩い枠組みの国家連合。独立の憲法や議会は持っていない。

問5　(1)　国風文化は遣唐使の廃止以降発展した日本風の文化。　(2)　古墳の頂部や周囲に並べられた土製品。筒形の円筒埴輪と家や動物，人物などを表した形象埴輪とがある。

★ワンポイントアドバイス★

総合問題に対応するには日々の学習姿勢が大切である。分野を分けるのではなく常にいろいろな角度から問題を考える習慣をつけよう。

<1／12 国語解答>

一　問1　T　意味　U　感情　問2　エ　問3　イ　問4　ア　問5　②　ウ　④　ア　問6　エ　問7　(木)　論理の細部　(森)　価値判断　問8　Y　未来　Z　コミュニケーション　問9　ウ　カ

二　問1　イ　問2　A　イ　B　ア　C　ウ　問3　ア　問4　エ　問5　人種のちがう雲の上の人間たち　問6　みずから手をよごすことが苦手だから　問7　最低の子　問8　イ　問9　ウ

三　問1　①　蒸発　②　遺失物　③　衣装　④　登録　問2　①　るふ　②　ぎょうそう　③　すいとう　④　いんそつ　問3　①　ウ　②　オ　③　エ　④　ケ　問4　①　色　②　三　③　真　④　茶

○推定配点○

一　問2・問7・問8　各4点×5　問5　各2点×2　他　各3点×7

二　問5・問7・問8・問9　各4点× 4　問6　5点　他　各3点×6　三　各1点×16

計100点

<1／12 国語解説>

一　（論説文ー要旨・大意，細部の読み取り，空欄補充，ことばの意味）

問1　どちらも，「コミュニケーションとは」の後に続く空欄なので，コミュニケーションについて説明した箇所から探すことになる。「やりとりをするのは……」で始まる段落から，入る言葉は

「意味」と「感情」であると決められる。ポイントは，それぞれの言葉がTに入るかUに入るかということになる。この段落で「感情を伝え合い分かち合う～重要」とあるので，直後に「を理解し合う」とあるUに「感情」が入る。

重要 問2　V直後に，「意味も感情もやりとりできていない」とあるので「左下」と読み取れる。この段階でエとなるので，以降確認すると，Wは「感情はやりとりされていないが……」ゾーンということだ。「感情」のやりとりはないということから，左側のゾーンにあたる。Vで「感情も意味もやりとりなし」に対し，「しっかりと意味の共感し合う必要のある」というのだから，もう少し努力が必要というレベルとして「左上」にあてはまる。Xを「恋人同士や家族」という言葉だけで「右上」と考えてはいけない。このような関係は「何の意味もないと思えるようなことでも」とある。実際に意味がやりとりされているわけではないので「右下」のゾーンだ。

問3　「座標軸の……」で始まる段落の最終文が着目点になる。「感情を確認しあい強固にしていくことが重要」と考える関係ということを述べている。他人が聞いたらばかばかしいような会話であっても盛り上がるのは，会話自体に大した意味がなく感情だけのやりとりを楽しんでいるということなのでイである。

重要 問4　「ディベートで論理力を養う……」で始まる段落には，ディベートがよい影響を与えるとは思えない一つ目の考えが述べられている。「ディベート形式による……」で始まる段落には「もう一つの悪影響」として二つ目の欠点を述べる展開になっている。この点からアの内容がふさわしいと判断する。

基本 問5　②　「揚げ足とり」は，人の言いまちがいや言葉じりをとらえて非難したり，からかったりすることであるのでウ。　④　「水掛け論」は，お互いが，自分の説が正しいと主張をくずさず，勝敗がつかない議論をいつまでもくり返していることなのでアだ。

問6　問4で考えたように，筆者は二つの事例でディベートの乱用に警告を発している。――線③部は，その一つ目の考えである。ここでは，「お互いに相手の……」で始まる段落にはっきり述べているように，「言い負かすだけの議論は～生産的ではない。」という考えだ。この考え方をいっているのはエである。

問7　――線⑤直前が「つまり」であることに着目する。「つまり」はそれまでの内容をまとめているのだから，この場合は，「論理の細部に足下をすくわれ」「判断価値をないがしろにする」ことを，「木を見て森を見ず」とまとめたということになる。この言葉は，見る必要があるのは「森」ということだ。細かいことばかり見て大事な見るべきものを見ていないというのだから，「木」は「論理の細部」で，「森」は「価値判断」ということになる。

やや難 問8　「ぺらぺらと……」で始まる段落から最終段落までが図2のことを説明している箇所だ。Y　斜め四五度で向き合い半分は相手を見つつ，もう半分は「未来」を見ていると述べているのだから，黒線は互いを見ている線で，白線は，共に見ている「未来」である。　Z　斜め四五度で向かい会い，互いと「未来」を見ながらすすめるのが「コミュニケーション」だと述べているので，Zは「コミュニケーション」が入ることになる。

問9　ア　「いつでも相手が喜ぶことをする」が誤りである。　イ　「情報の伝達が最も大事」が誤りだ。　ウ　「意味」と「感情」のやりとりを最重視しているのだから適切である。　エ　「弱点を指摘するテクニック」になるということは述べているが「有益」とはしていないので適切ではない。　オ　仕事の場でも，「感情」のやりとりが必要と述べているので適切ではない。

カ　問7で考えた内容であるのでカは適切である。

二　（物語一心情・情景，細部の読み取り，空欄補充，記述力）

問1　雅彰の人物像は読み取れる箇所は文章中のいろいろな場面にあるが，最初にわかるところは

「雅彰は水泳が……」で始まる段落だ。本心はいやなことでも言い出せず，だからといって知らん顔ができるほど勇気はなくということからイのような人物だといえる。

問2　A　船を見つけたことを一生懸命説明している嗣郎の様子がAであるのだからイだ。　B　嗣郎にすれば，みんなの船を自分が見つけたと報告しているのだから，雅彰も喜んでくれるにちがいないと思っているのだ。しかし，思ったような反応ではないのでアの様子になったのである。　C　気を取り直して，今日，船のところに行ってみようと誘ったのに，断る雅彰の返事でようやく雅彰は「興味をなくしたのだ」と気づいたのであるからウだ。

基本　問3　「日曜日の午後……」で始まる段落に雅彰の本音が書かれている。そもそも船作りに興味があったわけではないが，決定的にイヤになったのは船ばたからころげおち，ケガをした上に恐怖を感じていたからだ。そんな危ないことは続けたくないと思っていたのだからアである。

問4　「ふさわしくないもの」という条件に注意する。どれもふさわしいように思えるが，このメンバーの中で嗣郎は自分の意見を主張するようなふるまいはしない。後の展開からもわかるように，メンバーにさからったりしたらもうあそびにくるなといわれるのを怖れているからだ。――線③の状況でも，嗣郎は今後どうしようということについては一切発言していない。したがって，もう一度船を作りたい気持ちはいっぱだが，「言葉を後押ししてくれる」が誤りである。

問5　本当は船づくりをあきらめる理由を問いただしたかったが，そんなことができないのは，「嗣郎にとって……」で始まる段落にあるように，自分とは「人種のちがう雲の上の人間たち」だという思いがあったからである。

やや難　問6　「連中はいわないのではなくて……」で始まる段落が着目点になる。いっしょに行っていいかと聞いたとき断らなかったのを不思議に思っていたが，じきに本心がわかったというのだ。その本心が「みずから手をよごすことが苦手」な人種だから，正面から，一緒には遊ばないとは言えなかったのだとわかったのだ。

やや難　問7　嗣郎の考え方は「子どもたちには……」で始まる段落から「だめな子にも……」で始まる段落にある。〈できる子〉と〈だめな子〉の二種類あるが，さらに〈だめな子〉にはランクがある，というものだ。そのランクの中で「最低の子」は自分よりいくらかましな連中におべっかを使い子分にしてもらうしかないという考えだ。これまでも嗣郎は雅彰たちのようなエリート連中にではなく，すこしはましな〈だめな子〉におべっかを使って生きていたのだ。つまり，「最低の子」の部類ということだ。

問8　イとウで迷うところである。が，嗣郎の目的は，「達成感」という自分の満足のためだけではない。「だけど，うめ立て地……」で始まる段落から「嗣郎は，この一か月……」で始まる段落にあるように，自分のポジションということに強い意識を持っているのだ。したがって，イを選ぶ。

問9　「誤っているもの」という条件に注意する。アの「ずうずうしく」が，おどおどと付き合っているということから誤りのように思える。しかし，「嗣郎は，ずうずうしく……」で始まる段落にあるように，メンバーに入り込むには「ずうずうしくかまえ」ているのでアは正しい。一方，ウは，工具をあつかうことには認める態度をしてくれたが，「一目置かれる存在」にはなっていないので誤りである。

三　**（四字熟語，同類語・反対語，漢字の読み書き）**

問1　①　「蒸」は全13画の漢字。9画目の横棒を忘れずに書く。　②　「遺」は全15画の漢字。5画目はやや長めに書く。　③　「装」は全12画の漢字。6画目は4画目より短く書く。　④　「録」は全16画の漢字。13～16画目は「水」ではないので注意する。

問2　①　「流」の音読みは「リュウ」だが，「ル」と読む場合もある。　②　「ぎょうそう」とは，顔かたち，表情のこと。「けいそう」という読みが出てくる辞書もある。　③　熟字訓である。
④　「率」の訓読みは「ひき(いる)」である。

問3　①　気力がないということで「無気力」。　②　常識がないということで「非常識」。
③　人間の本質という意味で「人間性」。　④　火事で騒がしい状態を表す意味で「騒然」である。

問4　①　「巧言令色」で「色」だ。「こうげんれいしょく」と読む四字熟語である。　②　「したさきさんずん」と読む。　③　「正真正銘」で「真」。「しょうしんしょうめい」と読む四字熟語だが，「真」を「新」と混同しないようにする。　④　「日常茶飯事」で「茶」だが「(にちじょう)ちゃはんじ」ではなく「(にちじょう)さはんじ」と読む。

★ワンポイントアドバイス★

知識問題は，かなり深めた学習が必要とされる出題もある。出題数も多いので，失点をできるだけ避ける学習をしておこう。

解答用紙集

○月×日　△曜日　天気（合格日和）

◆ご利用のみなさまへ

＊解答用紙の公表を行っていない学校につきましては、弊社の責任において、解答用紙を制作いたしました。

＊編集上の理由により一部縮小掲載した解答用紙がございます。

＊編集上の理由により一部実物と異なる形式の解答用紙がございます。

人間の最も偉大な力とは、その一番の弱点を克服したところから生まれてくるものである。──カール・ヒルティ──

東京学参株式会社

狭山ヶ丘高等学校付属中学校（1月12日）　2024年度　◇算数◇

※ 159％に拡大していただくと，解答欄は実物大になります。

1	(1)		(2)		(3)	
	(4)	**A** ＝　　，**B** ＝			(5)	秒速　m

2	(1)	個	(2)	人	(3)	分後
	(4)	**X** ：　回り，　回転			(5)	cm^2

3	(1)	時間以上　時間未満	(2)	時間	(3)	時間

4	(1)	分	(2)		(3)	cm

5	(1)	分後
	(2)	分後から　分後

狭山ヶ丘高等学校付属中学校（1月10日）　2024年度

◇理科◇

※ 149％に拡大していただくと，解答欄は実物大になります。

1

問1　　　　　　　　　　　　　　　　問2

①		②		

問3　　　　　問4　　　　　問5

2

問1　　　　　問2

問3　　　　　問4

問5　　　　　問6　　　　　問7

3

問1　　　　　問2　　　　　問3

問4　　　　　問5　　　　　問6

4

問1

①		②		③	

問2　　　　　問3　　　　　問4

問5　　　　　問6

狭山ヶ丘高等学校付属中学校(1月10日)　2024年度　◇社会◇

※ 122%に拡大していただくと，解答欄は実物大になります。

1

設問 1	【A】	【B】	
設問 2		設問 3	
設問 4		設問 5	県

2

設問 1		設問 2		設問 3	

3

設問 1	【A】	【B】	
【C】	【D】	設問 2	
設問 3	→	→	→
設問 4	（ｉ）	（ⅱ）	
（ⅲ）		設問 5	
設問 6			
設問 7		設問 8	
設問 9		設問 10	

4

設問１		設問２	（ｉ）
（ii） 円以上 （iii）			
設問３	（ｉ） （ii）	設問４	（ｉ）
（ii）	設問５		

5

設問１	【A】 【B】
設問２	（ｉ） （ii）
設問３	（ｉ）満 歳 （ii）満 歳以上
設問４	

◇国語◇

狭山ヶ丘高等学校付属中学校（１月10日）　２０２４年度

※１７９％に拡大していただくと、解答欄は実物大になります。

【解答用紙記入上の注意】

一、文字ははっきりと、ていねいに書くこと。

二、漢字の書き取りはトメ、ハネに注意すること。

三、字数制限のある問いは、その指示に従って書くこと。

一

問1

問2 A　B

問3

問4

問5 C　D　E

問6 A　B

問7

問8 Ⅰ

Ⅱ　という意味。

二

問1 X　Y　Z

問2 ①　⑦

問3

問4

問5

問6 ①

②

③

問7 ①　②

問8

問9

問10

三

問1 ①　②　③　④

問2 ①　②　③　しい　④　く

問3 ① 誤→　正→　② 誤→　正→

③ 誤→　正→　④ 誤→　正→

問4 ①　唾　②　つ　③　く　④　を

狭山ヶ丘高等学校付属中学校(1月16日)　2024年度　◇算数◇

※ 159%に拡大していただくと，解答欄は実物大になります。

1	(1)		(2)		(3)	
	(4)		(5)	時間　分		

2	(1)	**A** ＝　，**B** ＝	(2)		(3)	%
	(4)	時間　分	(5)	**A** ＝　，**B** ＝		

3	(1)	個，　曜日	(2)	日後	(3)	個，　曜日

4	(1)	**A** ＝　，**B** ＝	(2)		(3)	個

5	(1)	cm^3
	(2)	個

狭山ヶ丘高等学校付属中学校（1月12日）　2024年度

◇理科◇

※ 185％に拡大していただくと，解答欄は実物大になります。

1

問1	問2	問3			
		図2		図3	

問4

A		B	

問5				問6
A		B		

2

問1	問2	問3	問4

問5	問6	問7

3

問1	問2	問3

問4

問5	問6	問7

4

問1

①		②		③	

問2

(1)		(2)		(3)	

問3	問4	問5

狭山ヶ丘高等学校付属中学校（2月6日）　2024年度　◇社会◇

※ 123％に拡大していただくと，解答欄は実物大になります。

1

設問 1	（ⅰ）	（ⅱ）	（ⅲ）
設問 2	（ⅰ）	（ⅱ）	（ⅲ）
設問 3			
設問 4			
設問 5	（ⅰ）　発電	（ⅱ）	

2

設問 1	【A】	【B】	
設問 2		設問 3	
設問 4		設問 5	
設問 6		設問 7	
設問 8	（ⅰ）	（ⅱ）	
設問 9		設問 10	
設問 11			
設問 12	→	→	→

3

設問 1	【A】	【B】	
【C】		【D】	
【E】			
設問 2	（ｉ）	（ⅱ）	
設問 3		設問 4	
設問 5			
設問 6			

4

設問 1	【A】	【B】	【C】
設問 2		設問 3	
設問 4			
設問 5		設問 6	

2024年度 狭山ヶ丘高等学校付属中学校(1月12日)

※182%に拡大していただくと，解答欄は実物大になります。

◇国語◇

【解答用紙記入上の注意】

一、文字ははっきりと、ていねいに書くこと。
二、漢字の書き取りはトメ、ハネに注意すること。
三、字数制限のある問いは、その指示に従って書くこと。

一

問1

問2 X Y Z

問3

問4

問5 ④ ⑦

問6

問7

問8

二

問1 A B

問2

問3

問4 X Y

問5

問6

問7

問8 A B

三

問1 ① ② ③ ④

問2 ① ② ③ ④

問3 ① ② ③ ④

問4 ① ② ③ ④

狭山ヶ丘高等学校付属中学校（1月10日）　2023年度

◇算数◇

※ 123％に拡大していただくと，解答欄は実物大になります。

1	(1)		(2)		(3)	
	(4)		(5)	dL		

2	(1)	g	(2)		(3)	時　分
	(4)	秒後	(5)	度		

3	(1)		(2)	個	(3)	最大： 最小：

4	(1)	人	(2)	人

5	(1)	cm^3
	(2)	cm
	(3)	cm^3

◇理科◇

※ 127%に拡大していただくと，解答欄は実物大になります。

1

問1

問2

	図1		図2	

問3

図3		図4	

問4

問5

2

問1

①		②	

問2

問3

A		B	

問4

(1)		(2)		(3)	

問5

問6

3

問1

問2

問3

問4

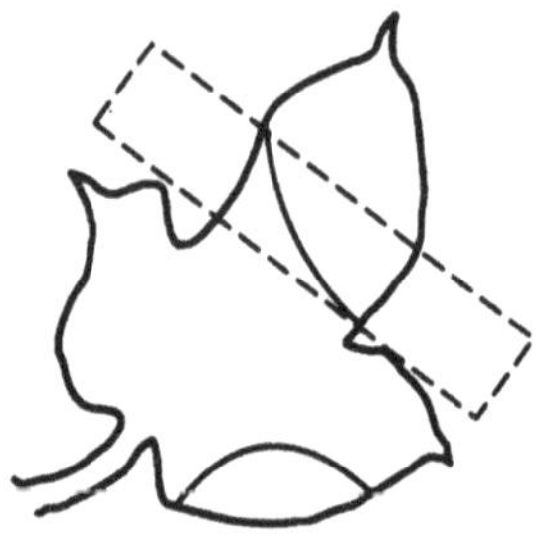

問5

問6

4

問1

問2

問3

問4

問5

(1)		(2)	

問6

問7

狭山ヶ丘高等学校付属中学校（1月10日）　2023年度

◇社会◇

※ 122％に拡大していただくと，解答欄は実物大になります。

【1】

問1
（1）

（2）
①　②　③

④　⑤　⑥

問2　問3

【2】

問1
①　②

問2
（1）　（2）

問3
（1）

（2）
①　②　③

問4
（1）　（2）

問5
（1）　（2）

【3】

問1
①　②　③

④　⑤

問2
（1）　（2）

問3

問4　問5　問6　問7

【4】

問1
①　②　③

問2　問3　問4

問5
（1）　（2）　（3）

2023年度　狭山ヶ丘高等学校付属中学校（1月10日）

◇国語◇

※182％に拡大していただくと、解答欄は実物大になります。

【解答用紙記入上の注意】

一、文字ははっきりと、ていねいに書くこと。

二、漢字の書き取りはトメ、ハネに注意すること。

三、字数制限のある問いは、その指示に従って書くこと。

一

問1　～

問2　①　②

問3

問4　③　④

問5

問6

問7

問8　A　B　C

問9　前者　後者

二

問1

問2

問3

問4

問5

問6

問7

問8

問9

三

問1　①　②　③　④

問2　①　②　③　④

問3　①　②　③　④

問4　①　②　③　④

狭山ヶ丘高等学校付属中学校（2月6日）　2023年度　◇算数◇

※ 125％に拡大していただくと，解答欄は実物大になります。

1	(1)		(2)		(3)	
	(4)		(5)	mL		

2	(1)	人	(2)	曜日	(3)	%
	(4)	cm	(5)	cm^3		

3	(1)		(2)		(3)	

4	(1)	時速　km	(2)	3回目：　時間　分後 2回目：　分後

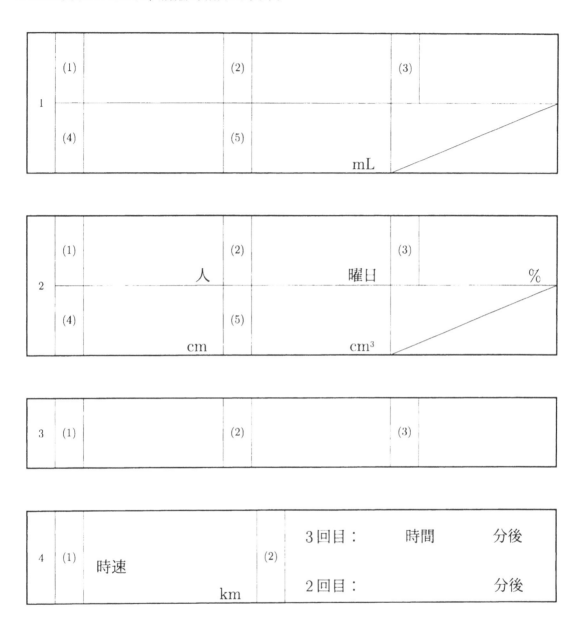

5	(1)	cm²
	(2)	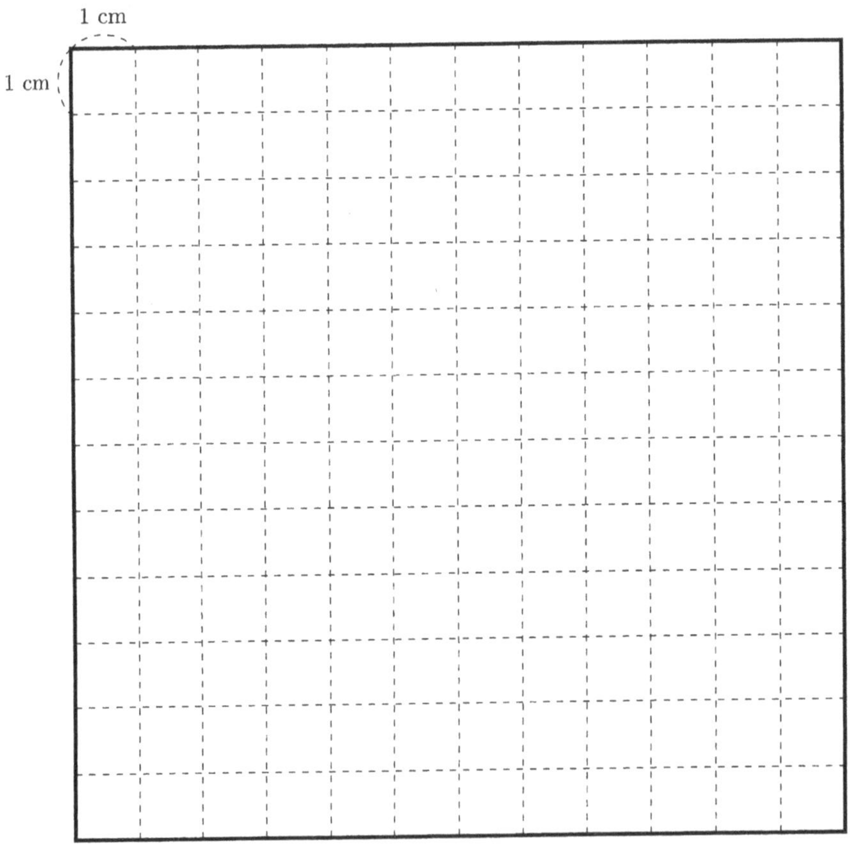

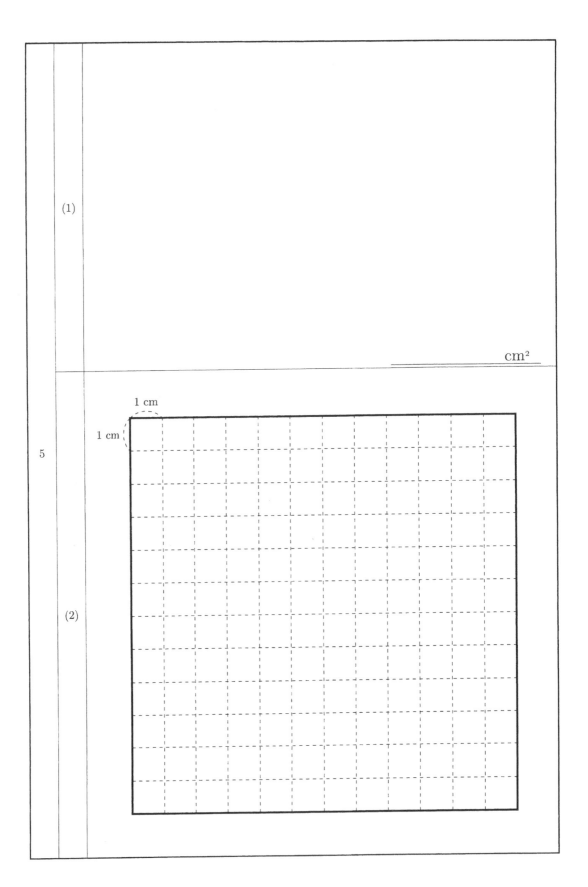

狭山ヶ丘高等学校付属中学校（1月12日）　2023年度

◇理科◇

※ 127％に拡大していただくと，解答欄は実物大になります。

1

問 1

①		②	から	③		④	

問 2	問 3	問 4	問 5

2

問 1	問 2

問 3

問 4	問 5	問 6

3

問 1	問 2					
	A		D		E	

問 3	問 4	問 5			
		①		②	

問 6	問 7

4

問 1

①		②		③		④	

問 2	問 3	問 4	問 5

狭山ヶ丘高等学校付属中学校(1月12日)　2023年度

◇社会◇

※ 123%に拡大していただくと，解答欄は実物大になります。

【1】

問1 ①　　　　②	問2	問3
問4 (1)		
(2)		
問5		

【2】

問1 ①	②	③
④	⑤	⑥
問2 (1)　　(2)	問3	
問4 (1)　→　→　→　(2)		問5 貿易

【3】

問1 ①	②	③
④	⑤	
問2	問3 (1)　　(2)　　%	
問4	問5	
問6		

【4】

問1

①　　②　　③

問2

X　　Y

問3

問4

問5

問6

2023年度
狭山ヶ丘高等学校付属中学校（1月12日）

※172%に拡大していただくと、解答欄は実物大になります。

◇国語◇

【解答用紙記入上の注意】

一、文字ははっきりと、ていねいに書くこと。

二、漢字の書き取りはトメ、ハネに注意すること。

三、字数制限のある問いは、その指示に従って書くこと。

一

問1

問2

問3 〜情報。

問4

問5

問6

問7 B C

問8

二

問1

問2

問3 ② ④

問4

問5

問6 A B C D

問7

問8

問9 から。

三

問1
① 誤→ 正→
② 誤→ 正→
③ 誤→ 正→
④ 誤→ 正→

問2 ① ② ③ ④

問3 ① ② ③ ④

問4 ① ② ③ ④

狭山ヶ丘高等学校付属中学校（1月10日）　2022年度

◇算数◇

※ 123％に拡大していただくと，解答欄は実物大になります。

1	(1)		(2)		(3)	
	(4)		(5)	分速　　　m		

2	(1)	％	(2)	**A** ＝　　，**B** ＝		
	(3)	日	(4)		(5)	cm^2

3	(1)	通り	(2)	通り	(3)	通り

4	(1)	cm	(2)	cm^2	(3)	cm^2

5	(1)	
	(2)	一の位：　　，十の位：

狭山ヶ丘高等学校付属中学校(1月10日)　2022年度

◇理科◇

※ 127%に拡大していただくと，解答欄は実物大になります。

1

問1　問2

①		②		

問3	問4	問5	問6

2

問1　問2

①		②		

問3

(1)		(2)		(3)	

問4

3

問1

①		②		③	
④		⑤		⑥	

問2	問3	問4	問5	
			生物名	具体例

4

問1	問2	問3	問4	問5

問6	問7

狭山ヶ丘高等学校付属中学校(1月10日)　2022年度　◇社会◇

※ 122%に拡大していただくと，解答欄は実物大になります。

1

設問 1		設問 2		設問 3	
設問 4		設問 5			

2

設問 1	
設問 2	
設問 3	

3

設問 1	【①】	【②】	
【③】		設問 2	
設問 3			
設問 4			
設問 5		設問 6	
設問 7		設問 8	
設問 9	→ → →		

4

設問 1			
設問 2	【②】 【③】		
設問 3		設問 4	
設問 5		設問 6	
設問 7		設問 8	(ⅰ)
(ⅱ)			

5

設問 1	(X) (Y)		
設問 2		設問 3	(ⅰ)
(ⅱ)			
設問 4	(ⅰ) (ⅱ) (ⅲ)		

2022年度 狭山ヶ丘高等学校付属中学校（1月10日）

※ 182%に拡大していただくと，解答欄は実物大になります。

◇国語◇

【解答用紙記入上の注意】

一、文字ははっきりと、ていねいに書くこと。

二、漢字の書き取りはトメ、ハネに注意すること。

三、字数制限のある問いは、その指示に従って書くこと。

一

問1　問2　問3

問4

問5　イ　警鐘を（　　　）ます　ロ（　　　）は人のためならず

問6

問7　問8　問9　問10

二

問1　問2

問3　問4　問5　ⓐ　ⓑ

問6　問7　問8

問9　問10

三

問1　①　②　む　③　④

問2　①　く　②　③　る　④

問3　①　②　③　④

問4　①　②　③　④

狭山ヶ丘高等学校付属中学校(1月15日)　2022年度

◇算数◇

※ 125%に拡大していただくと，解答欄は実物大になります。

1	(1)		(2)		(3)	
	(4)		(5)	時　分　秒		

2	(1)	万円	(2)	通り	(3)	時速　km
	(4)		(5)	cm^2		

3	(1)		(2)	

4	(1)	人	(2)	人以上　人以下	(3)	度

5	(1)	秒後, cm^2
	(2)	秒後

狭山ヶ丘高等学校付属中学校（2月7日）　2022年度　◇理科◇

※ 127%に拡大していただくと，解答欄は実物大になります。

1

問1　問2　問3

①		②		③			

問4　問5

	方法		短所	

2

問1

①		②		③	
④		⑤		⑥	

問2　問3　問4

3

問1

①		②		③		④		⑤	

問2　問3　問4　問5

問6

4

問1　問2

	（1）		（2）	

問3　問4　問5

問6　問7

狭山ヶ丘高等学校付属中学校（1月12日）　2022年度

◇社会◇

※ 123％に拡大していただくと，解答欄は実物大になります。

1

設問 1		設問 2	
設問 3	（ｉ）	（ⅱ）	
設問 4			

2

設問 1		設問 2	
設問 3			

3

設問 1		設問 2		設問 3	
設問 4		設問 5			
設問 6		設問 7		設問 8	
設問 9					
設問 10	→	→	→		

4

設問 1		設問 2			
設問 3					
設問 4		設問 5		設問 6	
設問 7		設問 8			

5

設問 1	（i）	（ii）	（iii）A:	B:	
（iv）		設問 2			
設問 3	(A)	(B)			

2022年度 狭山ヶ丘高等学校付属中学校（1月12日）

※172％に拡大していただくと、解答欄は実物大になります。

◇国語◇

【解答用紙記入上の注意】

一、文字ははっきりと、ていねいに書くこと。

二、漢字の書き取りはトメ、ハネに注意すること。

三、字数制限のある問いは、その指示に従って書くこと。

一

問1

問2 X　Z

問3

問4

問5 a　b　c　d

問6　問7　問8　問9

問10

二

問1　問2　問3　問4

問5 ①　②

問6　問7　問8

三

問1 ①　く　②　く　③　④

問2 ①　ける　②　える　③　らかな　④　お

問3 ①　②　③　④

問4 ①　②　③　④

狭山ヶ丘高等学校付属中学校（1月10日）　2021年度

◇算数◇

※ 129％に拡大していただくと，解答欄は実物大になります。

1	(1)		(2)		(3)	
	(4)		(5)	dL		

2	(1)	人	(2)	km	(3)	%
	(4)	度	(5)	cm^2		

3	(1)	人	(2)	人	(3)	人以上

4	(1)	度	(2)	枚	(3)	度

5	(1)	●が　　　　個
	(2)	3 段目：○が　　　　個，●が　　　　個 6 段目：○が　　　　個，●が　　　　個
	(3)	○が　　　　個

狭山ヶ丘高等学校付属中学校（1月10日）　2021年度

◇理科◇

※ 129％に拡大していただくと，解答欄は実物大になります。

1

問1

①		②		③	
④		⑤			

問2　　問3　　問4

問2		問3	問4

問5

（1）		（2）	

2

問1	問2	問3	問4	問5

問6

3

問1

①		②		③	
④		⑤			

問2	問3	問5

問4

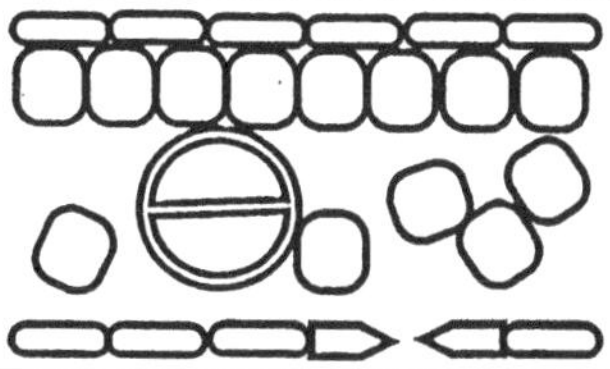

4

問1

①		②		③		④	
⑤		⑥		⑦		⑧	

問2　　問3

					問3
（1）		（2）			→ → →

狭山ヶ丘高等学校付属中学校(1月10日)　2021年度

◇社会◇

【1】

問1	①	②

問2		問3	

問4	

【2】

問1		問2		問3	

問4		問5	

【3】

問1	

問2	①	②	③
	④	⑤	⑥

問3		問4	(1)	(2)	問5	

【4】

問1	①	②	③
	④	⑤	

問2		問3		問4		問5	

問6	(1)	(2)

【5】

問1	(1)			(2)	
問2		問3		問4	
問5					

2021年度

狭山ヶ丘高等学校付属中学校（1月10日）

※181%に拡大していただくと、解答欄は実物大になります。

◇国語◇

一

問1

問2

問3

問4

問5 Ⅰ　Ⅱ

問6

問7

問8

問9 Ⅰ　Ⅱ

問10

問11

二

問1

問2 から。

問3

問4

問5 A　B　C

問6

問7

問8 i　ii

問9

問10

三

問1 ①　②　③　④

問2 ①　②　③　④

問3 ① る　② ら　③ く　④ る

問4 ①　② つ　③　④

狭山ヶ丘高等学校付属中学校(2月6日)　2021年度

◇算数◇

※ 128%に拡大していただくと，解答欄は実物大になります。

1	(1)		(2)		(3)	
	(4)		(5)	時速　km		

2	(1)	つぶ	(2)	g，　%	
	(3)	度	(4)		

3	(1)		(2)	と　と	(3)	

4	(1)	個	(2)	番目

5	(1)	cm
	(2)	本,　　cm 余る

狭山ヶ丘高等学校付属中学校(1月15日)　2021年度

◇理科◇

※ 125%に拡大していただくと，解答欄は実物大になります。

1

問1	問2				問3
	(1)		(2)		

問4	問5	問6

2

問1	問2	問3			
		(1)		(2)	

問4	問5

3

問1

①		②		③		④	
⑤		⑥		⑦		⑧	

問2	問3	
	(1)	

(2)		(3)	

4

問1	問2	問3	
		(1)	

問3

(2)	

問4

問5

狭山ヶ丘高等学校付属中学校（1月15日）　2021年度

◇社会◇

【1】

問1	①	②

問2	(1)　　(2)	問3		問4	

【2】

問1		問2		問3		問4	

【3】

問1	①	②	
問2			
問3	(1)ア	イ	ウ
	(2)		
問4	(1)	(2)	(3)
問5			

【4】

問1	①	②	③
	④		

問2		問3		問4	

問5	(1)　　(2)	問6	

【5】

問1	①	②	
問2		問3	年
問4			
問5		問6	

２０２１年度

狭山ヶ丘高等学校付属中学校（１月12日）

※１８０％に拡大していただくと、解答欄は実物大になります。

◇国語◇

一

問1

問2　i　ii

問3　D　E　F　G

問4

問5

問6

問7

問8　W　X　Y　Z

二

問1

問2

問3

問4

問5

問6

問7

問8

問9

問10

三

問1　①　②　③　④

問2　①　②　③　④

問3　①　②　③　④

問4　①　②　③　④

狭山ヶ丘高等学校付属中学校（1月12日）　2020年度

◇算数◇

※123％に拡大していただくと，解答欄は実物大になります。

1	(1)		(2)		(3)	
	(4)		(5)	cm^2		

2	(1)	円	(2)	回	(3)	個
	(4)	cm	(5)	度		

3	(1)	**A**：　　，**B**：	(2)		(3)	個

4	(1)	人	(2)	人	(3)	人以上　　人以下

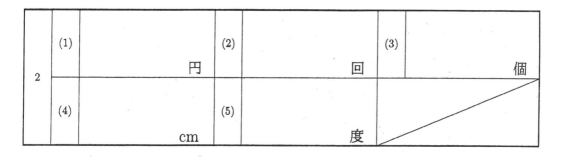

5	(1)	秒
	(2)	cm^2
	(3)	cm^2

狭山ヶ丘高等学校付属中学校（1月15日）　2020年度

◇理科◇

※119％に拡大していただくと，解答欄は実物大になります。

1

問１

問２

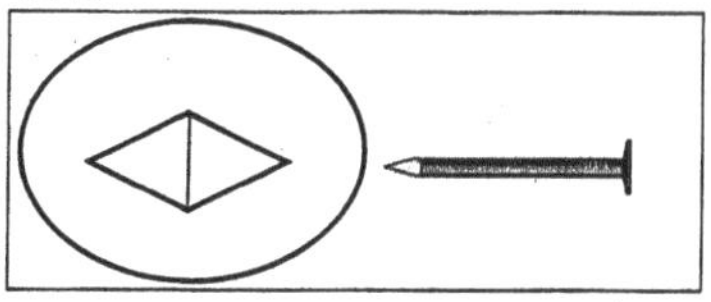

問３

問４

（1）		（2）	

問５

問６

2

問１

問２

問３

問４

（1）		（2）	

問５

水面

3

問１

ア		イ		ウ	

問２

（1）	動物		植物	
（2）	動物		植物	

問３

4

問１

①		②	

問２

問３

問４

（1）		（2）	

問５

狭山ヶ丘高等学校付属中学校(1月15日)　2020年度

◇社会◇

※123％に拡大していただくと，解答欄は実物大になります。

【1】

問1		問2		問3	

【2】

問1				
問2		問3	①	②
問4				

【3】

問1	①	②	③				
	④	⑤					
問2		問3		問4		問5	
問6							
問7		問8		問9	➡　➡　➡		

【4】

問1		問2		問3	(1)	(2)
問4	(1)	(2)	問5	A：　B：　C：　D：		

【5】

問1		問2	(1)	(2)

問3		問4		問5	

【6】

問1		問2	(1)	(2)	(3)

問3		問4	

◇国語◇

狭山ヶ丘高等学校付属中学校（1月10日）　２０２０年度

※１８４％に拡大していただくと、解答欄は実物大になります。

一

問1　A　B

問2

問3

問4　X　Y

問5

問6　〜

問7　①　②　③　④

問8

問9

二

問1

問2　②　⑤　⑧

問3

問4

問5

問6　マコトが　ことについて

問7

問8

問9　ツヨシが

問10

問11

問12

問13

三

問1　①　②　③　④

問2　①　②　③　④

問3　①　②　③　④

問4　①　②　③　④

狭山ヶ丘高等学校付属中学校（2月6日）　2020年度

◇算数◇

※123％に拡大していただくと，解答欄は実物大になります。

1	(1)		(2)		(3)	
	(4)		(5)	分		

2	(1)	曜日	(2)	個	(3)	個
	(4)	m	(5)	cm^2		

3	(1)	秒後	(2)	（　　，　　）の位置

4	(1)	通り	(2)	通り

5	(1)	cm
	(2)	cm
	(3)	:

狭山ヶ丘高等学校付属中学校(2月6日)　2020年度　◇理科◇

※120%に拡大していただくと，解答欄は実物大になります。

1

問1

①		②		③	

問2　問3　問4

実験1		実験2			

2

問1　問2　問3

		①		②	

問4　問5　問6

3

問1　問2

	酸素		栄養分	

問3　問4

4

問1

①		②		③	

問2（1）

(ア)		(イ)		(ウ)	

（2）

問3

(1)		(2)		(3)	

狭山ヶ丘高等学校付属中学校(2月6日)　2020年度

◇社会◇

※126%に拡大していただくと，解答欄は実物大になります。

【1】

問1		問2		問3	

【2】

問1	①	②	③
問2		問3	

【3】

問1	①	②	③		
	④	⑤	⑥		
問2		問3		問4	
問5	(1)　氏	(2)	問6		
問7	(1)	(2)	問8	➡　➡　➡	

【4】

問1	①	②	問2		問3	
問4		問5	(1)	(2)	
	(3)	問6	(1)	(2)	

【5】

問1	(X)	(Y)	問2		問3		問4	
問5	(1)	(2)	問6					

【6】

問1		問2	(1)	(2)	問3		問4	
問5	(1)	(2)					

2020年度

狭山ヶ丘高等学校付属中学校（1月12日）

※182%に拡大していただくと、解答欄は実物大になります。

◇国語◇

一

問1 T　U　問2　問3

問4　問5 ②　④　問6

問7 木　森

問8 Y　Z　問9

二

問1　問2 A　B　C

問3　問4

問5

問6

問7　問8　問9

三

問1 ①　②　③　④

問2 ①　②　③　④

問3 ①　②　③　④

問4 ①　②　③　④

〈ダウンロードコンテンツについて〉

本問題集のダウンロードコンテンツ、弊社ホームページで配信しております。現在ご利用いただけるのは「2025年度受験用」に対応したもので、**2025年3月末日**までダウンロード可能です。弊社ホームページにアクセスの上、ご利用ください。
※配信期間が終了いたしますと、ご利用いただけませんのでご了承ください。

中学別入試過去問題シリーズ

狭山ヶ丘高等学校付属中学校　2025年度

ISBN978-4-8141-3223-2

[発行所] 東京学参株式会社
〒153-0043　東京都目黒区東山2-6-4

書籍の内容についてのお問い合わせは右のQRコードから　⇒

※書籍の内容についてのお電話でのお問い合わせ、本書の内容を超えたご質問には対応できませんのでご了承ください。

2024年6月6日　初版